姜涛◎著

道德经的人生智慧

丙申三月 水堂

黑龙江人民出版社

图书在版编目(CIP)数据

《道德经》的人生智慧/姜涛著. — 哈尔滨：黑龙江人民出版社，2016.9（2021.3重印）
ISBN 978-7-207-10829-6

Ⅰ.①道… Ⅱ.①姜… Ⅲ.①道家 ②《道德经》—通俗读物 Ⅳ.①B223.1-49

中国版本图书馆 CIP 数据核字（2016）第 229854 号

责任编辑：孙国志
封面题字：孟会祥
装帧设计：张　涛　李德铖
责任校对：秋云平

《道德经》的人生智慧

姜　涛　著

出版发行	黑龙江人民出版社
地　　址	哈尔滨市南岗区宣庆小区 1 号楼
邮　　编	150008
网　　址	www.longpress.com
电子邮箱	hljrmcbs@yeah.net
印　　刷	三河市华东印刷有限公司
开　　本	787×1092　1/16
印　　张	26.5
字　　数	470 千字
版　　次	2016 年 9 月第 1 版　2021 年 3 月第 2 次印刷
书　　号	ISBN 978-7-207-10829-6
定　　价	68.00 元

版权所有　侵权必究　　　举报电话：(0451)82308054
法律顾问：北京市大成律师事务所哈尔滨分所律师赵学利、赵景波

中外名人评《道德经》

一、中国名人

1. "其要在乎理身、理国。理国则绝矜尚华薄,以无为不言为教。理身则少私寡欲,以虚心实腹为务。"——唐玄宗李隆基《御制道德经真疏》。

2. "伯阳五千言,读之甚有益,治身治国,并在其中。"——宋太宗赵炅。载于《宋朝事实》卷三《圣学》。

3. "五千玄文,立教垂世。万劫长存,道尊德贵。"——宋真宗赵恒《宋真宗御制老子赞》。

4. "朕虽菲材,惟知经乃万物之至根,王者之上师,臣民之极宝。"——明太祖朱元璋《御注道德经》。

5. "历记成败祸福古今之道,然后知秉要执本,清虚以自守,卑弱以自持。此君王南面之术也。"——汉朝班固《汉书·艺文志·诸子略》。

6. "言至道无如五千文。"——宋朝苏辙《双溪集·遗言》。

7. "老子为书,其言虽若虚无,而于治人之术至矣。"——宋朝欧阳修。载于宋朝彭耜《道德真经集注杂说》。

8. "圣人经世之书,而《老子》救世书也。""《老子》之书,上之可以明道,中之可以治身,推之可以治人。"——清朝魏源《老子本义》。

9. "《老子》,救世之书也。"——清朝钱大昕《潜研学堂文集》。

10. "懂得道家,便懂得了中国……中国文化的根柢全在道教。"——鲁迅。载于马松源主编的《道德经》。

11. "老子是中国哲学的鼻祖,是中国哲学史上第一位真正的哲学家。"——胡适《中国哲学里的科学精神与方法》。

12. "《道德经》是一部政治哲学著作,又是一部兵书。"——郭沫若《中国史稿》。

13. "古代哲学家中,老子确是杰出的无与伦比的哲学家。"——范文澜。载于《中国通史简编》第五章第六节。

14."看过《道德经》的人,第一个反应,便是大笑;接着就开始自嘲似地笑;最后才大悟到这才是目前最需要的教训。""那些上智的学者,便由讥笑老子、研究老子,而成今日的哲学先驱,以致老子成了他们终身的朋友。""老子的隽语,像粉碎的宝石,不需装饰便可自闪光耀。""老子像那顺应自然的卢梭,庄子却似精明狡猾的伏尔泰。"——林语堂《老子的智慧》。

15."道家则是药店,如果不生病,一生也可以不必去理会它,要是一生病,就非自动找上门去不可。"——南怀瑾《老子他说》。

16."老子是中国哲学之父。""历代许多被认为是儒家的思想家,其实是外儒内道。"——陈鼓应(台湾)《老庄新论》。

17."《道德经》是中国哲学、美学的开端,这个开端是一个灿烂的日出。"——著名美学家叶朗。载于马松源主编的《道德经》。

二、外国名人

18."老子的著作,尤其是他的《道德经》,最受世人崇仰。"——德国哲学家黑格尔《历史哲学》。

19."我的良好的精神状态也要归功于阅读孔子,而主要是老子。"——俄国文学家列夫·托尔斯泰。载于杨建民《老子对托尔斯泰的影响》。

20."《道德经》像一个永不枯竭的井泉,满载宝藏,放下汲桶,唾手可得。"——德国哲学家尼采。载于《台湾、港澳〈老子〉研究》。

21."最早的中国哲人是老子,他是道家学说的创始人。""我对老子的哲学远比孔子的哲学更感兴趣。"——英国哲学家罗素《中国人的性格》。

22."我们现在急需的智慧,都存在于老子的书中;把它们翻译成欧洲语言,这就是我们当前面临的唯一的精神使命。"——德国作家赫尔曼·赫塞。载于杨武能《"道"的寻求》。

23."他的言语,他的著述,到处都表明:老子之言绝非我们称之为言语的那种东西,而是如同轻风掠过海面时,取之不尽的海水所发出的澎湃声。"——德国宗教哲学家马丁·布伯。载于夏瑞春《德国思想家论中国》。

24."老子是孔子前最伟大的哲学家。""或许,除了《道德经》外,我们将要焚毁所有的书籍,而在《道德经》中寻得智慧的摘要。""在思想史中,它的确可称得上是最迷人的一部奇书。"——美国哲学家、历史学家威尔·杜兰《世界文明史——东方的遗产》。

25."中国人性格中有许多最吸引人的因素都源于道家思想。中国如果没有道家思想,就会像是一棵某些深根已经烂掉的大树。这些树根今天仍然生

机勃勃。"——英国科技史专家李约瑟《中国科学技术史》。

26."当人类隔阂泯除,四海成为一家时,《道德经》将是一本家传户诵的书。"美国学者蒲克明。载于理道《理解道德经》。

27."《老子》的意义永无穷尽,通常也是不可思议的。它是一本有价值的关于人类行为的教科书。这本书道出了一切。"——美国哈佛大学教授约翰高。载于理道《理解道德经》。

28."我把他(指老子——笔者注)认作是东方的代表。"——日本禅学大师玲木大拙。载于(日)铃木大拙、(美)弗洛姆等著《禅与心理分析》。

29."早在二千多年前,老子就已经预见到了今天人类文明的状况,甚至已经预见到了未来人类文明所将达到的状况。"——日本第一位获得诺贝尔奖的物理学家汤川秀树《创造力和直觉》。

30."《道德经》有一种魅力,它给在世俗世界压迫下疲惫的人们以一种神奇的力量。"——日本著名学者卢川芳郎。载于丹明子《道德经的觉悟》。

31."每个德国家庭买一本中国的《道德经》,以帮助解决人们思想上的困惑。"——德国前总理施罗德。载于《新华每日电讯》(2012年11月02日10版),来源《光明日报》。

32."道教关于和谐、善意、合作的哲学思想,集中体现了当前国家社会的基本理想,也是联合国努力促进不同文明间对话与合作的出发点。"——现任联合国秘书长潘基文。载于李信军《中华道学百问》。

题　　辞

姜涛同志在繁忙的工作之余，还用心研读《道德经》，难能可贵，用他的话说，是想"品鉴古人智慧，化育社会人生；领悟先贤哲思，涵养精神世界；体味圣哲隽语，塑造做人风骨；知晓古往今来，明理天地人间。"这个想法是很好的。写了一百多篇心得体会，总名之曰《道德经的人生智慧》，有"认知规律""道德修养""为人处世""治国安邦""家庭生活""修身养性"等几个方面。其中有一些很好的独特的见解，例如：在解释道的核心思想时，与马克思主义的哲学思想作对比，说"道者，客观（自然）规律也。"又如：在解释"自知不自见，自爱不自贵"时说："'自知''自爱'是大智慧，'自见''自贵'是小聪明。人生需要的是大智慧，而最忌讳的是小聪明。"等等。写下的文字都是用心思考的结果。现在打算公开出版，与大家分享，是件好事，对弘扬中华传统文化将大有裨益。

2016-5-22 熊铁基[①]识

[①] 熊铁基：1933年4月生，湖南常德人，我国著名历史学家、道家道教文化研究专家。现为华中师范大学历史文化学院教授、博士生导师，道家道教研究中心主任，享受国务院特殊津贴。

前　　言

　　《道德经》,又称《老子》《道德真经》《五千言》《老子五千文》,是中国历史上第一部用诗化的语言阐述哲学思想的巨著,被誉为"东方圣经""万经之王"。到目前为止,可查到的各种外文版《道德经》典籍已有1000多种,几乎每年都有一到两种新的译本问世。据联合国教科文组织统计,被译成外国文字、发行量最多的文化名著,除了《圣经》就是《道德经》。可以说,《道德经》是实现人生价值的攻略,赢得生活安泰的智慧,保持头脑清醒的法宝,医治心灵创伤的良药。它可以成为青年人的良师,中年人的益友,老年人的知音。

　　步入中年后,我愈加认识到弘扬中华传统文化的重要性和紧迫性。在深入研究《道德经》过程中深切感到,这本包涵着老子对战争频发、社会动荡、人事纷争、生命无常的痛楚感受,凝结着其对社会人生的深彻洞察和深刻思索的《道德经》,本来应该对当今社会、人生世事有着更多更强的指导和借鉴作用。但是,由于后人对《道德经》的解读走进了误区,使得这部经典著作的普及推广和作用发挥都没有达到应有的程度。这个误区就是对《道德经》解读的两极分化。挺老学派把老子吹捧得神之又神,把《道德经》解读得"玄之又玄",让人云里雾里摸不着头脑,造成人们对《道德经》望而却步;倒老学派把老子批得一无是处,把《道德经》说成是"无为"无用的垃圾,造成人们对《道德经》不屑一顾。我认为,把老子及《道德经》捧上神坛不对,打入地狱更不对。正确的是让老子回归中国古代思想家、哲学家的本来面目,让《道德经》重新以瑕不掩瑜的真实面貌展示出来。《道德经》的思想精华对世界哲学史的巨大贡献毋庸置疑,对于人生世事的深刻启迪毋庸置疑,因此,《道德经》中存在着一些历史局限性,甚至有愚民思想也不必刻意回避和大惊小怪,这丝毫不会遮蔽《道德经》的智慧光芒,不会影响老子居于圣人先哲的历史地位。鉴于此,我便产生了尝试用自己的方式解读《道德经》的想法。我没有从总体上系统地归纳梳理老子和《道德经》的理论体系,因为这类书籍太多了,多得都能看到一字不变彼此照搬照抄的章节。而是在把"道"和"德"这两个最重要最根本的概念用最易懂的方式解释清楚后,从

道德经的人生智慧

对当今生活的启示和借鉴角度来解读,并把自己的感悟写成《〈道德经〉的人生智慧》一书,力求用简单化、通俗化、实用化的方式,与大家共同品鉴古人智慧,化育社会人生;领悟先贤哲思,涵养精神世界;体味圣哲隽语,塑造做人风骨;知晓古往今来,明理天地人间。努力用老子的哲思来涤荡那些忙碌的心灵,让狂妄的成功者能够尽快恢复清醒,让愤青的失衡者能够尽快找到平衡,让迷惘的浮躁者能够尽快学会安静,让绝望的失败者能够尽快得到慰藉。

五年磨一剑,我在繁忙的工作之余,牺牲了几乎全部的业余时间,数年如一日倾注于《〈道德经〉的人生智慧》一书的撰写上。我把《道德经》每一章中最核心的智慧、最经典的语言逐一进行了解读,大体可分成认知规律篇、道德修养篇、为人处世篇、治国安邦篇、家庭生活篇和修身养性篇等6个部分,兼顾到院校学生、社会青年、中年老年读者等各个群体,以及政、商、学、军不同职业,把《道德经》的思想精髓挖掘出来,对当今社会人生的启示提炼出来。但愿《〈道德经〉的人生智慧》这本书,能够发挥抛砖引玉的作用,与广大读者共同启开学习国学之门,用国学智慧修养身心、完善自我、开创事业、指导人生。由于本人理论水平和人生阅历有限,一孔之见难免存误,恳请大家赐教、斧正。

目　　录

老子所说的"道"究竟是什么 …………………………………（1）
《道德经》中的"德"究竟是什么 ……………………………（3）
对老子"无为"思想的理解 ……………………………………（6）
"功成弗居"是品德更是智慧 …………………………………（10）
老子的"圣人之治"方略 ………………………………………（12）
"冲而不盈"之妙 ………………………………………………（16）
"天地不仁"与"圣人不仁"的困惑 ……………………………（18）
"橐籥"告诉我们：生活需要"留足空间" ……………………（21）
老子的警世箴言："多言数穷，不如守中" …………………（24）
从"绵绵若存，用之不勤"中感悟孩子教育 …………………（29）
"天长地久"话爱情 ……………………………………………（31）
圣人的处世法则：无私以成其私 ……………………………（34）
"上善若水"与人生修炼 ………………………………………（36）
"功遂身退"天之道 ……………………………………………（40）
"适可而止"人之智 ……………………………………………（43）
老子教诲人们：如何让心静下来 ……………………………（46）
从"有之以为利，无之以为用"反思孩子的培养教育 ………（49）
确立"为腹不为目"的生活追求 ………………………………（52）
"宠辱若惊"与"宠辱不惊" ……………………………………（54）
对"贵大患若身"的理解 ………………………………………（57）
深藏不露见神威 ………………………………………………（60）
"得道之人"的七大特征 ………………………………………（62）
培养"致虚守静"的定力 ………………………………………（65）
"不知常，妄作凶"的警示 ……………………………………（68）
包容的力量 ……………………………………………………（71）

道德经的人生智慧

治国理政的四种境界 ……………………………………… (74)
从"信不足焉,有不信焉"看诚信 ………………………… (77)
人心不古难识伪 …………………………………………… (81)
"大道废"后的社会治理主张 ……………………………… (84)
"少私寡欲"利身心 ………………………………………… (87)
老子何以主张"绝学无忧" ………………………………… (90)
老子"独异于人"的心里独白 ……………………………… (93)
老子认识事物的根本方法 ………………………………… (96)
"曲则全"的真实用意是韬光养晦 ………………………… (100)
"少则得,多则惑"的警示:切莫贪多求全 ………………… (102)
"希言自然"告诉我们要少说多做 ………………………… (104)
从"飘风不终朝,骤雨不终日"说开去 …………………… (106)
老子认为失败者的六种情形 ……………………………… (108)
做人处世的最高法则:"道法自然" ……………………… (112)
人何以位居"四大" ………………………………………… (116)
从"重为轻根,静为躁君"看品性修养 …………………… (119)
做一个懂"袭明"知"要妙"的人 …………………………… (123)
"知其雄,守其雌"是保持低调的智慧 …………………… (126)
"知其白,守其辱"是保持快乐的智慧 …………………… (128)
"去甚去奢去泰"讲的是"度"的学问 ……………………… (131)
"物壮则老"的警示:切莫追求极致和完美 ……………… (134)
老子的战争观及对人生的启示 …………………………… (136)
欲望无边,知止不殆 ……………………………………… (140)
老子的成功哲学 …………………………………………… (144)
"不自为大,故能成其大"乃王者之道 …………………… (148)
从"执大象,天下往"认识感召力 ………………………… (151)
"微明"思想能说明老子是阴谋家吗 ……………………… (154)
"柔弱胜刚强"指的是结果而不是过程 …………………… (157)
"无为而无不为"是人生的至高境界 ……………………… (160)
"不欲以静"方能享受生活 ………………………………… (163)
"上德"对修身做人的要求 ………………………………… (166)
"贵以贱为本,高以下为基"看谦卑 ……………………… (169)
"至誉无誉"话管理 ………………………………………… (171)

"弱者道之用":成功背后的推手 ………………………………… (174)

闻道之态辨道性 …………………………………………………… (177)

"进道若退":退一步海阔天空 …………………………………… (180)

"大器晚成"终能成 ………………………………………………… (183)

"冲气以为和"蕴含着"和为贵"思想 ……………………………… (185)

"强梁者不得其死"的昭示 ………………………………………… (188)

"至柔"何以驰骋"至坚" …………………………………………… (191)

"不言之教"重在意会 ……………………………………………… (195)

"无为之益",益在何处 …………………………………………… (197)

"知足不辱,知止不殆"是老子倡导的人生观 …………………… (200)

正确做人和准确识人的奥妙 ……………………………………… (203)

老子韬光养晦的智慧 ……………………………………………… (206)

"清静"蕴藏着巨大力量 …………………………………………… (210)

"知足常足"远祸咎 ………………………………………………… (212)

圣人缘何能"不出户,知天下" …………………………………… (215)

"为学日益,为道日损"之我见 …………………………………… (218)

弘扬"德善""德信"的处世之道 …………………………………… (221)

"出生入死"话生死 ………………………………………………… (224)

做个"尊道贵德"之人 ……………………………………………… (227)

道家之"德"不同于儒家之"德" …………………………………… (230)

怎样才能坚守"袭常" ……………………………………………… (232)

"大道甚夷,而人好径"的心理分析 ……………………………… (235)

老聃"何以知天下" ………………………………………………… (238)

老子的"赤子"情怀 ………………………………………………… (241)

怎样理解"知者不言,言者不知" ………………………………… (244)

"和光同尘"的智慧 ………………………………………………… (247)

老子治国用兵取天下的方略 ……………………………………… (249)

对"福祸倚伏"的哲学思考 ………………………………………… (256)

圣人处世的四条准则 ……………………………………………… (259)

"重积德则无不克" ………………………………………………… (263)

"治大国,若烹小鲜"的深邃道理 ………………………………… (266)

"大者宜为下"对领导者的启示 …………………………………… (269)

心悟大道懂宽容 …………………………………………………… (272)

· 3 ·

道德经的人生智慧

"报怨以德"何其难 …………………………………………… (275)
"图难于其易,为大于其细"的哲学思考 …………………… (277)
莫让自己成为"轻诺寡信"之人 …………………………… (280)
"为之于未有,治之于未乱"话绸缪 ………………………… (284)
"千里之行,始于足下" ……………………………………… (287)
正确理解"为者败之,执者失之" …………………………… (289)
慎终如始无败事 ……………………………………………… (291)
老子是否有愚民思想 ………………………………………… (294)
善下者为王 …………………………………………………… (299)
"我有三宝"取天下 …………………………………………… (302)
优秀将帅的作战素养 ………………………………………… (306)
"祸莫大于轻敌" ……………………………………………… (309)
"被褐怀玉"蕴涵的人生智慧 ………………………………… (312)
人无完人贵自知 ……………………………………………… (315)
做人要"自知不自见,自爱不自贵" ………………………… (319)
"勇于不敢"才是大勇 ………………………………………… (322)
"天网恢恢,疏而不失"的警示 ……………………………… (325)
对"民不畏死,奈何以死惧之"的思考 ……………………… (327)
平平淡淡才是真 ……………………………………………… (329)
"强大处下,柔弱处上"是智慧,更是规律 ………………… (331)
"天之道"的告诫:不要逆势而为 …………………………… (334)
水的力量 ……………………………………………………… (336)
"和大怨,必有余怨"的告诫:要得理饶人不结怨 ………… (339)
老子理想中的"小国寡民"生活 …………………………… (343)
老子辨别世人道德的智慧 …………………………………… (347)
《道德经》之精髓:"利而不害""为而不争" ……………… (351)
附录1:新版式道德经 ……………………………………… (357)
附录2:《道德经》原文、译文 …………………………… (367)
附录3:文章分类目录 ……………………………………… (403)
附录4:主要参考文献 ……………………………………… (408)
后　记 ……………………………………………………… (409)

老子所说的"道"究竟是什么

"道"是老子哲学中最核心的思想,"道"是什么则是《道德经》竭力回答的最核心的问题。然而,老子用很大篇幅对"道"进行的阐释,让普通读者感觉"道"神秘莫测、晦涩难懂,真可谓"玄之又玄"!但是,学习《道德经》必须从"道"入手,从老子的阐释中寻找出"道"的实质。也就是说,只有揭开"道"的神秘面纱,才能启开通往学习《道德经》的"众妙之门"。

老子在《道德经》开篇就说:"道"是无法用语言完美、准确地表述出来的。如果能够表述出来,那就不是真正的"道"了。那么怎样才能认识"道"呢?不得不采用"无"和"有"这两个概念。"无"是天地的本始,"有"是万物的根源,要经常从"无"中去观察"道"的奥妙,从"有"中去认识"道"的端倪。老子在第4章又说,"道"是虚无而没有形体的,但却是用之不竭的,它是那样的渊深啊,就像是万物的宗主。它是那样的幽隐啊,好像没有又好像存在。"我"不知道它是从哪里孕育产生的,似乎在天帝出现之前就已经存在了。他在第14章告诉我们:"道"是看不见、听不到、摸不着的;它是一个恍恍惚惚存在的东西,没有形状的形状、不见物体的形象,迎着它也看不见它的头部,跟着它也看不见它的尾部。把握早已存在的"道",就可以驾驭现实存在的具体事物。在第21章中则强调:"道之为物,惟恍惟惚。"虽然道恍恍惚惚,但却是实实在在的物质。在第25章又进一步描述"道":有一个混混沌沌的东西,在天地形成之前就已经存在了。它无声息、无形体,独立存在而不消失,循环运行而不停止,它可以作为天地万物的根源。"我"不知道如何称呼它,只能称它为"道",再勉强给它取个名字叫作"大"。说它"大",是指它运行不止,运行不止就无处不到,无处不到最终必将返回本原。所

崔武卿:
中国书法家协会会员

道德经的人生智慧

以说,"道"无止境,"天"无边界,"地"无终点,"人"无不能。这就是宇宙间的"四大",而人是四大之一。"人"取法于"地",人类的所作所为必须符合大地孕育万物的法则。"地"取法于"天",大地时时刻刻都在效法天体的法则而运行。"天"取法于"道",天顺着道的自然法则而运作。"道"取法于它自己的"自然而然"的样子,按照其自身的准则自由自在地运行着。老子在第42章进一步强调了"道"的作用:"道生一,一生二,二生三,三生万物"。一言以蔽之:"道"生万事万物。

开始学习《道德经》时,被老子"玄之又玄"的描述弄得迷迷糊糊,但随着学习的不断深入,感觉老子讲的"道",越来越像马克思主义哲学中阐述的"客观规律"(或叫自然规律)。所谓客观(自然)规律,是指不以人的意志为转移的客观(自然)世界的规则,是事物运动过程中固有的、本质的、必然的、稳定的联系,是客观存在的,不以人们的意志为转移的,但人们能够通过实践认识它、利用它。老子说"道"的运行是"独立不改,周行而不殆"(25章),即内含宇宙万物的运行是不以人的意志为转移的,是永远存在、无所不至的永不停止。换一句话说,即物质世界的运动表现在周而复始的无限循环运动。这种表述已经与两千多年之后恩格斯关于"物质运动是一个永恒的循环,……除永恒运动着的物质以及这一物质运动和变化所依据的规律外,再没有什么永恒的东西"(《马克思恩格斯选集》第3卷,第559页)的思想是那样惊人的一致!从老子对"道"的描述与马克思主义哲学中对"客观(自然)规律"的定义可以看出,最能表达"道"的本质内涵的一个词就是"客观(自然)规律"。同样我们可以反过来说,与马克思主义哲学所说的"客观(自然)规律"最相近的一个汉字就是"道"。这足以说明中华文明的源远流长、中华哲学智慧的博大精深!胡适说:"老子是中国哲学的鼻祖,是中国哲学史上第一位真正的哲学家。"这一评价真是名副其实、当之无愧!

上面讲述了那么多,无非就是想探究老子所讲的"玄之又玄"的"道"究竟是什么。本人向来推崇"复杂的问题简单处理"的智慧和能力。现在便可以得出结论,用最简单的语言表述"道"的最本质的内涵就是:"道者,客观(自然)规律也。"这一最简明扼要的表述,启开了我们走近老子、学习《道德经》智慧的"众妙之门"!

这正是:

  道非可道像玄迷,
  似有还无更诡奇。
  扑朔迷离何谓道?
  自然规律便为伊。

《道德经》中的"德"究竟是什么

在《道德经》中,除"道"之外,"德"又是一个核心概念。正确理解和准确把握"德"的本质内涵,以及"德"与"道"的关系,是学习《道德经》最为重要的课题之一。

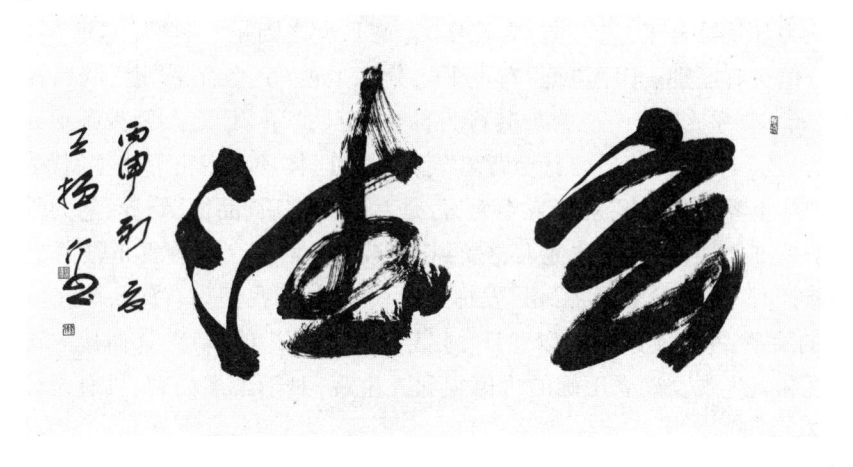

王猛仁:河南省周口市书法家协会主席

据统计,《道德经》中共有14章涉及"德"的问题。老子对"德"的阐述虽然不像"道"那样"玄之又玄",但这些宏观和微观的阐述分布在14个章节之中,也着实不太容易系统把握。再加上各种注解《道德经》的书籍对"德"的解读多种多样、五花八门,在读者中引起了一些歧义。通过反复研读《道德经》,我认为,既然把"道"的本质内涵确定为"客观(自然)规律",那么用最言简意赅的方式表述"德"的本质内涵则应该是:"德"就是"按客观(自然)规律办事。"即按"道"的要求做,就是"有德";不按"道"的要求做,就是"无德"或"失德"。

根据辩证唯物主义的物质和意识关系原理,"道"和"德"的关系可从三个具体层面理解:

第一,"道"决定"德""德"服从"道"。老子说:"孔德之容,惟道是从"(21

章)。意思是说,大德的内容服从于"道",也就是"道"决定大德的一切形态。老子认为,"道"是物质的、无形的、永恒存在的。"道"产生了万事万物,而且包含于万事万物,在一切事物中表现它的属性。"道"为体,"德"为用,也就是说,"道"是"德"的根本,对"德"有决定作用;"德"是"道"的表现形式,"德"服从于"道",二者相互联系,密不可分。无"道"就无"德",有"道"就有"德"。

第二,"德"是"道"在人类社会的反映。人们把"道"作用于人类社会产生的功能称为"德""德"是"道"在人类社会的具体体现,"道"必须通过"德"才能在人类社会发挥出作用。老子说:"上德不德,是以有德;下德不失德,是以无德。上德无为而无以为。"(38章)具备上德的人,从来不追求形式上的"德",所以是真正有"德";具备下德的人,从来不放弃形式上刻意追求"德",所以没有达到真正"德"的境界。具备上德的人一切顺其自然,无心故意作为。这表明,老子认为凡是符合于"道"的行为就是"有德",反之则是"失德"。"道"与"德"不可分但又有区别。因为"德"有上下之分,"上德"完全合乎"道"的精神,"上德"之人不在乎形式上的"德",其行为符合"道";"下德"之人则教条地死守着所谓的"德",其行为不符合甚至背离"道"。"道"体现在宇宙万物上,代表的是宇宙观和世界观。"德"对于人类而言,是对人的本质、品德、修养、能力等内在素质的标准性外化,它能被他人感受到,能被他人解读。只有真正领悟"道"的人才能拥有"上德",才能将"德"发挥到极致。因此,我们只有深入探究"道"和"德"的关系,并在实践中得以验证,才能领悟"上德"的真意,从而建立正确的价值观和人生观。确立正确的价值观和人生观,对于人类而言,具有十分重要的意义。

第三,"德"对"道"具有能动作用。老子说:"道生之,德畜之""是以万物莫不尊道而贵德"(51章)。"道"生成万事万物,"德"养育万事万物。因此万事万物没有不尊重"道"并重视"德"的。这是讲述"德"的作用。由"道"而生的万事万物则由"德"来养育,"道"与"德"的有机结合,才使得万事万物生生不息。他又说:"从事于道者,同于道;德者,同于德;失者,同于失。同于德者,道亦德之;同于失者,道亦失之。"(23章)追求"道"的人一定合于道;修德的人一定合于德;求失的人一定合于失,因为他符合失道失德的条件。而合于德的人,道就会报之以德;合于失的人,道就会报之以失,失道失德就是必然结果。天地在人们眼里神秘莫测,蕴含着巨大的能量,但天地也必须遵循客观(自然)规律(即"道"),天地尚且无力对抗客观(自然)规律,更何况渺小的人类呢?人具有主观能动性,正是这种主观能动性决定了人类必然要受到客观(自然)规律的奖惩。当人的"德"符合"道"的要求时,"道"与"德"就会融为一体,人的行为就会

受到"道"的保护,一切事情得心应手,一切活动风调雨顺,人类就会从中受益,得到丰厚的回报;当人的"德"不符合"道"的要求时,"德"与"道"就会相背离,人的行为就会受到"道"的惩罚,天灾人祸就会不期而至。当今世界上所遇到的社会问题和生态问题,无一不是人的"德"背离"道"所产生的,违背"道"就是失德,失德就会自食恶果,甚至自我毁灭。

以上就是老子在《道德经》中所建构的"道德"体系。从中我们可以得出结论,尊道贵德的圣人,善于通过对包括言行举止、素质修养等在内"德"的严格修炼,让自己的"德"更符合"道",即让自己努力认识并掌握客观(自然)规律,能够更好地按客观(自然)规律办事,从而达到"人法地,地法天,天法道,道法自然"的至高境界。

总之,此文的根本目的只有一个,即告诉读者"德"究竟是什么。笔者用最简明贴切的语言表述其本质内涵就是:"德者,按客观(自然)规律办事也!"至此,我们就可以开始尽情地享受《道德经》给我们带来的人生智慧了。

这正是:

> 人间万象哪为德?
> 遵道无为做楷模。
> 德道相成而亦反,
> 贵德尊道治邦国。

对老子"无为"思想的理解

《道德经》中共有10章13处提到"无为"二字。可以说,"无为"是老子非常重要的思想,老子著书立说最大的动机和目的就在于发挥"无为"的思想。要准确把握老子哲学思想的脉络、正确解读《道德经》,必须全面而正确地理解"无为"。《辞海》对"无为"的解释是:"道家的哲学思想。即顺应自然的变化之意。老子认为宇宙万物的根源是'道',而'道'是'无为'而'自然'的,人效法'道',也应以'无为'为主。"可以说,老子的"无为"思想博大精深、内涵丰富、立意高远。通俗一点解读,我把老子的"无为"思想简要地概括为三个层面:

杜国库:中国书法家协会会员

一、无为乃不妄为——"无为"的本质

老子认为天地万物都由"道"化生,而"道"的最根本规律就是自然而然,所以人类应该仿效大"道",顺其自然。故主张"人法地,地法天,天法道,道法自然。"(25章)让事物按照自身的必然性自由发展,使其处于符合道的自然状态,不对它横加干涉,不以有为去影响事物的自然进程。只有这样,事物才能正常存在,健康发展。老子哲学常被称为"自然"哲学,"自然无为"是老子哲学的最重要的一个观念。在老子看来,无论是为人处事还是修心炼性,都应以自然无为为本,避免有为妄作。以种田为例,老子讲的"无为",不是告诉人们什么都不

用去做了,如果都不去种田,粮食从哪里来呢? 没有粮食,吃什么呢? 不吃饭,人怎么能活得下去呢? 这显然是很荒唐的。老子真正要告诉人们的是,田还是要种的,但是要顺应庄稼的自然生长规律,适时地播种、施肥,合理地耘草、收割,而不要拔苗助长。所以,如果人为干涉事物的发展进程,按照某种主观愿望去干预或改变事物的自然状态,其结果只会是自取其败。

由此可见,老子强调的"无为",并非不求有所作为,而是指凡事要"顺天之时,随地之性,因人之心",不要违反"天时、地性、人心",凭主观愿望和想象行事。正如王蒙所说:"无为就是力戒虚妄,力戒焦虑,力戒急躁,力戒脱离客观规律、客观实际,也力戒形式主义。无为就是把有限的精力时间节省下来,才可能做一点事,也就是——有为。"在"无为"的心理状态和处事原则下,人心不执着、不陷溺、不束缚于任何一个外在事物,从而能够因任万物之自然,达到一种"功成事遂"的至佳状态。所以老子说:"是以圣人处无为之事,行不言之教。"(2章)那些有智慧有道德的圣人,总是善于做顺应自然的事情,从不逆势而动,不刻意、不强求、不说教,顺势而为,水到渠成。进而他又强调:"为者败之,执者失之。是以圣人无为故无败,无执故无失。"(29章)急功近利的任意妄为必然会招致失败,过于执著追求反而会遭受损害。所以圣人不妄为就不会失败,不过分执著追求就不会遭受损害。老子这是在告诫统治者(侯王),不管是做人做事,都要学会不胡乱妄为,不强施号令,否则就会起到反的作用。"无为"的这一本质要求统治者(侯王)要"损之又损,以至于无为"(48章),通过学习大道让自己的欲念一天比一天减少,达到不妄为、不胡作非为的境界。其目的就是忠告统治者(侯王),不要主观臆断、好大喜功、强民所难,更不要贪欲膨胀、肆意妄为,以最大程度不做蠢事、不做坏事、不帮倒忙、不开倒车,特别是不能横征暴敛、穷兵黩武、侵国夺城,置百姓于水深火热之中。"无为"就是排除了矫揉造作、强力妄为等不适当的作为,循顺万事万物之自然而然的发生发展状态而动、而为的一种做人态度和处事原则,并进一步强调"无为"的原则是"守柔"与"不争",从而强化了"道法自然"的核心理念。

二、无为而无不为——"无为"的目的

《道德经》中,老子一方面倡导"无为",另一方面又强调如何才能"治大国""取天下""为天下"等等,这些难道不是最大的"有为"吗? 这不是相互矛盾吗? 我们从老子写《道德经》的目标指向就能很好地解释这个问题。《道德经》一书不是写给普通老百姓的,而是写给统治者(侯王)治理国家的谏言书。老子是想通过《道德经》劝导统治者(侯王)要在因循自然、顺势循理、从民所愿的作为中,不掺私志私欲、不图名图利、不居功自大,不以一己之私而损害公道。旨在

道德经的人生智慧

限制统治者(侯王)的私欲、私事、私为、私智,淡化功名权力欲,少些假公济私。由此可以看出,老子所倡导的"无为"只是一种手段,是为了更好地"有为",即通过"无为"的手段达到"无不为"的目的。因此老子才强调:"道常无为而无不为"(37章)。"道"永远是顺其自然,不会强行干预万事万物的运作,但万事万物都自然而然地按照"道"的规律去运作。"上德无为而无以为。"(38章)具备上德的人懂得"道常无为而无不为"的道理,因此时时处处讲究的是顺其自然而不刻意作为。老子的"无为而无不为"(48章)思想告诉我们,"无为"是一种处事的态度和方法,"无为"是为了"有为","无不为"是"无为"(不妄为)所产生的效果。只有有所不为,才能有所为,才能实现"治大国""取天下""为天下"的目的。所以说,"无为"与"有为"是辩证的统一,这正是伟大哲学家老子强调"无为"的原因。

三、无为而治——老子的治国之道

老子生活在无休无止的争霸、生灵涂炭的战乱年代,在看破人世间的战乱与杀戮之后,他所向往的是一个充满和谐的理想社会。老子提出圣人的"无为"之治,意在告诉统治者(侯王)"为无为,则无不治"(3章)的道理。意思是说,以"无为"的态度去处理事务,就没有不上轨道的。"为'无为'"是说以"无为"的态度去"为"。可见老子并不反对审时度势的作为和努力,仍然要人去"为"的,但他更强调的是:"为而不恃"(2章)、"为而不争"(81章),鼓励人去发挥主观的能动性,去贡献自己的力量,同时他又劝诫人们不要把持、不要争夺,不要凭借努力的成果去伸展一己的占有欲。要祛除欲望,按照"无为"的原则去做,以顺应百姓的需求为重点来治理国家,统治者(侯王)不要把自己的意志强加给广大百姓,那么天下就会太平,国家就没有治理不好的。要而言之,"无为而治"思想强调的就是无为而循道、无为而修德、无为而真知、无为而察世、无为而贵身、无为而不乱用兵、无为而安民、无为而治国等。这正如王蒙所说:"老子的无为而治是一种高智商,是一种理想境界即化境,不是所有的人都达得到做得到的。"

那么,统治者(侯王)怎样才能做到"无为而治"呢?老子强调要"为无为,事无事,味无味。"(63章)以不刻意而为之心去做事情,以不滋事的方法去处理事情,以恬淡无味的心态去品味食物。老子理想中的"圣人"对待天下,都秉持"无为"的态度,也就是顺应自然的规律去"为",所以叫"为无为"。把这个道理推及人类社会的通常事务中,就是要以"事无事"的态度去办事。所谓"事无事",就是希望人们从客观实际情况出发,一旦条件成熟,水到渠成,事情也就做成了。老子特别反感统治者(侯王)任凭主观意志发号施令,强制推行自己的主

张。"味无味"是以生活中的常情做比喻,这个比喻是极其形象的,人要想品出味道,首先要调整好心态,以恬淡无味之心,从品尝无味开始,把无味当作味道,这就是"味无味"。老子劝诫统治者(侯王)要"取天下常以无事,及有其事,不足以取天下。"(48章)治理国家最好采用清静无为的方式,要少发布政令,少骚扰百姓。如果经常采用繁苛的政令侵扰百姓,那么就不能夺取天下、治理好天下了。

接下来,老子告诉统治者(侯王)运用"无为而治"的治国之道的好处是什么:"我无为,而民自化;我好静,而民自正;我无事,而民自富;我无欲,而民自朴。"(57章)作为统治者(侯王),如果能够做到不为满足自己的私欲而胡作非为地瞎折腾,不随意干涉老百姓的生活,则老百姓就会自我教化、自觉端正品行、生活自然富足、风气自然淳朴,按照自己的生活方式自由自在地生活,这样天下就会太平。而战乱四起、民不聊生的社会现实让老子痛心疾首,以深深的忧虑和强烈的责任感呼吁统治者(侯王):"爱民治国,能无为乎?"(10章)爱民治国,能做到自然"无为"吗?其实,早在十八世纪,西方就流行一句口号:"最懒惰的政府是最好的政府。"那时的政府并没有什么重大的事情可做,主要的工作只是替公民修修道路而已。但在二十一世纪的今天,情况就大不一样了,政府要统筹办理的事情太多了,要做到"无为"已经是不可能的事了。在当今社会,我们处处可以看到权力支配生命,处处可以看到个人无助的情形;权力越来越强化,越来越集中化,越来越深度侵蚀到个人生活领域的方方面面。在这种情况下,老子"自然无为"的主张,仍然有其时代的意义。

综上所述,我认为,老子的"无为"是一个很高的标准,很难坚持的事情。"无为"恰似"好雨知时节,当春乃发生。随风潜入夜,润物细无声。"是顺势、合规、遵道的"有为"。因此老子说:"无有入无间,吾是以知无为之有益。不言之教,无为之益,天下希及之。"(43章)意思是说,无形的力量可以穿透没有间隙的东西,我因此认识到"无为"的益处、"不言"的教诲、"无为"的好处,普天之下很少有人能够做到了。正是由于"无为"难做到,所以"无为"很珍贵,"无为"之人才被尊为"圣人"!

这正是:

无为思想内涵深,
不妄为之乃本真。
恪守无为遵大道,
无为而治万国臣。

"功成弗居"是品德更是智慧

"功成弗居"这一成语,出自《道德经》第 2 章:"万物作而不为始,生而不有,为而不恃,功成而弗居夫唯弗居,是以不去。"意思是说,道运行的法则是,让万物自然地生长而不横加干涉,生养万物而不据为己有,施为万物而不炫耀自己,成就万物而不居功自傲。得道的圣人正是能够像道那样不贪功,才能让自己的功绩永存。可见,"功成弗居"是一种很高的境界。

纵观历史,人获得成功后往往会有三种表现:居功自傲、贪得无厌、功成弗居。

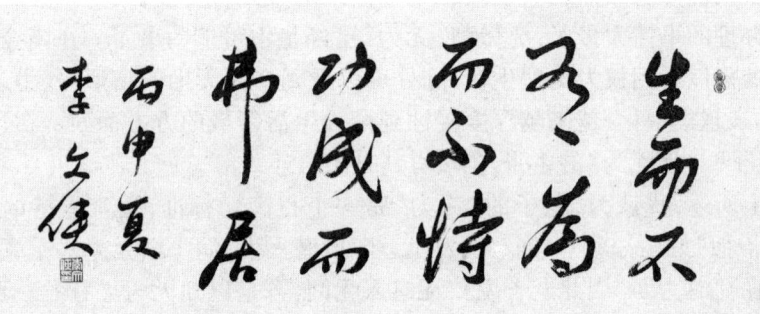

李文侠:《青少年书法报》社长

"居功自傲"者自有其"自傲"的资本。 因为这样的人功绩卓著,无人能与之攀比,于是就变得不可一世、目中无人,做事飞扬跋扈、骄横专制,甚至是为所欲为。然而,物极必反、盛极而衰的道理告诉我们,这类人往往不得善终:或者被贬谪,或者遭弹劾,或者成为千夫所指。其教训就在于:功劳成了累赘和陷阱。他们为了功名不顾一切,最后又受功名连累失去一切,正如木匠戴枷,自作自受。历史上韩信与文种的悲剧下场就是最好的诠释,他们因为不擅于"韬光养晦",往往"功高震主",最后落得"鸟尽弓藏、兔死狗烹"悲惨结局。

"贪得无厌"者也有其贪婪的理由。 这类人在成功之前付出了无数艰辛,一

旦功成名就,便有了贪婪的资本和机会,从心理上认为享受荣华富贵、功名利禄是付出之后应得的回报。于是就利用自己的地位和权力为自己攫取利益、贪得无厌,净干些假公济私、损公肥私、以权谋私的勾当,其下场自然可想而知。出身贫寒的和坤,得势后变成巨贪而身败名裂就是最好的例证。

"功成弗居"者最难能可贵。没成功前,有些利益遥不可及,自然心静如水,内心根本就没想到这些利益会与自己相关,自然也就没有得到这些利益的欲望。但成功之后,巨大而众多的利益近在咫尺、唾手可得,这时在"得"还是"不得"的问题上,最能考验一个人的定力。能够毅然放弃者不仅需要抗住诱惑、勇于舍弃的品德,更需要审时度势、居安思危的智慧。张良、范蠡就是最好的榜样,懂得"功成身退"之道,故能"全身远祸",他们的人生自然是另一番的境界。

老子说,"功成而弗居,夫唯弗居,是以不去。"即使功成名就之后也不要居功自傲,只有这样,功绩才会永恒存在。有功,是一种客观事实,而居功则是一种主观的态度。功绩不是自己夸耀出来的,一个人做了多少事情,给社会带来多大的贡献,即使自己不去夸耀,这些功劳也是现实存在着的,自然也会有人看得到、记得住,不会因为自己不张扬而自行消失、长久埋没。功劳被别人传播出去是黄金,被自己卖弄出来就是黄土。我们做了有意义的事情,只有自己的内心获得了安慰、证明了自己的能力、实现了人生价值就足够了,根本没有必要非得为自己的功劳讨个说法。否则,很容易适得其反。人一旦居功自傲,就很容易招惹非议,即使自己有功劳,也可能会因此被抹杀掉。盛名之下善于韬光养晦,才能不开嫉妒之门;成功之后依然保持谦虚,方可免走怨怼之路。放下功利心,不炫耀自己的荣宠,不吹嘘自己的功绩,身处红尘依然心神安宁,才能够善始善终。

功名本来就是身外之物,人生一世,当赤条来去无牵挂,活的是心灵的自由和自在,而不是受身外之物拖累、纠缠。有时得到的越多,失去的也越多,不贪不占、不矜不持也许更受人们景仰。所以说,在当今物欲横流、利欲熏心的社会环境下,老子"功成弗居"思想更值得每一个人,特别是已经是成功人士或掌权者深思,这不但考验一个人的品德,更考验一个人的智慧!

这正是:

功利实为身外物,
追功逐利需宜度。
功高震主入危局,
功遂不居方不辱。

老子的"圣人之治"方略

《道德经》是老子为统治者（侯王）治理国家提出的政治主张或谏言。他认为，无论是统治者（侯王）还是老百

无为而治

李国印：中国书法家协会会员

姓，过分强烈的欲望是产生各种争斗和战乱的罪魁祸首。要想结束诸侯争霸、生灵涂炭的战乱时局，必须从消除人的欲望开始。为此，老子向统治者（侯王）提出"圣人"治理国家的方略，旨在让他们按照"圣人之治"的模式来治理天下。

一、治国的遵循

老子始终认为："为无为，则无不治。"（3章）这是"圣人之治"的指导思想。老子所处的春秋时代，诸侯混乱，统治者（侯王）强作妄为、贪求无厌、肆意放纵，造成民不聊生。在这种情形下，老子提出了"无为"思想，呼吁统治者（侯王）要实行"无为而治"。他说："我无为，而民自化；我好静，而民自正；我无事，而民自富；我无欲，而民自朴。"（57章）"好静"是针对统治者的骚扰而提出的，"无为"是针对统治者的苛政而提出的，"无欲"是针对统治者的贪欲而提出的。老子认为，为政者应当能做到"无为而治"，有管理而不干涉，有侯王而不压迫，让百姓自我发展、自我完善，这样百姓就能够安平富足，社会自然会和谐安稳。老子之所以提出"无为而治"思想，是因为他笃信"无为而无不为"（37、48章）。只要统治者（侯王）能够按照客观（自然）规律办事不妄为，国家就没有治理不好的。他要求统治者（侯王）要"处无为之事，行不言之教"（2章）。在他看来，"是以圣人无为，故无败；无执，故无失。"（29章），圣人"无为而无不为。取天下常以无事，及其有事，不足以取天下。"（48章）。老子把"无为"看作圣人"取天下"和"治天下"的手段。《汉书·艺文志》说：道家的"无为"政治主张是"君人南面

之术",道出了"无为"政治的精神实质。道家"无为而治"思想作为一种治国之策,对后世朝代的安邦治国影响很大。如田齐的黄老之学和汉初的黄老政治都是官学、显学,用来治理国家,并成就了"齐国霸业"和"文景盛世"。唐初把道教定为国教,推行垂拱而治,出现了"贞观之治"。明初力推"休养生息"政策,出现了"仁宣之治"。清初推行轻税减赋政策,成就了"康乾盛世"。由此可见,中国历史上的五大太平盛世,都是直接或间接在道家理论指导下取得的。但是,道家发展也曾偏离了正确方向,偏离了老子思想的本意。特别是老子的"无为而治"思想,被魏晋玄学家引入歧途,这些玄学家则通过宣传"无为而治",引导人们消极、遁世、清谈、无所作为,对后来社会和道学的发展产生了极其消极的影响。所以学界普遍认为,"玄学"与老子没有任何关系。

二、治理的内容

老子认为当时存在三大社会问题。一是"尚贤"的问题。崇尚贤能、做有贤德之人本来是一件好事。但由于过分看重贤德,使人们为获得"贤能""贤德"之名,巧立名目、你争我斗。比如过分崇尚"孝道",以孝者为贤,就有人做出"割己肉以嗜父"的荒唐之事。所以,老子提出"不尚贤,使民不争"(第3章)的主张,强调如果社会不崇尚贤能,就不会导致百姓相争。正如司马光在《道德真经论》中说的那样:"贤不可不尚,人皆知之。至其末流之弊,则争名而长乱,故老子矫之,欲人尚其实,不尚其名也。"特别是社会风气不清纯、贤与不贤标准难立、真假难辨的情况下,"尚贤"之举更是弊端重重。二是"贵货"的问题。贵重的货物,如古董、文物、字画、钻石、珠宝等都成了抢夺的对象,为了财富有的人直接抢劫、盗窃,聪明一点的人则利用自己的智力去明抢、暗盗,天下人几乎都成了名利的盗贼。所以老子针对时弊提出:"不贵难得之货,使民不为盗。"(3章)如果不视那些珍奇异宝为贵重之物,民众就不会产生偷窃之心。三是"见欲"的问题。有些人为了满足自己的虚荣之心,时时有意识地张扬欲望,处处炫耀自己的财富,以此来赢得一些世俗之人的羡慕忌妒恨,从而导致人心之乱、社会之乱。于是老子提出"不见可欲,使民不乱"(3章),要求人们都不去炫耀那些能引起贪念欲望的东西,就不会导致民心迷乱。由此,我们不得不佩服老子的睿智,他在数千年前提出的社会之弊,现在依然存在,而且在某种程度上有愈演愈烈之势。他提出国家治理的内容依然是当今之时代课题。

三、治理的措施

老子在这里提出统治者(侯王)应该遵循的圣人治理国家的具体措施,那就是"虚其心,实其腹,弱其志,强其骨"(3章)。这也是老子提出的破除名、利、欲的四种方法。一是"虚其心":让百姓涤除一切攀贤慕能的妄想和私欲,使心灵湛寂,不为名利外物所动,达至清静寡欲之圣境。二是"实其腹":让百姓在物质上得以安饱,在精神上充实固有的内德,返璞归真,不断提升生命的意义。三是"弱其志":尽量削弱其对名、利、欲望追求的意志,进而去除无边的烦恼,回归清静。四是"强其骨":千锤百炼培养百姓坚强的体魄,不惧劳作之苦,安心躬耕生活。我把这四句话概括为两点:"虚心以弱志;实腹以强骨。""虚心以弱志"就是教育引导人们要保持谦虚、平和、淡然之心,以此来削弱追求功名利禄的志向。"实腹以强骨"就是发展社会生产,让老百姓能吃饱穿暖、衣食无忧,从而让人们专注于、满足于强身健体、安居乐业的田园生活。同时,在理解这四句话时要特别关注两个字,一个是老子用"虚"字而不是"愚"字,一个是用"弱"字而不是"去"或"除"字。可见,老子在"圣人之治"采取措施的程度把握上可谓是天衣无缝、准确无误。

四、治理的结果

老子认为"圣人之治"的理想结果是:"常使民无知无欲。使夫智者不敢为也。"(3章)对于这句话的理,是后人解读《道德经》时争议非常大的地方之一,普遍认为这是判定老子有无"愚民"思想、是不是完美圣人的重要依据。崇拜老子的人认为,这里的"知"是"智"的通假字,意为聪敏奸诈的机巧,把"常使民无知无欲"解释为,永远使老百姓无巧伪奸诈的心智,无争夺名利的欲望。批评老子的人认为,这句话是老子存在"愚民"思想的铁证。老子的本意就是让老百姓永远没有知识、没有欲望,从而让老百姓全都变成蠢人而永远忍受统治者(侯王)控制。我倒认为,作为真正的历史唯物主义者,没有必要去刻意美化或丑化某一历史人物,对老子其人其思想也应该历史地辩证地去看待。老子是大圣人、思想家、哲学家,但也不是完美无缺的。"常使民无知无欲,使夫智者不敢为也"这句话,的的确确是老子站在统治者(侯王)的角度治理国家的愚民之策,就是让老百姓不知功名利禄是何物,得到功名利禄有何好处,因此也就没有争夺功名利禄的欲望。即使有少数巧伪奸诈的智巧之人懂得那些事情,也不敢"冒天下之大不韪",明目张胆地巧取豪夺了。根本没有必要牵强附会地认为"知"同"智",在《道德经》中"知"和"智"根本不是通假字。尽管老子思想存在历史局限性,存在"愚民"思想,但这丝毫不能影响老子的伟大。只有按照老子的"圣人之治"思想去做,达到"人欲尽净,天理流行"的境界,才能防止出现由于人们的欲望与野心过强而引起的纷争和战乱,也可以防止由于民不聊生而造成的揭

竿而起。天下人的欲望淡了,人心就厚道了;人心厚道了,天下自然就太平了。

这正是:
    心忧世事五千言,
    理政经纶贯此间。
    根治沉疴图愿景,
    圣人之治万民安。

道德经的人生智慧

"冲而不盈"之妙

老子说:"道冲,而用之或不盈,渊兮,似万物之宗。"(4章)"冲"是古代用来盛酒或茶的器皿,这里是"虚空"之意,"盈"是"满"之意。这句话的意思是说:道是虚空的,然而却是用之不竭的。它是那样的渊深啊,好像是万物的宗主。老子在此给我们指出了"冲而不盈"的处事之道。

这让我想起日本的一个关于禅道的著名故事。南隐是日本明治时期的一位著名禅师。有一天,一位非常自负的大学教授向他问禅道。他以茶相待,将茶水注入这位教授的杯子中,直到杯满,稍微停顿一下后又继续注入。这位教授眼睁睁地望着茶水不断地溢出杯外,实在忍不住了就说道:"已经漫出来了,不要再倒了!"南隐禅师答道:"你自负的样子就像这只装满水的杯子,心里装满了你自己的看法和想法。如果不先把你自己的杯子空掉,叫我如何对你说禅?"用南隐禅师的做法来形容人内心世界的"冲"和"盈",实在是太形象、太恰当了。一只茶杯当水已经盈满的时候,再多一滴水也会流出,这同样是人内心世界盈满以后的结果。很多自满自负的人太像这只茶杯了,自认为已经掌握了这个世界的根

李京臣:中国书法家协会会员

本大道,不能再接受任何其他的事物,再多一滴也会流掉。在这种状态下,人的求知欲望已经发展到了尽头。相反,如果人的内心世界时刻处于"冲"的状态,就可以随时接受并掌握新生事物,人的内心世界也会像大海一样永远不会盈满。

道"冲而不盈"提醒我们,为人处事不要过于追求完美和圆满,因为完美和圆满不能持久。正如《周易·丰》所讲:"日中则昃,月盈则亏"。太阳到了正午就要偏西,月亮盈满就要亏缺。事物发展到一定程度,就会向相反的方向转化。这既是大自然的规律,更是人类社会的发展规律。现实生活中,人们往往对虚

空有一种恐惧,而喜欢追求完美和圆满,这种思维和行为显然是违背"大道"的。过分追求完美和圆满的做法固然会带给人们一时的满足,但带给更多的还是损伤甚至是灾祸。道理很简单,因为任何实体的事物都有兴旺衰亡的规律。有上坡必然有下坡,有上台之时必然有下台之日,事情发展到一定限度必然会走向反面。所以,兴旺发达之时要居安思危,切莫妄自尊大;功成名就之时要保持清醒的头脑,切莫骄傲自满。任何事情不要做绝做满,最好留有一定的余地。名满天下更应该谦虚待人,富甲四海更应该怜孤恤贫,唯有如此,才合乎"大道"。在这方面,曾国藩自削兵权、藏锋保身的做法给我们树立了榜样。曾国藩统率湘军平灭太平天国和攻陷天京后,如日中天。他自知手握重兵,必然会被咸丰皇帝为首的满清王朝疑忌,受到正统儒家教育、酷爱《道德经》的曾国藩深知树大招风的道理,深谙明哲保身之道,只有谦退才可避免因功高震主而遭遇不测。于是,曾国藩还未等朝廷开口,就主动提出裁减湘军(但自己培养起来的李鸿章的淮军则没有裁减)。这样既避免过大的兵权会给自己招来祸害,又留有适当的兵权充当护身符。曾国藩在实力最为强盛,让人感觉志得意满的时候,果断选择韬光养晦,最终远离凶险,稳居高位,全身而终,深为同僚和后人所钦佩和叹羡。

  道"冲而不盈"还告诉我们,在社会生活中,人只有保持谦虚的姿态,才可以不断进步。"满招损,谦受益。"(《尚书·大禹谟》)这句话是对"冲而不盈"最好的注解。每当人们赞叹苏格拉底的学识渊博、智慧超群的时候,他总是谦逊地说:"我唯一知道的就是我自己的无知。"莱辛曾警告人类说:"骄傲的人,我们的骄傲多半是基于我们的无知!"可见,谦虚的人明白自己的长处和短处,也明白自己需要努力的方向。谦虚的态度,能帮助人们一如既往地汲取知识与智慧,不断充实自己,从来不会停止对自我的完善。而那些不懂得"大道"的骄傲者则恰恰相反,他们往往看不到天外有天、人外有人,只见百川而不知汪洋,因而迟迟没有在自己的弱项上奋起直追,耽误了自己的进步和完善。谦虚正是我们对世界的认识不断扩大的前提下,最需要拥有的一种品质。

  由此可见,无论做人做事,永远不要追求完美和圆满,永远要保持谦逊和虚心,这就是老子"冲而不盈"带给我们的人生哲学智慧。

  这正是:

> 冲而不盈遵天道,
> 绵亘不竭藏奥妙。
> 处事为人切守循,
> 防骄戒满持低调。

道德经的人生智慧

"天地不仁"与"圣人不仁"的困惑

老子说:"天地不仁,以万物为刍狗;圣人不仁,以百姓为刍狗。"(5章)有的人可能会大惑不解:老子怎么能认为天地和圣人都不仁不义,还把万物和百姓都当成刍狗对待呢?!

对于这两句话的理解历来有争议,综合多种注解,最主要有两种解释。第一种解释是:天地是没有仁爱的,把万物当成刍狗;圣人也是没有仁爱的,把百姓当成刍狗。第二种解释是:天地是没有偏爱的,把万物当成刍狗;圣人也是没有私心的,把百姓当成刍狗。这两种解释的分歧在于对"仁"字的理解。第一种解释是把"仁"理解成我们通常讲的"仁爱"。第二种解释是把"仁"理解成"偏爱、私心"。

按照第一种解释,"不仁"就是"没有仁爱",也就是说,天地对于万物是没有仁爱之心的,而圣人对于百姓也是没有仁爱之心的。这就意味着,天地和圣人都是没有任何情感的,任由万物和百姓自生自灭。这种理解比较符合"仁"的本意,但与老子的一贯思想又有些不够吻合。这就涉及对《道德经》中的核心概念——"无为"的理解问题。《道德经》是写给统治者(侯王)修身治国的谏言,"无为"不是指什么也不做,而是指不妄为。如果天地和圣人没有任何仁爱之心,任由万物和百姓生死存毁而坐视不管,那么也就相当于把"无为"理解成不作为了。很显然,在老子心目中,圣人对待百姓不是这样的态度。比如,《道德经》有言:"是以圣人常善救人,故无弃人;常善救物,故无弃物。"(27

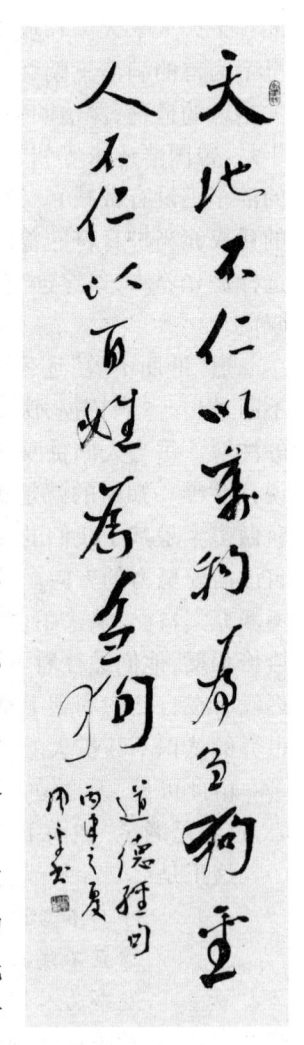

周平:伊春市书协副主席,荣宝堂书画院副院长

章)意思说:圣人总是善于帮助人,所以没有被遗弃的人;总是善于使用物品,因而就没有被遗弃的物品。再比如,《道德经》又说:"圣人常无心,以百姓心为心。善者,吾善之;不善者,吾亦善之;德善。信者,吾信之;不信者,吾亦信之;德信。"(49章)意思是:圣人永远没有私心成见,总是以百姓的想法作为自己的想法。对于善良的人,我以善良对待他;对于不善良的人,我同样用善良对待他;这种德的力量就会让百姓人人向善。对于有信用的人,我信任他;对于没有信用的人,我同样信任他,这种德的力量就会让百姓人人守信。这两段话有力地说明,圣人对待百姓决不是麻木无情的,不仅不是毫不作为,恰恰相反,是"以百姓心为心""善救人""善救物"的,所以说,纵观《道德经》全书的思想体系,"不仁"在这里并不是指没有仁爱之心。比较符合老子本意的意思是:天地对待万物,圣人对待百姓都是没有偏袒之私心的,这可以从"常善救人,故无弃人;常善救物,故无弃物""善者,吾善之;不善者,吾亦善之""信者,吾信之;不信者,吾亦信之"等表述中体味出来,老子所讲的"不仁",不是麻木不仁,而是一视同仁。但是,让我困惑的是,我查找了手头的《辞海》《古代汉语字典》《古代汉语词典》《现代汉语词典》,对"仁"字都没有"偏爱、私心"的解释。《辞海》中虽有"不仁"这一词条,但三种释义都没有类似于"不偏私、不偏爱"的意思。在古今中外都有这么大影响的《道德经》中,对"仁"和"不仁"的这种释义,在权威的工具书中没有一丝的体现,实在难以理解。

  老子进一步把天地和圣人"不仁",具体落到把"万物"和"百姓"视为"刍狗"上。所谓"刍狗",就是用稻草扎成的狗,它在古代的特殊功用就是用于祭祀。祭祀是一件很严肃、庄重、隆重的事情,先秦时期尤其如此。在这种场合,"刍狗"被赋予了特殊的象征意义,已经不再是一个普通的稻草扎成的小狗,而是表示对神灵的尊敬和崇拜。然而,一旦祭祀过后,"刍狗"就恢复了它本真是稻草的意义,不再被人顶礼膜拜,"刍狗"的地位发生了翻天覆地的变化,被人遗弃,甚至践踏,最后被当成普通的稻草拿回家当柴火烧了。"刍狗"之所以会落得如此的命运,并不是人们对其存在好恶心理,而是为了祭祀的需要。在祭祀之前,人们尊重"刍狗",是因为它是用来献给神灵享用的;在祭祀之后,人们对"刍狗"毫不介意,是因为那时它就只是一堆稻草而已了。人们对"刍狗"所持有的这样两种迥然不同的态度,并不出于任何偏爱或歧视,而只是视其自然的价值来施予相应的态度,这种态度完全是不偏不倚的。这就是人们对待"刍狗"的方式。

  从上面分析可以得出这样的结论:老子所说的"不仁"和视之如"刍狗",想要阐明的一个思想就是:对万事万物、对每一个人都要平等视之,抛弃一切的偏

道德经的人生智慧

见,永远保持一颗公平之心。这可能就是天地和圣人遵循大道的自然而为,也应该是所有统治者(侯王)应该追求的目标吧。

这正是:

> 天地无私怎不仁?
> 不仁何具圣人心!
> 后人阐释多歧义,
> 没有偏私乃本真。

"橐籥"告诉我们：生活需要"留足空间"

橐籥(tuó yuè)就是以前农村厨房烧火做饭时用的风箱，现在已经很少见了。小时候跟母亲回山东老家，每天到做饭的时候，我都争着到厨房拉风箱，咣当咣当的有一种开火车的感觉，风箱一鼓一吸间火苗一高一落变化不停，风箱里的空气也在多与少间不断地转换着、流动着。正如老子所言："虚而不屈，动而愈出。"(5章)风箱之所以能鼓风，是因为它中间是虚空的，能容纳空气，活塞在运动中让空气流动形成阵阵风力，以助火威。这就是橐籥的工作原理。橐籥让我联想起了生活，一个人要想把生活过得风生水起、有滋有味，不也应该像橐籥那样"留足空间"吗？

"留足空间"，就是不要让自己太劳顿。人生总有干不完的事情，累死也无法把自己想干的事情都干完。因此，就不要把自己安排得太满，不要把自己的目标定得太高，不要让自己的心理压力太大。不会休息就不会工作，聪明的生活方式，是该工作时集中精力玩命地干工作，该休息的时候轻轻松松、心无旁骛地休息。留出足够的休息空间，并不是人生的虚度和浪费，而是人生征程中的加油站和维修站。

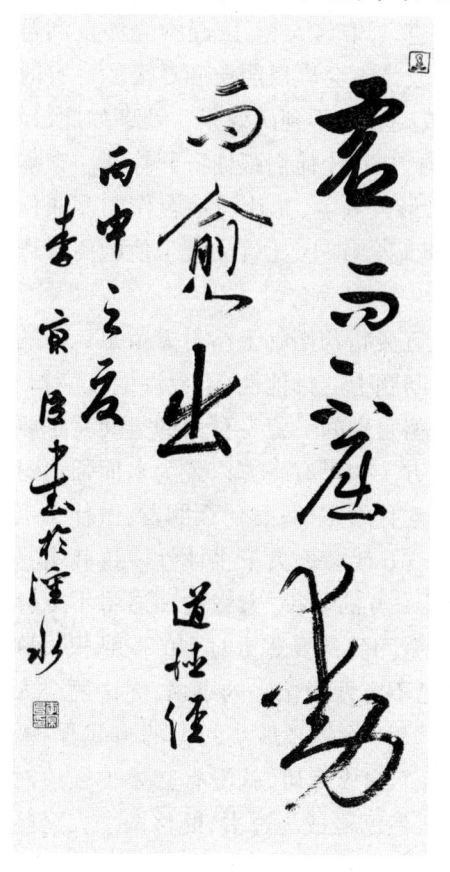

李京臣：辽宁省书法家协会理事

不加油跑不远，不维修不安全。没有健康的身体和饱满的精神是无法成就事业的。

道德经的人生智慧

"留足空间",就是不要让朋友受压抑。生活的空间有限,在与朋友相处过程中,不要总以自己为中心,总是滔滔不绝地自我表白,淋漓尽致地自我表现。法国大哲学家洛士佛科曾说过:"与人谈话,如果自己说得比对方好,便会化友为敌;反之,如果让对方说得比自己好,那就可以化敌为友了!"说得多么一针见血呀!这告诉我们要学会倾听、学会谦逊。如果遇到一个总是夸自己的长处并陶醉其中,觉得自己很了不起的人,那么你就不妨多谦逊一下,这样自然容易获得对方的好感。有时做一个倾听者比做一个倾诉者更有用,而适当的沉默无疑便是巧妙地给对方留足空间,把空间留给对方去发挥,也就是给予对方极大的尊重。世上能把话说得天花乱坠的人不在少数,而能够善于倾听人的却不多,但是往往这样的人才更容易办成事。

"留足空间",就是不要让伙伴受损失。生活中与人相处,经常会涉及利益关系。遇事不能总想着自己占便宜,斤斤计较是不会赢得朋友和尊重的。有时慷慨的付出,把受益的空间多留给伙伴,会收到意想不到的效果。处事如此,经商更是如此。一定要给合作伙伴留足利润的空间,让他们跟你一起挣钱。李嘉诚的成功之道就是,做生意时从来都不追求最大利益,总让与他合作的商业伙伴得到更多的利益。所以大家都愿意与李嘉诚合作,因此就成就了他的商业奇迹,一度成为华人首富。

"留足空间",就是不要让爱人缺自由。在爱情与婚姻上给对方留足自由的空间更重要。虽然爱情是自私的,这是婚姻问题上的排他性,不允许他人染指。但要想让婚姻之树长青,还必须懂得给对方留足空间。留足自由的空间就是要尊重对方的自主性,不能绝对支配和控制对方。如果有一方以爱为名而强迫对方绝对服从自己,穿什么衣服、梳什么发型、吃什么东西、交什么朋友、做什么工作等,都要听从自己的安排和意见,那么另一方就会失去了主体性。这其实是一种精神虐待,因为它已经变成了一方对另一方的奴役,家庭的和谐将不复存在,爱情的美满也会荡然无存。留足自由的空间就是要尊重对方的隐私权。这是给予对方的信任和尊重。每个人都有自己不方便说出来的事情,无论两个人多么亲密,这样的事情多多少少都会有一些的,这是心理空间上的自我保护。如果这些事情不影响双方感情,对家庭生活不构成障碍,就没有必要去强迫对方坦白。比如,对方与前任恋人的关系等,既然已经成为过去,既然两个人已经决定要共同生活,而且未来都是你们的,何必纠缠于已经过去好久的事情呢?如果能够在爱情与婚姻中留足空间,给予对方和自己适当的私有空间,有余地、有时间去回旋和体味,那么就不至于在爱情中迷失自己的个性,感情也就不会轻易破裂了。爱情的质量,也许不在于我们"做了什么",而在于我们"没做什

么"。

只要我们在生活中懂得橐籥的工作原理,注意"留足空间"的妙用,就能发现生活会更加轻松自在、幸福美好。

这正是:

> 橐籥之功善鼓风,
> 动则风起贵虚空。
> 人生事事防盈满,
> 留够空间但守中。

老子的警世箴言:"多言数穷,不如守中"

老子提出"多言数穷,不如守中"(5章)思想,旨在告诫人们,话说多了容易缺少变化、气数穷尽,不如保持虚静守中的状态。后人对这句话的解读可谓是众说纷纭,但绝大多数都是从现实主义的自身需要出发进行阐释的。比如,有的从养生角度来解读:认为长寿养生之法需要做到,舌不多言,神藏于心;耳不多听,精藏于肾;身不多动,意藏于脾;目不多视,魂隐于肝;鼻不多嗅,魄藏于肺。这样体内真气自然归于本位,浊气化为元气,元气化神气,神气归"虚无"。从而得出"多言数穷,不如守中"当为养生之法的结论,正所谓"希言自然"(23章)。又比如,有的从为政方面来解读:认为老子是在告诫统治者(侯王),政令太多反而会加速灭亡,不如静动适时适度,方可进退自如。正如王弼所说:"愈为之,则愈失之也。"历史上,因政令烦苛而败亡的统治者不少:纣,刑罚无度绝于岐山;秦,政令烦苛短暂而亡;隋,炀帝好事唐兵怒起,等等。反之,汉,重休养生息则有文景之治;唐,处清净无为则有贞观盛世。从历史上看,不"多言"才能"守中""守中"才能不走极端。老子讲,"功遂身退"(9章)、"不知常,妄作凶"(16章)、"知足不辱,知止不殆"(44章),就是劝诫人们,特别是统治者(王侯)不走极端。换句话说,河上公注"守中"为"守德于中",王弼注橐籥之虚为"守数中",陈鼓应先生注"不仁"为"无所偏爱",就是契合了"不走极端"这一内涵的。

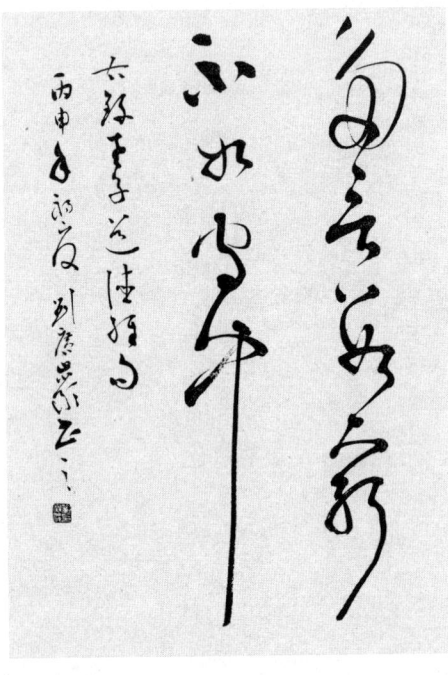

刘广岩:中国书法家协会会员

甚至有人认为,老子的"守中"思想,就是后来儒家"中庸之道"的起源。所以,"守中"则"几于道",是为政者不可忘记的治世之道。再比如,有的从处世方法来解读:认为"多言数穷,不如守中"蕴藏着"静中处世"的生活哲学,蕴含着静的意境、静的心态。即包含着致虚守静、静里乾坤、静观人生、静中取胜、以静制动等理念。这是老子"柔弱胜刚强"(36章)、"不争而善胜"(73章)、"无为而无不为"(37章)等思想在生活中的具体体现和运用。还比如,有的从人生修养来解读:认为静者清明,清明者能忍。忍者,静之用也。人倘若能做到多忍——忍言、忍辱、忍逆、忍诽、忍责、忍难……忍常人所不能忍,才能避免落入"强梁者不得其死"(42章)之境地,假以时日便可进入无为之静的状态。"虚无为体,清净为宗,柔弱为用,无为不争"是先忍后静的总原则。只有先从忍言而不辩、忍财而不贪、忍色而不淫做起,才能克服"五色""五音""五味"(12章)带来的危害,做到身静、心静,直至达到意静的境界,即"清静为天下正"(45章)。

总而言之,老子提出的"多言数穷,不如守中"思想,既有养生之法,也有为政之道,还有处世之智,更有修身之要。在此,我们暂且不去讨论这句话的其他内涵和意义,而是侧重从修身处事的角度来思考这个问题。经验告诉我们,有些人之所以喜欢"多言",无非有三种心态:一是展示自己的聪明。对于某人某事,你没看明白而我看明白了,于是滔滔不绝地向别人展示自己的门道和智慧。二是显示自己的渊博。这样的人过于自信,总觉得自己无所不知无所不懂,无论别人谈论什么话题,他都能显示自己在这个领域的成就和知识,天马行空地发表自己的见识。三是暗示自己的地位。有些人总是喜欢涉猎一些敏感机密话题,喜欢口若悬河甚至无中生有地散布所谓的内部消息,以此表明自己是消息灵通人士或是接近核心层的有地位之人。而老子认为,"多言"并不能彰显智慧和能力,相反,持守中庸之道,稳重少言才是明智之举。在现实生活中,我们也经常说"言多必失""祸从口出",如果我们为了彰显自己的聪明才智,而对某人某事议论太多,恐怕不但不能赢得赞誉,还可能使自己陷入困境,甚至招致祸端。三国时期曹军主簿杨修之死就是"自作聪明爱多言,祸从口出丢性命"典型例证。《三国演义》讲了导致"杨修之死"的几件事:第一件是阔门事件。曹操让人建造一座花园,建好后曹操察看完便在门上写上了个"活"字就走了,不知是其他人"不晓其意"还是知而不言,而杨修为展示自己聪明却说:"'门'内添'活'字,乃阔字也。丞相嫌园门阔耳。"曹操知道后,心中便对杨修有了"忌心"。第二件是梦中杀人事件。曹操为了防止别人暗害自己,便对别人说自己梦中好杀人,让大家不要在他睡着时接近身边,并装模作样地杀死了一个替他盖被子的近侍。曹营中无论是否知晓曹操的用意,都附和说"操果梦中杀人",

道德经的人生智慧

而又只有杨修自以为了解曹操的意图,并对别人说:"丞相非在梦中,君乃在梦中耳。"曹操知道后更是"恶之"。第三件是曹操暗试曹丕、曹植事件。曹操想考查一下曹丕、曹植的临机处事能力,故意命令两人出城,却在暗中吩咐门吏不让两人出城。结果,曹丕老老实实地退了回来,而曹植却在杨修的指点之下,杀了门吏而出城。杨修又一次自作聪明泄露了曹操的意图。而曹操知道后已经不是简单的"恶之",已是怒火冲天。第四件是"鸡肋"事件。建安二十四年(219年),曹操与蜀军交战,进兵被阻,退兵又担心被蜀军耻笑,正在犹豫不决之时,部属入帐禀请夜间口令。曹操看到鸡汤中食之无味、弃之可惜的"鸡肋",便随口说:"鸡肋!鸡肋!"杨修从曹操亲自确定"鸡肋"口令中看出曹操退兵意图,并毫不顾忌地告诉曹营将领准备撤兵。至此,曹操终于对杨修忍无可忍了,便以"乱我军心"为名,将之杀掉。曹操手下可谓是人才济济、谋士如云,能猜摸出曹操意图者恐怕不只杨修一人,可其他人都不肯"多言",唯有杨修不知深浅,口无遮拦,不肯将之藏在心里,反而屡次把曹操的意图解释给别人听,使曹操所追求的神秘感荡然无存,直接导致他对部下的控制力随之减弱。在这种情况下杀杨修也就不足为奇了。

老子反对"言多",提倡"守中",目的就是要教导人们学会守静持中,学会适宜适度。这样在给了别人极大的自由之后,自己也可以获得舒展的空间。这是在人际交往中需要学习的一种处世智慧。怎样做才算是"守中"不"多言"呢?我认为需要做到三点:一是言则适时。正确的话说的不适时宜也是错话,至少收不到理想的效果。1945年建国之前,正当毛泽东思考共产党长期执政问题,告诫全党"决不做李自成"之时,黄炎培到延安考察,与毛泽东谈到历朝历代都没有能跳出兴亡周期律,"其兴也浡焉,其亡也忽焉",并希望共产党能找出一条新路,来跳出这个周期律的支配。毛泽东表示:"我们已经找到新路,我们能跳出这周期律。这条新路,就是民主。只有让人民来监督政府,政府才不敢松懈。只有人人起来负责,才不会人亡政息。"黄炎培忧国忧民、言当其时,自然受到毛泽东赏识。二是言则有据。就是要做到言必契理、言可承领、言则有信、言无可讥。胡言乱语者是奸佞小人,只有言之有据才能得到信任。唐代名臣魏征曾向太宗谏奏二百多条。如"兼听则明,偏听则暗""水能载舟,亦能覆舟""居安思危,戒奢以俭""任善人则国安,用恶人则国弊""任贤受谏""任贤无猜,可以兴矣""薄赋敛轻租税"等等都为唐太宗采纳。魏征能受到唐太宗的器重,不仅是忠诚言直,更主要的是言则有理有据。比如在征兵问题上,有大臣建议:"不满十八岁的男子,只要身材高大,应征。"但是魏征对唐太宗说:"把湖水抽干捉鱼,虽能捉到鱼,但是到明年湖中就无鱼可捞了;把树林烧光捉野兽,也可以

捉到野兽,但是到明年就无兽可捉了。"于是这条征兵原则被取消了。三是言则有度。真理向前迈进一步就可能变成谬误。良药虽然有时会苦口,但也要限定在人能接受、能咽下去的程度。即使是"良言",尤其是批评性的"良言",如果不注重方法、不把握好度也不会起到正面作用。而那些恃才傲物、口无遮拦、没有分寸的人则更容易遭受到失败。曹操嗜酒善饮是有名的,更有"对酒当歌,人生几何……何以解忧,惟有杜康"之名言,但为了节约粮食、蓄力兴兵,他不得不忍痛割爱下了"禁酒令"。这项禁令在当时也遭到了很多人的抵制,孔融就是其中之一。作为时之名士的孔融是孔子的二十世孙,小时就因"孔融让梨"名扬天下,他也非常好酒,常有"座上客恒满,尊中酒不空,吾无忧矣"的慨叹。孔融言则无度地撰文带头向曹操发难,曹操回书辩驳说:"夏商都因酒而亡,因此酒非禁不可!"孔融也不甘示弱,对周围人讥讽曹操说:"既然夏商都是因为美女而亡国的,今天干脆下令把结婚这样的事情也禁止算了!"接着又当众揭穿了曹操的真实用意:"丞相此举无非是怕浪费粮食,但又不肯明说,非要找个酒能亡国的借口禁酒!"曹操虽然表面宽容大度,善招纳贤士,但对于孔融这种言之无度地揭穿自己"善用权术"之人,其容忍度是有限的。后来,御史大夫郗虑看出他们之间的积怨,四处网罗并积极表奏孔融罪状,曹操终于借机先罢免了孔融官职,后诛杀了孔融全家。这就是不知分寸、言则无度带来的殃祸。

　　对于"多言数穷,不如守中",河上公《老子章句》注释是:"多言数穷,多事害神,多言害身,口开舌举,必有祸患。不如守德于中,育养精神,爱气希言。"结合河上公注释去思考,更觉得老子的话是警世箴言,既道出了"多言"的危害,又指出了避免祸患的方法。尤其是关系到国计民生的大事,没有经过再三的思考就"多言",后果会是很可怕的。上天赐给我们说话的能力,但没有教给说话的技巧,能说话与会说话是两件完全不同的事。话说得太多意味着思路不清和贪心不足,一个思路不清晰的人很难让人信任;说话太随便的人往往缺少责任心,话多不如话少,话少不如话好,多言不如多知。古希腊有句民谚:"聪明的人,借助经验说话;而更聪明的人,根据经验不说。"曾国藩说:"人生坏事的两个因素,一是自傲,二是多言。多言生厌,多言招祸,多言致败,多言无益。"如果没有机智的谈吐,又不会适时沉默,则是很不幸的。能否做到"多言数穷,不如守中",说到底,还是一个智慧的问题,什么时候该说,什么时候不该说,这个时机和分寸的把握要凭智慧。有智慧就能够敬人、敬事、敬物,能够与人和谐相处,自然就能够做到敏于事而慎于言。无论自己多么能说、多么会说,一定要记住:当说得多的时候,终究会说出蠢话错话来。所以,一个人最可贵的才能便是:管住自己的嘴巴,能用一个词说清楚的时候决不用两个词。缄默的嘴、真诚的心是世

道德经的人生智慧

界上最令人赞美的东西。

这正是：

> 多言无益数其穷，
> 得道之人善守中。
> 祸自口出随处见，
> 谨言慎行更从容。

从"绵绵若存,用之不勤"中感悟孩子教育

老子认为大道"绵绵若存,用之不勤"(6章),空虚博大、神秘莫测的大道绵绵不绝、若隐若现地存在于天地之间,每时每刻都在发挥着无穷无尽的巨大作用。读到这句话时,我突然联想到了对孩子的教育问题。父母要想把子女教育好,不正应该像大道教诲人类那样"绵绵若存,用之不勤"吗?

一是要循循善诱,润物无声。世上万事万物时时刻刻都在大道的作用之中,虽然我们从来都看不到摸不着大道的身影,却时刻都能感受到大道的存在,体验到大

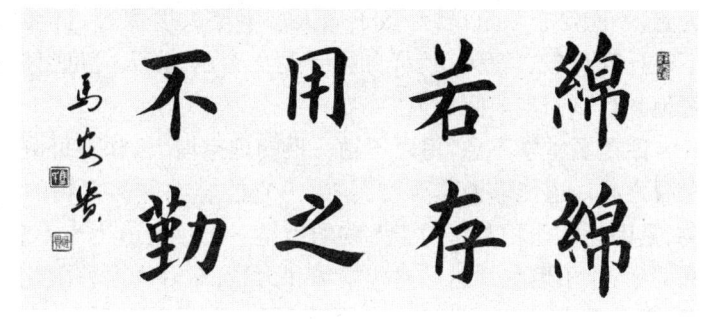

马安贵:中国林业书法家协会会员

道的神奇力量,并潜移默化、不由自主地按照大道的要求去行事。这启示我们,在孩子的培养教育过程中,父母不能总走上前台,事无巨细、大包大揽,总想帮助孩子做这做那,总是要求孩子做这做那,这样做的结果可能有两种:一个是,会让孩子出现依赖感。长此以往,就会造成孩子离开父母就不会独立生活,从心理上永远也长不大,这样的孩子无法应对激烈的社会竞争。另一个是,出现抵触情绪。孩子会故意违反父母的告诫,父母越不喜欢什么孩子就越想做什么,更严重的可能会与父母为敌,做出一些出格的事情。因此,在教育孩子问题上,父母应该像大道那样,从来不走向前台,在幕后因势利导、循循善诱、润物无声。经常启发孩子,多让他们学会自己思考问题,在父母的正确引导下,让孩子自主自愿地做出符合父母意愿的决定。这样的父母才是高明的父母。

二是要持之以恒,不舍不弃。大道对于万物没有偏私,滋养万物永不停息,不舍不弃。对于遵守大道的人敢于放任自流,对于违反大道的人能够及时给予适度的惩戒,复归大道后依然关爱如初。孩子在成长过程中,不可能一帆风顺、

道德经的人生智慧

不犯错误,特别是在青春期,孩子实际还没有长大但他们却自以为已经长大,会出现与父母对抗的逆反情绪和行为。这时,作为父母就应该像大道那样,不急不躁、不离不弃,持之以恒,耐心细致地做好教育引导工作。任何时候都不能动摇以父母之亲情大爱感化孩子的信心和决心。当孩子有进步时,及时适度地给予鼓励;当孩子出现小过错时,要晓之以理、动之以情;当孩子犯有大错时,要敢于及时给予惩戒,不能姑息迁就、搞下不为例。一旦浪子回头,父母必须不计前嫌、不翻旧账,一如既往地当好孩子的铺路石。

三是要修身养德,言传身教。大道之所以有力量,是因为它无私、无欲、无求,大道滋养万物却从来不企求回报,"万物作而不为始,生而不有,为而不恃,功成而弗居。"(2章)。父母是孩子的第一任老师,父母的道德品行对孩子的影响是最大的。我们教育孩子要尊敬老人,自己就要带头孝敬自己的双方父母,不能口是心非;教育孩子要团结同学、善待他人,自己就要带头团结同事、与人为善,不能勾心斗角;教育孩子做人做事要大度宽容,自己就要带头胸怀坦荡,不能斤斤计较,等等。榜样的力量是无穷的,做人父母,只有悟道修德,才能更好地教育孩子走人间正道。

四是要常学不怠,用之不勤。道的虚空博大、深不可测,让人类产生无比的敬畏之感。道能够滋养万物,是因为它能容纳滋养万物的精华;道能作用于万物,是因为它能积蓄作用于万物的力量。而且大道生生不息地聚积着这些精华和力量,永不懈怠地运用这些精华和力量,对万物潜移默化地施加着影响,正所谓"绵绵若存,用之不勤"。这启示我们,作为孩子的第一任老师,父母要想在孩子面前树立起老师的威信和形象,必须像大道那样孜孜以求、自强不息、常学不怠。要想给孩子一瓢水,自己必须有一桶水。让孩子感受到,父母的学习劲头值得佩服,父母的渊博知识值得学习,父母的奋发向上精神值得继承,让孩子永远对父母产生一种敬畏感,永远把父母当成是自己的力量源泉。

总之,育人工程是人类发展的最伟大工程,教育好孩子是父母的责任。作为阅历和知识都比孩子丰富的成年人,父母应该以"绵绵若存,用之不勤"的境界和精神,把悟道修德的成果传授给自己的孩子,这样孩子就有可能站在我们的肩膀上看得更远一些,从而推动人类社会的文明进步。

这正是:

　　　　大道绵绵用不勤,
　　　　滋生万物遁其身。
　　　　教儿育女应循道,
　　　　指点迷津不见人。

"天长地久"话爱情

"天长地久"这一成语出自《道德经》第7章,演变至今内涵发生了一些变化,《现代汉语词典》的解释是:"跟天和地存在的时间一样长,形容永久不变(多指爱情)。"单就爱情而言,现在能够"天长地久"的又有多少呢?据统计,目前中国的离婚率每年以两位数增长,有的城市在一定时期离婚率高于结婚率,甚至还有昨天结婚今天就离婚的极端事例。那么,为什么会出现这种情况呢?最根本的就是婚姻缺失了爱情基础。爱情基础不够牢固的婚姻大概有四种情况:一是利益交换下的结合。过分追求门当户对的婚姻,看重的是权权、钱钱或权钱对等,还有就是美貌可以成为进入豪门换取金钱和地位的资本,金钱和地位也可以成为猎取美女芳心的资本。这个利益交换的链条一旦有一个环节出现问题,爱情、婚姻都将荡然无存。二是性欲冲动下的结合。一见钟情、网恋闪婚都是性冲动的结果,一旦冲动的激情过后,回到平淡的现实生活中,各自的缺点逐步暴露,在对方心目中的美好形象日渐消退,种种矛盾就会累积并适时爆发。三是父母包办下的结合。虽然现在封建式的包办婚姻几乎绝迹,但是父母对儿女的婚姻问题还是有很大决定权的。由于代沟造成的思维差异,双方父母看好的婚姻未必是儿女和谐幸福的婚姻,在外力诱惑下产生问题的可能性会增大。四是世俗重压下的结合。有些高智商群体在配偶选择上往往是高不成低不就,最后变成了剩男剩女,但迫于世俗压力不得不心不甘情不愿地降低标准草草"结婚",婚后很可能由于加重不满意产生矛盾。这四种情况会产生四种结果。一是最好的结果:日久生情的相濡以沫。虽然结婚前有种种情况、种种考量、种种交换,但婚后通过结合、磨合达到融合,形成一个

胡海峰:中国
书法家协会会员

道德经的人生智慧

互助互爱、同甘共苦的共生体,即幸福美满的家庭。二是较好的结果:利弊权衡的维持现状。这样的家庭是责任多于爱情。虽然双方彼此之间有不尽如人意的地方,但是通过对道德、法律、利害的权衡后,能够尽到责任,理性地维持好婚姻。三是无奈的结果:互不干涉的若即若离。这是名存实亡的婚姻,家庭变成了客栈,双方变成了最熟悉的陌生人。在不付出离婚成本的同时,男女双方各自经营着自己的"小圈子",过着互不干涉的生活,但在外人和老人孩子面前表现正常。四是最差的结果:忍无可忍的分道扬镳。这是没有了爱情又顾不了责任和面子的最终选择。

那么怎样才能让爱情和婚姻"天长地久"呢?老子从天地运行的自然规律中给出了答案:"天地所以能长且久者,以其不自生,故能长生。"(7章)意思是说:天地之所以能够长久存在,是因为天地不是为自己而生的缘故,所以能够长生。这启示我们,要想让爱情和婚姻"天长地久",必须要舍弃"自我"而自觉付出,把一切"为对方着想"而不是"为自己着想"当作让婚姻"天长地久"的根本方法,具体要做到"四祛除四坚守":一是祛除我行我素的任性,坚守唇齿相依的真爱。爱情是二人小合唱,家庭是多人大合唱,必须按照音乐的节奏演好自己的乐器,不能不管别人由着自己的性子乱弹琴。从恋爱到家庭,爱情也需要经过磨合到融合的,这需要双方多从对方的角度来思考,让自己更多地去适应对方,而不是按照自己的要求和标准去改造对方。爱情的真谛是付出而不是索取。只有懂得唇亡齿寒的道理,才能坚守唇齿相依的真爱。二是祛除斤斤计较的抱怨,坚守爱屋及乌的真情。爱情走上婚礼的殿堂后,就由激发的浪漫回归到现实的平淡。双方不仅需要面对锅碗瓢盆,还要面对双方老人、亲属。俗话说"清官难断家务事",家庭琐事是最容易从小矛盾引发大问题的。家庭是讲爱的地方而不是讲理的地方,和睦相处最重要的就是宽容大肚的"难得糊涂"和付出真情的"爱屋及乌"。记住:爱你爱人的家人就是爱你的爱人,甚至比爱你的爱人还重要。三是祛除斗智斗勇的心机,坚守以诚相待的真实。家庭是心灵的港湾,是躲避惊涛骇浪的避风港,不是斗智斗勇的战场。让自己始终保持最真实最诚实是获得信任的基础,而信任是家庭的基石。有的人以爱为借口,胡乱猜疑对方,猜疑是家庭的噩梦。有的人为了婚后争权"拿住"对方,费尽心机甚至不择手段,这是很伤害爱情根基的,是最愚蠢的行为。四是祛除患得患失的功利,坚守荣辱与共的真挚。爱情也是一样,不经风雨是见不到彩虹的,但在风雨中逃离同样也等不到彩虹。爱情的关键就在于敢于担当。对于男人而言,在困难面前要勇于挺身而出,在危险面前要敢于舍生忘死。对于女人而言,在男人仕途、事业遇到困难的时候,最需要女人的"心灵鸡汤"。只能同甘不能共苦

的爱情不是真正的爱情。艰难困苦既是爱情的试金石,也是爱情的黏合剂。荣辱与共、同舟共济的爱情才能"天长地久"。

这正是:
   爱情自古难圆满,
   墨客文人多叹感。
   忘我唯当肯付出,
   天长地久圆宏愿。

道德经的人生智慧

圣人的处世法则：无私以成其私

老子心目中的圣人是真的没有私心吗？非也！

《道德经》说："是以圣人后其身而身先；外其身而身存。非以其无私邪？故能成其私。"(7章)圣人处世时把自身放在众人的后面反而能够走到前面；把自身处于事外，反而能够保存自己。不是圣人没有自我要求的私心，而是这样做才能成就其自我需要的私心啊！

由此，我们可以看出，圣人不但有私心，而且是大私心。圣人之私不是为得到一财一物的小私，而是成就其理想之伟业的大私。明太祖朱元璋在其所著的《御解道德真经》中说："非以其无私，所以为此而成其己道也，非私者何？"他一针见血地指出：圣人并不是没有私心，而是通过"后其身"和"外其身"来成就自己的王道，这不是私心又是什么呢?！司马光在其《道德真经论》中也说："众人之私小，圣人之私大。小之至者，父子乖离，不能保一身。大之至者，蛮夷率服，享祚百世。"普通人的是小私，圣人的是大私。小私到了极致，父子之间都会背离成仇，甚至不能保全自己安危。大私到了极致，周边蛮夷都会率众臣服，使得自己享受君主之位百世不变。那种不敢正视圣人之"私心"的存在，把他们美化成"无私"的理想统治者，是历史虚无主义的体现。

在此，老子又帮助我们解开了圣人"成其私"的方式。那就是"无私以成其私"，用无私的方式成就自己的远大理想和目标。具体做法就是："后其身而身先；外其身而身存。"要求圣人处世时，把自身放在众人的后面反而能够走到前面，赢得众人的拥戴，被推为首领；把自己的身体和生死置之度外，反而能够使自己的性命得到保护。这样就实现了由"后其身"到

李文侠：
中国书法家
协会会员

"身先""外其身"而"身存""无私"到"成其私"的转化。通俗地讲，老子就是希望圣人能够谦居人后、置身度外，不要对什么事情都插手，而是在旁边把事情看清楚之后，再顺势而为地帮一把，这样才能更好地站稳脚跟、把握方向。如果套用"大智若愚"来形容圣人的大智慧的话，则可以用"大私若公"来形容圣人的大志向、大私心。圣人是考虑自身之"私"的，只是方式与普通人不同罢了。圣人不会像精明但不聪明的俗人那样，总是对蝇头小利斤斤计较、为一时一事的得失而耿耿于怀。圣人想干的是大事，看重的是大势，遵守的是大道，而对于具体的小事小利是不屑一顾的。老子的这种"无私以成其私"思想，是为人处世的哲学智慧，就是要求人们以无争争、以无私私、以无为为。这种智慧不仅可以用于官场政治，还可以用于修身养性，都能达到很好的效果。

历史上，正是由于有了这样一些一心想成就其大私的圣人，善于运用"无私以成其私"的处世法则，成就了诸如"文景之治""贞观之治""康乾盛世"；善于运用"无私以成其私"的统率方式，带领炎黄子孙共同创造了中华文明历史，推动中国社会蓬勃发展。当然，也有不少统治者（侯王）没有遵循"无私以成其私"法则，造成众叛亲离、民不聊生，最后落得人亡政息、改朝换代的悲惨结局。

这正是：

圣人妙处岂无私，

能外其身怎可知？

不舍小私难为大，

无私而胜在来时。

"上善若水"与人生修炼

老子对水是极其赞美、极具情感的,提出最崇高的善就像水那样,这就是著名的被广泛推崇的"上善若水"。老子认为:"水善利万物而不争,处众人之所恶,故几于道。"(8章)水善于滋润万物却不与万物相争,它处于众人所厌恶的低下的位置,因此也最接近于"道"。接着老子连续用了七个并列排比句,赞美了水的七种高尚品德,借喻人所应该具备的品格。

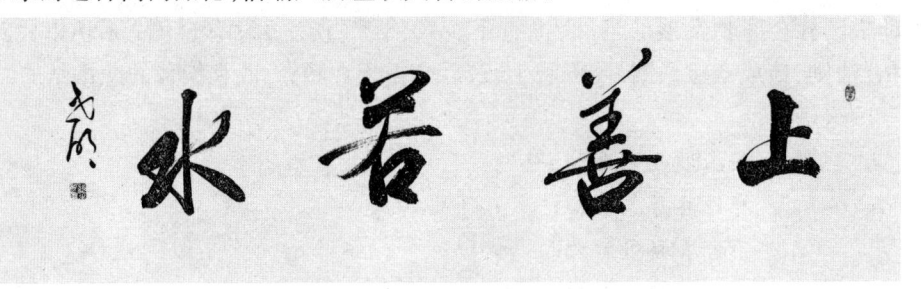

龚世明:中国书法家协会会员

"居善地",借喻人应该"善于处下以弱胜强"。"居善地"就是安居自己应处的地位。通俗点说,就是"待在自己应该待的地方"。哪里是自己应该待的地方呢?这很难一概而论,关键看一个人的才能、志向和品德。水善于处下,喜欢居住在低洼之处。水处在低洼的地方可以汇聚成江河、湖泊,甚至大海。因此老子主张做人也要和水一样择善而居、善于处下。正如老子所说:"江海之所以能为百谷王者,以其善下之,故能为百谷王。""以其不争,故天下莫能与之争。"(66章)江海之所以能够成为百川归流之地,是因为它善于自居低下之位,所以百川归往而成为百谷之王。正是因为圣人不与人相争,故而普天之下没有谁能争得过他。由此可见,学会处下、善于处下,可以避免很多不必要的争斗。可以想象,如果人人都削尖了脑袋往高处钻,必然产生针尖对麦芒式的竞争,就难免会造成人与人的直接碰撞、相互伤害。相反,如果人们都以相互处下为原则,彼

此之间就会多一分关怀与谅解,自然会弱化矛盾,使得人们生活、工作更加轻松愉快。同时,学会处下、善于处下,可以拉近上下级之间的心理距离。人在高位时只有把自己的姿态放低一点儿,才会把对方放在和自己平等的位置上,才能发自内心地尊重别人,从而建立起和谐的人际关系,使各种人才为己所用,让自己由弱变强,或由强变得更加强大,最终成就大事业。

"**心善渊**",借喻人应该"**心胸似海以纳百川**"。俗话说积水成渊、海纳百川。水重视点滴的积累,积累细小的水流,包容天下之水,终成渊深的大海。老子是想告诉我们,人心应该像深潭的水一样清澈宁静深沉,不受外界环境所扰。这就要求我们必须有足够的定力,不惧艰难困苦,积小成为大成,以咬定青山不放松的毅力善做善成;必须淡泊名利,摆脱名缰利锁的羁绊,心无旁骛做自己应该做的事情。老子还告诉我们,人要具有海纳百川的胸怀。大海是宽广的,有纳百川之水的容量。人应该有海一般博大的胸怀,能够包容万象,宽厚而平和,用宽以待人的习惯与品行去感染身边的每一个人。历史上凡是有大成就者,拥有宽广的胸怀是其成功的最基本条件。

"**与善仁**",借喻人应该"**处事交往以施仁爱**"。水在"细无声"中滋润着万物,给万物以仁爱而不求一丝回报,但万物都深知水的作用,记得水的品德。人也应该像水这样,在相互交往中要心存友善,重情重义、仁慈仁爱。人如果没有仁慈、没有感情,就会像希特勒、赵高那样成为最凶险的野兽,甚至是魔鬼。如果人没有感情做控制力,再加上拥有各种欲望,这样的世界无疑会非常危险的。像来自西方的信条"没有永远的朋友,只有永恒的利益"对人类的危害非常大,继续演变下去就可能变成"没有永远的感情,只有永恒的欲望"。没有感情只有欲望的人类无疑是高智商的禽兽。如果人真变得没有感情只有欲望,那无疑将是人类的末日。同时,水的性情非常温和,它从来都不会主动去伤害别的东西,一直坚持为善的原则。但水又极为坚韧。例如,屋檐下微不足道的滴水,如果长年累月地滴落,也能够将最坚硬的石阶击穿。这正如老子所说的那样:"天下莫柔弱于水,而攻坚强者莫之能胜,以其无以易之。"(78章)天下万物没有什么比水更加柔弱,但攻坚克强的力量没有什么是能胜过水的,因为没有什么能改变水的性质。有道之人也具有这种坚韧的品质,平时看起来和普通人没有什么两样,但关键时刻他们却意志坚定、坚如磐石,可以担当重任。

"**言善信**",借喻人应该"**言出必践以守诚信**"。水永远自发地向下流动,遇到阻碍必然绕行,被大坝阻止必然升高,大坝崩溃必然是洪水滔天。水不言,一切行为唯"道"是从,因而显得那么守信。水以善信为德,潮水涨落有定时,春露、夏雨、秋霜、冬雪必适时而来。诚信是人类社会的基石,是人与人交往的最

道德经的人生智慧

基本需要。人应该像水那样诚实守信、言出必践。有一句话说得好,"你以怎样的态度对待别人,别人也会以怎样的态度对待你。"你要想收获诚信,必须播种下诚信的种子。言行一致、表里如一,不当"两面人"、不做"两面派",不忽悠人、不欺骗人,应该是做人的基本要求。

"政善治",借喻人应该"为政公平以治社会"。水对万物一视同仁,不会厚此薄彼,对小草不吝啬,对鲜花也不慷慨。水的本性是永远追求"水平"。这启示我们,要让社会长治久安必须坚持公平公正的原则。人不患寡而患不均。每个人都不是傻瓜,有人想不劳而获,别人会清楚地看在眼里,自然会埋下争斗的祸根。现代社会忽视了公平与公正原则,走上了追逐利益的死路,一切以利益分配为基础,很多人以赚钱为目的,以满足欲望为生活享受。这必然会引起社会的动荡。老子告诫当政者,要想把这个社会治理好,必须从心里像水那样具有平等之德,平均施与万物,追求公正公平,在公正公平中化解矛盾、促进和谐。

"事善能",借喻人应该"适应环境以能成事"。水对环境的适应能力是非常强的。水本身没有形状,放入各种容器可以显示出容器本身的形状,遇方则方,遇圆则圆。无论环境多么恶劣,水都能从容以对。用水坝拦它,它就静止不动,而不会盲目行动;用利斧砍它,它就默默承受,并以柔韧的力量化解掉利斧的攻击;将它无情地抛弃到空中,它会凝成水珠圆润地飘洒到地上,而不会摔得粉身碎骨。水的这种特性提示人们,在人的诸多能力中,最重要的是适应环境的能力。一个人要想有大的成就,就要有能力勇敢面对、从容适应各种社会环境,处理好各种人际关系。特别是把握好人生的两种境界。一种是逆境。在逆境中,困难和压力逼迫身心,这时应懂得一个"屈"字,像水一样,遇到了石头,就先绕过去,这并不是惧怕,一时的委曲求全是为了保存实力,以等待转机的降临;另一种是顺境。在顺境中,天时地利人和,这时当懂得一个"伸"字,乘风万里,扶摇直上,在顺势而为的同时,享受着小桥流水的优雅和意境。

"动善时",借喻人应该"审时度势以做善成"。水最能因机而变,遇风生波,遇动生浪,遇寒结冰,遇热化气,雨露冰霜,四时不错,不逆人事,不违天命,皆是善时之妙动,无论是固态、气态、液态,水分子是永远不变的。因时因地因人因事而变化,但万变不离其宗。春天和风细雨以哺万物萌发;夏天雷雨与烈日交织以促万物并作;秋天云雾漫漫以利万物成熟;冬天皑皑白雪以护万物越冬。水总是适时而动,从不耽误时令,这是水的善时。这启示我们,要效法水的精神,因地制宜、因势而为,可行则行、该止则止,事不妄为、言不妄发,守道而善动、万变不离其宗。做事时审时度势,像春种夏忙秋收冬闲一样依时而动,这是成功的关键。条件具备了就当机立断、顺势而为;不具备就暂时放一放,积蓄力

量,创造条件,等待时机。

一个人如果能像水那样,把这七个方面都做得恰到好处,就会进入"静而圣,动而王"的境界,那时还有什么可争的呢?所以老子得出结论:"夫唯不争,故无尤。"(8章)像水那样依照自然而为,与世无争,因此就不会有过失。这是多么充满智慧的处世哲学啊!因此说,不战而屈人,不争而获利,是成功的上上之法。

这正是:
> 水利苍生永不争,
> 修成七善立德行。
> 圣人得道人如水,
> 上善于身万事成。

道德经的人生智慧

"功遂身退"天之道

老子讲"功遂身退，天之道也"（9章）。功成名就之后，就要含藏收敛，甚至归隐离去，这才符合自然规律。这是对前面"为而不恃，功成而弗居"（2章）思想的进一步强化。对于一个人而言，功成名就是比较困难的，但更困难的是功成名就之后如何去对待它。对此，老子劝诫人们，一定要懂得功成而不居、学会急流勇退，这样才可以保全天年。获得成功之后能够全身而退，需要大魄力和大智慧。然而，多数时候人们则贪心不足，居功自傲，忘乎所以。古代许多立有大功的人因不懂得"功遂身退"的道理，结果都落得悲惨的结局。

春秋时期共同辅佐越王勾践灭掉吴国的两位重臣范蠡和文种，二人的命运有着不同的结局。范蠡是功成不居，功遂身退。他深知越王勾践为人心胸褊狭，"只可与之共患难，不可与之共安乐"，便坚决辞官不做，装上轻便的珍珠宝玉，和家人乘船而去，找个地方种地经商，逍遥于江湖。走前范蠡给文种留下一封书信，劝他道："飞鸟尽，良弓藏；狡兔死，走狗烹；越王长相是脖子长，嘴尖像鸟，这样的人可以跟他共患难，却不可以与他同欢乐，你应该离他而去！"可文种却在成就功业之后仍贪恋高位，虽然后来托病不再上朝以避祸患，但越王仍未放过他。越王借到文种家中探病之机，赐文种一把夫差

刘庆海：中国书协会员，黑河市书协主席

赐伍子胥自刎的宝剑，并对文种说："你教给我七种讨伐吴国的计谋，我只用了三种就把吴国灭了，还有四种你选择一种到先王那里去用吧！"言罢即升舆而

去，文种无奈，只得自刎于家中。

"崇高必致堕落，积聚必有消散""功遂身退"是自然的规律，居高位而不思退是危险的征兆。与文种有着相同结局的还有春秋战国时期的商鞅。秦孝公时，商鞅通过辅佐秦孝公采取激进的变法，为秦国政治清明、富国强兵做出了巨大贡献。但由于变法过于激进也得罪了很多人，包括太子嬴驷。同时，商鞅有些功高盖主，也让秦孝公感到威胁。《战国策》中记载："孝公疾起，传位商君，商辞而不受。"这是孝公生前故意传位以试其心，可见商鞅已经见疑于主子。这时他本应该主动"功遂身退"，隐遁避险。可商鞅在"退"字上欠火候。后来孝公将他架空，政敌则伺机报复，当秦孝公一去世，在秦惠文王（太子嬴驷）继位后，纷纷联合起来陷害他。特别是当年被商鞅割了鼻子的嬴驷的师傅公子虔，指使人告商鞅谋反，秦惠文王下令以谋反罪名对其处以"五牛分尸"的车裂极刑。商鞅一世荣华顿时化为乌有，死后仍遭骂声不绝。商鞅的悲剧，正是由于他缺少"退"的智慧造成的。

秦朝丞相李斯年轻时就一心想成就功名，从师荀子学习帝王之术，作为楚国人的李斯来到秦国在丞相吕不韦门下当门客，得以有机会向秦始皇献治国之策，很快受到器重，官位一路擢升至丞相，在秦国统一天下过程中立下汗马功劳。然而，李斯如此功高权重，最终没能全身而退，反是落得一个极为悲惨的下场。公元前210年，秦始皇在巡行途中病死，李斯为了自身利益，听从宦官赵高建议，立胡亥为新君（秦二世），并假拟秦始皇的诏令，命本应该被立为新君的长子扶苏自刎，又谋害了大将蒙恬。胡亥即位后，李斯自以为是功高老臣，立秦二世有功，不考虑秦二世比秦始皇更为残暴的现实，力谏其减轻赋敛，暂缓修建阿房宫等，使秦二世极为不满，在赵高谗言说李斯与儿子谋反后，被秦二世施以五刑，即刺字于面、砍鼻、割舌、断趾，最后腰斩于市，并且夷灭三族。其惨死令人耳不堪闻、目不忍睹。

辅佐汉高祖刘邦统一天下的功臣之一韩信是军事奇才，却是一位政治上的"高度近视眼"。他在刘邦与项羽争天下之时，天下形势尽决于韩信一人之手，可谓是"与刘则刘帝，与楚则项王"，他虽然没有背汉之心，却有时也居功自傲、拥兵自重，让刘邦很不放心。刘邦称帝后，韩信对刘邦欲铲除天下非刘姓王而贬其为淮阴侯心怀不满，并欲起兵谋反。结果被吕后和萧何用计诛杀。最终落得身首异处，还慨叹"狡兔死，走狗烹；高鸟尽，良弓藏；敌国破，谋臣亡"，何其悲也。张良则吸取韩信之死的教训，自请告退，摈弃人间万事，隐居张家界，专心修道养精，得以善终。

通过上面四位"功遂"而不知"身退"的功臣，再细细琢磨宋代开国皇帝赵

道德经的人生智慧

匡胤"杯酒释兵权"的故事,明朝开国皇帝朱元璋"火烧功臣楼"的故事,就更知道"功遂身退"的重要性了。真正理解大道的人,都会循道而行,都知道"功遂身退"的道理,它之所以是"天之道",我认为原因有三:一是时过境迁要求"功遂身退"。大道循环不息,事物时刻在变化。一个人在某一阶段能有所作为,时过境迁便不一定能适合事物发展的要求。比如,开国将领在战争年代叱咤风云、功勋卓著。但战争结束后,国家建立了、政权稳定了,将领的使命也就完成了。因为国家接下来的任务是建设发展,而不是战争上的斗智斗勇。实践证明,多数成功的将领并不是好的建设者。如果打下江山后继续居大功、占高位,多半会阻碍社会发展,于人于己于国都是不利的。二是明哲保身需要"功遂身退"。功高难免震主,无论是古代侯王还是现代领导者,对有功者戒备提防是自然的,因为有功者的存在就是对他的地位和权势的无形威胁,必然会千方百计想法削弱他,有功者的处境实际上已经很危险了。对于多数成功者来说,往往会因为做过大事、立过大功而目空一切,认为老子天下第一。这种姿态难免会遭到周围人的嫉妒和愤恨,他们会想方设法寻找有功者的过失加以诽谤诋毁,欲除之而后快。因此,准确地把握时机,适时进退是十分重要的,得失在一念间,该退的时候一定要退。三是避让后人必须"功遂身退"。有功者身居高位,本身就挡住了后来人的升迁之路,这些人为了自己的利益,也会想方设法扳倒那些高高在上的成功者。几股力量结合起来形成滔天之势,往往会对居功不退者进行攻击,让居功不退者轻则晚节不保,重则引火烧身。老子之所以不厌其烦地一再强调"功遂身退"这一主张,一个基本的原因就是人们普遍都不能做到这一点。他告诫人们,功成之时即当身退,该罢手时就罢手,切莫因为种种的贪恋而引祸及身。

  花开之后结果了,花自然也就应该退落了,这是自然界的现象对"功遂身退,天之道也"哲理的最好诠释。老子对人生的观察是深邃的,他看到了人性的内核,人没有不爱慕财富、贪恋权势的,但放眼历史,谁能守护住名利呢?"功遂身退"是一种前瞻性的大智慧,以及对于自己的生存环境清醒的、睿智的判断与预测。知进为勇,知退为智;劝退为明,自退为智。进者,时也;退者,顺也。"功遂身退,天之道也"。

  这正是:

    开花自有落花时,
    花落出新果满枝。
    知止为明别恋位,
    功成身退莫疑迟。

"适可而止"人之智

老子一以贯之地认为,物极必反。任何事物发展到一定程度,就会朝着相反的方向转化,否泰相参,祸福相位。因此他从四个方面教诲我们,做任何事情都要把握好度,适可而止、见好就收。

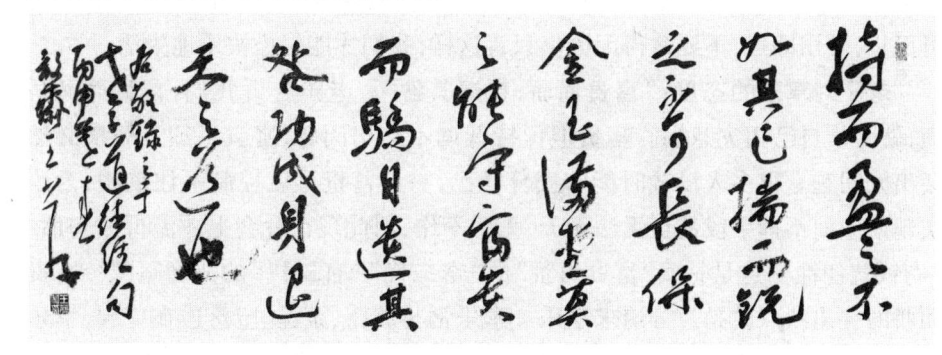

王荐:中国书协新闻出版委员,辽宁省书协副主席

老子对自满的态度:"持而盈之,不如其已"(9章,以下同)。老子告诉我们,拥有的东西达到盈满前,就应该及时停止追求。因为事物达到强盛的极点后,就会逐渐衰弱,走向灭亡。月盈则亏,水盈则溢。这是自然规律,也是人生哲理。任何事物都有一个发展极限,到了这个极限就会穷极而反,走向它的对立面。人生事业也是这个道理,当人生事业达到顶峰的时候,更要加倍小心才行。俗话说:"小心驶得万年船",只有时刻小心谨慎、适可而止,才能让我们的人生事业在比较高的水平、比较好的状态保持的时间更长久一些。

老子对气盛的态度:"揣而锐之,不可长保"。老子告诉我们,锤锻得越尖利的金属器具,越难以将其锐利保持长久。磨过刀的人都知道,把刀磨到最锋利非常不容易,很容易磨过头,磨过头了就会卷刃,卷刃了又得从头再来。为了不卷刃就需要适可而止,这个判断非常不容易,要在多次的失败中总结经验才能掌握。刀越锋利就越容易变钝,锋利、锐利都是事物的极致状态,极致的事物是

道德经的人生智慧

不可能保持长久的,这是老子在此所要表达的思想。老子借磨刀喻人生,告诉我们人不能太气盛,气盛则易衰,盛气凌人更不可保持长久。所以,人必须保持平和、持久、向上之气,并具有足够的韧性,才能让人生事业长久不衰。

老子对财富的态度:"金玉满堂,莫之能守"。老子告诉我们,财宝堆满家中,也没有人能够长期守住。钱乃身外之物。对于有钱人来讲,他的钱再多,自己能够实际享用的也只是有限的一小部分,更多的是积攒在那里满足自己的虚荣心。怎样才能长久保住这些身外之物,是世界性的人类难题,而"富不过三代"则成了普遍规律。老子在这里告诉我们对待财富的正确态度,对于这些不能长久守住的身外之物,枉费心机甚至舍命不舍财地守护它是没有任何意义的。虽然在商品经济社会,没有钱是万万不行的,但要做钱的主人,让钱为我们更美好的生活服务;不能做钱的奴隶,为了钱财自断前程。对钱财的追求要适可而止,够用即可,不要贪得无厌。只有这样,我们才能轻松快乐地生活。

老子对享乐的态度:"富贵而骄,自遗其咎"。老子告诉我们,富贵而又骄横,就会给自己招灾惹祸。富贵但保持低调不会出问题,富贵了加上骄横必然会出大问题。很多人没钱时能够安分守己,一旦富贵了就控制不住欲望,为了实现欲望而不择手段甚至无法无天、无恶不作,因此现在社会上才流行一句话:"有钱就任性!"这是一些"富贵而骄"的"富二代""官二代"的典型写照! 富贵而骄的突出特点就是过分追求享乐。享乐常与放荡、荒淫、堕落连在一起,享乐与堕落只有一墙之隔,甚至许多享乐本身就是堕落,而堕落又是与危险连在一起的。享乐与快乐是不同的,快乐的心境是自在安宁的,享乐则狂热放纵,有时还会失去理智。享乐者的心里总得不到安宁,受到的刺激不同心情就不同:时而狂喜,时而愤怒;时而大笑,时而悲伤;时而放纵,时而怯懦;时而浮躁,时而叹息。得意了就彻底狂欢,失意了就垂头丧气,受了创伤更是失魂落魄。这些都是人生之大忌。因此,老子劝诫我们:正确的人生态度应该是:追求快乐,但不贪图享乐! 对那些感官刺激的愉悦,要保持适可而止的态度。不为穷困而苦恼,不为富贵而得意,这是因为快乐不是来于外物的刺激,而来自心灵。

古人云:"大智知止,小智惟谋,智有穷而道无尽哉。"有大智慧的人知道适可而止,小聪明的人只知不停地谋划,智计有穷尽的时候而天道却没有尽头。所以人要知足,更要知止。不懂得适可而止,痛苦往往随之而来。那些走上绝路,自我了断的人;那些身居高位,显赫一时,最终断送前程和性命的人,都是因为不了解"适可而止"或知之而不为。适可而止是人生的大境界,能够读懂这四个字的人,必是高人、智者。因此说,"适可而止"乃人之智也。

这正是:
> 满堂金玉难持守,
> 富贵而骄遗祸咎。
> 万事明达去欲念,
> 止则当止方长久。

道德经的人生智慧

老子教诲人们：如何让心静下来

当今社会，很容易让人追名逐利、身心浮躁。怎样才能让浮躁的心安静下来，老子在第10章谈修身之道时，用六个问句的形式给出了答案，也就是教诲人们让心静下来的六种方法。

李京臣：中国书法家协会会员

一是要身心合一不分离。老子强调："载营魄抱一，能无离乎？"意思是说，让精神与身体合二为一，抱守单纯的自然境界，能不分离吗？这话初听起来好像是唯心的、神学的观点，但深入理解则感觉不是这样，有其深厚的科学道理。我们可以把精神比喻成理想，把身体比喻成能力。精神是长翅膀的，总能飞跃到一个很高的高度，而我们的身体却显得很笨重，无法和精神一起飞翔，于是就出现了"心有余而力不足"的感觉，产生"心比天高命比纸薄"的哀叹；也可能出现"身不由己"的现象，在外界诱惑、压力下，使自己的身体无法自控，不由自主地做了些不可思议的傻事、蠢事、错事。美丽的理想在残酷的现实和不足的能力面前常常会变得不堪一击。理想和能力的分离状态，常常会令人们痛苦、无奈而又彷徨。因此，老子教诲我们，要获得幸福感，必须让精神与身体合二为一、融为一体，想事做事不要好高骛远、要量力而行，从而使自己的心静下来。

二是要纯真质朴如婴孩。老子提倡："专气致柔，能如婴儿乎？"聚集精气以致柔和，能达到像初生的婴儿那样无欲的状态吗？现实生活中的正常人，不被人生琐事困扰的只有两种：一是圣人，二是婴孩。体悟大道的圣人不必多说。

就婴孩而言,不谙世事,头脑混沌,只知饿了就吃,困了就睡,不去思考,一切顺应人的自然本性,当然不会有烦恼和痛苦。如果人们能保持婴孩那样纯真无邪、无私无欲、朴素自然、心无杂念,心还有什么缘由静不下来呢?老子一直非常推崇婴孩状态,就是因为婴孩有着特殊纯朴的品质,没有经过任何世俗的沾染和人为的教导,心中毫无杂念,不会有任何巧诈的意图,一切随顺自然。但随着年龄的增长,各种各样的尘埃污垢开始侵染人们的心灵,对物质的追求,对美色的欲念,对他人的嫉妒,莫名的烦恼,难忘的情仇,种种杂念、妄念乃至恶念困扰着人们的心灵,焦虑和紧张折磨着人们的神经,使人的身心受到极大损害。老子告诉我们,要解除这种不良状态,让自己的心静定下来,就是要保持婴孩般的状态。当然,老子这么比喻,并不是要人们的智力都停留在婴孩的水平上,而是强调心地的纯洁,天然如婴孩那样。

三是要照镜自省勤除疵。老子说:"涤除玄鉴,能无疵乎?"清除私心杂念,能心如明镜没有一点瑕疵吗?老子这里讲的是自省的观点,要求人们通过自省来体悟大道。"涤除玄鉴"说的就是排除杂念,进入心灵的深处进行认真观照,经常扪心自问:自己的所作所为都问心无愧吗?《论语》中记载孔子的弟子曾参对自己提出"日三省吾身"的要求:"为人谋而不忠乎?与朋友交而不信乎?传不习乎?"意思是说,替人做事有没有不尽心尽力的地方?与朋友交往是不是有不诚信之处?老师的传授有没有及时复习?这与老子所说的"涤除玄鉴,能无疵乎"有异曲同工之妙。都是告诉人们要经常地反省自己的行为,深入自己的内心,问一问自己在哪方面做得还不够好,发现错误及时纠正。经验告诉我们:经常自省的人内心一定是安静的。

四是要建功立业不妄为。老子要求:"爱民治国,能不为乎?"爱护百姓、治理国家,能做到不妄为吗?在这里,更能体现出《道德经》是一本写给统治者(侯王)的劝诫之书。人之所以静不下心来,就是因为名利二字,世间之人熙熙攘攘,不是为名就是为利,或者两者兼而有之。从古到今的统治者,哪一个不是为了自己留下一世英名而努力作为,甚至胡作非为?其实,人想有名有利就要有为,有为其实并没有什么错,但为名利而为就是大错特错了。人只有把名利置之度外,一心只想做事而不考虑是否会出名、不考虑是否会有利可图,就一定能让自己的心境平定下来。

五是要控制欲望守柔静。老子比喻成是:"天门开阖,能为雌乎?""天门"这里指的是人体的耳目口鼻等感觉器官。意思是说,人的感觉器官在接触外物时,能做到宁静平和吗?更直白点就是,能抵御外界的诱惑吗?关于外界事物的诱惑,在《道德经》中有具体的阐述:"五色令人目盲;五音令人耳聋;五味令人

道德经的人生智慧

口爽;驰骋畋猎,令人心发狂;难得之货,令人行妨。"(12章)即缤纷的色彩使人眼花缭乱,嘈杂的音调使人听觉失灵,丰盛的食物使人味觉迟钝,纵情狩猎使人心情放荡发狂,稀有的物品使人行为不轨。老子告诫我们,要学会控制自己的视、听、嗅、言、食等本能的生命活动,善于"为雌"(即守雌)人的感官不被外界诱惑干扰,就能让自己的内心保持清静。

六是要通达事理祛心机。老子主张:"明白四达,能无知乎?"意思是说,人在广知万事、通达事理之后,能做到不卖弄炫耀自己的知识吗?由于人的阅历和智力不同,存在着能力差别。特别是出身豪门贵族的人,受教育的程度、接触事物的层次都占有先天的优势,这样的人在对待平民百姓时,能不能做到不去愚民、欺民、伤民,是对其道德品质最直接最实际的检验。要与百姓以诚相待,用自己的学识和品德教育引导广大百姓安居乐业,从而赢得百姓的信任和拥戴。诚信的社会一定是和谐的社会,在诚信社会生活的人,他们的心境一定也会是安静、平定的。这是"明白四达"之人的责任,也是保持内心平静的方法之一。

这正是:
>逐利争名历代朝,
>勾心斗角命飘摇。
>剔除恃宰生弗有,
>修炼玄德品自高。

从"有之以为利,无之以为用"反思孩子的培养教育

我时常在思考一个问题:代表人类最高成就的诺贝尔奖自1900年设立以来,已经走过了一百多年的历程。为什么拥有十多亿人口的泱泱大国,时至今日才有一位不是中国科学院院士的屠呦呦在自然科学领域获奖?为什么获诺贝尔科学类奖项的华人基本都是长期在国外学习工作的外籍华人?为什么中国的创新能力这么弱而仿制能力又那样强?老子帮助我们解开了谜底。

老子举例告诉我们,车毂有了中空的地方车子才有载物的作用;器皿有了中空的地方才有盛东西的作用;房子有了中空的地方才有住人的作用。最后总结道:"故有之以为利,无之以为用。"(11章)所以"有"给人便利,全靠"无"使它发挥作用。在这里,老子阐释出一个道理:"有"和"无"只有相辅相成才能够发挥作用,"有"是提供使用上的便利,而"无"的地方才是事物真正的用途所在。一个水杯的壁就是"有",杯壁圈起来的空间就是"无",如果杯壁太厚,以至于其中没有任何空间,那么这个杯子就失去了它本应该发挥的作用,也就没有了存在的意义。但是,如果杯壁太薄,以至于薄到无法装载任何东西,那么这个杯子也同样没有存在的价值。

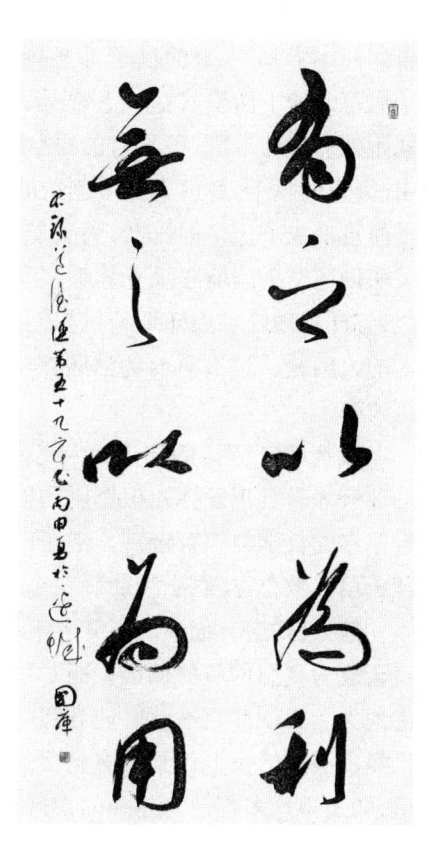

杜国库:河南省书法家协会楷书专业委员会委员

道德经的人生智慧

中国古代经常用"学富五车"来形容一些大儒的学问。实际上这些人也真的很像装载知识的车子，装得很多很满，但能为自己所用的却很少，可以说这些人，书读得越多越无用。纪晓岚就是一个典型的例子，他为了编辑《四库全书》把当时中国所有的书都读尽了，这些书几乎占据了他心灵的所有空间，因此纪晓岚生平未尝著书，没有任何体现自己创新思想的书籍流传后世。

我们再回头来，看看当下望子成龙的中国父母培养孩子的方式和学校的教育模式，更是背离了老子"有之以为利，无之以为用"思想。孩子刚刚3、4岁，路还没有走稳、话还没有说全，家长们就急着把孩子送到幼儿园、特长班，学英语、学奥数、学弹琴、学画画、学书法、学演讲、学舞蹈等等，种类繁多、不一而足。一直到初中毕业，一般的孩子都要报3至4个特长班，多的竟然多达十几个。孩子们每天的生活模式基本上都是，从课堂下来就进补习班，从这个补习班下来就跑到那个补习班，孩子自己的空间和时间没了，直接导致孩子失去了快乐、自由、天真的童年，也就失去了创造的灵感。学校的教育也是填鸭式的，中国的孩子简直都成了记忆的机器，天天脑子装得满满的，没有了思考的空间怎么能去发明创造？美国前总统克林顿在北大演讲时曾说："我们处在知识大爆炸的时代，怎样处理好掌握知识的量和创新能力之间的关系是我们这个时代所必须面对的大问题。"这么重要的话题在中国却引不起共鸣，在报纸上登载以后，就石沉大海了！

人脑子中"有"的知识为人提供便利，这是认识世界的基础，而头脑中"无"的部分才是真正发挥知识作用和创新的地方，才是人的价值之所在。这是一个最基本的哲学与教育定理。老子"有之以为利，无之以为用"思想启示我们，在孩子培养教育方面，必须明确三个不等式，走出这三个误区：

第一，知道≠创造。无知者无畏，有时我们知道的东西多了，那些条条框框就会成为我们创造的枷锁。而对某一领域不知或知之甚少时，反而能够毫无顾忌地大胆去创造。这就好比在纸上作画，在空白处多的纸上作画，总比在图案已经占满的纸张上作画会有更多的发挥空间。因此，必须走出把知道等同于创造，知道得越多创造力越强的误区，真正把精力放在培养孩子的创造力上。

第二，知识≠素质。知识只是构成素质的要素之一，是形成素质的基础，但知识多不等于素质高。知识如果不能在实践中成功实现转化就变不成素质。因此，我们必须走出知识等同于素质的误区，必须改变以学习知识为重点的填鸭式教育模式，深刻认识到素质教育的重要性，更加重视知识向素质转化的过程和能力培养，不断提高知识向素质的转化率。

第三，学历≠能力。学历只是学习经历的证明，能否胜任某项工作或事务

还是决定于能力。高的学历并不一定有强的能力。高分低能的人在中国比比皆是,百无一用的"学霸"最后落魄的不胜枚举。因此,我们必须走出学历等同于能力的认识误区,把教育的重点从学历的获取转移到能力的提升上。

  由此我们可以看出,要想让孩子有更大的发展,就必须培养他们具有创造力的能力素质,而不是无所不知、知识渊博的高学历的平庸之人。因此,中国要培养教育出像爱迪生、爱因斯坦、居里夫人、比尔·盖茨那样的顶尖人才,必须把孩子从应试式、填鸭式教育中解放出来,还给孩子应有的自由空间,让孩子的头脑中充满创造的灵感。可能另一位获得诺贝尔科学类奖项的中国人就是深谙老子"有之以为利,无之以为用"思想的父母和老师培养教育出来的孩子!

  这正是:

    无有相成方可用,

    孰轻孰重难伯仲。

    教儿育女善运筹,

    知有知无需并重。

确立"为腹不为目"的生活追求

老子倡导"为腹不为目"（12章）的生活追求和情趣。认为统治者（侯王）应该像圣人那样，只求吃饱肚子，不去追逐声色犬马之娱。只有养成清心寡欲的生活习惯，才能够让自己的感官保持住维持基本生存需求的功能，抵制住物欲横流的精神腐蚀。

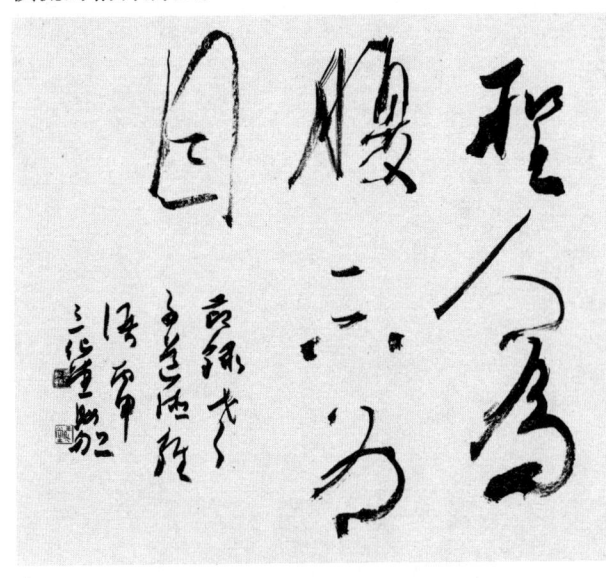

袁海船：中国书法家协会会员

老子列举五个方面的例子用以阐述自己的这一观点。一是"五色令人目盲"（12章，以下同）。色彩缤纷、令人眼花缭乱的事物，会使我们的眼睛丧失辨别事物的能力。纷繁复杂的事物本来就难以辨识，众多的事物混杂在一起就进一步增加了难度。一旦我们观察到的事物真假难辨时，就会陷入盲目的境地。二是"五音令人耳聋"。嘈杂的音调会让人听觉失灵，让人心绪变得烦躁不安。其实，即使是优美的音乐，听的次数多了、时间长了也会逐渐失去美感，甚至是变成痛苦的煎熬。三是"五味令人口爽"。古代"爽"是口病的专用名词，"口爽"就是味觉失灵、得了口病的意思。过多地品尝各种美味佳肴，就会使人们的口舌变得麻木迟钝，无法辨别各种美味了。所以在生活中，那些整天胡吃海喝的富贵人总觉得吃什么都不香，而那些天天以粗茶淡饭为生的百姓却感觉"吃嘛嘛香"。四是"驰骋畋猎，令人心发狂"。

狩猎是一种带有血腥和暴力性质的杀戮和掠夺行为,经常从事这类活动,会让人养成崇尚武力、乐于杀生的习惯,使人的精神变得疯狂和残忍。五是"难得之货,令人行妨"。那些稀有的物品,会使人经常做出各种怪异反常的不轨行为,为了把这些稀有之物占为己有,有的人会爬房越脊、穿窬走户,甚至不惜草菅人命;有的人互相倾轧、勾心斗角、尔虞我诈等。这样就会造成人与人之间失去信任感,生活失去安全感,必然会导致社会风气败坏、动荡不安。

联系现实,在反腐风暴中落马的"老虎苍蝇",无一不是欲壑难填、贪得无厌最后导致东窗事发的。抚今追昔,我们真不得不佩服老子的先见之明,提出"为腹不为目"的圣人的生活方式:只求满足吃饱肚子这一基本生存需求,而不追逐眼睛欣赏之物的无限欲求。旨在提醒人们要摒弃外界物欲的诱惑,保持内心的安足清静。相反,如果对感官的享乐增长了,内心必然不会清静。但现实社会中的人们,常常会陷入享乐的误区,把握不好生存条件的度。温饱解决以后,有些人就会开始追求享受,随之而来的便是永无止境的贪欲。"温饱足而思淫欲"成了人性的劣根,也是人走向毁灭的导火索。

面对这物欲横流的社会现实,怎样才能做到"为腹不为目"呢?关键就是要学会控制自己的欲望,懂得"放下"。清朝金兰生在《格言联璧·处事》中说:挺得起,放得下;算得到,做得完;看得破,撇得开。"快乐总在放下后",这是获得幸福生活的最好方法。人的忧郁、无聊、困惑、无奈以及一切的不快乐,都和他的欲望有关。有的人之所以不快乐,是因为渴望拥有的东西太多了。有时太执著了,不知不觉就已经执迷于某个事物而无法自拔。放下有时很难,可能会带来一时的损失或心痛,可是真正放手后,会发觉所有的纠结与烦恼反而可以转换为海阔天空的好心境。放下自己应该放手的东西,便会拥有轻松快乐的人生。抛弃一些尘世的烦扰,就会在开阔的天空给心灵安个家。快乐与金钱、权势、名声、地位都无关,真正能给人带来快乐的是自己的心境,心灵上的轻松才是快乐的源泉。因此说,放下是一种感悟、一种心境,一种进退取舍、轻重缓急、远近厚薄的把握。只要确立"为腹不为目"的生活追求,心无挂碍、淡泊名利,什么都看得开、放得下,何愁没有快乐的春莺在啼鸣?何愁没有快乐的泉溪在歌唱?何愁没有快乐的鲜花在绽放?

这正是:

> 人世追求应为腹,
> 穷奢极欲皆因目。
> 面临诱惑贵知足,
> 物欲横流即末路。

道德经的人生智慧

"宠辱若惊"与"宠辱不惊"

　　《道德经》第13章"宠辱若惊",是比较难理解和争议比较多的章节,其中之一就是,老子到底是提倡"宠辱若惊"还是"宠辱不惊"?究竟"宠辱若惊"与"宠辱不惊"哪种生活心态更好呢?

张艳明:中国书法家协会会员

　　文中,老子直接给"宠辱若惊"下了个定义:"何谓宠辱若惊?宠为下,得之若惊,失这若惊,是谓宠辱若惊。"意思是说,恩宠是上对下给予的恩赐(也有人把"宠为下"理解为,受到恩宠不是光荣的而是低劣卑下的),所以受宠者就会感到震惊,失去恩宠则令人惊慌不安,这就叫作得宠和受辱都感到惊恐。一种观点认为,老子提倡的就是"宠辱若惊",得到恩宠受惊因为他在乎,也担心失去,所以时时事事都会努力往好里做;失宠时惊恐是因为心里受到打击,同时担心处境会进一步恶化,因而每个人都会极力避免这种情况出现,这样就可以防止胡作非为、胆大妄为。中国古代帝王选择、重用人才时,首先就是看其对皇帝宠辱的态度。特别是在皇帝的晚年,常常把千秋基业和辅佐小皇帝的重任都托孤给"宠辱若惊"的老臣。刘邦就深得其中奥妙,他说:"做皇帝就是要作威作福。"其实刘邦并不喜欢作威作福,主要目的就是想通过作威作福来考查臣下的态度,如果大臣们都战战兢兢,那就对了;如果臣下对宠辱毫不在乎,刘家的江山也就快完蛋了。臣下对待宠辱都像受到惊吓是其在乎自己职位的体现,这样的大臣当然可以重用,可以让其代为管理天下。另一种观点正好相反,认为老

子提倡的是"宠辱不惊",反对"宠辱若惊"的处事态度。从《道德经》的一贯思想脉络来看,老子提倡的应该还是"宠辱不惊",告诫人们要祛除"宠辱若惊"之心态。得到了荣誉、宠禄不必狂喜狂欢,失去了也不必耿耿于怀、忧愁哀伤。这种人生至高的境界,就像明朝人洪应明在《菜根谭》中一句名联描绘的那样:"宠辱不惊,闲看庭前花开花落;去留无意,漫观天外云卷云舒。"这样的心态,不是看破红尘、心灰意冷,也不是与世无争、随波逐流,而是一种修养、一种境界。

  关于"宠辱不惊",有这样一个历史典故:唐高宗时期,有个负责运粮的官员在运粮途中突遇暴风,处置不当导致运粮的船只沉没。到年终考核时,考功员外郎卢承庆奉命对下级官员进行政绩考核、评定等级。评定等级事关每位官员的仕途升迁,所以大家都特别看重、非常紧张。因为运粮船沉没一事,卢承庆以"监运损粮"给这个运粮官评了个"中下级"。谁知这位运粮官神态怡然,没有流露出半点不高兴的神情,脚步轻盈地出了官府。卢承庆见此认为这位运粮官有雅量,马上将他召回,综合考虑损粮问题存在"非力所能及"等因素,随后将他的评定级别改为"中中级",可这位运粮官既没有感恩言谢,也没有流露出半点高兴的神情。卢承庆赞扬他"宠辱不惊,实在难得",后来又将他的评定级别改成了"中上级"。此后,"宠辱不惊"这个词语便流传开了。

  这位运粮官之所以能够做到"宠辱不惊",就是因为他真正拥有一颗平常心,卸下了捆绑于心的"宠辱"的精神枷锁,让自己内心得到安宁。所以,道家认为,在宠辱问题上,做到"难得糊涂""去留无意"才叫潇洒自如,顺其自然。一个人当凭自己的努力、实干,靠自己的聪明才智得了应得的荣誉、奖赏、爱戴、夸耀时,应该保持清醒的头脑,有自知之明,切莫受宠若惊,飘飘然起来,自觉春风得意,正所谓"给点阳光就灿烂"。聪明的人对一切事物的态度是"宠辱不惊"的。一切都不过是过眼烟云,荣誉已成为过去时,不值得夸耀,更不足以留恋。而不够聪明的另一种人,也肯辛勤耕耘,但却经不住名缰利锁的诱惑,有了点荣誉、地位,就沾沾自喜,飘飘欲仙,甚至以此为资本,争这个要那个,不能自持。这些人往往被名誉地位冲昏了头脑,甚至忘乎所以。

  就连极力倡导建立功名的孔子都说:"天下有道则见,无道则隐"(《论语·泰伯》)。能上能下,宠辱不计,只要顺愿、顺心、顺意即可。这样一来既可以在条件允许的情况下做点事情,又不至于为争宠争禄而劳心劳神。一旦利害与人格发生矛盾,则以保全人格为最高原则,不以物而失本性、失人格,如果放弃人格而趋利避害,即使一时得意,却要长久地受到良心的谴责,甚至遭遇不测之灾。

  人生是不能回头的旅程。漫漫旅途中,要以平和的心态踏踏实实地做事,

道德经的人生智慧

坦坦荡荡地做人。始终如一，不因为工作的琐细而拒绝平凡的生活，不因为名利的诱惑而放弃做人的原则。"不雨花犹落，无风絮自飞。"生命的进程没人能阻挡，也无法改变。特别是要对自己有个清醒的认识，做不了圣人，也不要做俗人，甘心情愿地做好平凡之人。既不要惶惶不可终日，像惊弓之鸟，"宠辱若惊"地活着，也不要把"宠辱不惊"片面而极端地理解成不求上进的"一切都无所谓"的消极处事态度，宠辱无动于衷、喜怒无形于表，这种缺少热情和激情的生活是多么乏味、多么可悲、多么可怕。做好一名平凡之人，就要有"不成仙不入道，活好自己最重要"的心境，其关键是要拥有一颗平和的心，时时调整心情，保持最佳心态。我学习完这一章节后总结出四句话："宠辱"之事放于心，"若惊"有度不惶惶；但做凡人遵大道，笑看世事淡炎凉！

这正是：

宠辱皆惊为患失，
得失变换未先知。
若将宠辱抛身外，
不惧得失必正直。

对"贵大患若身"的理解

"贵大患若身"(13章)是《道德经》中比较难理解、争议比较大的又一个问题。一向如行云流水般阐释哲理的老子,对"贵大患若身"的解释是那样的令人费解,让文人墨客的解读五花八门,让众多读者一头雾水。

王泽钰:中国书法家协会会员

老子说:"何谓贵大患若身?吾所以有大患,为吾有身,及吾无身,吾有何患?"主流的注解基本都是:什么叫作重视大患像重视自身生命一样?我之所以有大患,是因为我有身体;如若我没有身体,我还有什么祸患呢?这样理解不但丝毫体现不出老子一贯的"贵身"观,而且还有"轻身"之嫌疑。其所表述的意思就是,一切祸患都起源于身体,没有身体就不会有祸患。这与后面要得出的结论完全相左。老子接着告诉我们他想要得出的结论是这样的:"故贵以身为天下,若可寄天下;爱以身为天下,若可托天下。"主流的注解基本都是:珍贵自己的身体是为了治理天下,天下就可以交付于他,爱惜自己的身体也是为了治理天下,天下就可以托付于他了。从上述对这两段话的解读可以看出,论据无

道德经的人生智慧

法论证结论,原因无法得出结果。出现这种情况有两种可能:一种可能是对原文的考证有误。经过千百年文人墨客考证修订的《道德经》,出现这样差误的可能性不会太大。另一种可能就是我们在理解上出现了偏差。综合各种对这两段文字千差万别的解释,考虑到《道德经》主要是写给统治者(侯王)的实际,我认为这样理解比较恰当:什么叫"贵大患若身"(作为侯王,就是要重视大祸患像重视自己的身体一样,像防止自己身体出现大病那样防止天下出现大祸患)?我之所以能感受到大祸患的危害,是因为我的存在,身在其中;如果我不存在了(即死了或根本不在乎生死),我还有什么大祸患可以担忧的呢(即事不关己、置身事外则不会关心天下的安危)?因此,只有像看重自己身体一样看重天下(之事)的人,才可以把天下寄托给他;只有像爱护自己身体那样爱护天下(百姓)的人,才可以把天下托付给他。

我这样解释,既不需要把"吾有身"牵强附会地引申成"我身体里有私心、私欲""心里有自己的身体",把"吾无身"理解成"祛除自己的私心、私欲""心里没有自己的身体"等等,又可以让上下文更好地衔接,并能更好地反映出老子的"贵身"思想。

后来的道家通常把老子的"无身"理解成"无我",认为"无我"是人生最高境界。这种"无我",不仅是指四肢肉体的"无我",连精神也要"无我",并把老子"及吾无身,吾有何患"总结概括成两个方面:一个是,通过瞑目存神,屏息万缘,而忘掉自己的四肢五体,从而使灵魂逍遥自在。认为人类的身体就是一个很大的障碍,人们不得不去为它谋衣糊口,去奋斗去抗争,这样自然会惹出许多的烦恼和痛苦来。等到物我两忘、不受时空的限制、心中没有牵挂障碍之时,就可以光灼灼而无所不在、无所不能了,自然也就不会为那些衣食住行而操心烦恼了。那个时候人们就不会有灾难和不快了!另一个是,认为把生死寿夭、苦乐悲欢、是非荣辱、高低贵贱始终放在心上是愚人的悲哀,这样的人还在"有我"的境界里苦苦挣扎。认为,既然人间生死寿夭、苦乐悲欢、是非荣辱、高低贵贱没有什么区别,只是由于人们存在"分别心"才产生这些虚幻不实的反应。所以,人们应该把这些身外之物看淡,身处其中而心处其外,不去辨识,不去执着,来了就让它们自然而然地来,去了就让它们自然而然地去。可是人们却往往做不到,结果是自寻烦恼等到事情过去了,才醒悟过来,悔不当初。无我亦无烦恼,忘我亦为安然。无我无畏,无私无忧才是最高境界。

把人的烦恼的根源归结于考虑自己太多了,心有所求,患得患失间烦恼人生。我认为这种观点是正确的,也是老子的本意,认同这种观点的也不仅仅是道家学派。但把"无身"理解成"无我"则是错误的。道家之所以从主流社会中

消失,并走入虚无、避世、神秘的误区,就是因为片面理解了老子的思想,演变成无我则无忧、无为则无扰的逃避现实、修道成仙、忘却责任、无所作为。从老子写《道德经》的对象是统治者(侯王)来看,老子是很注重作为的,强调的是"无为而无不为",重点在"无不为"上,强调要依道而为。所以这一章阐述的不是"无我",而是"爱我","爱我"才能爱生活、爱天下,才能当一个好的侯王,把天下治理好,造福百姓。这才是老子的"贵身"思想的本质内涵。

这正是:

贵患唯缘我有身,

无身何患岂惊心?

贵身方可托天下,

泽被国民万古存。

道德经的人生智慧

深藏不露见神威

老子用"迎之不见其首,随之不见其后"(14章,以下同)来形容"道"的博大与深奥。孔子拜见老子后向其弟子讲述对老子的印象时说:"鸟,吾知其能飞;鱼,吾知其能游;兽,吾知其能走。走者可以罔,游者可以纶,飞者可以矰。至于龙,吾不能知,其乘风云而上天。吾今日见老子,其游龙邪?"后来人们用"神龙见首不见尾"来描述人的神秘莫测。老子一生行为神秘飘忽,最终出关而去,不知所终,正好似一条不见首尾的神龙。道家修行大多追求这种神秘,可能是深受老子的影响。作为普通人,无法也没有必要把自己搞得神秘莫测、行踪飘忽,但老子的这一观点还是可以借鉴的。因此,我总结出两句话的体会:道家神秘学不得,做人借鉴益处多。

老子"迎之不见其首,随之不见其后"这句话启示我们:做人处世有时候不能太过于彰显自己,要像神龙那样见首不见尾。任何时候,我们都必须对自身情况清清楚楚,却只能让别人看到该看或想让别人看到的那部分。如果自己是个完全透明的玻璃人,在利害攸关之时,只能成为别人刀俎之下的鱼肉。

保持自身的神秘性和威严感,老子告诉我们有三种方法。第一种方法是,要善于在"大"中见神威。"视之

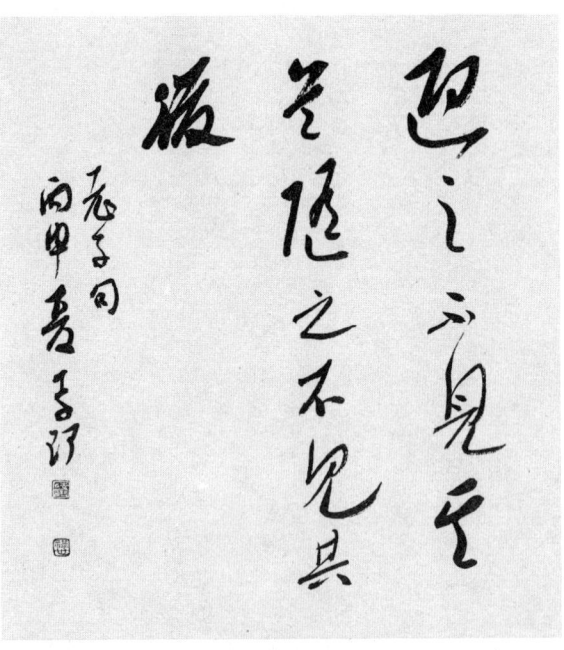

李珂:中国书法家协会会员

不见,名曰夷",就是要大到不能让别人窥视到自身的全貌。关于神龙,由于是庞然大物,有人只能看到龙鳞,说是金子;有人只能看到龙爪,说是霹雳,其实都是这条龙,但只是龙的一部分而已。同样,管中窥豹,只能看得见斑点;盲人摸象,只能摸到一面厚墙。豹与象都只能走不能飞,已经让人如此难以见到全貌,更何况神龙!让人迎之不见其首,随之不见其尾,巨大得让人无法把握。人们由于惧"大"而产生压力,于是便心生畏惧,让那些图谋不轨之人不敢做蚍蜉撼树、螳臂当车的傻事,从而减少前进道路上的障碍。

第二种方法是,要善于在"深"中见神威。"听之不闻,名曰希",就是要让自己深远得让别人听不到自己的心声。"迎之不见其首,随之不见其后",形象地说明了神龙的高深莫测。人都有极强的控制欲,但由于人们没有摸清神龙的底细,就找不到控制神龙的方法。对于控制不了的事物,人们剩下的只有敬畏。在日常生活中,虽然不提倡做人城府过深,但必须要有一定的城府。人们为了回避某种矛盾,或者为了度过某种危难,或者为了对付某个势力强大的对手,在条件不够成熟的一定时期内,隐藏首尾不露峥嵘,伺机待时而动,这就犹如神龙在天,虽不见其身,但其势不可抵挡。

第三种方法是,要善于在"动"中见神威。"搏之不得,名曰微",就是让自己动起来,让别人想摸却丝毫摸不到自己的踪影。神龙之所以神秘,是因为它会飞,让人迎之不见其首,随之不见其尾,只能看到一段龙在空中蜿蜒游动、飘忽不定。平时,我们要做到静,静观其变,以静制动,以不变应万变。但在关键时刻,一定要让自己"动"起来,把能量辐射出去,把人脉调动出来。这样可以让对手畏惧自己的巨大能量以达到不战而屈人之兵的目的。即使是迫不得已短兵相接,我们也会因为准备充分而增加胜算。

无数惨痛的事实告诉我们,毫无保留地展示自己,只能自取灭亡。我们当牢记老子的教诲,做事当如神龙,不能让人看见首尾,要通过"大""深""动"展示自己的神秘和威严,只有这样才能不被控制,把命运牢牢地掌握在自己手中,牢牢把控住事物发展变化的主动权。其实,神通广大的龙也怕被控制,因为龙多,想屠龙的生灵也多,更何况微不足道的人乎!

这正是:

神龙见首难寻尾,
不露深藏生惧畏。
一览无余不保全,
风吹草动常伤毁。

道德经的人生智慧

"得道之人"的七大特征

老子认为,古代"得道之人"是"微妙玄通,深不可识"(15章)的,这可能是从古到今,导致道家人物像神龙见首不见尾,生活极其神秘的缘由吧。这些人沉静幽深、难以捉摸,老子勉强为这些"得道之人"概括出七大特征。

一是非常谨慎。按老子描述则是"豫兮若冬涉川"(第15章,以下同)。得道之人做事都非常小心谨慎,就好像冬天踩着水过河。老子生活在中原地区,冬天结冰期很短暂而且冰面非常脆弱,稍不小心就可能失足落水,也就是我们常说的如履薄冰的感觉。由于得道之人深谙"道"的朴素与严谨,违背了就要吃苦头、受惩罚,所以做任何事情之前都会三思而后行、谨小慎微、诚惶诚恐。只有这样才能避凶就吉、逢凶化吉,保护自己免遭不必要的伤害。古代就盛传道家人物往往具有能在改朝换代之际准确地把未来天子找出来的邪门功夫,他们平时隐居修行,轻易不出山,防止站错队引来杀身之祸。只有等到真正天子出世,才会出手鼎力相助以成大业。比如道家高人陈抟辅佐赵匡胤、张良辅佐刘邦、魏征辅佐李世民、丘处机辅佐成吉思汗、刘伯温辅佐朱元璋,等等,都是伺机而动以成大业的。

二是非常警惕。老子比喻成"犹兮若畏四邻"。得道之人遇事非常警觉戒备,就好像随时随地防备着邻国的进攻一样。在交通技术不发达的古代,一个国家遭受的攻击主要来自于邻国。同样,一个人最大的危险也往往来自于身边的人,远水虽然解不了近渴,难以借力,但

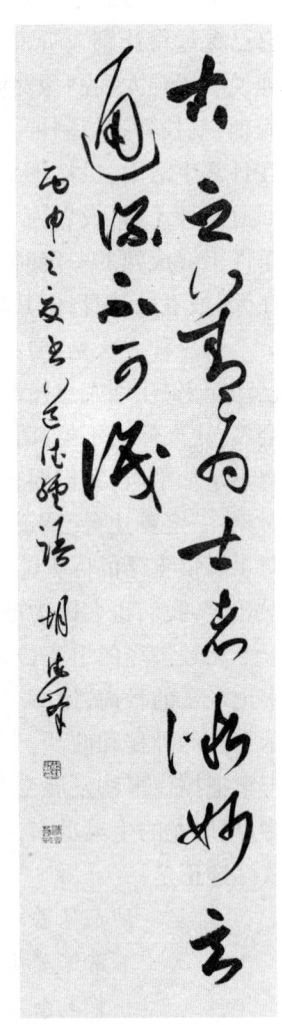

胡海峰:黑龙江省书协理事,双鸭山书协秘书长

也不会淹没了自己,受水灾之害。凡事预则立,不预则废。得道之人对事物的本质有着很深入的了解,对事物的未来发展有一定的预见性,能够根据事物的微小变化,见微知著;能够保持忧患之心,居安思危,防患于未然。因而能够时时心怀敬畏,时时保持警惕,不敢妄自尊大,不敢轻视四邻。

三是非常庄重。老子形象地说成是"俨兮其若客"。得道之人对待事物表现出非常恭敬郑重的样子,就好像要去赴宴做客。在别人家做客总不会像是在自己家里那样随便放松、无拘无束的。得道之人对"道"非常尊敬,他表情肃穆、神色凝重,丝毫不敢随心所欲、放肆造次。经过长期的严格修行和自律约束,具备了沉稳、庄重之气质,以及静极而动、动极而静的静定功夫。他会以极端严肃认真的态度来对待日常生活、处理问题、约束行为。能以客人的姿态来生活,就会以谦卑的态度对待自己而以崇拜的态度服从自然。而不会像庸俗之人那样,以大自然的主人自居,以尊贵的态度对待自己而以嚣张的态度征服自然,以损害自然为代价来满足自己的私欲,最后势必以毁灭自己而告终。老子主张以客人般严肃认真的态度度过自己的一生,而不是以玩世不恭的态度混过一世。

四是非常洒脱。老子称赞为"涣兮其若冰释"。得道之人的行动非常轻松洒脱,就好像冰块缓缓消融。这就是人们常说的"无欲则刚""心底无私天地宽"的状态。得道之人没有更多的私心私欲,能够从名缰利锁中解脱出来,所以会心地坦然、轻松自得地做事,就像即将融化的冰块一样轻松愉悦、涣散自得。因为这些人深知客观(自然)规律,依"道"做事如鱼得水、似行云流水,行为灵巧变通而不离大道。

五是非常敦厚。老子表述为"敦兮其若朴"。得道之人非常淳朴厚道,就好像没有经过加工的原木一样。这样的人能够深深感悟到,道是不可欺的,在"道"面前,一切虚伪做作、自作聪明、自以为是都会受到处罚,甚至是头破血流,所以在"道"面前要敦厚老实、纯朴归真,诚以做事,诚以待人,不做精明而不聪明的人。所以,得道之人都具有敦厚守信、纯朴自然的品性和形象。

六是非常旷达。老子形容这一特征为"旷兮其若谷"。得道之人心胸旷远豁达,就好像深幽的山谷一样。"道"是无穷无尽的,得道之人必须像"道"那样虚怀若谷、海纳百川。人们常说,一个人的胸怀有多大,他的境界就有多高,成就的事业就有多大。一个人心胸只有非常宽广才能够容纳更多事物,只有容纳得下事物,才可以理解这些事物。否则,在自己狭隘的心胸之下,只容纳得下一己之私,是不可能成就大事的。

七是非常宽容。老子说"混兮其若浊"。得道之人性情浑厚宽容,就好像不清的浊水。这些得道之人容纳万物的方法就像混浊的水一样,采用混同的方法

道德经的人生智慧

容纳万物不是藏污纳垢,而是混而不杂、同而不流,这样任何事物都可以被接受容纳,如此才能让事物有展现自己的机会。当混浊的水静下来的时候,那些不符合"道"的污垢等物就会慢慢地沉淀下去,而所剩余的则是纯洁之水,是符合"道"的事物,符合"道"的事物自然就可以长久存在。得道之人看待一切事物都是从历史的发展的角度综合判断,而不是简单地用"好""坏"区分人和事,并且能够给予这些事物充分的展示机会,让客观(自然)规律决定其生死存亡。这种宽容表现为对待事物的大智若愚、不露锋芒、不弃污浊。

综上所述,老子从修养、智慧、气度、境界、心性、胸怀、处世等方面描述了古代得道之人的容态和心境:慎重、戒惕、威仪、融和、敦厚、空豁、浑朴、恬静、飘逸等人格修养的精神面貌。在本章的最后,老子还不忘补充一句:"保此道者,不欲盈。夫唯不盈,故能蔽而新成。"能持守这个"道"的人,就能够保持谦虚而不盈满。正是因为他从不盈满,所以总能去旧而成新。可以说,老子是深谙中国做人之道的,真是做人难,难做人,人难做。意思是告诫人们,地位越高,用权越要胆小;成就越大,做事越要谨慎;名声越响,处世越要谦虚;身份越尊贵,姿态越要放低;智慧越高,心性越要坦诚;权势越大,心胸越要宽广;学问越高,越要难得糊涂。得道之人尚需防满破骄、不断学习,我们更应该"活到老,学到老"。这些道理都很值得今天的人们认真学习、用心体会、自觉运用。

这正是:

  善为士者晓玄通,
  七种德行强为容。
  度势审时知动静,
  不盈守道故新成。

培养"致虚守静"的定力

老子说:"致虚极,守静笃。"(16章)要追求"虚"的极致,坚守"静"的笃实。老子认为,人的心境本来是处于一种空明宁静状态的,但由于纷繁复杂的物欲的侵袭和干扰,人的私欲开始萌动,才使心灵蒙尘、闭塞不安,为满足自己的物欲而苦苦追求,而要想使自己的行为复归于"道",恢复心灵的清明、安宁,就需要"致虚守静"。

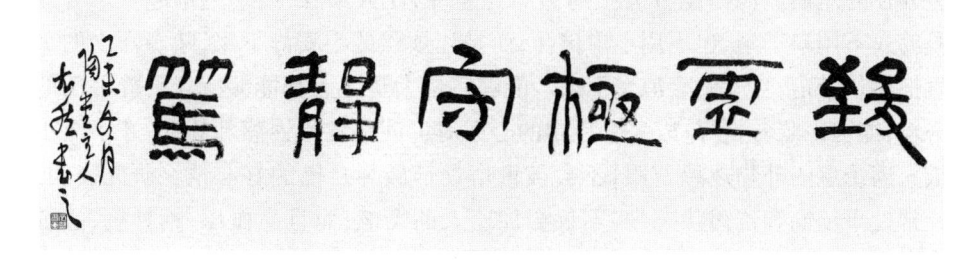

衣然:中国书法家协会会员

当今社会与老子生活的时代出现了翻天覆地的根本性变化,节奏加快、竞争激烈,特别是西方文化的民主自由观、逐利竞争观对人们的影响越来越大,认为金钱、地位、学识、成就等都是生活生存所必需的。如果不去表现、不去竞争、不去发展,就会被社会淘汰,让人很难保持恬淡的心境。其实,现实中的很多事情本来并没有那么复杂,压力也没有想象中的巨大,只是人们一时乱了心性,才使自己陷入困境之中。在追求快节奏、满足欲望的同时,有些人忽略了自己的家庭,忽略了身体的健康,忽略了内心的恬淡与平和,殊不知,这些被忽略的部分都是能给我们带来温馨、喜悦、感动的重要因素。我们只有培养"致虚守静"的定力,才不会为了事业的忙碌和生活的压力所累,才能"暮色苍茫看劲松,乱云飞渡仍从容",才能在繁杂的事物中保持清醒的头脑,做出正确的判断。

保持"致虚守静"状态需要很强的定力,定力缘于良好的心境。佛家有句名

道德经的人生智慧

言:"境由心造,烦恼皆由心生"。由于心态不同,即使是相同的境遇,在不同人的心中也会造成不同的心境,并产生不同的影响,导致不同的结果。所以,良好心境的本原是内心。有内心的安详才会有良好的心境,有良好的心境才会有良好的状态,有良好的状态才会有美好的人生。为此,需要以"致虚极,守静笃"为目标,努力修炼四种良好的心境:

一是大度能容的心境。在日常生活中,每个人都会遇到不顺心、不满意的事情,对一些非原则性的、看不惯的人和事,可以装作没有听见、没有看见,或是随听、随看、随忘,做到三缄其口。这种大度能容、小事糊涂的心境,不仅是处世的一种态度,也是健康长寿的秘诀之一。如果一个人遇事总是过分计较,一味地追究到底,硬要讨个"说法",那么烦恼和忧愁便会先于"说法"而来,这样很不利于身心健康。

二是平静平衡的心境。很多人都有这样的感受,心绪烦躁时,连一页书都看不进去,更不要说感悟大道了。有句话叫作"心静自然凉",心中平静,可以拂去外在的炽热。比如夏日天气闷热满身是汗,让人烦躁,扇子越扇越热。有经验的人不用扇子扇,也不用毛巾擦汗,而是让烦躁的心安静下来,随着汗水的蒸发把热量带走,自然就会凉爽下来。能够感悟大道之人都能够持守平静平衡的心境,能够冷眼看世界,以一颗平常的心面对世间的各种诱惑和烦恼,才不至于被充满诱惑的外物迷惑双眼,不会被世俗烦恼破坏自己的好心情。研究表明,经常处于烦恼和忧愁状态中,不仅会加速人的衰老,而且高血压、精神病、心脏病也会不期而至。而平静平衡的心境既可使矛盾冰消雪融,又可使紧张的气氛变得轻松、活泼,从而保持心理上的平和平衡,能够避免许多疾病的发生。

三是随遇而安的心境。随遇而安的人能够适应各种环境,在任何环境中都能自得其乐。这样的人具有远大眼光、宽阔胸怀,把世间的一切变化都看得很平常、很坦然,任何时候做事都不会逆势强为,更不会为一些事情大动肝火。有些人克制不了自己的情绪,正是因为"守静"的功夫不够。老子说"守静笃",要求持守平静一定要做得彻底,将心中动怒的因子完全驱除干净。只有这样,人的心理才会轻松洒脱,自然会笑口常开、愉快幸福、健康长寿。

四是淡泊名利的心境。"名"填满了脑海就无法"守静笃","利"占满了心胸就不能"致虚极"。诸葛亮在写给时年八岁的儿子诸葛瞻的《诫子书》中说:"夫君子之行,静以修身,俭以养德。非淡泊无以明志,非宁静无以致远。"蕴含着极深的哲理。只有淡泊,才能够明确自己的志向;只有宁静,才能使自己立身长远。有时生活中的真正烦恼,并不是在于我们可能得到或不能得到什么,而是在于我们根本没有清醒地意识到自己究竟想要什么。也许什么都想要,但凡是

得到的,却又往往成为人生道路上前进的包袱,成为生命河流中的淤泥。特别是名与利,有时可能是成功的助推器,但有时也可能成为前进路途中的沉重负担,甚至是绊脚石。如果一味盲目地追逐名利,难免就会感到忙,感到累。一个人只有潇洒地对待一切身外之物,把一些追求看得淡一些、轻一些,才能收获另外一些更重要的东西,比如,在衣食无忧的前提下,不妨把财富看淡一些,多陪陪家人,多锻炼锻炼身体,就会多收获些天伦之乐,多收获些健康之喜。这样的人生会更有趣味,更有意义。

当然,老子说的"致虚极,守静笃",是对追随大道的圣人提出的要求,作为普通人,并不要求像圣人那样苦苦以求,达到完美,也不用像隐士那样抛开世俗的喧嚣去隐居,去品酒赏菊。而是在紧张的工作之余,感觉累了的时候能够放下对名利的追逐,让心灵憩一下,让自己调整一下。因此说,走出迷茫、保持快乐的最好方法就是让自己保持"致虚守静"的心态,培养"致虚守静"的定力。

这正是:

>　　万物并生难静谧,
>　　归根复命知真谛。
>　　色声犬马损常明,
>　　守静致虚增定力。

道德经的人生智慧

"不知常,妄作凶"的警示

《道德经》云:"知常曰明。不知常,妄作凶。"(16章)这是老子对不遵循大道行为的最直接、最严厉的警告:认识了客观(自然)规律就叫作聪明。不认识客观(自然)规律的轻妄举止,就会发生乱子和灾凶。人类安身立命于天地间,要想得到好的生存和发展,就要认识和掌握客观(自然)规律,按照客观(自然)规律办事,达到与自然的和谐统一。

而事实上,由于我们对客观(自然)规律认识不够,经常会出现违背规律,好心做错事的情况。美国作家伯罗蒙塞尔(1942—1999)用自身经历写的《自然之道》(又名《大自然的秘密》)中讲述了这样一个故事:

我和七个旅行同伴及一个生物学家向导,结队到达南太平洋加拉巴哥岛,我们去那里旅游的一个目的是,这个海岛上有许多太平洋绿龟用来孵化小龟的巢穴,我们想实地观察一下幼龟是怎样离巢进入大海里。

太平洋绿龟的体重在一百五十公斤左右,幼龟不及它的百分之一,幼龟一般在四五月间离巢而出,争先恐后爬向大海。只是从龟巢到大海需要经过一段不短的沙滩,稍不留心便可能成为鹰等食肉鸟的食物。

龚义君:中国书法家协会会员

那天我们上岛时,已近黄昏,我们很快就发现一个大龟巢,突然,一只幼龟率先把头探出巢穴,却又欲出而止,似乎在侦察外面是否安全。正当幼龟踯躅不前时,一只嘲鹰突兀而来,它用尖嘴啄幼龟的头,企图把它拉到沙滩上去。

我和同伴紧张地看着眼前的一幕,其中一位焦急地问向导:"你得想想办法

啊！"向导却若无其事地答道："叼就叼去吧，自然之道，就是这样的。"向导的冷淡，招来了同伴们一片"不能见死不救"的呼喊。向导极不情愿地抱起小龟，把它引向大海，那只嘲鹰眼见着到手的美食给抱走，只能颓丧地飞走了。

然而接着发生的事却使大家极为震惊。向导抱走幼龟不久，成群成群的幼龟从巢口鱼贯而出。现实很快让我们明白：我们原来干了一件愚不可及的蠢事。那只先出来的幼龟，原来是龟群"侦察兵"，一旦遇到危险，它便会返回龟巢。现在幼龟被向导引向大海，巢中的幼龟得到错误信息，以为外面很安全，于是争先恐后地结伴而出。

黄昏的海岛，阳光仍很明媚。从龟巢到海边的一大段沙滩，无遮无挡，成百上千的幼龟结群而出，很快引来许多食肉鸟，它们可以饱餐一顿了。

"天哪！"我听见背后有人说，"看我们做了些什么！"这时，数十只幼龟已成了嘲鹰、海鸥、鲣鸟的口中之物，我们的向导赶紧脱下头上的棒球帽，迅速抓起十数只幼龟，放进帽中，向海边奔去。我们也学着他的样子，气喘吁吁地来回奔跑，算是对自己过错的一种补救吧。

不一会儿，数十只食肉鸟吃得饱饱的，发出欢乐的叫声，响彻云霄。两只嘲鹰仍静静地伫立在沙滩上，希望能捕捉到最后一只迷路的幼龟做佳肴。我和同伴们低垂着头，在沙滩上慢慢前进。似乎在这群凡人中间，一切都寂然静止了。终于，向导一边走一边发出了他的悲叹："如果不是我们人类，这些海龟根本就不会受到危害。"

人是万物之灵，然而，当人自作聪明时，一切都可能走向反面。这就是这个故事带给我们的启示。

我们在与自然相处中不断地犯错误。有些是好心办坏事，是因为我们认识水平不够，这是我们认识能力有限的悲哀；有些是人的不自量力，诸如"人定胜天""人有多大胆，地有多大产"的荒谬，是因为我们敬畏自然不够，这是我们狂妄自大的悲哀；有些是某些人为一己之私的故意作为，是因为丧失良知责任，这是我们道德沦丧的悲哀。我们回过头来看看当今的中国，在中国模式、中国速度、中国奇迹、"盛世中国"的光环下，干了多少违背自然规律的事情：有的大搞"形象工程"：不顾民生和实际需要，为彰显自己任期内的政绩，大搞华而不实的楼堂馆所、地标性建筑；破坏历史古迹却新建仿古园区；能看得见的地面设施富丽堂皇，看不见的地下排水等基础设施无人问津。有的大搞"献礼工程"：不顾事物发展的规律，为了迎接重大节庆活动、重要会议，大搞赶进度、破纪录活动，四年任务两年完成，当年立项当年完工当年投入使用，造成数不尽的豆腐渣工程。有的大搞"半截子工程"：很多"三拍"领导，拍脑袋决策、拍大腿后悔、拍屁

道德经的人生智慧

股走人。这项目那产业，这个开发区那个工业园区，都是大手笔大投资大举债项目，不经过科学严肃论证盲目上马，遇到困难强行推进，实在干不下去硬撑到拍屁股走人，留下烂摊子让继任者收拾。继任者收拾不了就让项目下马，把老百姓的纳税钱变成一堆堆毫无用途和价值的破砖瓦废钢铁。有的大搞"折腾工程"：一任领导一个思路一个打法，甚至有的领导朝令夕改，同一个地方，在短时间内建了拆、拆了建，今年是公园绿地，明年是停车场，后年可能就是商场，反复折腾，劳民伤财。有的大搞"强拆工程"：商人（开发商）看到某地块的商业价值后，就找到地方政府部门，或政府部门想在某地块建什么设施，不管这个地方居住的老百姓愿意与否、同意与否，也不管这地块已有的设施刚建成几年，强行大拆大扒，搞得因强拆强迁造成的群体事件此起彼伏。有的大搞"污染工程"：为了提高GDP，不讲成本、不计后果、不顾子孙，青山绿水蓝天净土都没有了，取而代之的是秃山、污水、雾霾、地震、沙尘暴、泥石流、"北京咳"频繁发生，甚至跨出国门，走向世界。这些都是我们违背客观（自然）规律付出的巨大代价。

我们今天品读老子"知常曰明。不知常，妄作凶"的警告，依然振聋发聩，依然汗颜面对古训。老子思想的深刻之处，就在于他对客观（自然）规律的辩证认识。警示人类的行为必须遵循大道，按照客观（自然）规律办事，千万不可与客观（自然）规律对抗。我们之所以成功是因为我们遵循了客观（自然）规律，而所以失败是与客观（自然）规律对抗的结果。

这正是：

深谙大道可达明，
依道而为保太平。
不晓常明多妄作，
凶多吉少断前程。

包容的力量

老子说:"知常容,容乃公,公乃全,全乃天,天乃道,道乃久,没身不殆。"(16章)意思是说,认识客观(自然)规律(的人)才能包容一切,包容一切才能公正无私,公正无私才能周全无遗,周全无遗才能符合自然,符合自然才能遵循大道,遵循大道才能保持长久,终身都不会遭到危险。这里强调的是,认知是包容的前提,包容是一切的基础,从"公""全""久""不殆"等不同侧面阐明了包容的力量。

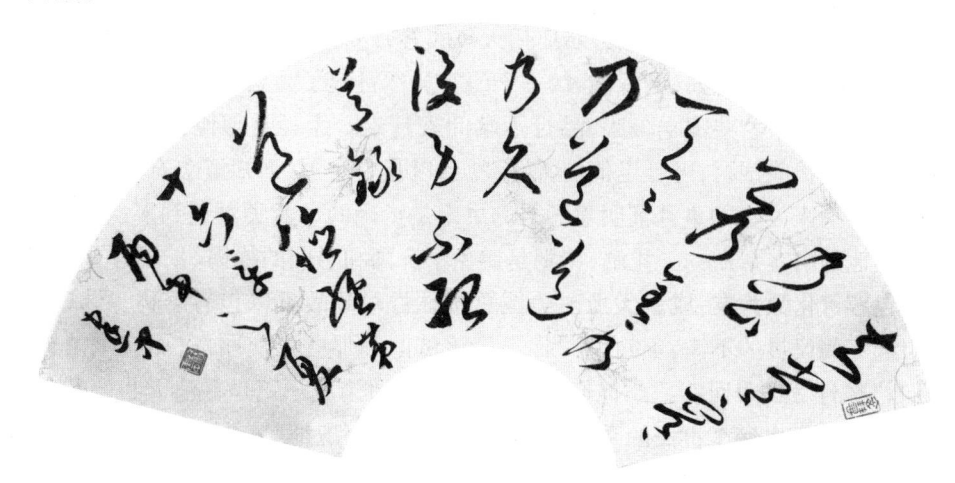

杨建中:中国书法家协会会员

包容可祛除偏私,公正做事。雨果说:"世界上最宽阔的是海洋,比海洋更宽阔的是天空,比天空更宽阔的是人的胸怀。"这是对具有包容之心的人的赞美。有时候,人之所以不能公正做事,是因为心存偏私;心存偏私的一个重要原因就是不够包容。包容是容纳他人之长、之短、之错的度量。周围的人你不一定都喜欢,别人做的事情也不一定都符合你的心意,有的甚至还可能伤害到了你。这时能否从客观的角度看待问题并做出准确判断,除了具有辩证的思维能力,就是看是否有包容之心了。只有具备包容之心,才能不戴有色眼镜看人,不站在自己立场上看事儿。而是从客观的角度看待发生的一切,才会祛除偏私之心,正确看人,公正做事。这就是"容乃公"。

包容可洞察秋毫,周全无遗。有虚怀若谷的包容之心,才能有海纳百川的容量。懂得包容就不会根据自己的好恶作取舍,人为地接受什么,或拒绝什么,而是会努力洞察一切、明察秋毫。由于汇集到自己脑海的信息是全面的、客观的,能够帮助我们做出正确、准确的分析判断,做出的决策、决定就会更周全无遗。官场上无数次重复着这样的事情:一个人刚当上领导特别是一把手时,说话还比较谦虚、做事也比较谨慎,但随着任职的延长,就会变得狂妄自大、骄横跋扈起来,最后导致身败名裂。一个重要原因就是,这样的领导不懂得包容,周围聚集着一批溜须拍马、投其所好之人,让他在不知不觉中变得自负专横起来,越来越听不进不同意见,做事失察、失误,跌跟头也就在所难免了。

包容可安身立命,远离灾祸。俗话说,冤家宜解不宜结。有时候,少一个冤家就少一个给你挖坑设绊的人;多个朋友多条路,多一个朋友就多一个雪中送炭的人。战国时期,齐国的孟尝君广招天下宾客,门下聚集了一批贤人英才,也有一些鱼目混珠的庸人,更有甚者,一个门客竟然打起了孟尝君小老婆的主意。有人劝孟尝君把这些骗吃骗喝、品行不端的人赶走。孟尝君却说:"留下他们,我只不过破费些钱财;可赶走他们,他们就会以我为仇了,谁知道会有什么祸事发生呢?"后来发生的事件证明孟尝君的决定是正确的。孟尝君遇到多次挫折,都依赖他的门客帮助一一化解,特别是避免了齐国和卫国的战祸。

包容可化敌为友,成就大业。美国总统林肯对政敌素以包容著称,后来终于引起一些议员的不满,责问说:"你不应该试图和那些人交朋友,而应该消灭他们。"林肯微笑着回答:"当他们变成我的朋友,难道我不正是在消灭我的敌人吗?"魏征是唐太宗李世民的重臣之一,但在此之前,魏征是前太子李建成的臣僚,曾经出谋先下手除掉威胁太子之位的李世民。如果李世民不能够包容魏征,不理解"当其之时,各为其主"的道理,对他弃置不用甚至杀掉,中国历史上岂不是少了一段君臣相知相得、敢谏善纳的千古佳话吗?还能开创享誉千载的"贞观之治"吗?齐桓公不计一箭之仇,重用管仲而成就了一代霸业,终成春秋五霸之首,都是包容化敌为友的典范,展示的都是包容的力量。

老子带给了我们包容的智慧,告诉了我们包容的力量。包容是善良人品的升华,是人性至美的沉淀,是崇高精神的凝结,是穷尽一生也品味不完的智慧美味。拥有包容的心态,会让人感觉到生命的安详和幸福,得到别人的帮助和推崇;拥有包容的心态,可以避免别人的攻击,从而为自己营造一个更加和谐的人

际关系。超然者,举重若轻;聪慧者,拿大放小;博大者,虚怀若谷;包容者,与人为善。在生活中,多一分包容,就会少一分狭隘,多一分坦荡;多一分包容,就会少一分烦恼,多一分宁静;多一分包容,就会少一分怨气,多一分人气。和谐社会需要包容,拥有包容,我们就能多一分轻松,多一分快乐。一旦你拥有包容的美德,你将拥有一生的智慧,收获一生的幸运和幸福。

这正是:

胸怀大道善包容,
摒弃偏私处世公。
做事周全无过错,
避结仇怨更从容。

道德经的人生智慧

治国理政的四种境界

《道德经》是老子的治国理政主张，更是对统治者的谏言书。他把统治者治国理政的水平区分为四种境界。

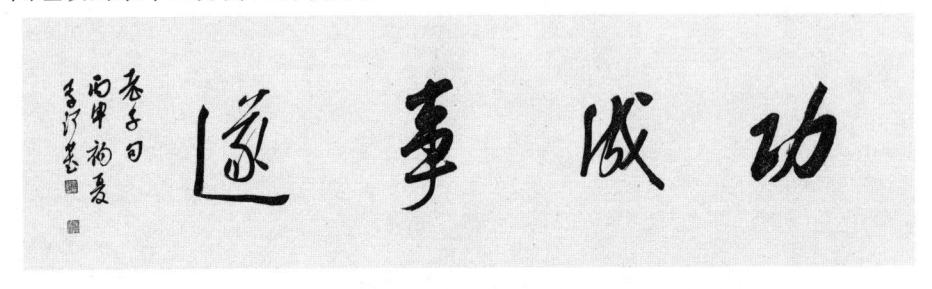

李珂：河南省书法家协会理事

最高境界：依道而为，百姓"不知有之"。老子说："太上，不知有之。"（17章，以下同）最高明的统治者，百姓根本意识不到他的存在。他们施行的是"无为而治"，对国家和百姓采取一种自然主义的放任政策，即在实施的过程中，尽量减少自己对国家和百姓施加强有力的影响，不干涉百姓正常的生产生活，不增加百姓的经济负担，不对外扩张挑起战争。这样百姓就能按照自然规律自行发展、自由生活、自在安乐，让百姓根本感觉不到统治者的存在。但这并不是统治者无所事事，而是按照大道的原则去治国理政，形象地说就是："好雨知时节""润物细无声"地依道顺势而为的境界。但在现实中，这只是一种可望而不可即的乌托邦式的理想状态。

较高境界：推行仁政，百姓"亲而誉之"。具备这种境界的统治者的特点是给百姓以恩惠，百姓亲近他赞誉他。他施惠于百姓，但不高高在上，表现得可亲可敬，能和百姓和谐相处。他也有意识地宣传自己的执政理念、惠民政策，让上下都凝聚在自己的治国理政方略之下，实现江山社稷的稳定和繁荣。这种境界是古今中外杰出的统治者极力推崇并身体力行的治国理政方略。

次等境界：施以刑罚，百姓"畏而远之"。这种统治者经常声色俱厉，摆出高

高在上、盛气凌人的气势,通过严厉的刑罚和严格的等级制度树立自己的"万事主宰"权威,因此与老百姓之间有一层无法穿透的屏障。他制定出苛刻的规章制度,这些规章制度的制定直接影响到百姓的生命和财产安全。对于这样的统治者,老百姓心中有怨不敢言,只好畏而远之。这种治国理政方式多用于"乱世用重典"时期,一旦社会安定下来,必须及时上升到第二种境界,实施仁政,否则可能会滑向最低境界。

最低境界:昏庸无道,百姓侮而反之。这种最差的统治者,根本不把天下苍生放在眼里,专横跋扈,剥夺百姓的自由权利,把他们当成奴隶一样对待,任意奴役、肆意宰割。虽然百姓当面不敢表达自己的愤恨,但在背后会默默咒骂统治者的昏庸无道,侮辱其卑劣的人格。当统治者的压迫超过老百姓的忍耐极限时,就会揭竿而起,推翻昏庸无道的统治者,实现改朝换代。

在老子看来,最高境界的统治者是"无为而治"的,达到百姓"不知有之"的境界。在这种理想的政治情境中,统治者具有诚朴信实的素养;官府只是为百姓服务的工具;政治权力丝毫不得逼临于百姓身上。统治者深知"信不足焉,有不信焉"的道理,如果对百姓不诚信,老百姓也不会信任他。用严刑峻法来镇压百姓,这就是统治者诚信不足的一个表现,必然走向穷途末路。统治者更知道"悠兮其贵言"的重要性,能够做到慎言谨行,从不轻易向百姓发号施令,决不破坏百姓的生活规律。官府和百姓相安无事,甚至百姓根本不知道统治者是谁、在干什么,政权压力完全消解,百姓呼吸在安闲自适的空气中。通过自己依道而为的治理,使国泰民安、国强民富,让老百姓习惯于安居乐业的生活,感觉到我们的生活本来就是这样的。这就是老子所说的"功成事遂,百姓皆谓'我自然'"的理想的社会生活状态。

虽然老子是从治国理政的高度来阐述四种境界的,但在现代生活中,这四种境界对于管理工作也具有指导意义。作为一个管理者,首先,必须避免让自己的部下轻侮自己、记恨自己。一个积恨满身的管理者是最为失败的,所以老子将其归于最差的层次。其次,就是要避免让部下只是畏惧你。别人怕你并不代表你有领导权威,而可能是表面恭维而内心不服。真正的权威产生于敬畏,靠的是人品、能力、素养、业绩,以及对纪律规定身先士卒地执行。所以,令人畏惧的管理者,也往往不是一个高明的管理者。与此相反,较好的管理者会让部下爱戴自己,赞誉自己。而比这更高的管理者,就是无为而治的"不知有之"的境界了。这样的管理者,无须事事都亲力亲为、日理万机,整天忙得不可开交。而是把所管理范围内的事务发展目标、规划制定好,分解并授权到所管辖的各个部门,在自己好似悠闲的状态下,把各个方面皆管理得有条不紊、蒸蒸日上。

道德经的人生智慧

他实际上是以一种无形的、退居幕后的方式来发挥自己的强大力量。真正高明的管理者是悠然自得的,一夜之间急得白了头的人往往是因为能力不足,能力不足而担当大任是一件很痛苦的事情。

这正是:

治理国家有玄机,
四层境界见高低。
无为之下求亲誉,
畏侮当中毁业基。

从"信不足焉,有不信焉"看诚信

老子对诚信问题极为重视,在《道德经》第17章明确提出:"信不足焉,有不信焉。"(王弼版本在23章重复讲了这句话。)旨在告诫人们:诚信不足的人,就不会被别人信任。《道德经》中共有7章讲到"信"字,涉及"诚信"的有6章。老子主张言而有信:"言善信"(8章),用水的品德借喻人应该"言出必践以守诚信"。"夫礼者,忠信之薄,而乱之首。"(38章)认为"礼"是诚信不足的产物,是社会动乱的罪魁祸首。他极力倡导诚信的风气:"信者,吾信之;不信者,吾亦信之;德信。"(49章)对于诚信的人,我信任他;对于没有诚信的人,我同样信任他,这种德的力量就会让百姓人人守信。他蔑视轻言寡信之人:"夫轻诺必寡信。"(63章)轻易许下的承诺必然很少能够兑现。他推崇诚信直言:"信言不美,美言不信。"(81章)真诚可信的话说得不一定动听,动听的话不一定真诚可信。可见,老子把诚信问题提升到非常高的高度来看待、去重视。其实,无论是古今中外还是儒释道等学派,对诚信都非常看重。这说明,诚信是一个公认的重要的问题。那么,诚信为什么如此重要呢?综合古今各家学派,概括起来"诚信"集6种功力于一身:

首先,诚信是立身之本。英国哲学家弗兰西斯·培根认为:"从来最有能力的人,都是有坦白直爽的行为、信实不欺的名誉的。"孔子说:"人而无信,不知其可。"人若不讲信用,在社会上就无立足之地,什么事情也做不成。诚信已经超越了人的品质范畴,它是做人的灵魂,人生的质量,很大程度上取决于诚信。爱耶伯劳说过:"信用仿佛一条细丝线,一时断了,想要再接起来,难上加难。"诚

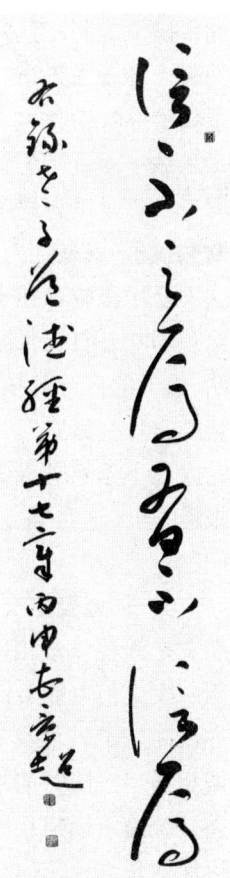

曹景超:中国书法家协会会员

道德经的人生智慧

信好比银行里的存款,当你需要的时候可以兑现;欺骗则是欠债,当你困难的时候会使你雪上加霜。一个恪守诚信的人,最大特点就是言必信、行必果,一诺千金。诚信是一种无形的财富,是一个人的第二身份证,一旦一个人被确认为是诚信的,大家就会高度信赖他、热情支持他。相反,如果一个人被大家认定为不诚信后,就会处处提防他、排斥他,这样的人一旦身处困境,大家可能会袖手旁观、幸灾乐祸,甚至会落井下石而后快。可见,诚信是人必备的优良品格,也是一个人文明程度的标志,更是立身处事之本。

其次,**诚信是齐家之道**。唐代名臣魏征说:"夫妇有恩矣,不诚则离。"只要夫妻、父子和兄弟之间以诚相待、诚实守信,就能和睦相处,达到家和万事兴的目的。若家人彼此缺乏诚信、互相猜疑,家庭一定会矛盾重重,纠纷不断,甚至同室操戈、四分五裂。孔子弟子曾参"杀猪取信"的故事妇孺皆知。一日,曾子的夫人准备去集市,儿子哭着闹着要跟着去。她哄孩子说:"你回去,等我回来杀猪给你吃。"她刚从集市回来,曾子就马上要去杀猪。妻子阻止他说:"我不过是和孩子开玩笑罢了,你居然信以为真了。"曾子说:"小孩是不能和他开玩笑的啊!小孩子没有思考和判断能力,等着父母去教他,听从父母的教导。现在你欺骗孩子,就是在教他欺骗别人。母亲欺骗了孩子,孩子就不会相信他的母亲,这不是用来教育孩子成为正人君子的方法。"于是曾子说服了妻子,杀猪煮肉给孩子吃,用自己的行动教育孩子要言而有信、诚实待人。曾子的这种行为说明,成人的言行对孩子影响很大。父母是孩子的第一任老师,"播下什么种子就会结出什么果实"。只有自身诚实守信,才能把自己的子女教育成一个讲诚信的人。不孝敬老人的人,一般他的孩子长大后也不会孝敬他,迷信的人把这叫报应,其实这是孩子对大人言行模仿的结果。因此,诚信是齐家的大是大非问题。

其三,**诚信是交友之基**。孔子说:"与朋友交,言而有信。"(《论语·学而》)朋友之间要以诚相待,切不可互相猜疑,各怀鬼胎。失足以后可以再站立起来,而一次失信可能会一辈子都无法再站立起来。宋朝的程颐说:"以诚感人者,人亦诚而应。"诚信具有双向性,只有自己以诚对待同事和朋友,才能得到他人以诚相报。三国时期刘关张"桃园三结义"的根基就是诚信,维系生死兄弟之情的还是诚信。徐州兵败,关羽被困土山。曹操派张辽以"三便"劝关羽降曹:一者可保刘备甘、糜二夫人的安全;二者可不背桃园之约;三者可留有用之身。关羽则回答:"你有'三便',我有'三约':一是今降汉不降曹;二是请给二位嫂子俸禄,单独居住,不论何人不许入门;三是只要一旦知道皇叔的下落,辞曹归刘而去。三者缺一不可。""三约"体现了关公对汉室、对刘皇兄的忠诚,在文字上约

法三章,表明他对兄弟桃园结义承诺的践约之志。曹操敬重关羽,为了笼络他,赐给他珍贵物品,关羽却拒之不受;几日一宴请,关羽从不乱吃喝;给关羽大宅,他却将内宅分给老兵,自己住外间;派多名美女伺奉他,他却叫美女去服侍嫂子。曹操无奈,就安排刘备的两个夫人和关羽同居一屋室。关羽仍不动色,秉烛独坐在门外,专心致志读《春秋》,通宵达旦,毫无倦色。曹操想通过美色来诋毁关羽,从而达到要挟逼其就范目的。但在关羽身上却失去了灵验。这就是著名的关羽"夜读《春秋》"故事,讲的不仅仅是关羽对皇兄的忠义的承诺,更反映出关羽诚实守信的品质本性。

其四,诚信是为政之法。西方著名社会学家吉诺维希非常重视诚信在治国中的重要作用,他认为:"信任是国家唯一的支撑物,也是国家稳定的维持物。"《左传》也讲:"信,国之宝也。"指出诚信是治国的根本法宝。孔子在足食、足兵、民信三者中,宁肯去兵、去食,也要坚持保留民信。因为孔子认为"民无信不立",如果百姓不信任统治者,国家朝政就无立足之地,统治者必须"取信于民"。正如王安石所言:"自古驱民在信诚,一言为重百金轻。"司马光在《资治通鉴》写道:"夫信者,人之大宝也。国保于民,民保于信。非信无以使民,非民无以守国。""诚信"是人的法宝,因为"国保于民,民保于信"。君无信用不能使民,失去民心则不能守国。对于统治者而言,一切损失和伤害都不可怕,最为可怕的是失去百姓对自己的信任,有诚信者得民心,得民心者得天下。西晋大臣、文学家傅玄在其著作《傅子·义信》中,援引了两个历史典故说明这一道理。其一是东周列国朝代的周幽王,为博取宠妃褒姒一笑"烽火戏诸侯",等真的外来敌人入侵时,再点烽火,诸侯却不来相救了,因失信于诸侯而亡国。其二是春秋时期,齐襄公令连称、管至父戍守葵丘,时正值瓜熟,答应他们瓜熟时由他人接替。结果齐襄公失信,二人以此借口作乱弑齐襄公。傅玄就此做出结论:"王者体信,而万国安;诸侯秉信,而境内和。"只要君主与诸侯互相信任,信守诺言,取信于民,天下自然太平。可见,诚信对于为政治国是何等的重要。

其五,诚信是经商之魂。《管子·乘马》篇曰:"非诚贾,不得食于贾。"不是诚信的商人,就不能以商谋生。在现代社会,商人在签订合约时,都会期望对方信守合约。诚信更是各种商业活动的最佳竞争手段,是市场经济的灵魂,是企业家的一张真正的"金质名片"。美国著名学者富兰克林说过:"要记住,信用就是金钱。如果一个人把他的金钱放在我这里,逾期不取回,那就将利息或者在那段时间用这笔钱可以得到的一切给了我。只要一个人信用好、信誉高,并且善于用钱,这种所得的总额就相当可观。"这就是说,信用是一种能为人们带来物质财富的精神资源。一位顾客走进一家汽车维修店,自称是某运输公司的汽

道德经的人生智慧

车司机。"在我的账单上多写点零件,我回公司报销后,有你一份好处。"他对店主说,但被店主拒绝了。顾客纠缠说:"我的生意不算小,会常来的,你肯定能赚很多钱!"店主非常坚定地告诉他,这事无论如何也不会做。顾客气急败坏地嚷道:"谁都会这么干的,我看你是太傻了。"店主也火了,他要求那位顾客马上离开,到别处去谈这种生意。谁知这位顾客竟然露出微笑,并满怀敬佩地握住店主的手说:"我就是那家运输公司的老板。我一直在寻找一个固定的、信得过的维修店,我今后常来!"从营商角度来看,"诚信"主要有以诚待客、货真价实、公平买卖、信守合同、偿还借贷、不做假账等。有一位外国专家曾讲过一句话:"诚实是最好的公共关系政策。"商家只有以诚待客,方能赢得顾客盈门。

其六,诚信是医心之药。诚信是精神健康、性格健全的标志。古语云:"反身而诚,乐莫大焉。"只有做到真诚无伪,才可使内心无愧、坦然宁静。诚信能给人带来无限的精神快乐,是安慰心灵的良药。诚信则心安,心安则神宁,神宁则气顺,气顺则脉通,脉通则体健。这就是诚信对人身心健康的价值。至于社会上流行地讲究诚信吃亏的言论,则是对诚信的内涵曲解以后的产物。诚信是自己与他人打交道时的原则,首先是为了自己,而不是为了别人。无数事实说明,诚信的行为可以使得自己的良心得到安宁,而良心安宁是一个人一生幸福的基本条件。当然,社会是复杂的,尤其是在诚信缺失的时代,很多人和事经不起时间的检验,更经不起利益的诱惑。这样的现实世界要求人们做事、交友都要懂得变通。如果对一个骗子无智慧无原则地讲究诚信,毫无疑问吃亏的是自己。受骗上当以后把责任归咎于自己的诚信,那是没有道理的,这只能说明自己对人的判断能力还有所缺失,为人处世还缺少智慧。对诚信的人不讲诚信是一种病态,对不诚信的人苦求诚信同样是一种病态。当然,不苦求别人的诚信不等于自己要放弃诚信,任何时候我们都需要坚守诚信这个立身之本、做人底线,不诚信之话不说,不诚信之事不做。不过,我们在不同人面前应该说什么做什么,说到什么程度做到什么程度,则是智慧的选择了,与诚信本身无关。

综观而言,诚信对于一个人的修身、齐家、为政、交友、营商以至养生,都是一种不可缺少的美德。诚信在人类社会是非常重要的,这也是古今中外、各种学派、宗教都倡诚信的根源所在。

这正是:

诚信从来为本根,
诚而信者受人尊。
君舟民水天之道,
失信于民必自沉。

人心不古难识伪

人类的进化速度就是快,其他动物的智力几万年没有什么长进,人的智力却在日新月异地发展。特别是私有制出现以后,人的欲望也开始迅速膨胀,思想感情不如古人那样真挚纯朴了。这时便出现了"大道废,有仁义;①六亲不和,有孝慈;国家昏乱,有忠臣"(18 章)的现象。老子认为,人们废弃和背离了大道之后,就不得不提倡仁义之类的东西。由于人的道德水平没有跟上智慧发展的步伐,导致人的自控力与膨胀的欲望之间的反差越来越大。人心不古,使得很多事情真假难辨、是非难断。

杜忠义:中国书法家协会会员

比如,关于仁义的问题。"大道废,有仁义。"人们不遵守大道才不得不提倡仁义。提倡仁义会产生两种结果。从好的方面讲,统治者通过采取种种激励措施鼓励仁义的行为,表彰仁义之人,社会上能够形成仁爱和正义的风气。从坏的方面讲,当大家都知道贴上仁义的标签后就会获得别人的尊重、赢得上司的赏识,能给自己带来很多好处时,就会有一些智巧之人做出伪仁义的事情。他们为了达到自己的目的,竭力掩盖自己的真实心态,千方百计去博得好名声,以好名声去升官发财。这时候,一个人是真仁义还是假仁义,没有经过时间和实践的检验是不容易判别的。

---

① 智慧出,有大伪(王弼版本有此句)。

道德经的人生智慧

比如，关于智慧的问题。"智慧出，有大伪。"人是有欲望的动物，由于欲望的驱动，人们会利用各种手段来满足自己的私欲，有些人为升官晋爵，对上司溜须拍马，达到了登峰造极的地步；有些人善于为自己开脱罪责，不惜蒙骗别人颠倒黑白；有些人成天摆出一副忠实的面孔，其内心却早已经打好了坑害别人的小算盘，使用种种伎俩只为一己私利。他们心中没有半点仁义，却要装出十足仁义的样子，其虚伪本质掩藏在华丽的外表和花言巧语里。他们越是装得仁义，越能得到大的好处。这种运用聪明处处蒙骗别人的行为就叫"大伪"。我们的先人就是智慧，一个"伪"字寓意深刻："人"加"为"就是"伪"，"人为"就是人有意去做的而不是顺应自然的行为，是违背大道的行为。所以老子确信，故意"人为"的东西都是虚伪的，都不是朴素自然的。人在作为的时候往往会掺杂进自己的智慧，所以就有了尔虞我诈、勾心斗角等不良行为。侯王通过运用智慧玩弄权术来驾驭群臣，群臣在伴君如伴虎的环境下为了生存也需要权术安身立命。老子在春秋时期已经根据历史经验得出了这种靠大家斗智慧的统治，必然出现"大伪"这一惊人结论，不能不令人佩服。

再比如，关于孝慈的问题。"六亲不和，有孝慈。"家庭发生了纠纷之后，才会出现真假难辨的孝顺与慈爱。做儿女的要孝顺自己的父母，做父母的要慈爱自己的孩子，这种孝慈本来是天经地义、自然而为的。但是由于血缘关系维系的父子、兄弟、夫妇这六亲之间的和睦被破坏，通过提倡孝慈可能会暂时缓和家庭矛盾。特别是古代有"百善孝为先"的说法，把人的孝道作为考察官员品德的重要依据。这就可能出现伪孝慈，本来没有孝慈之心的人，为了实现自己升官发财的欲望，百般彰显自己的孝慈，不择手段地沽名钓誉，更有"孟孙孝母割肉"的极端事例。在这样的情况下，是真孝慈还是伪孝慈实在让人难以辨别。

还比如，关于忠奸的问题。"国家昏乱，有忠臣。"国家陷于混乱，才会出现忠奸难辨的所谓的忠臣。历朝历代，每当国家出现危难之时，的确会出现一些"我以我血荐轩辕"忠勇之士，但也不排除大伪似忠的伪忠臣，历史上造反叛乱的哪一个不是打着除暴安良、匡扶大业的旗号？但是这些人的真正目的就是夺取江山，称王称霸，根本没有考虑国家的生死存亡和百姓的水深火热。在当时混乱的形势下，忠奸的问题又有谁能够说得清楚呢？

人心不古，给识别人的真伪、善恶带来了很大困难。历朝历代都有人试图破解这个难题。比如，司马光在《资治通鉴》中告诫人们："才德全尽谓之圣人，才德兼亡谓之愚人；德胜于才谓之君子，才胜于德谓之小人。""凡用人之术，苟不得圣人，君子而与之，与其得小人，不若得愚人。"诸葛亮在《将苑》中提出"识人七法"：①"问之以是非而观其志"：通过观察该人对一些大是大非问题的态度和观点，了解他的信仰和志向。②"穷之以辞辩而观其变"：通过和该人展开辩

论以观察应变能力。③"咨之以计谋而观其识":通过请该人出谋划策以了解其学识和视野。④"告之以祸难而观其勇":通过将灾事、祸事等告诉他,看他的反应,由此来观察他是否有勇气直面苦难的现实。⑤"醉之以酒而观其性":将其灌醉以后,观察他的真实性情。⑥"临之以利而观其廉":用物质利益引诱他,以观察他是否能保持廉洁。⑦"期之以事而观其信":托给他办一些事,看他是否讲信用。魏人李悝提出识人"五视法":①"居视其所亲":考察该人经常和谁在一起。因为物以类聚,人以群分,近朱者赤,近墨者黑。从一个人平时所喜欢亲近的人那里,就可以知道他的人品。②"富视其所与":考察该人在生活富裕时将钱花在什么上面。③"达视其所举":考察该人身居高位时,提拔重用的是什么样的人。是任人唯亲还是任人唯贤。④"穷视其所不为":考察该人在身处逆境时的作为。是否会人穷志短,牺牲原则换取利益。⑤"贫视其所不取":考察该人在贫困境地时的作为,看能否洁身自好,不取不义之财。吕不韦在《吕氏春秋》中也提出"八观六验"以及"六戚四隐":"八观"即:①"通则观其所礼":如果他显达,就看他礼遇什么人;②"贵则观其所进":如果他富有,就看他赡养什么人;③"富则观其所养":如果他尊贵,就看他举荐什么人;④"听则观其所行":如果他听言,就看他采纳什么意见;⑤"止则观其所好":如果他闲居,就看他喜好什么;⑥"习则观其所言":如果他学习,就看他说些什么;⑦"穷则观其所不受":如果他困窘,就看他拒绝什么;⑧"贱则观其所不为":如果他贫贱,就看他追求什么放弃什么。"六验"即:①"喜之以验其守":让他高兴,以检验其节操;②"乐之以验其僻":使他快乐,以检验其有无邪念;③"怒之以验其节":激他发怒,以检验其气度;④"惧之以验其特":使他恐惧,以检验其有无卓异的品行;⑤"哀之以验其人":引他悲哀,以检验其仁爱之心;⑥"苦之以验其志":置他于困苦,以检验其意志。"六戚"指"父、母、兄、弟、妻、子":父亲、母亲、哥哥、弟弟、妻子、儿女。"四隐"指"交友、故旧、邑里、门郭":朋友、故旧、乡亲、邻居。

以上这些都是古代用来评价人、识别人的标准和方法,都认为用自己的方法可以把人的诚实、虚伪、贪婪、卑鄙、善良、邪恶一一明察。虽然作用不一定这样大,但可以在人心不古的现实社会中,帮助我们擦亮眼睛,增加一些辨识人的经验。

这正是:

背离大道伪相随,
真假难分乱是非。
仁义难平忠孝事,
人心不古世悲摧。

"大道废"后的社会治理主张

老子面对的是这样的社会现实:人们的行为背离大道造成"大道废""智慧出"带来伪诈盛行,"六亲不和"产生家庭纠纷,"国家昏乱"造成民不聊生。怎样拯救这个社会,怎样治理这个国家,老子提出了自己的解决方案。

一是要"绝智弃辩,利民百倍"(19章,以下同)。要抛弃心智诡辩,百姓可以得到百倍的好处。老子认为,"大道废"后"智"(心智)和"辩"(诡辩)之风日盛。无论是统治者(侯王)还是平民百姓,为了自己的利益,都不择手段、费尽心机;为了标榜自己、掩

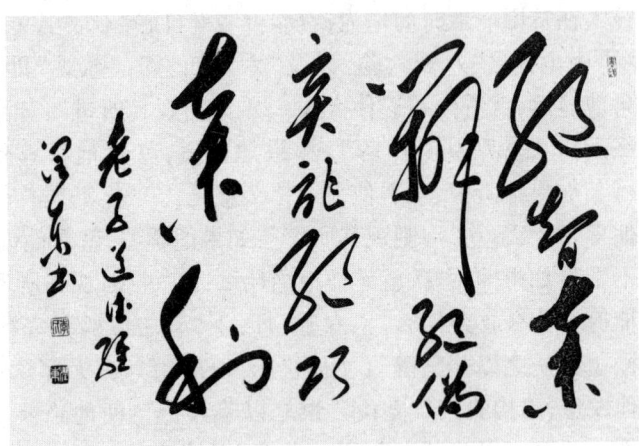

李润东:中国毛体书法家协会副会长

饰不轨,都极尽诡辩之能事,颠倒黑白、混淆是非。他感到"智辩"是产生社会纷争和混乱的重要原因,必须抛弃心智诡辩,社会风气才能恢复淳厚,百姓才能够得到百倍的好处。纵观历史,有很多统治者(侯王)也想按照老子的说法去做,意欲从上层建筑把善于"智辩"的所谓聪明人肃清,排除在外不重用。但由于这些统治者(侯王)道性不够深,一味地对聪明之人采用堵的方法,弃而不用,甚至极力打压。其结果,不是让这些聪明之人闲得有了无事生非机会,就是逼得他们结党而对抗官府,最后逐步演变成大患。康熙大帝就深谙老子之"道",非常英明地采用了疏导的方法,搞了一个《四库全书》,让天下聪明之人都有事情可做,以免他们由于才华和精力无处发泄,而走向滋事生非危害江山社稷的道路。因此说,善于"绝智弃辩"是"大道废"后治理国家的重要方法。一方面,要从现

实紧迫要求出发,防止那些"智辩"的聪明之人危及政权、危害社会;另一方面,从长远的治本需要考量,要综合施策,让人们抛弃心智诡辩。只有这样,才能让人们安分守己、恢复淳朴、讲求诚信,从而避免社会动荡,让老百姓过上安居乐业的生活。

二是要"绝伪弃诈,民复孝慈"。即抛弃伪善奸诈,百姓可以恢复孝慈的天性。老子认为,孝慈是人的本性,做儿女的孝敬父母,做父母的慈爱儿女本来是天经地义、自然而然的事情。但在"大道废"后,社会一经大张旗鼓地提倡仁义,伪善奸诈之风便开始盛行,一切就都变了味道。儒家提倡仁义孝慈两千多年了,孝慈不但没有形成社会风气,而且离真正的孝慈越来越远,不孝之人越来越多,假孝子也大有人在。老子告诫我们,不要去说教仁义的道理,更不要去标榜自己的仁义,统治者(侯王)遵道而为就是从内心做到仁义,百姓就会自然效仿,社会就会形成仁义之风;自己在日常生活中做到敬老爱幼,孩子就会效仿自己养成敬老爱幼的习惯,社会就自然恢复到孝慈的状态。

三是要"绝巧弃利,盗贼无有"。即抛弃巧诈和利益,盗贼也就没有了。人们都有体会,智慧用于正地方可以促进社会发展,用于人的相互竞争和争斗必然引起社会动荡。当今社会上的很多问题,看看书店、书摊热销的《厚黑学》《老狐狸经》《做人有心机》《做人有手腕》,看看电视上反反复复热播的古代宫廷内斗戏就会明白了。人人斗智斗谋,生活怎能清静?社会怎能安定?更为甚者,为了一点利益,社会上下几乎都成了名利的盗贼,有人是明盗,有人是暗盗。假文凭、假年龄、假阅历、假政绩泛滥,在这种大环境下,人们想不成为盗贼都难。

老子提出"绝智弃辩""绝伪弃诈""绝巧弃利",只是治理的三种手段。要想实施这三种手段,必须把人们的思想统一到"见素抱朴,少私寡欲"上来,就是让人们保持纯洁朴实的本性,减少私心杂念,就会消除忧患。这才是解决问题的根本之法。

很多学者认为,老子有浓厚的弃智复古的倒退思想。我倒更倾向于理解成这是老子理想主义思想、浪漫主义情怀的体现。长期以来,人类社会始终在病着,而且病得不轻,人类社会发展的历程,就是得病与治病的过程。人类要走向老子所推崇的以大道治世的社会,以前历朝历代没有完全实现,从现代人的素质看,在可预见的将来也根本无法完全实现。

通观《道德经》可以感受到,在老子眼里,人类的原始状态是淳朴而美好的。但是自从"大道废"之后,人类的欲望开始萌芽,并逐步全面膨胀,人本性中的各种负面消极的东西也逐渐暴露出来。人类不知天高地厚地认为自己是万物的主宰,开始践踏蹂躏万物,露出了不可一世的丑恶嘴脸。特别是阶级的出现,人

道德经的人生智慧

类出现了压榨和纷争,变得虚伪、狡诈和丑陋,因而有了欺诈、猜疑和互相残杀,这就是人类智慧增长带来的不良后果。老子面对这样严酷的社会现实,渴望并幻想让人们恢复到最初的原始状态,这是脱离实际的理想主义思想。不可否认,老子的出发点是对人们智辩、伪诈、巧利的无情批判。他的药方固然彻底,但其问题在于:一方面,他理想化地认为,只有矫枉过正才能根治沉疴流弊。老子对现实社会、种种乱象、丑陋行为深恶痛绝,既焦虑不堪又力不从心,期盼着有得道的圣人能用自己开出的猛药把这些社会病症根治。但他理想化地提出矫枉过正的方法,结果是在倒洗澡水的时候,连孩子也一起倒掉了。看似彻底,实则偏激。理想化必然导致虚无化,是根本无法做到的。另一方面,他理想化地认为,只有返璞归真才能实现大道治世。老子没有看到历史变迁、斗转星移,早已物是人非,人的思想再也无法恢复到古朴的原始社会状态。再者说,原始社会并不一定是人的品德有多高,而是可知的欲望太少;并不一定是人的控制力有多强,而是可知的诱惑力太小。老子的主张,是以一种后退的眼光来看待人类发展进程中所产生的问题。人类进化速度之快,导致智慧和欲望倍增,出现胆大妄为、漠视规律、自私自利、虚伪欺诈等不良行为。老子的解决办法是:人类要退回到接近于动物的原始社会状态。这就好比一个人看到前方有一个美好的地方,在赶往的途中遇到了一片沼泽地挡住了去路,如何摆脱这片沼泽?老子告诉人们,回到原来停留的地方,这样就可以避免沼泽了。这样虽然可以免却了沼泽之苦,却永远无法抵达理想的彼岸,实际上也就是遏止了人类前进的步伐。那么,面对由"大道废"后所产生的"智辩""伪诈""巧利"等问题应当用什么办法来解决呢?正确的答案只有一个:必须在发展中解决。就像一个成年人生了病,不能让他回到婴儿的状态去进行治疗一样。通过真智慧探究和遵循客观(自然)规律,战胜漠视和违背客观(自然)规律的伪智慧,用社会上正义的智慧制约被邪恶之徒所掌握的伪智慧。这就相当于豹的速度与羊的速度共同进化的问题,豹要捕捉到羊,不能幻想着让羊群跑得更慢,而只能让自己比羊跑得更快。这可能是更为现实的在"大道废"后治理社会的办法吧。

这正是:

大道废弛国混乱,
争名夺利心阴暗。
胸怀理想劝三绝,
见素抱璞祛欲念。

"少私寡欲"利身心

老子主张"见素抱朴,少私寡欲"(19章)。即要保持纯洁朴实的本性,减少私欲杂念。这本来是治国理政之道,后来人们发现这一思想对于修身养性也同样适用。一个人如果能够做到寡欲清心,不贪心追求名利,经常保持心通气畅、体泰神清的心理状态,就会对精神修养、情志调节起着很好的作用。老子还认为,人之生难保易灭,气难清易浊。只有少私心、节奢欲,才能健身延年。

"少私寡欲"就能保持低调,远离祸患。有的人做人做事为什么喜欢张扬、高调?就是因为他想显示自己的才能、财富或地位。其目的不外乎两个方面:一是想向别人证实自身的价值,以获得心理的满足和他人的尊重。二是为得到更高的职位积累资本,为赢得更多的合作积累信誉。总之一句话,就是为实现自身的欲望。一旦摆脱名缰利锁,人就会变得少私寡欲、低调朴实。其实,一个人无论刻意显示与否,其才能不会有强弱变化,财富不会有增减变化,地位也不会有高低变化。只要诚实待人、认真做事,别人都会看得见、感受到,根本没有必要去张扬、显示。况且过于张扬、高调还有可能适得其反,甚至带来祸患。《西游记》第三十三回有一句极为经典的话:"这正是树大招风风撼树,人为名高名丧人。"人们常说,"枪打出头

赵书中:中国书法家协会会员

道德经的人生智慧

鸟""出头的椽子先烂""树大招风,人强招忌",都阐明一个道理:人太张扬、太高调会面临危险。因此,"少私寡欲"、保持低调不仅是一种人生境界,更是一种生存智慧。保持低调就要有强烈的自我约束意识,不显示自己,不锋芒毕露,为人和善,与人无争。"地低成海,人低成王"就是保持低调的妙处。

"少私寡欲"就会懂得舍弃,获得轻松。人心不足蛇吞象。我们可以想象一下蛇吞象是什么样子、什么感受:咽不进去,吐不出来,要多难受有多难受。一个人如果什么都想要,很可能是忙忙碌碌一辈子,最后什么也得不到。人常说:舍得舍得,没有舍就没有得。古希腊大哲学家苏格拉底有一次被他的弟子们怂恿着去商品琳琅满目的集市上走了一遭,弟子们是想老师他不要总在屋里做学问,感悟一下丰富多彩的大千世界。让弟子们没想到的是,回来之后苏格拉底感慨地说:"原来,这个世界上有那么多我不需要的东西啊!"人的精力是有限的,试想一下,如果苏格拉底不舍弃多彩世界的享受,他能成为人类哲学史上的巨人吗?愚人以欲望满足心灵,智者以心灵控制欲望。有位哲人说:"当官为民,有钱没钱,其实都一样可以活得有滋有味,各有各的活法儿。一切都随时空的转移,个人的条件为依据。"功名利禄不必刻意去追求,位高权重,但腹中空空,也是虚有其表。草根一族,但身怀绝技照样走遍天下,优哉快哉。对于绝大多数人来说,放弃往往是一个痛苦的过程。只有看得远、看得深,经过洗涤与磨炼之后,才能使自己的灵性得到升华。珍视自己所拥有的,忘掉自己所舍弃的,就会丢弃烦恼,获得幸福。

"少私寡欲"就会难得糊涂,减少烦恼。"难得糊涂"是郑板桥的处世哲学,当年他写下"难得糊涂"四个字时,下面还有一行款跋,即"聪明难,糊涂难,由聪明而转入糊涂更难。放一着,退一步,当下心安,非图后来福报也。"难得糊涂是"少私寡欲"的体现,更是一个人处事做人的成熟和从容。人之所以处处都想表现得精明,就是因为放不下利益和私欲,甚至在欲望的驱使下做出愚蠢的事情。聪明反被聪明误的大有人在。难得糊涂与不明事理不同,它是高明之人平和心态的写照。无论在生活中,还是在工作中,难得糊涂都是一种智慧,更是一种高明。一位美国心理学家指出:"有限度"的糊涂对于引发个人的创造力、导致事业成功,以及建立良好的人际关系等都有益处。实际上,绝大多数成功人士拥有和睦的家庭、和谐的人际,最重要的秘诀就是难得糊涂。在功名利禄上难得糊涂,就是一切顺其自然,认认真真地做事,老老实实地做人,得则得,不能得不争;当得没得,不急不恼;不该得,得了也不要。这才是聪明人,必然活得轻松,悟得透彻,可以获得大自在。难得糊涂是一种"悟",一般顿悟者很少,大多则是经历多了感受多了,才逐渐悟出来的。

据说,当年乾隆皇帝下江南,有一次在长江边上的金山寺,他看到长江上的船只往来穿梭,十分繁忙,就问寺中的一位高僧,这奔波往回于长江之上的船只有多少。这位高僧答道:"只有两条。"乾隆听了感到很奇怪,明明是那么多的船,这个老和尚怎么说只有两条呢?高僧解释说:"一条为名,一条为利。"这就是所谓的"天下熙熙,皆为利来;天下攘攘,皆为利往。"世界上绝大多数人都是热衷于追名逐利的,得之则喜悦,失之则苦恼。那么,人如何才能消除这样的烦恼呢?老子开出的药方就是:"见素抱朴,少私寡欲。""少私寡欲"强调的是通过自我控制减少私欲,节制欲望,以避免不必要的麻烦,从而实现一种清静的生活方式。其所要达到的根本目的,就是要"见素抱朴",在人生中能够保持一颗纯真的心。对于普通人来讲,能够少私寡欲,简化自己的生活环境,减少名利对自己的干扰,有利于自己的身心修炼。因此,"少私寡欲"成为很多人的人生信条。

这正是:

少私寡欲赚悠然,
与世无争远祸端。
淡看得失知舍弃,
难得愚钝少忧烦。

老子何以主张"绝学无忧"

很多人对老子提出的"绝学无忧"（20章）思想大感不解，甚至提出疑问："绝学"老子何以能博学？认为老子的"绝学"思想与他自己悟道修德的深度相互矛盾。我认为，要解开这个疑问，必须通观《道德经》全书，从老子对待"智"的态度入手，来理解"绝学"问题。

老子虽然提出"绝智弃辩"（19章），但并不是对"智"一概否定。比如，"知人者智，自知者明"（33章）就是对"智"的直接肯定。再比如，"知常曰明"（16章）、"不自见故明"（22章）、"不出户，知天下""是以圣人不行而知，不见而明，不为而成"（47章）、"见小曰明"（52章）、"知和曰常，知常曰明"（55章）、"知者不言，言者不知"（56章）、"知不知，尚矣；不知知，病也"（71章）等等，都是对"智"间接的肯定。

老子提出的"绝智"主张，指的是绝弃那种"智巧伪诈"之"智"。正如老子所说："智慧出，有大伪。"（王弼版本18章）"民之难治，以其智多。"（65章）如果盛行机巧伪诈之智，则百姓自然难治，国家则自然难安。"智"原本是人类进步的标志，它不会必然会产生"伪诈"；但"智"一旦与人的私心、贪欲联系在一起，就会以"智巧""智谲"的面貌出现，成为有碍于人心向善、社会纯朴的东西。如唐张鷟《朝野佥载》就记载古代"孝子"郭纯为了骗取孝廉的名分，治丧期间每次在母亲亡灵之前哭时，故意撒饭渣之类于地上，引飞鸟来吃，反复多次形成条件反射，鸟一听到哭声就会争着飞来，由此被人认为郭纯的尽孝之举连鸟都能够被感动，朝廷由此颁发匾额表彰郭纯的孝心。诸如此类的事情，在社会风气不淳美的情况下大量

李吉辰：中国林业书法家协会会员

出现,使社会一步步沦落,冯梦龙在《古今谭概·谲知部》中就记载了大量这样的事情。大概正是出于对这种情况的忧虑,具有远见卓识的老子才痛心疾首地要求人们"绝智"。

同时,老子对这种由于人的私心私欲而产生的"智巧伪诈"进行了猛烈的抨击:"五色令人目盲;五音令人耳聋;五味令人口爽;驰骋畋猎,令人心发狂;难得之货,令人行妨。是以圣人为腹不为目,故去彼取此。"(12章)老子在此提醒人们对于声色货利乃至口腹之欲,要加以节制,不可纵情任性而导致目盲、耳聋、口爽、心狂这些后果发生;一旦人的私欲导致了这样的后果,则必然就会产生各种智巧伪诈的手段,以至肆意妄为。正是由此,老子提出了"常使民无知无欲,使夫智者不敢为也"(3章)的主张。

至此,我们已经比较清晰看出,老子把"智"区分为两种:其一是,合于"道"、合于"自然"的"大智"。有"大智"者能够从全局、长远来考虑问题,遵循事物之发展规律,既能够促进万事万物整体、长远的自然和谐,又能够令整体中的每一个个体自由舒畅,并充分发挥其潜能。其二是,不合于"道"、不合于"自然"的"小智"。有"小智"者为满足私心私欲,采取智巧伪诈手段为个人或小团体谋取利益。"小智"违背了事物发展的规律,妨碍了全局的、长远的自然和谐秩序,是一种小聪明乃至阴谋诡计。老子主张人们要有"大智",反对人们耍弄私己的"小智"。老子"绝智"所要弃绝的正是这种"小智"。在老子生活的那个天下大乱的年代,"大智"陵夷而"小智"盛行,老子看到这种情况忧心忡忡,因而发出了"大道甚夷,而人好径"(53章)的慨叹。大道本来很平坦,但人们却总喜欢走小路(意指邪路),耍小聪明。大道与小路的比喻生动而深刻地表明了老子对于两种"智"的态度。从社会管理者的角度看,如果为了享用自己的权利,或为了显示自己的才干,或为了积累升迁的资本,而不断地发号施令、任意妄为、侵扰百姓,那么社会就永无宁日。从百姓的角度来看,如果有平坦的大路不走,专门挑便宜图省事、顾己而不顾人,那么社会也就有了不安定、不平静的混乱之源。所以老子倡大道,反对走小路。

正是基于对两种"智"的区分与思索,老子提出了"绝学无忧"的主张,"绝学"是为了"绝智",更确切地说是"绝小智",从而最终合于大道。有人可能会问:"绝学"为什么不会导致"绝大智""绝大道"呢?"大智""大道"不更需要学吗?这又与老子对"学"的理解,以及对"为学"与"为道"的区分密切相关。关于这个问题,我们将在第48章"为学日益,为道日损"中进一步探讨。这里需要说明的是,老子把"为学"与"为道"区分开了,主张"为道",反对"为学"。他提出"绝学"是出于两种担心:一方面,出于对"为学"与纵欲的纠结。他认为"为

道德经的人生智慧

学"学的是智巧性的东西（包括仁义礼智等），这些经验知识与人的私欲联系在一起时，就会成为人们的私智、智巧，把"为学"过程中所取得的经验知识用作为个人谋利益的工具，从而可能会导致社会秩序的混乱，也就是老子所反对的"小智"。这与老子褒扬的合于"道"、合于"自然"的"大智"是格格不入的。另一方面，出于"为学"与逞能的纠结。由于担心一些所谓的智者自以为是，以为自己已经得"道"，并试图把自己所秉持的特定理论观点到处宣扬、到处游说，从而以"偏见"遮蔽"大道"，以"巧言"粉饰"私欲"，产生种种"伪道学"，这会变本加厉地毒害人心、毒害社会。正是出于这两种考虑，老子鲜明地区分了"为学"与"为道"的差异，指明了鱼目混珠的"为学"不等于"为道"，误入歧途的"为学"损害了"为道"。于是发出"绝学无忧"的呼声，以及"绝智弃辩，民利百倍"（19章）的呐喊，并留下了"信言不美，美言不信；善者不辩，辩者不善；知者不博，博者不知"（81章）的醒世箴言。

综上所述，老子提出"绝学无忧"的主张，其本意是说：绝学小智方可无忧。他反对的是不符合大道的"小智"，而不是反对遵循大道的"大智"。老子主张"绝学"目的，就是为了使人们远离智巧伪诈，返归于"道"，返归于"自然"。

这正是：

　　智慧有别分大小，
　　弃离小智绝机巧。
　　为学怎奈入歧途，
　　唯有绝学方为道。

老子"独异于人"的心里独白

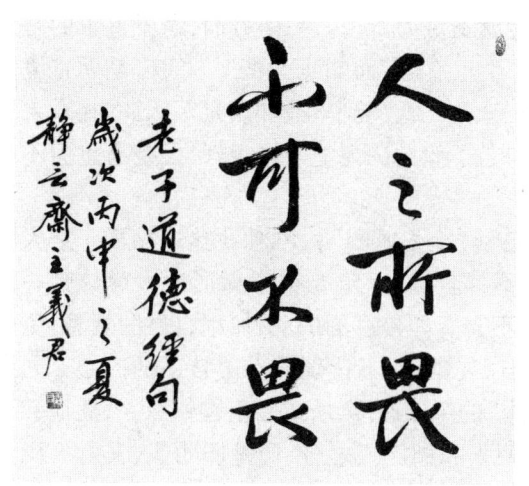

龚义召：中国书协会员，鹤岗义君书法学校校长

第 20 章"独异于人"是老子的内心思想独白，他采用正话反说的方式，把世俗之人的心态与自己的心态作了对比和描述。他认为，被世俗所制约的众人都是充满快乐、拥有财富并且智慧超群的人，而自己则是混混沌沌、愚昧不化的异于众人之人。用"众人皆醒我独醉"的方式表达出"众人皆醉我独醒"的思想，展示自己作为得道之人所具有的无比超脱的思想境界。其"异"表现在六个"我独"方面：

其一，"我独泊兮，其未兆"（20 章，以下同）。"我"对于众人兴高采烈地去参加盛大宴席、春天登台眺望美景之类的事情无动于衷，能够独自淡泊宁静地自我陶醉。淡泊宁静就是恬淡素朴、心如止水，不看重名利等身外之物。对于一般人而言，喜怒哀乐皆外露于色，在参加盛大的宴席和观看美景时都会欢喜得不得了。但是得道之人却不是这样，对这些完全没有反应。正如范仲淹在《岳阳楼记》中说的那样"不以物喜，不以己悲"。自己的心志已经超越了世俗的价值，因此也就无所谓悲喜了。"天下熙熙，皆为利来；天下攘攘，皆为利往。"这是众人熙熙攘攘的状态，但是对于得道之人就全然不同了，他对于名利的态度，就像一个不会笑的婴儿一样。大人听到了有趣的事情会哈哈笑起来，可是很小的婴儿，你对他讲再好笑的故事他也不会笑，因为他听不懂，在婴儿最为朴素的头脑中，丝毫没有笑话的概念。如果人们能够保持最朴素的思想，粗茶淡饭与享用盛宴又有什么差别呢？这样大家就不会因为餐食不佳而苦恼，也不会

道德经的人生智慧

因为享用盛宴而兴奋不已了,更不会患得患失、忽喜忽悲了。这一点老子认为自己做到了。

其二,"**我独若遗**"。众人在财物等方面都绰绰有余,而"我"却是什么都不充足。为什么是这个样子呢?一方面是老子对财物等东西根本不在乎、不追求,自然也就不会有充足的储备。众人为什么"皆有余"呢?《列子》中有个齐人攫金的故事,齐人被抓住时官吏问他:"市场上这么多人,你怎么敢抢金子?"齐人坦言陈辞:"拿金子时,看不见人,只看见金子!"可见,人性确有这种弱点,一旦迷恋私利,心中便别无他物在,唯利是"胆",掉进钱眼里就无法出来。众人追求功名、财富等有形之物,丰盈富足就不足为奇了。另一方面,老子追求的是"道",是无形之物,正如庄子所说"吾生也有涯,而知也无涯"。"道"是无止境的,老子对"道"的追求也是无止境的,永远不会感到丰盈和满足。因此,在众人看来,老子是愚不可及、愚不可耐的。老子却自认为坚守得很好,虽有不足但不改初衷。

其三,"**我独昏昏**"。众人张扬炫耀("众人昭昭"),唯独我迷迷糊糊。众人在收获到财富、地位、名利后必然会不甘寂寞,一定要得意忘形地大肆炫耀一番。老子认为,绝顶聪明的人从来都不会卖弄自己的聪明,炫耀自己的智慧,更多时候是保持低调内敛,甚至揣着明白装糊涂,不让别人看透自己的内心。老子则采取所谓的"昏昏沉沉、糊糊涂涂"的生活态度,所以心里轻松自在,烦恼和忧愁自然会远离"我"而去。人有聪明人和糊涂人之分;同是聪明人,又有大聪明和小聪明之分;同是糊涂人,又有真糊涂和假糊涂之分。老子应该归为假糊涂、真聪明之类。这正如喝酒,真醉和装醉是完全不同的两种情况,玩"醉拳"的是"形醉而神不醉","醉"是"醉"在"虚"处,是迷惑对手,而"拳"却击在"实"处,招招致命。愚者和装愚者是截然相异的两种人,装愚的是"外愚而内不愚","愚"是"愚"在皮毛小事,不涉要害,无关大局,而"精"却"精"在节骨眼上,对于事关一生命运的大是大非问题丝毫不糊涂。老子以大智若愚的方式,以难得糊涂的心态保持着独特的自我。

其四,"**我独闷闷**"。众人都是那样的严明较真("俗人察察"),唯独我是这样的淳朴老实。俗人常常会事事在心,处处练达。对于利益、得失都斤斤计较,无时无刻不在追求自己的利益最大化,苛求一切都清清楚楚、明明白白,生怕哪个环节没有照顾到而损害了自己的利益。而"我"却大大咧咧、老老实实,对看不惯的事情也少言寡语,甚至闷闷不语,以宽宏的心态对待利益得失。从常人的角度来看,在这个物欲横流的世界里,不重视自己的利益得失实在是傻子所为,但是得道之人自有其这么做的道理。其实,老子不屑与那些自以为精明的俗人为伍,不喜欢与常人争名、逐利、争辩,更不会在思想上与做法上和俗人达

成共识,因为他的追求在高处。老子其人,尽管胸怀完卷,但却一生看淡名利,这是得道之人才能达到的至高境界。"闷闷"是圣人的境界,拥有它的人可以在这个物欲横流的社会中多一丝淡定,多一份平和。

其五,"我独顽且鄙"。 世人都精明灵巧有本领,唯独我顽固而鄙陋。俗人为了获得利益,千方百计学习智巧之术,专心致志研究怎样获得更多的财富、更高的官职、更好的名声,让自己的生活条件和环境都超越周围的人。而"我"却对此顽固不化,鄙陋不堪,从来不把名利放在心上,从来不屑于这些智巧之术,让人感觉百无一用,不可理喻。有些人被生活所迫,努力谋生是没有办法的事情。但是,更多的人并不是被生活所迫,而是生活十分富足,内心却永不满足,把心思都用在了谋取更多更大的利益上。越是专注于此,离老子所说的道就越远。老子自认为在这方面与众不同,自己得道后,看到众人如此贪心求利,发出感叹也是可以理解的。

其六,"我独异于人"。 前面说了一大堆,老子在这里终于点题,给出了结论:"我独异于人,而贵食母。"我为什么要这样呢?是我唯独尊贵我衣食父母的缘故啊。老子所指的衣食父母显然是生养万物的"道",所以老子只对"道"表示感激,而且按照"道"的要求来约束自己的行为,这就是老子"独异于人"的地方。对于得道的老子来说,其精神世界是非常丰富的,因为他的心灵已经有所归附。这好比在黑暗之中有了光亮,在混沌世界有了规律一样,让人一下子知道应该如何活着,活着应该向什么方向努力。俗话说,高处不胜寒。老子作为先知先觉的圣人,注定他是孤独的、被排斥的。美国作家房龙有一本名著叫作《宽容》。在这部书的序言里,他讲述了一个寓言。在寓言中,一个为同伴寻找幸福的新世界的先驱者,因为受到同伴们的敌视而惨遭不幸。文章的开头这样写道:在宁静的无知山谷里,人们过着幸福的生活。有一天,那个先驱者说:"我已经找到一条通往更美好的家园的大道,我已经看到幸福生活的曙光。"可是他的同伴们是怎样回答的呢?同伴们说:"他已经丧失了理智。"结果,这个先驱者就被同胞们用石块给砸死了。这一面是先驱者的不幸,而另一面也是守旧者的悲哀。老子所表达的核心思想就是我"独异于人"。显然是在说明,追求大道者,必须做到"独异于人",不怕孤独寂寞,不怕中伤误解,这是老子坚定不移、持之以恒追求大道的意志和决心的表白。

这正是:

圣人寻道常孤苦,
先觉先知方痛楚。
六独于人乃自白,
反说明志决心笃。

道德经的人生智慧

老子认识事物的根本方法

老子为什么那么厉害，短短五千言的《道德经》让后人有学不完的人生智慧？在古代科技很落后的条件下探究出如此深邃的"道"，特别是对于有些事情得出的结论，时至今日都有些不可思议，更何况是在两千多年以前，简直让人感觉老子具有未卜先知、料事如神的特异功能。老子在第21章给我们解开了谜底。他站在"道"的高度总结出了认识事物的根本方法。即"道之为物"（21章，以下同），其中有"象"、有"物"、有"精"、有"信"。循着"道"这个思路，就可以在观察问题、思考问题和解决问题的时候，抓住事物的本质。只要抓住事物的本质，就能认清事物的发展规律，预见事物的发展方向，自然不难找到解决问题的办法。

第一步：洞察其"象"

"道之为物"的第一个特征就是"象"。"象"就是表象的意思。古

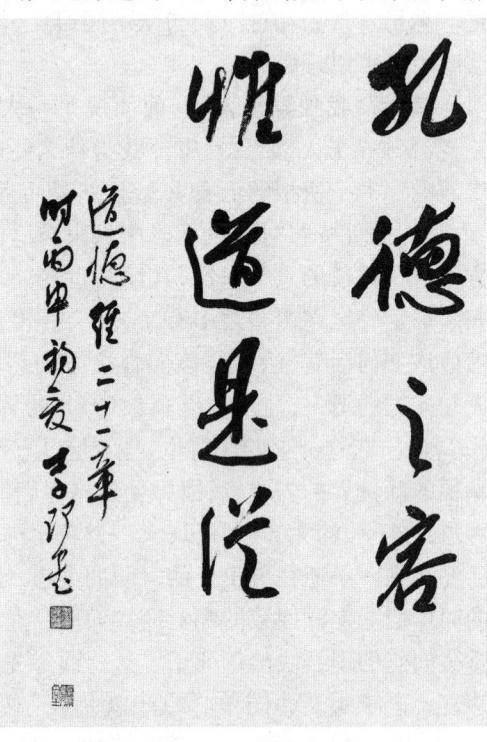

李珂：周口市书协副主席兼秘书长

人经常观天象来推断人间的事物，就是利用这个表象。人间万物的表象非常丰富，比如水可以有冰霜、水、气雾三种表象，春天细雨绵绵、夏天大雨倾盆、秋天大雾弥漫、冬天白雪皑皑。植物四季的变化也是常见的表象，春天万物破土发芽，夏天生长茂盛，秋天果实累累，冬天落叶归根，复命进入冬眠。古人认为：观

天象、观人间万象，就可以预见人类社会将要发生的变动，这可能就是古代人预测学的根据。所以古人发明了《易经》来研究人世变化的学问，从而使看手相、观面相对人的未来命运进行预测有了根据。这同中医通过号脉象给人治病是一样的。西医虽然复杂，同样是通过观察人体各个器官、各个指标的表象来给人看病。比如晚期癌症患者，X光照片上会有阴影，这就是癌症患者的表象。可见，观"象"对于人类的重要性，观"象"可以说是人类认识自然和自己的基本手段之一。

第二步：感知其"物"

"道之为物"的第二个特征是"物"。世界之所以丰富多彩，是因为有不计其数的实实在在的"物"。不同的物体是不同的，世界上没有完全相同的两个事物，因此万物具有万象，万象反映万物。我们身边的物体，有的用手都可以摸到、有的用眼可以看到，有的用耳可以听到。这些"物"都是实在的存在，而不是虚幻的。有些"物"虽然看不到，但能感觉到，比如空气无色无味，我们看不到摸不着，但流动起来就会形成风，形成风我们就能感觉到它的存在。还有些"物"以前看不到感觉不到，但现在用科学手段能够证实。比如，目前对光子的认识，光子首先是"物"的一种形态，也就是光子有实体物质的存在形式，不能因为现代科技还无法观测到，或者还不能够测量其质量就否定光子是一种物质。所以，只要我们用心，就能从表象开始，进一步感知千差万别的"物"。

第三步：探求其"精"

"道之为物"的第三个特征是，"物"中含有"精"。这个绝妙的"精"字可以从两个方面理解：一个是，它含有物质"精华""精髓"的意思，就是能反映这种"物"最本质、区别于其他"物"的最核心的东西。只有探求到了"物"中之精华、精髓，才能准确把握这种"物"的发展变化规律。另一个就是，"精"含有"精神"的意思。也就是"道"形成的物本身就含有生命力的，一棵树给人茁壮的感觉，说明其生命之"精"非常充足。一栋楼房非常结实，也给人物之"精"充足的感觉。茁壮、结实的内在含义就是物中有大量的能量存在，这种能量很可能就是老子所说的生命之"精"。探究到物之"精"后，对万事万物的把握就从表象进入到了内核，从表面进入到了实质。

第四步：掌握其"信"

"道之为物"的第四个特征就是"信"。这个"信"可以理解成"诚信"，也可以理解成"信息"，合在一起就是说，任何物质都带有自己"诚实的信息"。每种物质都有自己独特的唯一的诚实信息，沙漠有沙漠的信息，水有水的信息，鱼有鱼的信息。有些事物本身,包含着非常明显的生命制造的信息,而且很容易被其他生命辨认出来是生命创造的,比如埃及的金字塔,现代人不知道是怎么建造的,但是每个人都非常肯定它是地球生命建造的,就是这个道理。更深入地讲,"道"一旦成为"物",就是秩序的出现,也是有序的表现,这是"道"的根本特性。这样我们才能够从"道"所创造的万物所提供的,关于其自身的独特的有序的信息中认识万物。"物"的这种有序的特征,可以说是地球生命的本原。相反,如果宇宙毫无秩序那就是混沌世界,混沌世界不是什么也没有,而是没有"道",没有任何可以认识的规律与秩序,这样的世界是人类难以理解的。只有把"象""物""精"综合形成的"信",汇集到人的脑海中,人才能形成对各种事物发展变化规律(即"道")的全面的认识和准确的把握。

从人类历史发展的进程可知,人们对于任何事物的认知,开始都是隐隐约约、恍恍惚惚的,但它确确实实地存在。由模糊到清晰,需要我们自己努力去寻找。例如,我们要到宇宙很远很远的地方去,现在恐怕还是处于一个恍恍惚惚的阶段。但老子告诉我们,不要害怕现在恍恍惚惚,那有很多的东西在里面,其中有象、有物、有精、有信。而经过多年的探索和研究发现,宇宙有很多规律我们没有掌握,人类能实际抵达的探测距离刚刚到达火星,以后会走得更远更深。老子所阐述的是多么深刻而富有哲学性、科学性。

惚恍中成象,恍惚中成物,窈冥中成精,冥窈中有信。老子说:"吾何以知众甫之状哉?以此。"我是怎么知道万物的进程与变化的呢?就是从认识"道"的这四个特性开始的。日本人曾经根据报纸上刊登的铁人王进喜的一张照片所提供的信息,判断出大庆油田所在的位置。如果对老子这段话理解了,就没有什么可大惊小怪的了。任何物都带有其本身真诚的信息,就看我们能不能够读出来了。诸葛亮在三国时能够借东风,是因为他掌握了天气变化的规律,因而能够准确预测天气,了解了老子所说的"象""物""精""信"以后就不足为奇了。随着人类智力的发展和科技的进步,古代许多神奇的作为,现在来看都很平常了。诸葛亮的借东风和 2008 年北京奥运会避免开幕式下雨相比,不知要逊色多少倍。现代科技正在研究人类 DNA 的遗传信息,将来用于医学上,就可以预知一个人什么时候得什么病,还可以通过改变 DNA 的排序避免这个病发生。"道之为物"的四个特征始终都是客观存在的,关键是看我们的智慧能不能洞察其"象"、感知其"物"、探求其"精"、掌握其"信"。如果一个人能够具备这种能力、达到这种境界,对有些事物就可以看到它的过去、掌握它的现在、预知它的未来。老子达到了这种境界,所以他是圣人,是先哲。

这正是：
　　　老聃料事以何神？
　　　预见将来晓古今。
　　　象物信精为法宝，
　　　遵循大道探其真。

道德经的人生智慧

"曲则全"的真实用意是韬光养晦

老子认为:"曲则全,枉则直,洼则盈,敝则新。"(22章)即委曲才能够得以保全,屈枉反而能够直伸,低洼才会得到充盈,陈旧将会得到更新。也就是说,"曲"里存在"全"的道理,"枉"里存在"直"的道理,"洼"里存在"盈"的道理,"敝"里存在"新"的道理。这些事物所具有的对立统一、相反相成的关系,是老子从自己丰富的生活经验中感悟和总结出来的。他的这些道理启示我们,人们不管做什么事情,都不可能一帆风顺,都有可能遇到各种各样的挫折和困难。在这种情况下,要牢记"曲则全"的道理,不妨先行采取退让的办法,静观其变,然后再在合适的时机采取行动,进而实现自己的目标。

姜德蓄:黑龙江省书法家协会

绝大多数释者都把"曲则全"理解为"委曲求全",即委曲迁就以求保全。但是联系上下文,我认为老子的真实本意不是消极被动式的"以求保全"。这一点可以从老子接下来说的话得到验证:"夫唯不争,故天下莫能与之争。"(22章)正是因为不与别人相争,所以天下之人才没有谁能争得过他。这里很明确的是在说,"不争"是"争"的一种方式,"不争"是为了更好的"争",是为了能"争"赢。因此,我更倾向于把"曲则全"理解成积极主动式的"韬光养晦",意即隐藏才能,不使外露,等待时机,一举成功。

现实生活中,每个人都不愿意承受委屈,更不愿意遭受屈辱。但不顾一切地"人争一口气,佛烧一炷香""不吃那口馍,也争那口气"的"争"是低智商、缺

少智慧的匹夫之勇。"小不忍则乱大谋"在某些特定的环境下,暂时的"忍"与"不争"的韬光养晦才是大智慧,才是成就事业的必经之路。中国历史上,凡是超凡的伟人,都有着超凡的忍耐力,都是韬光养晦的高手。勾践卧薪尝胆,最终灭掉吴国;晋文公重耳,从人质到国君;伍子胥草间求活,三年终报楚王仇,等等,无一不是善于忍耐、不逞匹夫之勇之后得到的回报。正是由于他们把自己的大目标在"曲则全"中隐藏起来,日后才有了雪耻复仇的机会,帮助他们成就了不朽的伟业。假如他们一时意气用事,不肯低下高傲的头,不能忍耐百般的屈辱,那么成就伟业的可能就是他们的敌人,而不是他们自己。所以,一定要牢记,在形势不利或不具备条件时果断地停下来韬光养晦,然后在时机成熟时再决战决胜、东山再起。

"曲则全"的智慧内核是韬光养晦,而韬光养晦的关键则是做人做事低调内敛。很多时候,做人过于高傲、刚直,会招人嫉恨、打击;为人过于强势、霸道,会树敌过多、不能长久;待人过于严厉、苛刻,会被人孤立、众叛亲离。而保持低调,受得住一时委曲不但能够避祸全身,还容易被人接纳,营造良好人际关系。祸福并不由命,也不在天,一切都在人自取。在老子看来,过刚则易折,懂得"曲则全"的人才能笑到最后。孙叔敖是楚国名相,他曾经向一位叫狐丘丈人的智者询问处世之道,狐丘丈人对他说:"一个人有三种被怨恨的事,爵位高的,肯定遭别人妒忌;官位大的,必然被国君厌恶;俸禄丰厚的,一定招致周围人的怨恨。"由此可见,越是成功之人,处境越是危险。孙叔敖听后深为赞同地说:"爵位越高,我越放低身份;官位越大,我越小心谨慎;俸禄越多,我就拿出去施舍。用这种方法消解三种怨恨吧!"孙叔敖的做法正是老子"曲则全"思想的具体运用。孙叔敖病危之时告诫儿子说:"国君几次要把一块肥沃富饶的地方封给我,我都没有接受。我死后国王肯定会把这块地封给你。你一定不要接受,可以向国君请求寝丘之地。寝丘位于楚、越交接之处,土地很一般,名字又丑恶,楚国人迷信厌恶这块地,越国人也不喜欢,只有这样,才能长久保有封地。"孙叔敖死后,楚王果然要封给他儿子肥沃的好地。孙叔敖的儿子推辞不肯接受,却请求寝丘。于是楚王就把寝丘封给了他,孙家拥有这块土地后保持了很久。

历史的经验和教训告诉我们,无论是顺势还是逆势,"曲则全"的韬光养晦之道都是趋利避害的人生大智慧。

这正是:

  曲则全者超明慧,
  委曲求全非此类。
  直曲悠然待契机,
  韬光养晦堪精髓。

道德经的人生智慧

"少则得,多则惑"的警示:切莫贪多求全

老子说:"少则得,多则惑。"(22章)意即,少取就会有更多收获,贪多只能更加迷惑。这句话包涵着极为深刻的哲学思想,其内涵在于,抛却多余的杂念和枝节,集中精力、抓住重点、直指目标。

"少则得,多则惑"启示我们,做事要主次分明。人是不堪寂寞的生物,一生中总有数不清的事情想做。但是人的生命和精力都是有限的,不可能把想做的事情都做完,想实现的愿望都实现。如果我们不分主次,贪多求全,眉毛胡子一把抓,结果很可能是什么事情都做不好。无论做什么事情、解决什么问题,都要善于抓住事物的主要矛盾和矛盾的主要方面。把主要矛盾解决了,其他问题就可以迎刃而解,收到事半功倍的效果。有的人却不懂得"少则得,多则惑"的道理,对生命有太多的苛求,不分主次什么事情都想做,弄得自己始终生活在筋疲力尽之中,从没有体味过幸福和欣慰的滋味,生命也因此局促匆忙,忧虑和恐惧时常伴随。而真正有智慧的人,会放下一些不必要的琐事,集中精力做些必须做的大事要事,留下点空间和时间,给生命一份从容,给生活一丝洒脱,给自己一片坦然。

"少则得,多则惑"启示我们,爱财要适可而止。财物都是身外之物,生不带来,死不带走。我们要想自由逍遥的生活,就必须防止对财物贪得无厌的追求,不做财物的奴隶,而要做财物的主人。君子爱财不但要取之有道,更要取之有度,这是对"少则得,多则惑"深刻感悟后的选择。一个人如果心恋浮华,不舍喧嚣,终不

傅贵才:中国书法家协会会员

得心灵的安顿。一个人如果汲汲于富贵,切切于名禄,桎梏于外物,就好比一匹马,被拴上了枷锁车套,只有一味地卖力奔驰,哪有机会停下来思索自己的生命价值!

"少则得,多则惑"启示我们,**交友要宁缺毋滥**。很多人都信奉"多个朋友多条路",不分良莠广交三教九流。其实,交友是门大学问,有人因交良友而受益匪浅,危难之时总有朋友雪中送炭;也有人因交恶友而噩运丛生,危难之时总有朋友落井下石。人以类聚,物以群分;近朱者赤,近墨者黑。狐朋狗友多的人自然不会高尚高雅到哪去,甚至本人都不清楚自己到底是何许人也,自己到底是好是坏。人是群居动物,生活离不开朋友,但交友必须坚持高标准,宁缺毋滥。"少则得,多则惑"的道理,用在交友方面再适合不过了。

"少则得,多则惑"启示我们,**用兵要集中战力**。用兵乃国之大事。用兵打仗最讲究集中兵力战力,进攻时要有主攻方向,要选择突破口。防御时要有主要防御方向,要选择防御要点。"少则得,多则惑"告诉我们,无论是进攻还是防御,正面不能太宽,必须根据敌我兵力火力等力量对比情况,在较窄的正面集中兵力火力形成局部优势,才能够克敌制胜。从古到今,打仗最忌讳四面出击、多头用兵。四面出击必然导致四面楚歌,多头用兵必然导致多头受挫。这就像针,磨尖了才能一针见血;也像是刀,磨锋利了才能快刀斩乱麻。

"少则得,多则惑"启示我们,**读书要精专细研**。有的人书读了很多,可是反思起来,却似乎什么也没有学到,正所谓"贪多嚼不烂""样样懂,样样松";而有的人书读得并不是很多,但每一本书都是很认真地读,因而掌握得很好,学到的东西反而比读很多书的人更多,这就是"少则得,多则惑"。当然,读书还是要强调博览群书的,但是博览必须与精读相结合才会更有效果,否则,所得到的只不过都是一些泛泛的、肤浅的东西,很难有大的用处。有大学问大本领的人之所以都被称为"专家",就是因为他把精力都集中到某一门学问的研究上,能够学习掌握某项专门技术。越是高层次的研究者,所涉猎的领域就越窄,因为"窄"才能够"深"进去。

"少则得,多则惑",既是我们获得成功的智慧,更是潇洒生活的哲学,越学越深邃,越学越受用。

这正是:

少得多惑细思摸,

万众哪嫌获取多。

求甚贪多非大道,

物极必反恐失得。

103

"希言自然"告诉我们要少说多做

"希言自然"(23章),从字面上解释就是:少说话才是合乎自然的。河上公《老子章句》对这句话的注释是:"希言者,谓爱言也。爱言者,自然之道。"也就是说,"希言"最符合"道"顺其自然的本意。老子用此形象的比喻,想表达的是更深层次的含义:少发布政令,不威压百姓。这是在劝诫统治者要施行"清静无为"之政,以不扰民为原则,百姓安然畅适,这才合乎自然。若以法戒禁令捆缚百姓,苛捐杂税榨取百姓,这就如同狂风急雨的暴政了。老子警戒统治者:暴政是不会持久的。在这里,我们暂且不探讨这一引申含义,专门探讨其"少说话才是合乎自然的"这一本意。

王继勇:中国书法家协会会员

真正领悟大道的人,往往是那些在人群中最为沉默寡言的人。那些真正掌握事物运转规律、洞达世情的人,往往是那些在人群中最为平和淡泊的人。因为明白通达,所以平时他们什么也不说,不愿意用自己的言论误导别人,也不肯用自己的妄想去评议别人。他们懂得什么时候应该沉默,什么时候应该倾听,什么时候应该超然物外笑看世间风云。因此,他们不会被那些俗事所纠缠,生活得洒脱无忧。

众所周知,天不言,但四季和谐运行,生生不息;地不语,但厚载万物,无穷无尽。天地的德行就是不言而动,依据客观(自然)规律而为。西方有句谚语:"话说得越多,误会就越深。"这就像纸上的一个污点,越想擦掉它,纸上被污染的面积就越大。中国也有句成语叫"祸从口出",讲的都是多说话的坏处。因此,作为一名真正有智慧的人,要少说官话,爱说官话的人经常敷衍塞责、不解决问题,损害官民关系;要少说大话,爱说大话的人经常自吹自擂、不知天高地

厚、自以为是；要少说空话，爱说空话的人夸夸其谈、不讲信用、光说不干；要少说套话，爱说套话的人常常循规蹈矩，谋事没思路，做事无新意；要少说虚话，爱说虚话的人虚夸不实、虚心假意、居心莫测；要少说假话，爱说假话的人善于掩盖真相、欺世盗名，常常是欲盖弥彰；要少说废话，爱说废话的人思想浅薄、缺少本事、不懂装懂。而不懂得"希言自然"的人，其典型特征都是成事不足，败事有余，甚至会引火烧身，害人害己。

春秋著名思想家子思说："有其言，无其行，君子耻之。"古希腊哲学家德谟克里特也说："一切都靠一张嘴来做而丝毫不实干的人，是虚伪和假仁假义的。"很多事情，看起来非常简单、容易，但真正着手去做时却是非常困难的。那些具有真才实学的人从来都不会自我宣扬，而是从事情的筹备到具体实施，乃至到最后的成功，都在一步一个脚印地默默去做。成功者的行动是沉默而有效率的。坐而论道永远解决不了问题。任何事情、任何目标、任何策略，耍嘴皮子都不可能解决，更不可能实施，还要靠自我的身体力行、坚忍不拔、艰苦奋斗。一个人如果把所有的事情只是挂在口头上，而不落实到具体行动上，就会竹篮打水一场空，最终一无所获、一事无成。

老子所说的"希言自然"，并不是简单地停留在让人们少说多做上，他把这句话引申到国家治理的高度，告诫统治者（侯王）要少发号施令，不要横征暴敛，避免干扰百姓的平静生活。而是要遵从于道，依道而为，行"不言之教"，施"无为之治"。这可能是老子"希言自然"更深层次的用意吧。

这正是：
　　多说无益要希言，
　　沉默为金远祸端。
　　天地无言功自在，
　　少说多做法其然。

道德经的人生智慧

从"飘风不终朝,骤雨不终日"说开去

"飘风不终朝,骤雨不终日。"(23章)这里的"飘风"是指吹得很猛烈的狂风;"骤雨"是指来势很迅疾的暴雨。"飘风"和"骤雨"气势汹汹,咄咄逼人,但是这样的狂风和暴雨是不能够持久的。因为自然界在某一时段蕴蓄的力量是有限的,在短时间耗尽就不可能持久,要想持久就必须徐徐发力。狂风不能够刮上一个早晨,但微风却可以吹拂于四季;暴雨不可能下上整整一天,但淅淅沥沥的小雨可以下上数日不停,南方的梅雨可以绵绵不断地下几十天甚至数个月。这就是我们认知的客观(自然)规律。

老子接着自问自答:"孰为此者?天地。天地尚不能久,而况于人乎?"(23章)是谁造成狂风不会持续地吹一个早上,暴雨不会持续地下一整天呢?是天地。伟大的天地进行飘风骤雨这样猛烈的运作都不能够持续长久,何况是与天地相比非常渺小的人类呢?老子在这里有其引申用意,那就是对统治者(侯王)实施的烦琐严苛政治制度的严厉批判。用"飘风"和"骤雨"来比喻统治者(侯王)违反"道"的行为。连自然界中不符合"道"的行为都不能持久,更何况身为人的统治者(侯王)滥施苛政、荼毒生灵呢?通过这个比喻,老子告诫统治者(侯王),只有遵循客观(自然)规律,施行无为而治,社会才会出现安宁平和的风气。反之,如果肆意横行,百姓就会无所畏惧地去抗拒。事实的确如此,纵观古今中外的每一段历史,又有哪个施行暴戾苛政的统治者(侯王)不是短命的呢?中国第一个封建中央集权的秦王朝,由于施行暴政、苛政,使得百姓根本不可能安定和谐地生活下去,不得不揭竿而起。在这样的历史背景之下,这个王朝仅仅存在了短短

李文侠:九三中央书画院院务委员

的十四年,就被汉王朝取代。历史就是一面镜子,它告诫统治者(侯王),只有依道而为,采取"润物细无声"的治理方式,不对百姓肆意发号施令,不强制百姓缴粮纳税,不对外用兵征战,那么这个统治者的行事原则就比较符合自然,这个社会也就会清明淳朴,百姓就会安居乐业,君民就会相安无事,统治者(侯王)的天下就可以长存。

"飘风不终朝,骤雨不终日"的道理,对于治国理政适用,对于每个人的做人做事也同样适用。人体在一定时间内的体能是有限的,一个人如果慢慢地走路,可以走很长的时间,可如果飞快地奔跑,则一定持续不了太长时间。老子此语启示我们,人的行为应当和缓而慎重,在做事情的时候不可操之过急,否则,很可能有如饮鸩止渴,虽然一时缓解了口渴,但是生命却长久不了。现实生活中,有些新官上任,喜欢踢头三脚,烧三把火,以此来证明自己与前任的不同,证明自己的能力、威力和魄力。到新单位履职,刚刚开始的时候展示一下自己也无可厚非,但这不是长久之计。开创新局面也好,树立新威信也罢,都不能急于求成,最根本的还是要真功夫、长功夫、细功夫。把情况摸清楚,把思路理清晰,把措施定具体,把力量凝聚好,只有这样才能树立自己的威信,实现自己的宏伟蓝图。希望毕其功于一役的急功近利的做法只能适得其反,这是"飘风不终朝,骤雨不终日"的客观(自然)规律使然。

这正是:

飘风骤雨势汹汹,
急去急来不日终。
不妄为之国乃治,
急功近利罕成功。

道德经的人生智慧

老子认为失败者的六种情形

老子告诫我们:"企者不立;跨者不行;自见者不明;自是者不彰;自伐者无功;自矜者不长。"(24章)他用生动的语言把失败者描述得淋漓尽致、惟妙惟肖。

第一种是"企者不立":好高骛远终是梦。踮起脚跟用脚尖站立往往站不住、站不稳。这一观点给了我们一个发人深省的忠告:人可以拥有梦想,但这个梦想应该建立在对自身正确的定位之上,千万不能好高骛远,以免贻害终生。在生活中,有人劝你脚踏实地一步一步来;有人劝你不要白日做梦,要现实一点。你对此或许根本不屑一顾,发出"燕雀安知鸿鹄之志"的感慨。你或许以为自己是鸿鹄、是大鹏,一展翅便能冲上云霄;你或许以为自己是盖世奇才,业绩一定远胜比尔·盖茨、洛克菲勒、李嘉诚等,然而,如果不能联系实际为自己定位的话,那么这心比天高的理想,更多的会变成命比纸薄、一事无成的结局。不能准确地给自己定位,是人们常犯的大忌,由此导致的后患十分严重。特别是弱者,如果盲目自恃,势必会做出许多不切实际的事来,正如杯子只是杯子,打火机只是打火机一样。打火机的功能就是打出火来,杯子的功能就是装水装茶等,它们的自身条件不同,使用功能也不同。倘若杯子想做打火机,或者打火机想做杯子,那将是它们噩

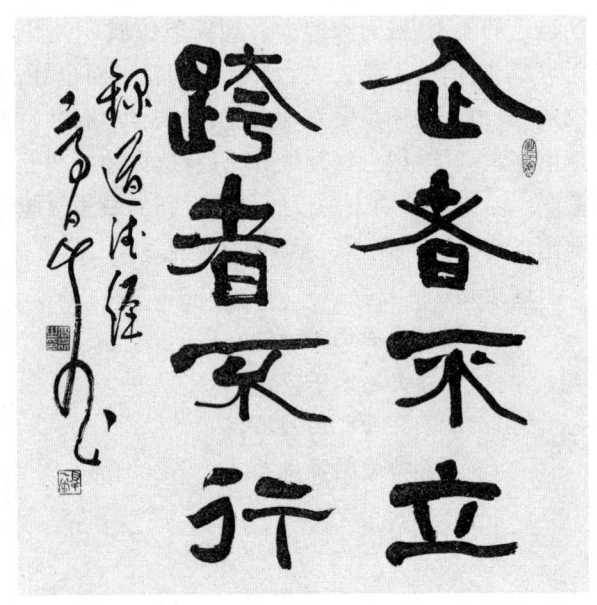

高昆:黑龙江省书法家协会副主席

梦的开始。有理想固然值得褒扬,但理想必须建立在现实的基础上。一个蚂蚁的理想,应该是把自己变成最优秀的蚂蚁,一个狮子的理想,应该是把自己变成最优秀的狮子。如果蚂蚁想变成狮子,那便是不知天高地厚、痴心妄想了。

　　第二种是"跨者不行":急于求成事难成。大跨步心急火燎地赶路往往走不快、走不远。在时间就是金钱的社会里,一切讲求速度:放眼望去,现代人吃的是"速食面",读的是"速成班",走的是"捷径",渴望的是"一夜暴富",以至于造成整个社会心浮气躁、追逐功利、近视短视。古人告诉我们,拜师学艺至少要三年四个月才会有成。任何工匠,讲究的都是慢工出细活。可是,渴望急于求成的人们已经把这套宝贵的生活哲学遗忘得一干二净。在速度挂帅的前提下,人们不再脚踏实地、按部就班,而是处处显得毛躁马虎、急功近利。无数经验教训证明,做事要注意速度的把握,并不是越快越好。这就像开车一样,当汽车以合理的速度行驶的时候,它会完全在我们的控制之中,是平衡而安全的。但是当速度提高以后,虽然看上去短时间内效率提高了,但是它出事故的概率也会随之大增。所以,从长时期来看,高速度往往不一定能带来高效率,结果很可能是欲速则不达。事物发展的规律告诫我们,做事应该按照循序渐进的规律,一步一个脚印地进行。脚踏实地,讲究实际,不可急于求成。在赛跑中,优胜者并非是步子迈得最急或脚抬得最高的人。

　　第三种是"自见者不明":固执己见必短见。固执己见的人往往不能客观分明地看待事情。老子还从相反的角度指出了同样的问题:"不自见,故明"(22章)。一个人应该有主见,但不能固执己见。大千世界复杂而多变,再智慧的人也无法洞察世事,把什么问题都看得非常清楚、透彻。这时如果能够多听听别人的意见、建议是很有帮助的。执着于自我的人却看不到这一点,因此什么事都是在疑惑中。这种人往往过高地估计个人的能力,失去自知之明,从而造成了内心的自我意识的膨胀,总是以自我为中心,自己想干什么就干什么,想怎么干就怎样干,对别人的意见和建议不屑一顾。只考虑自己,不关心他人,总想让别人都围着自己转,总想让自己的想法变成别人的行动。这种固执己见的做法,不但会使自己陷于盲目,犯刚愎自用的错误;使自己短视近视,犯方向性错误;而且还会使别人受到严重的压抑,进而失去别人的信任与尊重,影响自己的学习、生活、工作和人际交往。

　　第四种是"自是者不彰":自以为是常坏事。自以为是的人往往达不到彰显自己的目的。人需要自信,但不需要自以为是,因为它超出了自信的理性范畴,失去了自信的良好品德。俗话说,人非圣贤,孰能无过?人犯错误是常态,根本没有必要去刻意掩盖自己的错误。其实,每个人都想把自己最美好的一面展示

道德经的人生智慧

给别人,把自己取得的成绩展示给别人,这是正常的心理需求。但是这种展示无法通过自以为是的方式实现。太过自我的人,必然会草率行事,反而更容易犯错误,给自己带来种种不良后果,甚至导致失败。因此,老子睿智地提出"不自是,故彰"(22章),不自以为是却能收到无心插柳柳成荫的效果,反而能够彰显自己。

第五种是"自伐者无功":自我炫耀丢功劳。自我炫耀的人往往是劳而无功的。无论是学业还是事业,也无论是商界还是政界,能够成为一名成功者是人们追求的目标,也是人们羡慕的对象。这时,如果这些成功人士能够保持低调、谦卑的态度,成功而不居,就会成为人们效法的偶像,受到人们的景仰。但有些人却在成功之后失去了成功前的那种刻苦、谦虚和清醒,开始自我炫耀,甚至不可一世。我们常说,高处不胜寒,木秀于林风必摧之。成功者一旦开始炫耀自己,就会让人们由羡慕变成忌妒和恨。这时人们看重的不再是你取得了多大成绩,有多大功劳,而是从道德和人品的角度来审视你的炫耀行为。最后很可能是功不抵过,把你的成功定性为"小人得志"。因此,老子告诫我们,"不自伐,故有功"(22章),学会控制自己,让自己保持谦虚、低调才是智慧的成功者。

第六种是"自矜者不长":骄傲自大易翻船。骄傲自大的人往往是好景不长。老子告诫人们只有戒除傲气,才能做一个令人敬仰的人。傲气者,盛气凌人,傲慢自负,自我感觉良好。这样的人也许某一方面高人一等、优人一招、先人一步,或者并无过人之处,只是虚张声势、故弄玄虚罢了。不管属于哪一种类型,都是过高地评价自己,蔑视别人,习惯仰面朝天、居高临下、盛气凌人。自以为了不起,自高自大,盈气于内,形态于表,老子天下第一,用高高在上的态度去傲视别人。这样的人迟早会因此而在阴沟里翻船。意大利哲学家阿奎那将"骄傲"列为人的七宗罪之首,足见其危险之大。国画大师徐悲鸿有句名言:"人不可有傲气,但不能无傲骨。"前半句很明确地告诫人们,人不可恃才傲物、孤芳自赏。自傲是失败的根源,《三国演义》中,杨修因为自恃才高、傲气太盛,惹恼曹操,最终因"鸡肋"命丧黄泉;"关云长大意失荆州",更确切的应该是自傲让关羽丢掉了赖以保身的荆州,落了个败走麦城、兵败被杀的悲惨结局。所以,老子说"不自矜,故长"(22章),"不自矜"不但是美德,更是防止马失前蹄、阴沟翻船的灵丹妙药。

老子从"道"的角度来衡量上述这六种情形,辛辣地讽刺为"余食赘形",也就是令人讨厌的残羹剩饭和身上多余而无用的赘肉。进而得出结论,"物或恶之,故有道者不处。"(24章)谁都厌恶它们,所以有"道"的人是不会去做那些令大家都感到讨厌的事情的。而那些没有悟懂道的人,虽然主观上也不想被人讨

厌,但却不明白怎样做才能不让人讨厌。他们那样去做的时候自以为是良好的,自我感觉是得意的。那些"企者""跨者"的"自见""自是""自伐""自矜"行为,必然导致失败的结局。

这正是:

败呈六象寻常有,
叛道离经难远久。
欲想成功必戒之,
胸怀大道严遵守。

道德经的人生智慧

做人处世的最高法则:"道法自然"

"人法地,地法天,天法道,道法自然"(25章),这四句话是老子在分析研究了宇宙各种事物的矛盾,找出了人、地、天、道之间的内在联系之后所作出的论断,是人们做人处世必须遵循的原则,而"道法自然"则是最高法则。这可能就是文人、墨客、书家都非常推崇"道法自然"的缘由吧。

刘波:中国书法家协会会员

"人法地"的意思是,"人"取法于"地",并被"地"约束。也就是说,人类的所作所为必须符合大地孕育万物的法则。这里的"法"是动词,包含两层含义,既有效法、学习的意思,也有被约束、被统治的意思,下面三句中的"法"字都是这个意思。在人类繁衍生息的漫长岁月里,都是直接同大地打交道的。即使在当今,人类可以对天空乃至外太空进行探索的情况下,对人类的生存意义而言,地球依然远比其他星体更为重要。所以,人类与"道"进行沟通的第一个步骤就是"人法地"。一方面,人们根据自己所处的地理环境选择相应的生活方式,靠山吃山,靠水吃水,因地制宜。另一方面,大地的突出特点是安静沉稳,厚德载物,生养各种生物而不居其功,这正是人们应该向大地学习和效法的地方。人类深受大地的承载之恩,所以其行为应该效法大地、顺应大地。

"地法天"的意思是,"地"取法于"天",并被"天"约束。大地既是无数天体中的一员,也被无数天体包围着,大地时时刻刻都在效法天体的法则而运行,跟随天的变化而相应改变。比如春夏秋冬、冷暖寒暑、晨昏昼夜、阴晴雨雪,都是

由天体的运行规律来决定的。大地不言,只是跟随天的变化默默地来调整自己。天行健,阳刚之气充盈,川流不止,生生不息。"人"的行为取法于大地,而大地则要取法于"天"的运作,这就是说,人与"道"进行沟通的第二个步骤就是,通过"地"间接地取法于"天"并被"天"约束。比如,大自然四季的变化,当春夏气温回升时,大地温暖,万物生机勃勃;当秋冬气温下降时,寒冷肃杀,草木凋零。做人也是一样,一个性情温和而又热情洋溢的人,其身边必然会聚拢很多人,事业就容易成功,福祉也会绵长;而性情冷漠而又为人刻薄的人,周围的人都不愿意接近,当其遇到困难时得到的帮助会很有限,事业会难以成功,福祉也会淡薄。这就是人们常说的顺应天道的重要性。

"天法道"的意思是,"天"取法于"道",并被"道"约束。也就是说,天顺着道的自然法则而运作,周流不息、永无止境。《道德经》中第1章、第4章、第14章、第21章和第25章,老子从不同角度对道的性质、特点、规律进行了阐述。即"道"是浑然一体的物质,在天地形成前就已经存在,是最先存在的实体,但看不见摸不着听不到,既寂静又空虚,不以人的意志为转移而永远存在,无所不在地运行而又永不止息。"道"是没有任何外在的特征可以把握的,也是不依赖于任何外物而存在的,它永恒不变、循环往复,是天地的来源,更是天地的依靠。用最简捷的一句话概括:"道"就是客观(自然)规律,也可以说,"道"是宇宙及其运行的规律。任何天体都是宇宙的一个组成部分,都是按照"道"规定的法则运动着、变化着,无时无刻不被"道"约束着。就像地球有规律地自转,自转一圈就是一天;月亮有规律地围绕地球转,转一圈就是一个月;地球围绕太阳转,转一圈就是一年那样,永不停息、无法改变。人生活在天地间,人通过天地完成了与"道"沟通的第三个步骤。这要求人要尊重客观(自然)规律,按照客观(自然)规律办事。特别是要像道那样,虽然生长涵养了万物,却不把万物据为己有,不夸耀自己的功劳,不主宰和支配万物,而是让万物顺其自然地发展。

"道法自然"的意思是,道取法于自身状态,并被自身状态所约束。也就是说,道取法于它自己的"自然而然"的样子,按照其自身的准则自由自在地运行着。这里的关键是对"自然"的正确理解。此处的"自然"不是一个名词,不是"自然界"的那个"自然",它在这里是个副词,意思是"自然而然"。把"自然"两个字拆分开来解释就会更加清楚:"自"就是自己、本身,"然"就是当然如此。因此,"道法自然"正确的解释应该是,道是按照自己的样子自然而然地运行的,这是万事万物发展变化的最高法则。"道法自然"包括"无为""守柔""不争"等核心理念,并以"天道"喻"人道",认为人类也必须把"无为""守柔""不争"作为处世原则。"无为"则不肆意妄为、遵循规律,"守柔"则以弱胜强、以柔

道德经的人生智慧

克刚,"不争"则不争强斗胜、不争而善胜。老子认为,万事万物在不受外界强力的干涉,特别是不假人为的矫揉造作的情况下,通常都能够发挥出自己的最佳状态,都能与周围其他事物保持着良好的关系,整个宇宙就在这种状态和关系中达到了和谐与平衡,发挥出最大的功能。"无为""守柔""不争"都循顺万事万物之自然而然的发生状态而动、而为,符合万事万物各循自然本性协调发展的法则,因此也是人类必须遵循的做人和处世原则。

"**道法自然**"告诉我们三个层次的做人处世道理。第一个层次的道理是,做人处世的最高境界是"道法自然",就是自然而然、顺其自然。《菜根谭》说:"神奇卓异非至人,至人只是常。"那些才智卓绝、超凡绝俗的人,其实都不算真正的高人,真正的高人是那些看起来平凡无奇的人。这个说法正是对"道法自然"的深刻体悟。其实,这与儒家孔子所说的"从心所欲而不逾矩"是高度一致的。人生修养所能够达到的最高状态,就是可以随心所欲地行动而不会逾越规矩,自己再不需要受到任何来自外界的约束,而只需听凭自己自然地去做就可以了。老子认为,懂得人的行止,立足于自然的规律,居处于自得的环境,明白应变、屈伸自如才符合"道"的要求。在自然状态中,人们自由自在。人应当明白:行事,只能行可行之事;辩论,只能辩可辩之理;智慧,就是发现不可勉强进入的地方后,及时果断地让自己止步。因为人从天地而来,本应该秉从天地的禀性,自然而然地来到这个世界,又自然而然地成长,自然而然地求衣食,又自然而然地离开这个世界,回到天地的怀抱。一切的一切,都是自然而然的,过犹则不及,刻意增加或减少都会损害这种自然而然的状态。因此,人之所以有惊恐、疑惧、苦恼、愤懑、忧伤、悲痛,是因为人们抱有改变自然世界的冲动,这是背起苦难去追求幸福的愚蠢做法。在生活和工作中,有的人一味迎合他人而强装笑脸,百般屈心抑志,自己心里憋得慌,旁观者也觉得难受得很。有的人故作高傲,总是按自己的主观意愿行事,与人交往时合则留不合则去,比自己强的人不愿接近,比自己差的人不愿迁就,从而使自己的心灵很寂寞,也很压抑。而那些悟道之人,则自然地与人相处,把功利放在一边,把评价放在一边。这样,别人舒服,自己也舒服。自然而然,得失淡然;顺其自然,心情怡然。

第二个层次的道理就是,人类必须遵循客观(自然)规律,违背了自然的运行法则必定会遭到惩罚。这告诉我们,世间万事万物,看似纷繁复杂,其实是按照一定规律在运转的;人类社会和自然界运转同样要符合道,只是表现形式不同而已。"道法自然"要求我们:要遵从规律莫强求。如果为了达到某种目的而强行破坏这种规律,最后必定无法达到预期目的。但自从人类出现文明,从生物中脱颖而出以来,却始终处于矛盾之中,既认为自己是自然世界的一部分,有

时又将自己置身于自然世界之外,以至于把自己看成是能够影响自然世界的超然外力。认为只要努力就没有办不到的事,甚至提出"人定胜天",事实证明这只是人类的一厢情愿,这其实是本末倒置、不自量力。比如,我们可以把果树嫁接,但却不能让一头牛的角上长出苹果来;我们可以人工降雨,却不能控制一场海啸的发生。许多天灾实为人祸。无论历史上还是现实中,都不难见到有些人或愚昧无知、意气用事,或逞匹夫之勇、不自量力,或骄妄轻狂、倒行逆施,结果往往事与愿违。正是由于人类忘记了自己本来就是自然世界的一部分,人类活动给自然环境带来不可逆转的伤害。当然,我们提倡敬畏自然,根本目的是要顺道而行,重点在敬而不是畏,是要以现代科学作为支撑趋利避害,明白自己应该做什么不应该做什么。人类要善待自己生存的环境,必须摒弃自以为能够对自然世界为所欲为的科技迷信,以及对人自身的盲目崇拜,只有这样才会"行之者生,顺之者成。""道法自然"就是让我们在规律面前,选择遵从,摒弃强求。

  第三个层次的道理就是:顺其自然并不等于向自然世界屈服,掌握客观(自然)规律,按照规律办事才能有所作为。人类只有先当好自然世界的奴隶,才有可能成为自然世界的主人,通过臣服自然世界,师法自然世界,最终成为自然世界之主,从而实现人类本身与自然世界的和谐共生。其实,在人类社会也是一样,一个人无论身居何位、官居何职,只有掌握人类社会发展之道,才能推动或主导人类社会的发展进步。古希腊哲学家第欧根尼一次在海上行船时,被海盗俘虏并被卖作奴隶。人们问他能做什么?他说能"治理人"。第欧根尼让叫卖者喊:"谁愿意买一个主人?"一个叫塞尼亚得的富人买了他做儿子的家庭教师。塞尼亚得非常尊重第欧根尼,常常说:"一个杰出的天才走进了我的家门。"后来,第欧根尼的朋友们终于打听到了他的下落,赶来要为他赎身。第欧根尼却阻止了他们,说:"作为哲人,即使身为奴隶,也是他人的自然统治者,就像医生为病人服务,却是病人的导师一样。"果然,第欧根尼开始时只是教孩子,慢慢地塞尼亚得全家人都听他教诲,奴隶成了主人的主人。这个故事告诉我们,谁掌握了道,谁就是主人,谁就能成功。"道法自然"是我们做人处世的最高法则,应该成为每个人毕生追求的至高境界。

  这正是:

    人法地天即法道,
    顺与背道皆应报。
    追随大道法其然,
    处世做人得要妙。

道德经的人生智慧

人何以位居"四大"

在中国古代哲学中,有天、地、人"三才"之说,在《道德经》里,老子又加入了"道",这样就为"三才"提供了一个共同本源,使"三才"学说升级为"四大"学说。老子讲"道大、天大、地大,人亦大"(25章)。这"四大"之中,道大、天大、地大都很好理解,但很多人对"人大"则心存疑惑。老子将存在于茫茫宇宙间拥有巨大能量的四种事物作了排序,依次为道、天、地、人。老子之所以把人列为"四大"之一,我认为有三个方面原因:

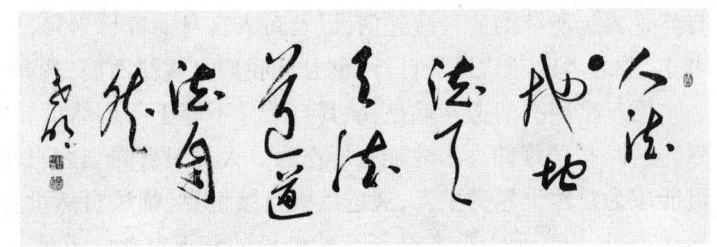

龚世明:中国书法家协会会员

一是人的智慧大。自从有了人类文明以来,人就成为万物之灵长,以超凡的智慧雄居生物之首,不仅在两千多年前老子生活的时代是这样,现代科技也没有证实有超越人类智慧的生物。虽然人受制于地、天、道,但并不是被动地受制,而是无时无刻不在发挥着自己的主观能动作用,以其聪明的智慧主动地顺应地、天、道。正是由于人的智慧大,才能体认到大道的存在,能够感知到天地的力量,能够将自己融合在道和天地之中。

二是人的能量大。人类的创造力是惊人的,现代可知的物质文明、精神文明、社会文明、科技文明几乎都是人类创造的。这是已知的生物所无法匹敌、相提并论的。当人类在探索过程中,顺应了地、天、道,找到了事物的发展规律,就会极大地促进文明发展。相反,如果人在茫然之中违背地、天、道,也会造成巨大的危害,同时人类也会受到严厉的惩罚。无论是顺应还是违反地、天、道,都会产生巨大的影响,这是其他生物所无法比拟的,也正是人的能量巨大的体现。

三是人的心胸大。有学者认为,老子之所以把人列为"四大"之一,主要就是指人的心胸博大。一方面,人类虽然是生物中最有智慧最有能量的,但却不

唯我独尊,能够不断地调整自己,努力与自然和谐相处,与万物和谐共生。另一方面,人类能以博大的胸怀,努力建设社会生活规则和秩序,使得不同民族、不同地域的人能够相对和平、和睦地相处。即使有过战争和杀戮,有过对自然界的狂野侵害,也能及时汲取教训,从而恢复到维护和平发展、保持和谐共生的正确轨道上来。

可以说,老子把人列入"四大"之一,既是对人的肯定和自信,更是对人的鞭策和关爱。其主要目的就是想把人"度"到效法自然上来,引导人类心向大道。而人类要保证自身永远有资格被称为"大",必须做好两个方面事情:

一个是,要学会尊重规律,避免妄为。人类拥有的大智慧和大能量,有时会产生盲目的冲动,甚至在地、天、道面前也敢于狂妄自大起来。改天换地、征服自然的野心膨胀,让人类吃尽了苦头,而且仍然在前赴后继地吃着苦头。而事实上,老子虽然把人列居"四大"之中,但也只是"四大"之尾,在地、天、道面前人类仍然是非常渺小的。人的"大"只能在爱地、厚天、顺道的过程中体现出来,人不但在自然世界中不能妄自尊大,在社会生活中同样也不能任性妄为,这是人类社会发展规律的要求。俗话说:"人狂没好事,狗狂挨砖头。"所谓狂,就是狂妄自大、忘乎所以,不把别人放在眼里。从心理上分析,狂妄是一种不自知的愚蠢表现,狂妄之人常把一些不足挂齿的东西幻觉化,因而常常以显示自己的优势、表现自己的能耐作为行为准则,认为这样可以提高自己在其他人心中的威望,殊不知结果很可能会适得其反。常言道:"树大招风""出头的椽子先烂"。如果一个人因为某个方面比别人强一点便不知天高地厚,处处卖弄,很容易给自己带来祸端。即使是真的学有所长,有过人之处,有让人畏惧的权力,有让人羡慕的财富,也还是淡然低调一些为好。从古到今,因狂妄自大栽跟头的人实在是太多了。朱元璋做皇帝的时候,一个有钱人为了显示自己的财力,在国家缺钱的情况下,便傲慢地说他可以出资完成国家一项重点工程,在军费吃紧的时候,不可一世地说他可以解决军饷的不足。朱元璋出身贫寒,有极强的仇富心理,他不能容忍自己当了皇帝之后,有人以自己的财力来显示对他的轻蔑,于是便下令杀掉这个人,后因皇后说情,这人才免于一死,被发配到边疆充军。可见,做人太张扬、太狂妄是不会有什么好结果的。谨慎做人、低调做事是人生至理。

另一个是,要做到心胸博大,容事容人。世界上有万事万物,人类不能独享资源;生活中有男女老少,任何人不能唯我独尊。有人聪明在眼前,有人聪明在长远。有大智慧的人行为总是很超脱,他们襟怀坦荡,从不为一点鸡毛蒜皮的小事斤斤计较。而有点小聪明的人却总喜欢察言观色、纠缠不清,无事也可以

道德经的人生智慧

生非。人这样活着不但很累,而且很可悲。人生短暂,每个人都应该致力于让自己活得更有意义,千万不能因为计较小事而让自己背上沉重包袱。一方面,要学会换位思考化解矛盾。生活中人与人之间出现矛盾是正常的,关键是要学会从对方的角度看问题,作家王蒙说过:"人际关系总是双向的,学人者人恒学之,助人者人恒助之,敬人者人恒敬之,爱人者人恒爱之。"同样,"说人者人恒说之,整人者人恒整之,害人者人恒害之,耍人者人恒耍之。"人非圣贤,孰能无过。与人相处,只有能多从对方的角度设身处地地考虑和处理问题,多一些体谅和理解,经常以"难得糊涂"自勉,就会左右逢源,诸事遂愿。相反,一个人如果什么事情都以自我为中心,过分挑剔别人,眼里揉不进半粒沙子,什么鸡毛蒜皮的小事都要论个是非曲直,那么周围的人就会躲得远远的,最后只能关起门来当"孤家寡人",成为使人避之惟恐的异己之徒,甚至还可能会把帮手变成对手,把朋友变成敌人,给自己的事业增加障碍和阻力。另一方面,要做到大度包容不认死理。做人固然不能玩世不恭、游戏人生,但也不能太较真、认死理。人太较真就会对什么都看不惯,吹毛求疵、鸡蛋里找骨头。镜子很平,但在高倍放大镜下,就成了凹凸不平的山峦;肉眼看很干净的东西,拿到显微镜下,满目都是细菌。试想,如果我们"戴"着放大镜、显微镜生活,恐怕连饭都不敢吃了。再用放大镜去看别人的毛病,恐怕许多人都会被看成是罪不可恕、无可救药的了。在生活中,我们没有必要与萍水相逢的陌路人较真,否则无冤无仇的小瓜葛可能会酿成真刀真枪的大冲突;我们没有必要与没有修养的人较真,否则等于把自己降低到对方的水平;我们没有必要与斤斤计较之人较真,否则丝毫不解决问题还会给自己添堵。古今中外,凡是能成大事的人都具有一种优秀的品质,那就是能容人所不能容,忍人所不能忍,善于求大同存小异,团结大多数人。这样的人具有宽阔的胸怀,豁达而不拘小节;大处着眼而不会鼠目寸光;从不斤斤计较,纠缠于非原则的琐事,所以才能成大事、立大业,使自己成为不平凡的人。

总之,人只有用大智慧、大能量、大胸怀、尊重规律、懂得包容,才有资格真正成为"四大"之一,才能与天地同在,与大道同行。

这正是:

  道天地大人称大,
  人大实则居最下。
  欲符其名贵自知,
  敬服大道遵常法。

从"重为轻根,静为躁君"看品性修养

老子讲"重为轻根,静为躁君",并得出结论"轻则失根,躁则失君"(26章)。意思是说:厚重是轻率的根基,宁静是躁动的主宰。轻率就会失去根基,躁动就会丧失主宰的权力和地位。虽然这是老子说给"万乘之主"的统治者(侯王)听的,告诫他们在治理国家时要戒骄戒躁,避免轻举妄动,为君之道必须以国家和百姓的利益为重,千万不可轻率急躁地颁布政令、发动战争。在春秋战国时期战乱不断、僵持不下的背景下,老子针对统治者(侯王)心浮气躁、心慌意乱、急于求成、贪功惧过、错误百出、混招迭现的问题,提出了这一治国安邦的冷处方,实在是一剂苦口的良药,是很有针对性的。历史的变迁更能闪耀出老子思想的光芒,时至今日仍然具有非常的借鉴意义。

有人批评老子"静为躁君"是把"动"与"静"的辩证关系搞反了。其实不然,老子在这里讲的不是唯物辩证法中"动"与"静"的关系,而是"静"与"躁"的关系。这里的"静"是指沉静、宁静、平静、冷静的意思,"躁"是指浮躁、烦躁、暴躁、躁动的意思。同样,"重为轻根"中的"重"是指厚重、慎重、稳重、持重的意思,"轻"是指轻浮、轻佻、轻率、

刘广岩:周口市书协副主席兼草书专业委员会主任

道德经的人生智慧

轻薄的意思,讲的都是人生品性修养的问题。还有许多人认为,老子提倡的"静"是一种无声的静,修道必须到诸如武当山等远离尘世的清幽山间。事实上,这是很大的误解。在老子看来,那种在万籁俱寂中的宁静不是真正的宁静,若能在喧闹的环境中保持平静,才是合乎人类本性的真正的宁静。也就是说,在嘈杂烦乱的环境中,在物欲横流的社会里,在喧嚣浮躁的世界中,如果仍能保持一颗平静无波的心,这才是真正合乎大道的"静",才是"静为躁君"的要义。一个人如果能把荣华富贵视为浮云,根本就不需要住到深山幽谷中去修身养性,只要心"静",就算是在烈日下,也会一身清凉。

自然界中很多现象都会给我们以启迪。在平原或海滨居住过的人都见到过这样的情况:一场暴风雨过后,马路旁时常会躺着几棵被刮倒的枝叶茂密、生机勃勃的大树,一些人看到这种景象首先想到的是"树大招风"。但再仔细看看就会发现,这些树的根系竟然小得与它那巨大树冠不成比例,这时才会顿悟:这树的灾难根源不是由于树大招风,而是由于头重脚轻根底浅。社会上有很多人很像这种树。如果有阳光雨露,他们总是拼命抽枝展叶,却没有花费至少同样的气力去向地下伸展自己的根系——立足之根和成功之基,一旦遇上了狂风暴雨,那庞大的树冠遭遇巨大的风力,是浅薄的根基所无法承受的,"倒下"也就是必然结果。这正是自然界对"重为轻根"诠释。

生活在非洲草原上的野马,有着一种致命的敌人,这种天敌不是大型的食肉猛兽,而是一种体躯非常小的吸血蝙蝠。这种吸血蝙蝠经常会对野马进行攻击,附着在它们的身上吸食血液,而遭受攻击的野马往往都会因此而毙命。研究人员发现,蝙蝠所吸食的血量其实是相当微小的,远不足以导致野马死亡。也就是说,野马死亡并非因为失血,而是另有其因。那么,众多野马死亡的直接原因到底是什么呢?研究结果让人难以置信,这原因不是别的,正是野马暴躁的性情!它们一旦遭到蝙蝠的攻击,就会立刻暴跳如雷,怒吼狂奔,企图甩开叮在身上的蝙蝠,但是蝙蝠却丝毫不会受到其狂暴动作的影响,而只会牢牢地吸附在野马的身上,这样野马最终就会因精疲力竭而死亡。如果野马能够有一个平静的心态,也就完全不会因为受到一只小小蝙蝠的攻击而导致死亡。这说明,不论面临什么样的事情,保持一种沉静恬然的心态极为重要。这就是"静为躁君"在生物界的佐证。

"重为轻根,静为躁君",既讲的是人生与做事的态度问题,更讲的是人的品性修养问题。启示我们:**一要固本培元,强壮根基最重要**。山峦不求其高,安静地躺在大地的怀抱中守望着花开花落、春夏秋冬;浮云高高地飘在天上,尽管可以一时地遮天蔽日,却因其轻飘而转瞬即逝;风雨来势汹汹,却因其轻飘而终不

能长久。不倒翁之所以能不倒,是因为其根底的厚重;楼建得越高,其基础就越深厚,否则就承载不起那样的高度和重压。对于人来说也是这样,在做人方面,如果没有强大的人格魅力,没有深厚的人脉积累,没有牢固的事业基础,要想成功几乎是痴心妄想;在治学方面,不把基础知识和专业基础学扎实,要想学有所成、业有所创也等于白日做梦。如果树根没有长好,基础没有打牢,却又雄心勃勃,失败是必然的结果。

二要有远见卓识,不要走失迷误。轻浮就不会深谋远虑,不会防患于未然;躁动就容易盲目行动,迷失方向。《晏子春秋》中记载这样一则"临难铸兵"的故事:很久以前,鲁昭公流亡到齐国。有一天,齐景公问鲁昭公:"你年纪轻轻就已经继位,可为什么继位没有几天就开始流亡了呢?"鲁昭面露愧色地回答:"我之前一向是受人喜爱的,不幸的是现在那些喜爱我的人都渐渐离我远去了。他们都曾经极力劝谏过我,但我从来都只当耳边风,没有认真听取过一次,即使听了,也是敷衍一下,从来就不付诸行动。以致最后身边只剩下一些溜须拍马、根本就是假意关心我的人。现在的我,就好像是一棵秋草,当秋风劲吹时,我就会折断。"齐景公把鲁昭公的这番话告诉了晏婴,并问晏婴:"我想竭一己之力,来帮助鲁昭公返回王位,你认为如何呢?"晏婴果断地回答说:"这根本就是不可能的事情。那些失败之后才懂得后悔的人,根本就是愚蠢的人。例如那些事先不问路而随意走动,等到迷路了才向别人问路,过河不知道事前测量水的深浅,溺水后才后悔不迭。这就好像面临外敌入侵的灾祸才急急忙忙去铸造兵器,吃饭噎着以后才急急忙忙去挖井,即使很快,也来不及了!"这个故事告诫我们,凡事预则立,不预则废。像鲁昭公这种轻浮而缺乏远见,躁动而迷失方向之人,是不可救药的。

三是沉着镇定,严忌轻举妄动。人们常讲的沉住气,其实就是"静为躁君"的意思。特别是对于意想不到的突发事件,必须沉着镇定,千万不能轻举妄动。遇事沉着应对,三思而行,才会有根基,才能稳扎稳打、步步为营,立于不败之地。反过来,遇事轻率、轻浮、轻飘,就会失去根基,而躁动、急躁、焦躁,更容易忙中出乱,乱中出错,导致自身乱了方寸而使事情失控。老子关于轻重、静躁的论述要求我们,每临大事要有静气、有定力,不轻率轻浮轻飘,不躁动急躁狂躁,不轻举妄动,即所谓"泰山崩于前而色不变,麋鹿兴于左而目不瞬",否则,就会丧失悠闲镇定的气度,丧失反败为胜的生机。一时的心血来潮,很可能就会失去主宰、一败涂地。

四要涵养品性,克服暴躁情绪。苏东坡说:"天下有大勇者,猝然临之而不惊,无故加之而不怒。"很多有智慧、有成就的人,也都反复告诫人们:千万别被

道德经的人生智慧

愤怒左右。如果一个人动不动就怒火中烧,便会失去理智,难以保持清醒的头脑,做出正确的判断,因而做错事、蠢事的概率便大大增加。三国时代的蜀汉名将张飞,武艺高强,但是脾气暴躁,《三国志》记载:刘备经常劝诫张飞,说他对部下的惩罚往往过重,经常鞭打自己的左右随从人员,这是非常危险的,会引祸及身。而张飞的结局果然如刘备所担心的那样,在发兵征讨东吴的前夕,张飞被部将张达和范强谋害。这位盖世英雄,竟非战死沙场,而在卧榻之上死于自己的部属之手,岂不令人叹惋。然而,陈寿对此评价说:"飞暴而无恩,以短取败,理数之常也。"张飞的不幸结局,实属咎由自取。如果说"冲动是魔鬼",那么"暴躁就是阎王"。这就是老子"轻则失根,躁则失君"的道理。所以,作为悟道有涵养的人,必须学会制怒制躁,在任何时候都能控制自己的情绪,这不仅是一种很高的人生修养,而且是人在社会上生存、发展所必不可少的能力。

这正是:

重为轻根勿弃根,

躁难守静必失君。

厚德载物强修养,

制躁防轻法圣人。

做一个懂"袭明"知"要妙"的人

"袭明"和"要妙"(27章)是什么意思呢?按照老子的说法,"袭明"是指深藏不露的聪明智慧;"要妙"是指精要玄妙的道理。老子通过一些日常生活中可以见到的行为,向我们娓娓道来"道"中所蕴含的"袭明"和"要妙",以及如何才能做一个懂"袭明"、知"要妙"的人。

一方面,要精修"五善"懂"袭明"

老子说:"善行无辙迹;善言无瑕谪;善数不用筹策;善闭无关楗而不可开;善结无绳约而不可解。"(27章)意思是说,做事技巧很高的人,事后绝对不会留下任何痕迹;讲话技巧很高的人,话中也很不容易被挑出毛病;计算技能很高的人,进行计算时不需要任何辅助工具;那些很会做器物的技师,做出的器物关闭后,即使不上栓,别人也打不开;很懂捆绑技巧的人,捆绑好东西后不用打结,别人也解不开。这"五善"都是把日常生活中经常做的事情做到极致的人,是一般人所做不到的。而那些悟道的圣人能够做到这"五善",使自己的言行达到极其完美的地步,把日常的事情做到极其精致的地步,把事物的规律掌握到极其深透的地步。因此,在圣人眼里,任何事物的存在和发生都有其自身的价值和道理,人都各有所长,物都各有所用。故而老子接着说:"是以圣人常善救人,故无弃人;常善救物,故无弃物。是谓袭明。"(27章)所以说,得道的圣人总是善于救助人,所以没有被遗弃的人;总是善于利用

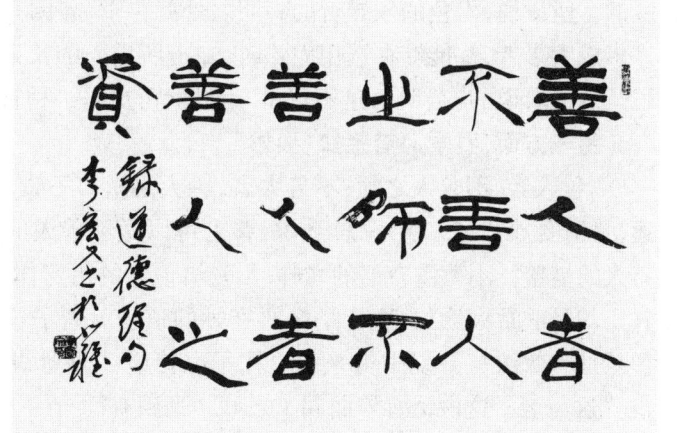

李宏文:黑龙江省书法家协会

道德经的人生智慧

物,所以没有废弃的物。这就是深藏不露的聪明智慧。老子这句话表明,圣人治理天下,则普天之下必将人尽其才,物尽其用。现代管理学流行这样一句话:"垃圾是放错地方的资源。"按照老子的思想,可以更贴切地表述为:"垃圾是没有被正确利用的资源。"可以设想,如果采取"无弃物"的观念来处理当前困扰世界的环境保护问题,可能会收到更理想的效果;如果采取"无弃人"的思想来对待我们的部属和周围的人,可能会使团队的凝聚力、创造力得到更大的发挥。也就是说,在圣人的眼里,没有一无是处的人,关键在于如何发现使用。如果不能够意识到这一点,天下就没有可用之人。克服人的短处、发展其长处,是教育培养人的第一要务;而善用人的长处、避开其短处,则是因人成事的第一要务。知人善用,人尽其才,物尽其用就是合乎道。一个聪明的领导者,就在于能够了解自己团队中每个人的各自长短,用其所长,避其所短,把自己的部下组织成一支样样皆精的队伍。那么,即使这个领导没有超群的技艺,他的团队也会是无敌的。所以说,出色的领导者的高明之处就在于"各因其能而用之"。古今中外许多成大事者,都能够在选用人才时,知道所用人的长处,容忍人才的缺点。这就是老子所说的"袭明",这不仅是一种胸怀,更是一种智慧。

另一方面,要学习借鉴知"要妙"

"善人者,不善人之师;不善人者,善人之资。不贵其师,不爱其资,虽智大迷,是谓要妙。"(27章)意思是说,善人可以做不善人的老师,不善人可以作为善人的借鉴。不尊重自己的老师,不爱惜他人的借鉴作用,即使自以为很聪明,其实却是非常糊涂的,这就是精要玄妙的道理。老子这里表达的道理是,人的智慧是从效法与警鉴中得来的。孔子也曾说:"见贤思齐焉,见不贤而内自省也。"这与老子这段话有异曲同工之妙。见到有德行的人就向他看齐,见到没德行的人就反省自身的缺点,取人之长,补己之短。正如韩愈在《师说》中写道:"人非生而知之者,孰能无惑?惑而不从师,其为惑也,终不解矣。"人没有天生就什么都知道的,不学习、不借鉴,一辈子都不会有进步。

有善人必有不善之人,善人和不善之人,一方的存在是以另一方的存在为条件,是相互影响、相互转化的,好人可以变坏,坏人也可以变好。老子明确提出要善于向他人学习,不仅向善人学习,还要向不善之人学习。向不善人学习,当然不是要学坏,而是吸取教训,把不善之人作为一面镜子,不使自己犯同样的错误,实际是起反面教员的作用。善人是不善之人的学习榜样,不善之人是善人的反面教材。古人说:"善者可以为法,恶者可以为戒。"善恶皆可为师,择善而从,其不善者可以为戒。你看见别人的过失和是非,就要赶快去反省,这就是修行。每逢看见别人的过失,便是自己一个长进的机会。特别是要反问自己,

换一种条件下自己会不会也做同样的或类似的坏事蠢事？自己有没有类似的失误疏漏,给别人以可乘之机？有时候,我们自己有很多不良行为、过激行为、不雅行为等,会在不经意间表现出来,会觉得很自然,正所谓"不识庐山真面目,只缘身在此山中"。事实证明,从别人身上看自己,比从自身看自己会更清楚。正如宋朝学者杨万里在《庸言》中写道:"见人之过,得己之过;闻人之过,得己之过。"他人永远是自己最好的镜子。因此,以人为镜,常检自陋,常扫自弊,是提高修养、完善自我最简捷的一种方式。时时从别人的身上看到自己的不足,及时改进并不断进步,应该成为人生乐事。

生活中,成功者能够成功,其背后一定有促使其成功的理由,我们可以称之为经验;而失败者之所以失败,也必定有导致其失败的原因,我们将这些原因称为教训。从成功者身上学习经验,从失败者那里吸取教训,这就是老子所提到的"袭明"和"要妙。"

这正是：

　　五善于身悟道精,
　　救人救物谓袭明。
　　贵师擅鉴知其妙,
　　以道修身万事成。

道德经的人生智慧

"知其雄,守其雌"是保持低调的智慧

老子说:"知其雄,守其雌,为天下溪。"(28章),意思是说,知道什么是强雄,却能够安于柔雌的地位,这样就可以成为天下的溪河。他提出"知其雄,守其雌"观点,主要是倡导通过"守雌"而保持低调的处世原则。但是,老子提倡的低调,并不是为了低调而低调,而是为了"成事"而采取的一种手段和策略。我理解老子的这句话的要义包括三点:

第一点,关键在"知其雄",不"知"则无备

孙子兵法说:"知彼知己,百战不殆。"按照这句话的思路来理解老子之言,就会得出这样的结论:能够"守其雌"的前提和关键是"知其雄"。一方面,要深刻了解强雄的情况。真正知道什么样的人才称得上是强雄,怎么做才能变成强雄,没有对强雄的深刻了解,就根本谈不上"守其雌"。另一方面,要具备成为强雄的实力。你有实力和手段能征服对方,而你没有使用,别人会称赞你有仁爱之心、博大胸怀。但是,如果你没有这个实力和手段,那些赞美之词就会变成贬低和辱骂之声,甚至会被强雄征服而变成被奴役的对象。也就是说,没有成为强雄的实力,想"守其雌"都守不住、守不好。从这两方面可以看出,老子强调的"守其雌"不是一种被动的结果,而是一种主动的选择;居于雌弱的地位,并不是因为自己无知和无能,而是自己知道事情的另一面,也完全有能力做出另外的选择,但是自己心

陈国成:渤海大学艺术
与传媒学院院长

甘情愿地"处众人之所恶"(8章)。把"众人之所好"都让给众人,别人也就不会与自己相争,自己就会因为这种不争和处下的姿态而得到大家的拥护和爱戴。这样一来,自己就是不争而胜于争,处下而胜于上了。因此,老子要求"守其雌",并不是表示简单的对"雄"的妥协与退让,而是通过"守其雌"来达到居

"雄"的目的,这是一种何等高明的处世哲学啊。

第二点,难点在"守其雌","不"守"则失道

在《道德经》中,老子在多个章节中反复强调柔弱之道的重要意义,可以说,这是老子最基本最核心的哲学思想之一。老子为什么要反复强调这个道理呢?是因为这个道理很多人都懂,但是真正能运用这种理念来指导自己行为的人却是寥寥无几。正如老子曾指出的那样,"天下莫不知,莫能行"(78章)。正因为"知易行难",所以老子对于"柔弱胜刚强"(36章)这一道理进行不厌其烦地多次论述。那么,为什么"守其雌"这样难呢?主要有三个方面原因:一是"守其雌"需要有极强的忍耐力。很多人的欲望是与自己的实力成正比的。没有实力时控制住自己的欲望容易,而一旦有称雄的实力,却要心甘情愿地居于雌弱地位,就好像饿了三天看到肉不吃,渴了三天见到水不喝一样难受。特别是当有不自量力的人挑战你的尊严、玷污你的名声时,能按捺住自己的冲动而坚守雌弱则是更大的考验。二是"守其雌"需要有极大的包容力。林子大了什么鸟都有,想法不一样做法也不同。你想守弱,有人可能想争强;你想仁爱,有人可能会狠毒;你想大度,有人可能爱计较;你想真诚,有人可能很虚伪。如果你看不惯这些人的想法和做法,就很可能卷入争斗,一旦卷入这些是是非非,就不可能再"守其雌"了。因此,"守其雌"必须有很强的包容力,不管别人怎样想怎样做,都能够按照自己固有的行为准则不改变,"任它东南西北风,我自岿然不动。"三是"守其雌"需要有极远的预见力。俗话说,没有远虑,必有近忧。要想"守其雌",必须对事物的形势、发展趋势有很强的判断力和预见力。明确自己怎样做才符合大道,符合"守其雌"的要求。没有极远的预见力,就很难有长期"守其雌"的定力,一旦遇到复杂、棘手的问题,很可能错估形势、误判趋势,做出小不忍则乱大谋的蠢事。

第三点,"知其雄,守其雌"的结果就是"为天下溪"

老子非常偏爱水,赞美"上善若水",认为水"几于道"(8章)。明白"知其雄,守其雌"的真谛并在实践中笃行之,就能像溪水那样柔弱且执着、处下能归流、渊远而流长。这就能归结到老子的一以贯之的思想:以"无为"来实现"无不为","不争"而"莫能与之争"的结果。

总之,老子"知其雄,守其雌"充满着低调处事做人的智慧。他把这样深刻的道理给大家摆出来,引导大家去进行认真的感悟,具有"知其雄"的智慧,坚持"守其雌"的低调。至于每个人究竟能从中得到多大的教益,那就要看个人的修行有多高了。

这正是:

　　守雌要旨在知雄,
　　不晓其雄必遇凶。
　　恪守柔雌方智慧,
　　做人低调易成功。

道德经的人生智慧

"知其白,守其辱"是保持快乐的智慧

老子传授我们保持快乐的智慧,那就是"知其白,守其辱,为天下谷"(28章)。意思是说,知道什么是明亮,却能够安于暗昧的地位,这样就可以成为天下的川谷。我理解,这样做不但能保持心情愉悦,还能广聚人脉。老子启示我们,保持快乐应该做到三点:

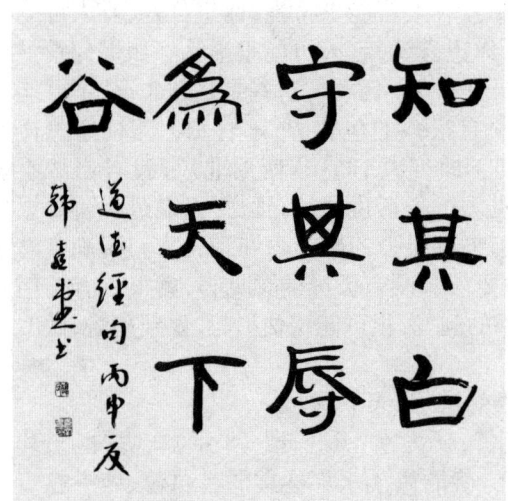

韩喜堂:中国林业书法家协会会员

首先,要淡然得失不计较。保持快乐的智慧,首要的是"知其白"。"白"在这里是明亮、洁白的意思,引申之意则指一个人处于显贵之位、享受荣华之尊。"知其白"贵在真知,就是知道一切荣华富贵、功名利禄都是身外之物,生不带来、死不带走。对这些身外之物的得失斤斤计较会让人劳心伤神,实在不值得。俗话说,天有不测风云,月有阴晴圆缺,人有旦夕祸福,得到了高官、显位、厚禄时不必狂喜狂欢、狂妄自大,失去了也不必耿耿于怀、忧愁哀伤。要保持低调,以淡然的心态对待这一切,春风得意之时要懂得珍惜,更要保持警惕。一切功名利禄都不过是过眼云烟,得而失之、失而复得都是经常的事情。有些东西本来就不属于自己的,想得也不会得到,即使不择手段得到了也会再失去;而有些属于自己的东西,时机到了就会自然而然地得到,甚至想不要都不行。所以说,不识时务地一味地去计较、去争夺,轻则是自寻烦恼,重则可能会头破血流。因此,淡然得失、超脱毁誉才是保持幸福快乐的人生之道。

其次,要降低期望减压力。保持快乐的智慧,第二条就是"守其辱"。"辱"

在这里有暗昧、污垢之意,引申则指一个人因受到打击、生活落魄而身处卑微之位。"守其辱"的要义就在于能安于卑微的地位、能直面拮据的生活、能承受辱没的结果。于穷厄时不怨天尤人,反而安贫乐道,如刘禹锡的"斯是陋室,唯吾德馨"。于贬谪时不失意落魄,反而在其位谋其政,尽心为公,如滕子京"谪守巴陵郡。越明年,政通人和,百废俱兴,乃重修岳阳楼,增其旧制"。于遭诽谤时,不忙于辩解开脱,反而扪心自省,坦然面对,如欧阳公被谤,依旧井井有条地处理政务。于疾患时不会消极悲观,反而暂作偷闲,安心养病,如郑獬"病来翻喜此心闲,心在浮云去住间"。这些古人"守其辱"守得是多么豪气、多么坦荡、多么从容,很值得我们敬服和学习。现实中,有很多人往往都把自己看得很高、把人生目标定得很高。有时只是自己的一些愿望没有实现,或者在走向目标过程中遇到一些小的波折,根本谈不上"守其辱"的程度,心理就承受不了了,不是怨天尤人,就是痛不欲生。这样的生活心态哪还有幸福感可言!一事当前,如果我们对最坏的结果、最差的情况都有充分的心理准备,也就是说,把期望值降到最低,会给自己减少很多心理压力,从而做事就会轻装上阵,稍有成果或情况稍有改观就会有成就感、满足感;失败了也早有思想准备,从容应对、坦然接受。事实证明,人的幸福感、成就感与期望值是成反比的,期望值越高,失望的概率就越大,反之亦然。人不能攀比,更不能好高骛远。做事要往最好处努力,往最坏处打算。如果你是百万富翁,与有十万元的人相比就会有成就感,与千万富翁相比可能就会有失落感。人生短暂,千万不能把自己搞得太累,为功名利禄这些身外之物所累,实在是得不偿失。把自己的奋斗目标,定在跳一跳能摸得到的高度是比较科学的,这样就不用过于辛苦,在比较轻松的情况下就能实现自己的一个个阶段性目标,积小胜为大胜,最终一步步走向成功。目标制定得科学合理了,就会大大减少工作和生活中的压力,就可以在工作中找快乐,在快乐中干工作,从而提升生活的幸福指数。

第三,要虚怀若谷知宽容。保持快乐的智慧,第三个就是"为天下谷"。这也是"知其白,守其辱"的必然结果。这里的"谷"就是山谷,空灵阔大,能包容许多东西。这个空灵,就是禅宗六祖所说的"本来无一物,何处惹尘埃"的超凡脱俗境界。如果胸襟能像山谷那样宏大、山谷那样空灵,还能有什么人什么事包容不下、宽容不了呢?人若真知宽容,一是要容人之"贤"。虚心向比自己优秀的人学习,取人之长,补己之短,切忌妒贤嫉能。容不得别人超过自己的人,是永远快乐不起来的。二是要容人之"过"。每个人都会犯错误,宽容别人的错误,宽恕别人不经意对自己的伤害,宽容别人其实也就是在宽容自己。什么事情都能想开,什么忧虑都能化解才能得到快乐。三是要容人之"言"。既要容顺

道德经的人生智慧

言,更要容逆言,良药苦口,诤言逆耳。容不得不同意见的人,最终只能是"孤家寡人"。古人说"量小失众友,度大集群朋",虚怀若谷的人一定会积聚广博的人脉。因为度量恢宏,就能助人之难,谅人之过,扬人之长,补人之短,使人乐于接近,与之交往不会有压力、受伤害。这样的人在生活中,高兴时有人陪你欢歌畅饮,忧伤时有人给你心灵鸡汤;成功时有人给你锦上添花,失败时有人给你雪中送炭,这岂不是非常快乐之事!

解读完"知其白,守其辱,为天下谷",让我想起宋朝的无门慧开禅师写过的一首千古传诵的禅偈:"春有百花秋有月,夏有凉风冬有雪,若无闲事挂心头,便是人间好时节。"只要真知其白、甘守其辱,就会"无闲事挂心头",我们就会心境明朗,自娱自乐,每天都会是个好日子。一个人如果有了这种心态,一箪食,一瓢饮,也会自在自得,人生还会有什么能够将他困住,让他不快乐的呢?

这正是:

　　珍惜荣耀别贪慕,
　　不畏得失甘守辱。
　　荣辱超然少苦愁,
　　胸怀博大如川谷。

"去甚去奢去泰"讲的是"度"的学问

人生其实就是把握"度"的学问。正如老子所说："圣人去甚,去奢,去泰。"(29章)圣人做事时,能够做到不极端过分,不奢侈浮华,不安逸怠惰(绝大多数释者认为"泰"同"太",注释成"过分的、过度的",本人认为应该理解成"平安、安逸")。这是老子劝诫统治者(侯王)在治理国家时,要努力消除个人那些偏执、奢华、过分的行为方式,做到诚心遵循大道、实施无为而治。

其实,老子"去甚,去奢,去泰"思想,对于我们为人处世具有很强的指导作用。"去甚",就是不走极端,走极端可能会伤及自身;"去奢",就是不求奢华,求奢华会物极必反;"去泰",就是不图安逸,图安逸会丧失志向。一句话,就是万事都要把握好度,不做过分之事。这就好比种庄稼,种子一定要埋藏到适当的深度才行。如果埋浅了,种子吸收不到充足的水分和养分而不会发芽;如果埋得太深,种子又会难以破土而烂在土里。不论是把种子埋得浅还是埋得深,都长不出庄稼,这就是"过犹不及"的道理。

在自我修炼上要把握好"度"。比如,那些出身权贵之家的人,优越的成长环境会让他慷慨、豁达,但喜欢过着豪华奢侈的生活,事事摆阔气讲排场,就会造成不必要的浪费,甚至产生不良的社会影响;而出身贫寒之家的人,由于过惯了苦日子,会养成节俭朴素的好习惯,但是如果过分节俭,就会变成小气、吝啬的守财奴,甚至是自卑、刻薄的无情人。这两种极端的生活方式都是不可取的,生活中既不能太奢侈豪华,也不可过分吝啬刻薄。

杜忠义:周口市华威民俗博物馆馆长

道德经的人生智慧

再比如，为人谦虚本来是一种美德，人们都喜欢与不自高自大、不自以为是的人交往，但如果过分谦虚，就会给人装腔作势、为人虚伪、善用心计的感觉，反而会让人产生戒备之心。

在人际交往上要把握好"度"。 人与人保持适当的距离才能友好相处得更长远，太过疏远和太过亲密都不利于营造良好的人际关系。对此，西方有一个"刺猬理论"做过精彩阐释。说的是，在一个山洞里共同生活着两只小刺猬。有一天寒冷无比，两只刺猬被冻得哆哆嗦嗦。当它们紧紧地拥挤在一起取暖时，就会被对方身上的刺扎得疼痛难忍。而一旦分开后，由于缺少对方的体温，没多久又都冻得发抖。分了合、合了分，经过几次磨合尝试，它们终于找到了合适的距离，既能取暖，又不至于被扎伤。这就是著名的"刺猬理论"。它提醒我们，人与人之间的交往也应该像刺猬一样保持适当的距离。如果交往过于亲密，彼此的个性差异会明显起来、突出出来，就免不了发生碰撞、摩擦。如果距离过远，心灵上缺少沟通，就会感到彼此疏离，也很难成为互帮互助的好朋友、好同事。因此，保持适当的距离，既能减少不必要的摩擦，使彼此少受伤害，又能相互借力，促进共同进步。同样，当我们的朋友或部属做错事时，批评、责备也应该掌握分寸。要充分考虑到对方是不是能够承受，给对方留足面子，切不可太过严厉，更不能猛揭老底、翻出旧账。否则，超过了对方承受的底线，感觉到脸面挂不住，甚至人格受到污辱，很可能会当场翻脸、伤到和气、影响感情，更为甚者还可能结下仇怨，给自己带来麻烦。

在人生追求上要把握好"度"。 认真负责、尽心尽力去做事本来是一种美德，这是责任感和有担当精神的体现。但是，事事都爱较真，总是追求完美，时间长了可能会导致心力交瘁，继而可能会失去生活乐趣；不慕功名、看淡利禄本来是一种高尚的情怀，但是，如果过于清心寡欲，也就会精神不振、不思进取、做事对付；严于律己、为政清廉本来是为官之美德，但如果因此而变得清高、孤傲，就会造成不合群，变成孤家寡人就难以发挥影响力和感召力；做事刚直、敢说真话本来是受人尊重的品格，但是如果说话不分场合、不讲分寸、不看对象，就容易好心办坏事，甚至是造成矛盾。总而言之，事业追求要讲求适度的原则，只有做得不失分寸、恰到好处，才会取得最为理想的客观效果，才算是高明的处世之道。

由此我们可以看出，老子"去甚，去奢，去泰"所包含的道理与孔子的中庸思想有着很大的相似性，甚至可以说是不谋而合，都主张思想不偏激、行为不过分，做人做事把握好度、掌握好分寸。那些极端的行为则是偏离了"道"的正常轨道，就像是出轨的火车一样，驶出轨道就会酿成大祸。这绝对不是危言耸听，

现实生活中，很多事情都是因为有极端思想或者极端行为的存在，才导致一发不可收拾的。我们每一个人，或多或少都有些经验教训可以总结。无数事实证明，深谙"度"的学问，明白"恰到好处"，才算是真正懂生活、懂人生。让我们记住老子"去甚，去奢，去泰"的教诲吧！

这正是：

度存万物皆难外，
去甚去奢还去泰。
知止无执又不失，
圣人守道即无败。

"物壮则老"的警示：切莫追求极致和完美

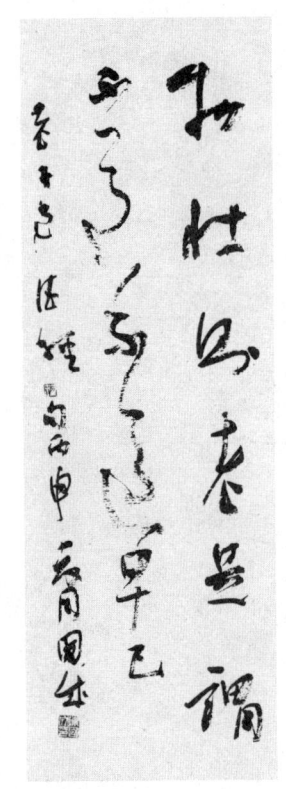

老子在《道德经》两次提到"物壮则老"。"物壮则老,是谓不道,不道早已。"(30章)。"物壮则老,谓之不道,不道早已。"(55章)意思都是说,无论是任何事物,当达到强盛的极点之后,都必定会走向衰亡,这是由于不合"道"的缘故,而不合于"道"必然很快灭亡。

"物壮则老"道尽了天下万物生长、发育、死亡的必然过程,揭示的是物极必反、盛极而衰的发展规律。这要求我们在寻求事物发展的过程中,应该尽量让其处于生长期,这样就能够不断地吸收生命之源,处于不断进步的状态。切忌羡慕顶点的光辉,"夕阳无限好,只是近黄昏",今天的壮就意味着明天的老,光耀的背后就是无尽的黑暗。《菜根谭》里有段话很令人深思:"狐眠败砌,兔走荒台,尽是当年歌舞之地;露冷黄花,烟迷衰草,悉属旧时争战之场,盛衰何常?强弱安在?"意思是说,狐狸作窝的破屋残壁,野兔奔跑的废亭荒台,都是当年美人歌舞的胜地;露冷黄花遍地、烟迷枯草丛生的荒野,都是以前英雄争霸的战场。兴衰成败是如此无常,而富贵强弱又在何方呢?每当想到这些名利地位、是非得失,当年的轰轰烈烈,转眼间就沦为一片凄迷荒凉。这种你方唱罢我登场、各领风骚三五年的历史兴衰变迁,无不告诉我们现实的残酷、大道的难违。老子"物壮则老"思想带给我们三点启示:

启示之一:做事要见微知著、防微杜渐。生活中我们常常会遇到这样的事情:一些身体看似不好的"药罐子",不乏长寿之人;一些非常健壮之人突然暴病身亡,让周围的人不解地惊叹:"他身体这么棒,怎么说没就没了呢!"其实原因很简单,身体差的人天天注意保护自己的身体,及时发现病症、及时治疗。而身体好的人被表面现象迷惑,忽略了对身体的检查保养,结果小恙终酿大疾。老

陈国成:中国书协会员,
书法方向研究生导师

子"物壮则老"思想,就蕴含着这样的道理:任何事物的危机和衰落,都萌芽于它的极盛时期。一个王朝或国家,其衰落的因素、败亡的危机,都是在最强盛的时候萌生的。一个人老年时之所以体弱多病,都是因为年轻时不注意爱护身体造成的。因此,在国家繁荣昌盛的时候,在事业的鼎盛时期,在人生最风光的岁月,要深谙见微知著、防微杜渐的道理,看到盛世下的危机,光辉背后隐藏的阴影。特别是要居安思危、有备无患,把问题解决在萌芽状态。

启示之二:做事要适可而止、恰如其分。在《道德经》中,老子反复强调相反相成的辩证原理,他认为任何事物和事情都是过犹不及、物极必反的。比如,权力是把双刃剑,一不小心伤自身;财富是条深水河,一不留心会溺人。古今中外,无数历史和现实告诉我们,无论是功劳、权位、还是财富,都讲究一个适可而止、恰到好处,达到鼎盛未必是好事。俗话说"人无千日好,花无百日红",人的一生不可能总是春风得意。人生最风光、最美妙的际遇总是最短暂的,锦上添花固然精彩,适可而止却最明智。《菜根谭》里说"花看半开,酒饮微醺",古诗也云"美酒饮教微醉后,好花看到半开时",能做到适可而止、恰到好处是一种境界,更是一种智慧。风头出尽的人容易遭人忌妒,做人要懂得收敛。当今社会,你不露锋芒,可能永远得不到重用;你锋芒太露却又容易招到陷害。虽然容易取得暂时的成功,却可能为自己掘下了失败的坟墓。当你施展自己的才华时,也就埋下了危机的种子。所以,无论你有怎样出众的才智,都一定要谨记:不要把自己看得太了不起,不要把自己看得太重要。收敛起自己的锋芒,才华显露要适可而止、恰到好处。任何时候都不能忘记见好就收这个道理。

启示之三:做事要淡然结果、享受过程。"物壮"之时,我们固然能享受到达顶峰的快感,但毕竟这一时刻是短暂的,取而代之的就是马上来临的"则老"时的忧伤。老子"物壮则老"思想启示我们,凡事不一定非要等到其达到顶点时才是完美的,要学会享受过程的快乐。比如,在我们追求某种东西的过程中,固然得到的那一刻是最令人激动的,但是在真正得到的那一刻,可能也就是我们失去追求目标以至于感到空虚的一刻。事实上,许多事情都是这样,一般而言,一个人事业成功的时候,基本上都是人到中年了,绝大多数人在此时都会感到身心疲惫不堪,对于成功已经没有了狂欢的激情。因此,我们要学会掌握高潮到达之前的快乐,对于每一步小小的成功和进展都要感到快乐。让快乐伴随在工作和生活中,在工作和生活中享受快乐的时光。这样我们就会努力减少"物壮则老"后的忧伤,尽情享受"物壮则老"前的快乐!

这正是:

> 物壮难长终会老,
> 盛极衰至为天道。
> 满盈完美勿追求,
> 享受过程当重要。

老子的战争观及对人生的启示

《道德经》第30章和第31章都是讨论战争问题的。可以看出,老子具有强烈的反战思想,他深知战乱给社会带来的严重后果,认为战争是人类最残酷、最愚昧的行为。据说,周宣王继位之后,老子就"服役军中,南征北战,在鞍马劳顿"的军旅生活中,度过了四十三年的岁月。因此,老子对战争是很有发言权的。无论这种说法是否属实,但老子对于战争的哲学思考,对于指导现代战争以及处理人与人之间的纷争矛盾都是很有价值的。

欧阳明利:中国书法家协会理事

一、"不得已而用兵"——慎重

老子在第30章开篇就亮出反战思想,他说:"以道佐人主者,不以兵强天下,其事好还。"懂得用"道"去辅佐君主的贤人,绝对不会凭借武力在天下逞强。而使用武力这种行为,最后必定会遭到报应。人类最愚昧最残酷的行为,莫过于表现在战争的事件上。战争总是没有好下场的,败阵者伤残累累,弄得国破家亡;胜利者所付出的代价也是极其惨重的,而所得的结果仅仅是"口中含灰"而已。"其事好还"告诫人们:武力横行,终将自食其果;武力暴兴,必定自取灭亡。接着,老子直述用兵所带来的灾害:"师之所处,荆棘生焉。"(30章)一语道尽了战争为害的后果:军队所停驻之处,田地里必然会荆棘丛生。大战过后,必定是灾荒之年。基于以上认识,老子提出:"兵者不祥之器,非君子之器,不得已而用之,恬淡为上。"(31章)兵器是不吉利的东西,并不是君子所使用的东西。

不到万不得已,君子不会使用它,平时对他们的态度最好是淡然处之。这表明老子诅咒战争的同时,也承认了在"不得已"时还是要采用的。所谓君子迫不得已而使用战争的手段,其根本目的就是以战止战、除暴安良、救国救民,舍此别无其他目的。即使如此,用兵者也应当"恬淡为止",战胜了不要洋洋得意,自以为是,否则就是喜欢用武力杀人,这是对那些喜欢穷兵黩武之人的严厉警告。

老子"不得已而用兵"思想启示我们,在处理人与人之间关系时,一定要坚持以和为贵,做到大度包容、互谅互让,尽最大努力不与别人产生矛盾、发生争执,更不能拳脚相向。多产生一次矛盾,就会伤害一次感情;多发生一次争执,就可能增加一个对手;一次拳脚相向,就有可能引发不堪回首的后果。说不定什么时候,由于一点点微不足道的小事引发的矛盾和争执突然爆发,就会对人生和事业造成不可估量的困难和损失。所以说,慎重处理矛盾和争执对于每一个人都非常关键。

二、"善有果而已"——适度

老子讲:"善有果而已,不以取强。"(30章)真正善于用兵打仗的人,往往只求达到有限的目的就可以了,绝对不会用兵力来逞强于天下。古代军事家孙武说:"故国虽大,好战必亡。"一个国家无论有多么强大,只要它无休止地一味崇尚武力、耀武扬威、穷兵黩武,就必然会走向灭亡。世界历史上,亚述帝国、赫梯帝国、阿提拉帝国等,在中国历史上的商朝以及秦朝,无不因穷兵黩武而灭亡。对于其中的原因,《孙子兵法》给出了明确答案:"凡兴师十万,出征千里,百姓之费,公家之奉,日费千金;内外骚动,怠于道路,不得操事者,七十万家。"这说明,战争对于国力的消耗是极大的,国家给养战争,就相当于从人的身体割舍血肉一样,久而久之,即使再强壮的身体也难以承受,即使再强大的国家也会被拖垮。古代战争如此,现代战争更是这样,现代战争打的就是综合国力,消耗的也必然是综合国力。在不得已的情况下参与了战争,一定保持头脑冷静,把握好战争的"度",见好就收,适可而止。切不可欲望膨胀、头脑发热、意气用事,无限扩大战争的规模和对抗烈度。否则,一场无限扩大过度的战争,就可能成为一个国家一个民族由盛转衰的开始。

老子"善有果而已"思想,对于我们处理人际间矛盾和争执很有启示。我们本意不想与别人产生矛盾、发生争执,但有些时候这个矛盾和争执,并不是想避免就可以避免的。老子"善有果而已"思想告诉我们,遇到不可回避的矛盾和争执应该怎样处理。当过错主要在自身时,我们一定要以最诚恳的态度承认错误、承担责任,以求得对方的原谅,千万不要强词夺理、无理取闹。当过错主要

道德经的人生智慧

在对方,自己是被动的受害者时,既要勇于直面矛盾和争执,更要做到有理让三分,给对方留有余地、留足面子,切不可穷追猛打、不依不饶。达到让对方知道你既不是可以随便捏的"软柿子",也不想扩大事态、伤害关系的目的即可。

三、"胜而不美"——低调

老子强调:"胜而不美,而美之者,是乐杀人。"(31章)打了胜仗也不应该洋洋得意、自以为了不起,否则你就是以杀人为快乐。这是对尚武者的心理状态与行为样态的精准描述。进而老子给出结论:"夫乐杀人者,则不可得志于天下矣。"(31章)嗜杀之人不得民心,是不可取得天下、无法治理天下的。明太祖《御解道德真经》中也说:"若人夸善用兵者,是谓喜杀人也。如此等不可得志天下也。"老子在第30章提出的对战争胜利之后需要注意的几个方面的问题,可以说是对"胜而不美"思想最精辟的解释。即"果而勿矜,果而勿伐,果而勿骄,果而不得已,果而勿强。"意思是说,取得胜利之后不要妄自尊大,不要自吹自擂,不要骄傲自满。而是把战争的胜利当成是不得已而为之的结果,不要再乘势逞强。一句话,胜利之后更要保持低调。在这方面,楚庄王对战争的理解和做法可谓是极为经典。公元前597年,晋国和楚国发生了一场战争,最后楚国取胜,有人建议楚庄王把晋国军人的尸体放在一起,铸成一座大的"骷髅台"以纪念战争的胜利。楚庄王反对说:"战争的目的不是为了宣扬武功,而是为了给老百姓带来安定的生活。你仔细看这个'武'字,它是由'止'和'戈'两部分组成的,'止戈'才是武!止息兵戈才是真正的武功。武功应该有以下七种德行:静止强暴、消除战争、保持强大、巩固基业、安定百姓、团结民众、增加财富。"后来楚国军队按照楚庄王的命令,到黄河边祭祀了河神,修筑了一座祖先宫室,然后就非常低调地起程回国了。作为一个战场上的胜利者,千万不能自高自大,自认为很了不起。应该明白,胜利固然有自己的努力,也有其他因素的作用。比如,后方的支持、士兵的勇敢、敌将的无能等等。所以,万万不可把一切功劳都归为己有,否则必将遭到众人的厌弃。如果再加上功高震主之嫌疑,祸患就不远了。取得胜利之后功成不居,保持低调最为重要。

老子"胜而不美"思想警示我们,人在失败时保持低调,甚至是卧薪尝胆并不难,难的是在成功之时不骄傲自满、不张扬炫耀。俗话说:独木难支。现代社会凭借一己之力成功的机率越来越低,必须团队合作、集体攻坚才能成功。"人"字的结构很形象地说明,一撇一捺相互依托、相互支撑才构成"人"。所以,成功之后,一定要多想想周围人的支持和帮助,多宣传一下同事的作用和贡献。这样保持低调,不但丝毫不会掩盖自己的能力和贡献,还会获得品德谦虚

的美名,更会获得其他人对你今后工作的鼎力支持。

四、"战胜以丧礼处之"——悲悯

老子从古代礼仪方面切入阐释其反战思想,把战争与丧礼相提并论。"杀人之众,以悲哀泣之,战胜以丧礼处之。"(31章)战争会造成众多伤亡,应该以悲哀的心情哀悼每个死去的人。战争取得了胜利,也应该以丧礼的方式来对待。这是人道主义的呼声。只要有战争,无论是胜败,都会有死亡,对于在战争中死去的人,要真心表示哀伤痛心,并以丧礼妥善安置死者。据资料记载:在东汉的太平时期,中国的人口达到五千多万,由于战乱频发,到了东汉末年,中国人口锐减到一千多万,甚至有人估计,当时的全国人口仅有六七百万,其中三分天下的蜀国在建立之初,举国尚不足百万人口。正如"建安七子"之一的王粲在《七哀诗》中描述的那样:"出门无所见,白骨蔽平原。"而现代战争更是惨烈,从1939年到1945年之间发生的第二次世界大战,共有61个国家和地区,大约20亿人口都为战争所席卷,大约6000万人因战争而死亡,受伤人数则高达1.3亿人以上。可以说这是人类历史上的空前浩劫。从某种意义上讲,战胜之后的庆功礼,实际上也是阵亡将士的丧礼。这种对阵亡将士的敬重和悲悯之情,是每个战争的决策者和幸存者必须具备的道德修养。

老子"战胜以丧礼处之"思想,对于现代社会也有很大意义。当今社会竞争更加激烈,似乎"弱肉强食""成者为王败者寇"成为常态。但是作为一名有德行的成功者,要学会尊重对手,特别是要善待被自己打败的人。种瓜得瓜,种豆得豆,播什么种子结什么果。正如墨子在《兼爱》中说的那样:"夫爱人者人必从而爱之,利人者人必从而利之,恶人者人必从而恶之,害人者人必从而害之。"现实生活中,许多宽厚的人,常有"既以为人己愈有,既以与人己愈多"(81章)的感受,这就是有仁爱之心、悲悯失败者的结果。俗话说:山水轮流转,三十年河东三十年河西。今天的成功者说不定就是明天的失败者,同样,今天的失败者很可能就是明天的成功者。人们对锦上添花可能会不以为然,但对雪中送炭则会刻骨铭心。今天你对失败者的关怀、悲悯,明天在你遇到困难时就会得到丰厚的回报。这个道理并不深奥,但做到并不容易。

这正是:

> 非到穷途勿用兵,
> 战争之祸令人惊。
> 乐杀人者难得志,
> 胜以丧仪淡败赢。

欲望无边,知止不殆

老子认为,包括"道"在内的世上万物是不应该有其名称的,也根本无法用某个名称准确完整表述万物的本质。但是为了便于人的记忆、理解和阐释,人们不得已勉强给万物都起了名称。起名是人们的主观行为,有了名称就应该知道适可而止,千万不要认为给万物命名了就已经深知万物、掌控万物了,否则,得寸进尺、肆意妄为就会离危险不远了。于是老子提出:"知止可以不殆。"(32章)意即知道适可而止才可以避免危险,是在告诫人们,在与自然万物打交道的时候,一定要控制住欲望,懂得止所当止。

张华中:河南省书法家协会
楷书专业委员会委员

欲望,是生命体与生俱来的东西。欲望在一定程度上促进了社会的发展和人们自我梦想的实现。但是,人的欲望是无止境的,如果管不住自己的欲望,任它随心所欲,就必然会给自己带来无止境的痛苦和不幸。欲望越多,离快乐就越遥远,离祸患就越近。

俄国伟大作家托尔斯泰曾经讲过这样一个故事:有一个人想得到一块土

地,地主就对他说:"清早,你从这里往外跑,跑一段就插个旗杆,只要你在太阳落山前赶回来,插上旗杆的地都归你。"那人就不要命地跑,太阳偏西了还不知足,还想再多跑一段路程多得一块地。太阳落山前,他是跑回来了,但人已经精疲力竭,摔个跟头就再没有起来。于是有人就在他倒下的地方,随便挖了个坑把他埋了。牧师在给这个人做祷告的时候叹惜地说:"一个人需要多少土地呢?就这么大。"人生只需要能够埋葬他的这么大的地方,这是多么深刻的现实呀!人生的许多沮丧,都是因为想要那些根本无法得到的东西。其实我们辛辛苦苦地奔波劳碌,最终的结局不都是只剩下埋葬我们身体的那点土地吗?正如《伊索寓言》所说:"有些人因为贪婪,想得到更多的东西,却把现在所有的也失掉了。"其实,人人都有欲望,都想过美满幸福的生活,都希望丰衣足食,这是人之常情。但是,如果这种欲望变成不正当的欲求,变成无止境的贪婪,无形中就把自己变成欲望的奴隶。在欲望的支配下,我们不得不为了权力、为了地位、为了金钱而削尖脑袋向里钻。有些人常常感到自己非常累,但是仍觉得不满足,因为在他们看来,还有很多人比自己的生活更富足,很多人的权利比自己大。所以别无出路,只能硬着头皮继续往前冲,在无奈中透支着体力、精力和生命。欲望一旦超越我们所能控制的范围,就会身心俱损。

中国古代有个"贪心不足蛇吞相"的著名传说。从前有一个很穷的人救了一条蛇,这条蛇为了报答他,就许诺帮助他实现愿望。这个人一开始只是要求一些简单的衣食,但是随着生活条件的改善,他的欲望变得越来越大了,在衣食无忧之后,就要求做官,开始只是要求做一个小官,后来在蛇的帮助之下,一直做到了位极人臣的宰相。但是他还不满足,又去向蛇请求,让他当上皇帝。到这时,蛇彻底明白了,这个人的贪欲是无穷无尽的,自己永远都不可能完全满足他的请求,于是就张开大口,将这个"宰相"给吞掉了。后来民间把这个故事演绎成"贪心不足蛇吞象",其实蕴含的道理都是一样的,都讲的是贪得无厌的危害,甚至会产生引祸及身的后果。

明朝音乐家、文学家朱载堉写的散曲集《醒世词》中,有一首《山坡羊·十不足》写道:"逐日奔忙只为饥,才得有食又思衣。置下绫罗身上穿,抬头又嫌房屋低。盖下高楼并大厦,床前却少美貌妻。娇妻美妾都娶下,又虑门前无马骑。将钱买下高头马,马前马后少跟随。家人招下数十个,有钱没势被人欺。铨铨到知县位,又说官小势位卑。一攀攀到阁老位,每日思想到登基。一日南面坐天下,又想神仙来下棋。洞宾与他把棋下,又问哪是上天梯。上天梯子未做下,阎王发牌鬼来催。若非此人大限到,上到天梯还嫌低!"这首散曲对那些贪得无厌的人描写得淋漓尽致。物欲太盛造成灵魂变态,永不知足。有人说,欲

道德经的人生智慧

望越小，人生就越幸福。这话蕴含着深邃的人生哲理。

曾有人问被誉为20世纪最伟大的心灵导师和成功学大师的戴尔·卡耐基："用怎样的方法才能致富呢？"卡耐基回答："节俭。"那人接着又问："现在谁是比你更富有的人？"卡耐基脱口而出："知足的人。"那人反问："知足就是最大的财富吗？"卡耐基想了一下，引用罗马哲学家塞尼迦的一句名言回答了他："最大的财富，是无欲。假如你对现在所拥有的一切感到并不满足，那么即使你拥有了整个世界，幸福离你还是很远。"生活，没有物质基础是不行的，但物质的索取必须有一个限度。人的生存需求其实是很低的，根本没有必要让欲望成为自己心灵上的一颗毒瘤，让它禁锢自己的灵魂，将幸福渐渐吞噬。人应该在满足自己的基本需求的同时，尽可能地对欲望进行抑制，不要让它无限制地膨胀。膨胀的欲望就像一个气球，越大越诱人，但破灭得也越快。只有顺其自然的人，才会拥有一份属于自己的、安宁的生活。

对于欲望，德国著名哲学家叔本华有句名言说得很透彻："生命是团欲望，欲望不能满足便是痛苦，满足了便是无聊，人生就在痛苦和无聊之间摇摆。"如此看来，要想让生活过得安宁一点，就应该少一分欲望，这样即使人生在痛苦和无聊之间摇摆，相信它的摆幅也不会很大。一个家财万贯的富人，却整天寝食不安，愁眉苦脸，挖空心思地想去赚更多的钱。而他隔壁有一对靠做豆腐过日子的穷夫妇，尽管家徒四壁，老夫妇俩每天从早到晚，仍是有说有笑有唱有闹。富人百思不得其解，便向家里的账房先生请教。那位账房先生回答说："老爷，你不必多想，隔墙扔几锭银子过去，便会见分晓了。"富人听从了账房先生的话，趁夜黑无人之际将五十两银子扔进了隔壁的豆腐店。卖豆腐的老夫妇俩捡到这份财宝之后，欣喜若狂，一边忙着如何埋藏银子，一边还考虑怎么去花，同时还担心别人偷，或者被失主发觉，弄得寝食难安。从那以后，住在隔壁的富人再也听不到那往日的歌声和笑声了。这个时候富人才幡然醒悟，原来自己生活得不安宁，都是让这些银子给搅的。一旦人的欲望无限膨胀，把财富看得过重，幸福指数就与财富多少成反比。赫赫有名的亚历山大大帝临终之际，曾不止一次地盼咐他的部下，不要按照习俗把他的双手包裹起来，而是要将他的双手露在棺材的外面，让世人看到他的手中一无所有，旨在告诫世人，像他这样的人到死的时候，也和其他人一样，带不走任何财富。

人活着，其实并不需要得到太多的东西，无论是在怎样的生活条件下，首先需要做的就是端正自己的生活态度。在我们为没有得到的东西而烦恼的时候，用心去想一想上面这些小故事就会懂得，人没有必要让自己的欲望膨胀，安安心心地过好平凡、平常的日子才是最幸福的。世上没有有什么目标非实现不

可,更没有什么东西值得用宝贵的生命去换取。多一分欲望就少一分快乐,少一分欲望也就多一分快乐。生活中,我们很多时候之所以觉得自己活得累,就是因为我们的欲求太多,不断地索取,自然会身心疲惫。"常疑好事皆虚事,方信闲人是福人。"让我们铲除过多的欲望吧,将一切欲望减少再减少。这样我们会多一些快乐,少一些烦恼,更重要的是会远离危险!

这正是:

> 欲由心始时时在,
> 王者庶民皆莫外。
> 欲望无边勿纵容,
> 止而当止远危殆。

道德经的人生智慧

老子的成功哲学

很多人认为,老子倡导"守弱""尚柔""处下",其思想是比较消极保守的。但我认为,老子是因遵道而更理性,时时刻刻都讲求按客观(自然)规律办事。而在第33章,我们可以看到老子思想中蕴含的昂扬之气、进取之志,体现出"无不为"的雄心壮志。我认为这是老子的成功哲学。也就是说,老子教导人们要成功、活得有意义,需要做到以下四个方面。

一是知彼更要知己。老子说:"知人者智,自知者明。"(33章,以下同)能够深知别人的人只能算是有智慧,而能够深知自己的人才能堪称明达。姜子牙说:"人心之不同,各如其面。"人是千差万别的,千人千面千颗心。有的人内心睿智,有的人心怀叵测,有的人忠厚老实,等等,要完全了解他人的内心,是比较困难的。但只要我们掌握方法、用心体验、坚持客观,时间长了是可以了解八九不离十的。然而,真正了解自己则困难得多。"人贵有自知之明"这句话最早的表述应该出自这里,归功于老子。一个"贵"字,道尽了"自知"的不易。老子说:"自知者明";苏格拉底说:"你要认识自己。"东西方

韩焕峰:西泠印社理事,
中国书协会员

两位哲人几千年前说的话竟然如此相似,令人惊叹。后世有很多人在老子影响下,都提到认识自我、了解自我的重要性。"自知"难,难就难在难以全面准确地

认识自己,或认识不足,导致懦弱自卑、胆小怕事;或自视过高,导致狂妄自大、为所欲为。正所谓"不识庐山真面目,只缘身在此山中。"认识自己,首要的是能够正确地认识到自己的长处。这关系到正确选择和确立一种自信,人的一生是在不断做出选择的,而缺乏自信则什么都干不成。然而,过于自信,自命清高,我行我素的人,也经常跌倒在自己的优势上。认识自己,最难的还在于认识自己的短。权越大、钱越多、名越噪,认识自己的短处就越难。不自知其短,就不知道自己不能做什么,做不到什么,从而陷入盲目自信的误区;不自知其短,就不能识大体,不懂得环境因缘,不懂得别人的需要,不懂得拿捏分寸,甚至不知何去何从。古今中外此类例子数不胜数,现在就连成绩、学历、门第乃至容貌等,都可以成为正确认识自己的障碍。因此,我们要把自己的一生看作是一本书,时时用心去精读、去品味,读懂了自己也就了解了生命的本质。正如《孙子兵法》所说:"知己知彼,百战不殆。""知彼知己,胜乃不殆。"这是成功的首要条件。

二是胜人更要胜己。老子说:"胜人者有力,自胜者强。"能够战胜别人的人只能算是有力量,而能够战胜自己的人才能堪称强大。在一个人的发展过程中,有着两种超越。一种是对他人的超越,一种就是对自己的超越。超越他人是很困难的,需要有足够的力量(包括智力和体力)才可以做到。但是,只要有信心、肯努力、能坚持,总有那么一天,在一定的范围之内,你就会超越想要超越的人。可是,超越自我则是永无止境的任务,因为超越了原来的自我,还会有新的自我需要超越,没有终点。正是这种永无止境的不断超越,能让自己取得永无止境的进步,才会成为真正的强者。从另外一个角度,更能看出战胜自我的困难。私心和欲望是人类的两大弱点,虽然绝大多数人都知道这个道理,但并不意味着每个人都能抵挡住物欲的诱惑。要想战胜私心和欲望,不仅需要超凡的智慧,看清其危害,还需要有坚强的意志,两者缺一不可。所以说,一个真正强大的人,不是能战胜他人的人,而是能够战胜自我的人。"自强者胜"就是要把自己当作战斗的对象,克服困难,战胜自身的弱点,这是成功的关键所在。

三是知足更要知进。"知足者富,强行者有志。"知道满足的人只会感到富有,而坚持不懈的人才堪称有志向。我对老子这两句话的理解概括为:人要有知足的心态,进取的状态。人有知足的心态非常重要。人活着就是为了生活更美好,能享受生活,这离不开包括金钱在内的必要的物质基础。有些人成年累月地拼命工作是迫不得已,他们收入微薄得仅仅可以用来维持最为基本的生活,只有永不停歇地工作下去,才能够维持自己的生存。可是令人不解的是,很多人已经摆脱了那种悲惨的境地,自己积攒下来的钱已经很充裕了,但却依然

道德经的人生智慧

不肯稍有停歇,静下心来认真地享受一番美好的生活。结果,赚钱成了生活的目的,而生活则成了赚钱的手段,其根本原因就是不知满足。对于不知道满足的人来说,自己拥有得再多,也是一个穷人;而对于知足的人来说,即使拥有得微不足道,也会感到富有。所以说,贫穷和富有,不仅取决于一种客观的标准,而更多的则取决于主观的心态。当然,"知足者富"并不是说小富即安、不思进取,而是要摆脱掉很多由欲望所带来的烦恼,把握事物发展的分寸,当进则进、当退则退,从而可以更好地生活。

拥有知足的心态和进取的状态,是人成功的双翼,缺一不可。人有进取的状态更重要。"强行者有志",说的是有志者应当胸怀远大理想,即使遇到困难,也能坚持不懈。老子一直强调"柔",对"强"很回避,但在这里,老子却对"强行者"给予了认同。认为"强行者"都是有志向的人,不但拥有坚强地、不懈的、持之以恒的奋斗志向,而且能切实地付诸行动。俗话说:无志者常立志,有志者立长志。一个真正有志之人,并不是好高骛远空谈的理想,而是能够树立理想之后,坚定不移地为自己的理想付出努力,以"水滴石穿"的坚韧精神去认真地行动,这就是老子所说的"强行"。只有立志而又能"强行"的人,方可称为真正的"有志",理想才有实现的可能。否则,"行百里者半九十",出现半途而废、前功尽弃的后果,就只能怪自己的意志不够坚定,未能够对当初的志向予以坚强地执行了。世界上最长的距离就在想与做之间。没有具体的行动,理想就永远只能是空想。生活中渴望成功的人很多,真正成功的人却很少。成功最需要坚持,很多人就是因为缺少持之以恒的精神,才输掉了未来世界。

四是立业更要立德。老子说:"不失其所者久,死而不亡者寿。"对于这句话的理解可谓是五花八门,更有人批评"死而不亡者寿"是唯心的有神论,是在宣扬"灵魂不灭"。通观老子思想,我更倾向于认为老子是无神论者。考虑到上下文的一致性,我把这句话理解成:有家有业不流离失所只能算是身心有长久寄托,而人死亡但品行流芳后世才堪称是真正的长寿。在人们的一般观念中,人死后就一无所有了,故而有"死亡"一词。但老子却说"死而不亡者寿",本意是说,人的肉体可以死亡,但精神可以永生。关于这一点,我们可以看一下我国著名诗人臧克家的诗《有的人》。新中国刚刚成立的时候,北京举行了纪念鲁迅逝世十三周年的集会,臧克家亲自参加了这次隆重的纪念活动,还去瞻仰了鲁迅在北京的故居,心中倍生感慨,十三天后,创作了这首广为流传的诗篇。《有的人》这首诗,辩证地讲述了"活着"与"死了"的关系,有的人还在活着,可是却活得如同行尸走肉,有的人已经死了,可是却虽死犹生。他的身体虽然已经不在了,但是他的精神却是永存的。我认为,这也就是老子所讲的"死而不亡者

寿"。一个人只有具有高尚品德和崇高精神才能流芳百世,永垂不朽。这正如司马迁在《报任安书》中所说:"人固有一死,或重于泰山,或轻于鸿毛,用之所趋异也。"文天祥《过零丁洋》诗云:"人生自古谁无死?留取丹心照汗青!"老子认为,"死而不亡者寿"是成功之人的标志。

综上所述,把老子思想看作是消极哲学是严重的曲解,从"知人者智,自知者明。胜人者有力,自胜者强。知足者富,强行者有志。不失其所者久,死而不亡者寿。"可以看出,其"无为而无不为"指向更加明确而坚定,这是进取的思想,是成功的哲学。

这正是:

> 知人且胜己辛艰,
> 知胜于身更困难。
> 知己知人图大业,
> 死而不亡寿千年。

道德经的人生智慧

"不自为大,故能成其大"乃王者之道

老子在赞美"道"时说:"以其终不自为大,故能成其大。"(34章,以下同)正是由于"道"始终不自以为伟大,所以才成就了自己的伟大。老子这是以道喻人,来阐述高明的统治者(侯王)必须具有的三种基本素养。

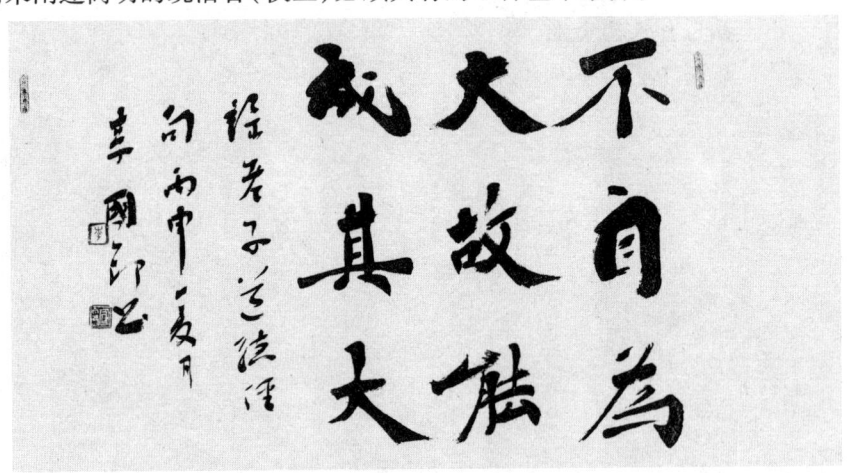

李国印:中国书法家协会会员

有作为但不居功自傲。老子认为,"道"的品德之一就是"万物恃之以生而不辞,功成而不有"。世间万物都依靠"道"生存,但道却对万物从来都不干涉,即使大功告成也从来不自居有功。可以说,"道"包罗万象,就像泛滥的河水一样,流溢四方,几乎没有它到达不了的地方。万事万物之所以能够有秩序地生存,各得其所,就是依靠"道"的默默无闻、任劳任怨、生生不息的承载。但是它却从来都不认为自己对万事万物有功劳、有恩惠,进而去干涉它们。老子深知"大道泛兮,其可左右"的能力,更佩服其"万物恃之以生而不辞"的品格。他借"道"的这种能力和品格告诫统治者(侯王),虽然具有高高在上、威仪万分的皇权,但不能有恃无恐地对待自然、对待社会,必须敬畏和尊重自然规律,自觉按

照客观(自然)规律办事。只有这样,才能成为广大百姓幸福生活的可信依靠。作为得"道"的统治者(侯王),绝对不会因为为百姓做了些好事,得到百姓的一时拥戴而沾沾自喜,更不会因为自己做出了功绩而骄傲自满。而是能够一如既往地保持低调、谦和。这会更多地赢得民心、更长远地保持民心,为创大业打江山累积深厚而坚实的民意基础。

肯付出但不追求私欲。老子称赞"道""衣养万物而不为主"。"道"养育了万物却不以主人自居,它没有私欲、不图回报。《菜根谭》说:"为善而急人知,善处即为恶根。"意思是说,一个人做了一点好事就急着让人知道,说明他行事的目的只是为了虚名和别人的夸赞,这种人在做好事的时候,已经种下了伪善的恶根。与这种"有意为之"相反,得"道"之人既无心为之,更不会去炫耀去显摆,去追求名声、财富等私利,所以这种自然而然、顺其自然的奉献行为显得更加伟大和崇高。作为统治者(侯王),占据着丰富的社会和物质资源,通过自己的努力和智慧,调配好这些资源为广大百姓谋幸福是责任所系,义不容辞。这里的关键是,不能把占据的资源当成私有财产,而是把管理和分配好资源当成自己的义务。绝对不能认为是自己的成功治理养育了百姓,是自己的恩泽才让百姓过上安居乐业的生活,进而就以百姓的衣食父母、救世主自居,要求百姓也必须回报自己的恩惠,甚至演变成把剥削、欺诈百姓看成是理所当然的事情,把百姓逆来顺受、惟命是从看成是天经地义的事情。俗话说,人心都有一杆秤,日久见人心。统治者(侯王)是真善还是伪善,时间和实践是最好的检验,时间长了广大百姓会清清楚楚、明明白白。统治者(侯王)只有控制住自己的欲望,让私心杂念小之又小、少之又少,直到达到无私无欲的状态,所做的一切事情都着眼于百姓的福祉,才能得到百姓的真心拥戴和支持,这正如《孙子兵法》所说的那样:"上下同欲者胜。"这是成就事业,乃至完成霸业的关键。

能主宰但不肆意妄为。老子佩服"道""万物归焉而不为主"。万事万物都归附于它却从不任意主宰。事实告诉我们,一个人在处于弱势的情况下保持低调、谦卑很容易。而一旦变成强者,处于主导或统治地位时,仍然能保持低调、谦卑,而不是肆无忌惮地去主宰,是种很难能可贵的事情,这才是真正的品德。一个人跌倒不是因为走得太慢而是跑得太快,一个人摔伤不是因为站得太低而是站得太高,一个人失败不是因为太弱而是太强。一个得"道"的统治者(侯王),即使有主宰百姓的能力,也不付诸实施主宰的行为。而是采取柔慈的统治方式,对百姓引导而不是控制,帮助而不是苛责,安抚而不是欺诈。只有这样,才能让百姓感受到自己那博大的胸怀、伟大的慈爱,这才是真正的大彻大悟、大智大慧、大德大道。这是王者必备的品德和智慧。

道德经的人生智慧

老子通过对道生长万物,养育万物,使万物各得所需,各适其性,而丝毫不加以主宰的赞颂,借以来赞美得道之人能够做到扬顺自然而"不辞""不有""不为主"的精神,只有这样的得道之人才能"成其大"。这比基督教耶和华要"高大上"很多。耶和华创造万物之后,长而宰之,视若囊中之物。总之,无论是"万物恃之以生而不辞",还是"衣养万物而不为主""万物归焉而不为主",归结为一点,都是阐释"不自为大,故能成其大"的道理。这是王者之道,也是普通人走向成功、保持成功、享受成功之道。

这正是:
　　　不为大者成其大,
　　　顺势而为合道法。
　　　大志于胸不妄为,
　　　淡泊名利得天下。

从"执大象,天下往"认识感召力

老子说:"执大象,天下往。"(35章,以下同)即谁能够执守大"道",天下的人就必定会投靠他,归顺他。(此处的"象"不是动物的象,而是老子对"道"的另外一种称呼。)这就是说,统治者(侯王)能否得到百姓的拥戴,并不取决于他的权力,而是取决于他对大道的执守程度。执守程度越高,则感召力越强,就会使万民归顺、诸国朝拜;反之,执守程度越低,则感召力越弱,就会使民众疏离、列国觊觎。

关于感召力,希腊语是charisma,意思是"神的魅力",是指一种不依靠物质刺激或强迫,而全凭人格和信仰的力量去领导和鼓舞的能力。从执守大道的角度来看,无论是古代统治者(侯王),还是现代的领导者(管理者),其感召力需要从三个方面获得。

一是要具有认识规律的能力。"道"就是客观(自然)规律,是看不见、听不到、摸不着的,但无时无刻不在对万事万物的发展变化起着作用。作为一名具有雄才大略的统治者(侯王),或让团队信服的现代领导者(管理者),必须具备见微知著、入木三分的洞察力,登高望远、高瞻远瞩的预见力,拨云见日、明辨是非的判断力。这些都体现为对规律的认识能力,体现的是对大势大局的控制能力,对复杂事物的驾驭能力。洞察力、预见力、判断力越强,百姓对统治者(侯王)、团队对领导者(管理者)的信任、信赖程度就越高,他们的感召力就越强。

李珂:中国书法家协会会员

道德经的人生智慧

执守大道的前提是体悟大道、认识规律,这是获得感召力的前提条件。

二是要具有尊重规律的品格。如果说能否认识客观(自然)规律是能力问题,那么能否尊重客观(自然)规律就是品格问题。有些人在客观(自然)规律面前狂妄自大,符合自己的意愿就执行,不符合就不执行;对自己有利益时就执行,没有利益时就不执行;甚至心情高兴了就执行,不高兴就不执行。这样的人对"道"没有尊重和敬畏的心态,全然把客观(自然)规律当成可以随便拿捏的玩具。比如,在国家治理方面,要想达成天下之人都来归附,并共同创造太平盛世的局面,统治者(侯王)的所作所为必须要符合于"道",绝对不能为巩固政权实施暴政,为群族之私欺压百姓。秦朝的兴衰、商纣的灭亡就是最好的例证,这道出了一个普遍的历史规律,那就是"得道者多助,失道者寡助。寡助之至,亲戚畔之;多助之至,天下顺之。"统治者(侯王)只有让自己的作为合于"道",才能够取得天下人真心的归顺,才能够将天下治理好。老子"执大象,天下往",话语很简单,但是却说出了维持统治长盛不衰的核心奥秘:顺道者昌,逆道者亡。道理就是如此简单,可是实践起来并不容易。当今国家治理和社会管理也是一样,比如,当前存在的环境污染问题、毁坏森林问题,可以说没有决策者不知道保护环境的重要性、森林对生态对人类的重要性,但是为了政绩和私利根本不顾及客观(自然)规律,依然我行我素、胡作非为,让整个社会为这些人违反客观(自然)规律的行为埋单。因此,"执大象"必须具备尊重"道"的品格,如果能够真正做到不为一己之私,能够摆脱名缰利锁,无论是古代统治者(侯王),还是现代领导者(管理者),都会成为优秀的有感召力的王者、强者。

三是要具有运用规律的勇气。一方面,要有勇气面对平淡。老子告诫我们,动听的音乐和可口的食物诱惑人心,使人迷失在声色、口腹之欲中("乐与饵,过客止")。同样地,权势能诱惑人的权力欲,美色能打动人的色欲,名声能驱使人沽名钓誉,金钱能激起人的贪欲。当把这些欲望视为生活目的的时候,人就会迷失自我。在追求这些欲望,实现这些想法的时候,生活可能会跌宕起伏,或一时登上事业的巅峰,但终究要跌落人生的谷底;可能一时会追随者众,但最终会众叛亲离。这样很刺激、很过瘾的生活,尽管显得轰轰烈烈,波澜壮阔,但最终会因为与"道"背道而驰,轻者无果而终,重者会遍体鳞伤、头破血流。而真正的"道"则是平淡无味的("道之出口,淡乎其无味")。但是,正像无味的水一样,它无声无息地滋养着人的生命,默默无闻地涵养着自然的万物,永恒而伟大。因此,按照"道"行事,必须守得住寂寞、耐得住平凡、受得住委屈、抗得住诱惑,感召力有时来自对平淡生活的坚守和无私无欲的胸怀。另一方面,要有勇气面对困难。开创事业有时是前无古人、后无来者的探索,可能要面对既得

利益者的反对和破坏,也可能需要冲破由于大众认识不到位的阻力和藩篱,还可能要面对由于自己认识和能力的欠缺所带来的风险。这些都需要有执守大道的勇气。在遇到困难时敢于主动承担,在遇到危险时敢于冲锋在前,在众人不知所措时敢于一锤定音,一个人的感召力就是在这里形成的,因此说,感召力更来自坚忍不拔的精神和敢于冒险的魄力。

总之,人的感召力不是与生俱来的,也不完全取决于官位的高低、权力的大小。"执大象,天下往"告诉我们,感召力来自认识规律的能力、遵循规律的品格和运用规律的勇气,三者缺一不可。

这正是:

> 执大象兮天下往,
> 云集拥者国兴旺。
> 君臣同欲保平安,
> 养性修德成器长。

道德经的人生智慧

"微明"思想能说明老子是阴谋家吗

老子说:"将欲歙之,必固张之;将欲弱之,必固强之;将欲废之,必固兴之;将欲取之,必固与之。是谓微明。"(36章)意思是说,想要收敛它,必须暂且扩张它;想要削弱它,必须暂且增强它;想要废除它,必须暂且兴起它;想要夺取它,必须暂且给予它。这就是"微明"。从老子对"微明"的阐释可以看出,"微明"就是让他人难以察觉的、深藏不露的高超智慧。老子可谓是见微知著,通过观察别人看不到的细微之处,发现别人不愿公开承认却又真实存在的道理。

老子的这套被称为"微明"的策略方法,自始至终奉行的是"欲取先予"理念。这是在告诉我们,要想达到某种目的或实现某种目标,千万不能把自己的目的暴露给他人,特别是当自己力量处于弱势,或时机不够成熟之时,过早地暴露目的无异于自取灭亡。正确的做法是,必须采取瞒天过海、隐真示假的方法,让自己的想法深藏不露。而一旦时机成熟、条件具备则断然出手,以迅雷不及掩耳的速度决战决胜。河上公在《老子章句》中注释说:"先开张之者,欲极其

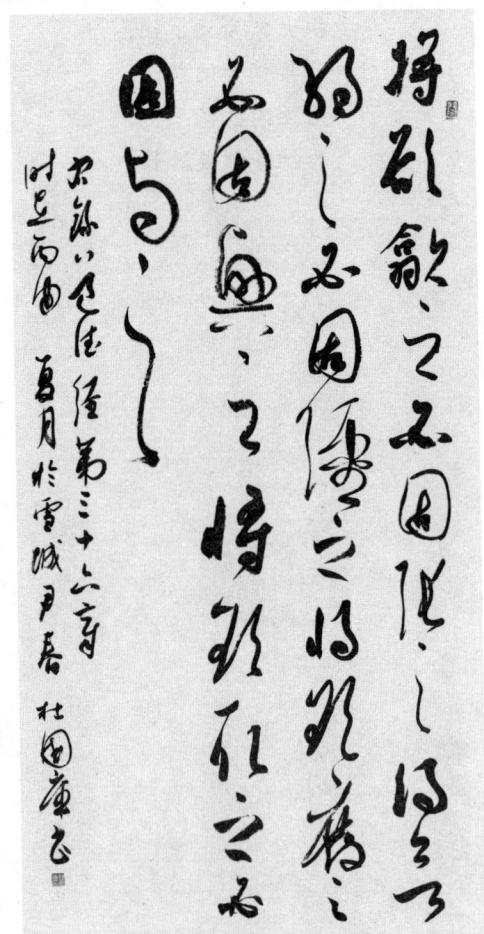

杜国库:周口市书协副主席
兼隶书专业委员会主任

奢淫。先强大之者,欲使遇祸患。先兴之者,欲使其骄危。先与之者,欲极其贪心。此四事,其道微,其效明也。"这一注解,更加强化了"微明"是阴谋论的观点。因此,一些人把老子纳入阴谋家之列,有的甚至认为老子是最大的阴谋家、阴谋家的鼻祖。宋代朱熹说得更直截了当:"老子心最毒,不与人争者,乃所以深争之也。"(见《朱子语类》)

　　文学界有一名言,叫作"有一千个读者,就有一千个哈姆雷特"。同样一部《三国》,有人读到的是智,有人读到的是义,有人读到的是权术,道理是一样的,这就是读者见仁见智的问题。读者从文本中品悟出来的东西,有时已经远远偏离了作者的意图。其实,老子在阐释"微明"时,真实的本意除他本人之外没有人能完全准确地了解,只能通过老子的一贯主张以及对《道德经》全面的整体把握来猜测。

　　其实,从老子对"微明"这段精彩的表述中,很多人认为老子是军事家。"微明"中蕴含着诸如欲擒故纵、声东击西、以退为进、以守为攻、置之死地而后生、以屈求伸等兵家谋略。据说,三十六计中的"欲擒故纵"就是直接由此而来。比如,历史上的"石勒欲擒故纵除王浚"就是一个经典案例。两晋末年,幽州都督王浚企图谋反篡位。晋朝名将石勒闻讯后,打算消灭王浚的部队。王浚势力强大,石勒恐一时难以取胜。他决定采用"欲擒故纵"之计,麻痹王浚。他派门客王子春带了大量珍珠宝物,敬献王浚,并写信向王浚表示拥戴他为天子。信中说,现在社稷衰败,中原无主,只有你威震天下,有资格称帝。王子春又在一旁添油加醋,说得王浚心里喜滋滋的,信以为真。正在这时,王浚有个部下名叫游统的,伺机谋叛王浚。游统想找石勒做靠山,石勒却杀了游统,将游统首级送给王浚。这一着,使王浚对石勒绝对放心了。公元314年,石勒探听到幽州遭受水灾,老百姓没有粮食,王浚不顾百姓生死,苛捐杂税有增无减,民怨沸腾,军心浮动。石勒选择在此时亲自率领部队攻打幽州。当石勒的部队到了幽州城,王浚还蒙在鼓里,以为石勒是来拥戴他称帝的,根本没有准备应战。等到他突然被石勒将士捉拿时才如梦初醒。王浚中了石勒"欲擒故纵"之计,身首异处,想当一朝天子的美梦成了泡影。此外,郑武公"欲擒故纵"灭胡国、诸葛亮七擒孟获,都是把"微明"思想用于军事领域取得胜利的经典事例。因此,有的学者把《道德经》甚至看成是一部兵书,把老子看成是一位军事家也就不足为奇了。

　　但纵观《道德经》思想,老子更有资格被称为哲学家。老子更多的是想向人们阐述大道,解读自然、社会、政治统治及人生的最基本的规律。用今天的时髦话来讲就是,老子解决的是战略问题,对于诸如阴谋诡计等战术层面的问题,应该不在他的考量范围。至于后人从他的大道思想里引申出来的道术以及谋略,

道德经的人生智慧

可能只是后人的理解，不一定是老子的初衷本意。我认为，老子的"微明"是其一贯的"物壮则老"思想、"柔弱胜刚强"思想、势强必弱思想的归纳和总结。他在对人事与物性作深入而普遍的观察之后了解到：看来"柔弱"的东西，由于它的含藏内敛，往往较富韧性；看来"刚强"的东西，由于它的彰显外溢，往往暴露而不能持久，所以他断言：在刚强与柔弱的对峙中，"柔弱"的呈现胜于"刚强"的表现。于是他提出"微明"思想，旨在告诫人们，要保持柔弱、守雌、退让、收敛的状态；不要强行作为、肆意扩张、过于强势、巧取豪夺。根本目的就是向大家阐释这样一个道理：只有具备理解大道、秉持大道的德行，最终才会获得胜利，并能战胜那些表面上看上去扩张的、强大的、兴盛的、争夺的势力。

从上述分析可以看出，我们不能把老子当成阴谋家，也不应该当成军事家，更确切一些是应该把他看作是一位哲学家。老子的"微明"思想是从辩证的、动态的角度来阐述相反相成、物极必反的道理。但是，一个人如果把这些道理用在图谋不轨方面则会成为阴谋家，用在指挥作战方面则会成为军事家，用于治国理政方面则会成为政治家。道理都是一样的，就看人们怎样理解、怎样运用了。至于后人对老子怎样解读，以及对老子这一思想如何运用，则应该与老子无关。

这正是：

微明自古论争多，

褒贬纷纷任解说。

明辨阴谋与智慧，

唯凭心术用如何。

"柔弱胜刚强"指的是结果而不是过程

"柔弱胜刚强"（36章），是老子的决胜之道，也是治国之道，更是老子辩证法思想的集中体现。

贾振祥：中国书法家协会会员

老子之所以崇尚柔弱，是因为柔弱具有两种最明显的特性：一种是持久的韧性。柔弱并不是脆弱，而是具有一种内在的生命力，突出表现为柔韧。最典型的就是"水滴石穿"的道理。其实，水的硬度是无法与石头相提并论的。无数的水滴落在石头上都被摔得粉身碎骨。但是，水滴从不言放弃，而是前赴后继、一如既往、勇往直前，正是这种持之以恒的韧性，以无数水滴的粉身碎骨为代价，长年累月不间断地挑战着石头，让落水之处的石头逐步从浅坑变成深洞。经过千百年的不懈努力，终于把坚硬的石头滴穿。另一种是内在的刚性。柔弱并不是虚弱，而是一种蕴涵着内敛的刚强，具有更加旺盛、巨大的力量。比如，几十克的炸药，如果裸露地摆放在地上，会让周围看到它的人感觉很危险、很害怕，但实际上这点炸药即使引燃也不会产生杀伤力。但是，如果把这些炸药制作成手榴弹，感观和威力就大不一样了。把这些看似危险的炸药装在铸铁制成的弹体里，从外表根本看不出来有丝毫的杀气外露，而实际上，一旦把手榴弹引爆，它的杀伤力要比裸露的炸药大千百倍。这就是外柔内刚与外强中干的本质区别。也正是由于柔弱具有持久的韧性和内在的刚性，老子才看好"柔弱"，感悟到"柔弱"中蕴藏的强大力量。

道德经的人生智慧

"柔弱胜刚强"并不是指"柔弱"对抗"刚强"的过程,而是指最终的结果。这里面还存在着一个强弱转化的过程。弱势者没有把力量积蓄到在某些方面超过原来的强盛者时,是不可能取得胜利的。还是以水滴石穿为例,一滴水与一块石头对抗是根本不可能让"石穿"的,是决无胜算的。但是不胜枚举的水滴经过积年累月的努力,集中力量攻击石头的一点,就会让水洞越来越深,让洞下面的石头越来越薄。直到石头薄到已经无力再承受一滴水的冲击之时,石头就被水滴穿了。这正如司马迁在《史记·韩安国列传》中所说的那样:"强弩之末,矢不能穿鲁缟。""缟"是一种白色的薄绢,以古时鲁国所产为最薄最细,故称"鲁缟"。这句话的意思是说,即使是强弓射出的利箭,射到极远的地方,力量已尽时,就连极薄的"鲁缟"也射不穿了。这样,被普遍认为不堪一击的"鲁缟",在避开"强弩"那种势不可当、咄咄逼人的势头之后,力量的强弱对比就发生变化,最后让"强弩"败下阵来。

从上述分析可以看出,老子在对人和物做了深入而普遍的观察研究之后,深刻认识到柔弱的东西里面蕴涵着持久的韧性和内敛的刚性,具有巨大的生命力。相反,那些看起来似乎强大刚强的东西,由于它的张扬外露,往往会失去发展的前景,因而不能持久。柔弱是发展着的强壮,在发展过程中必定要经历柔弱的阶段。事物的发展具有一定的规律性,从发展的眼光来看待事物的强弱,"柔弱胜刚强"是十分自然的事情。在柔弱与刚强的对立之中,老子断言柔弱的内在特质要胜于刚强的外在表现。"柔弱胜刚强"告诉我们,"守柔"的人生态度要胜于"求强"的人生态度,不要太看重一时一事的强弱、胜负。要保持住刚强的态势,就不能肆无忌惮地运用刚强,而是要保持柔、弱、雌、下。即使自知刚强,也要始终保持柔弱的状态,退守自然本性,不妄为、不争强斗胜。当然,受柔处弱,并不是"装"字可以解释的。

很多时候,外表的柔弱并不代表真正的柔弱。有道之人是高深莫测的,他们不会轻易吐露自己的心声,外人能够看到的只是一些表面现象而已。有道者治国做人,都绝对不会将自己的强大表现出来。同样,真正强大的敌人,也并不是兵力所能够体现出来的。普通人只重视表面,难以了解有道之人的真实意图。正如老子所说:"国之利器不可以示人。"(36章)当常人摆脱不了观念的束缚和尘世的环境时,便会把强硬的一面都暴露出来。比如,刚强之人常常会强到忘乎所以,一心想着巧取豪夺,所以会不自觉地暴露出自己的缺点和薄弱之处。相反,弱者更容易达到胜利的目标。古往今来,那些能够成就一代伟业的英雄人物,不仅具有英勇和霸气,更有忍辱负重的气量。当局势需要他们表现得强悍时,他们绝对不会心慈手软;当环境需要他们表现柔弱时,他们必定会保

持如水般的柔弱。而到了关键时刻,能够以弱胜强,这才是真正的王者之道。我们通常都说,躲藏在暗处的对手是最可怕的,事实上,那些懂得隐忍、表现柔弱的敌人才是最需要引起关注的强大对手。所以说,柔弱和刚强并没有想象的那么简单,忽视那些看起来柔弱的人,只会给自己培养一个强大的对手。

"柔弱胜刚强"思想启示我们,以刚克刚,两败俱伤;以柔克刚,势不可挡。因此,要坚定信心、锲而不舍,不断积累以弱胜强的资本;要审时度势、扬长避短,及时把握以弱胜强的机遇;要见微知著、居安思危,防止出现隐强示弱的对手。

这正是:

> 柔弱并非真懦弱,
> 谦卑内敛防灾祸。
> 蓄积力量路悠长,
> 以弱胜强修正果。

道德经的人生智慧

"无为而无不为"是人生的至高境界

"道常无为而无不为。侯王若能守之,万物将自化。"(37章)意思是说,"道"永远是顺其自然而无所作为的,但是又没有什么事物不是出于它的作为。侯王如果能谨守"道"的运作法则,万物将会自然生长。这是老子在"道经"的最后一章里,对"道"作用于人类社会所作的总结,具有承上启下的作用。通过对"道"的论述,根本目的就是要阐明,其"无为而治"的思想集中体现在"无为而无不为"上。

在老子看来,只有像"道"那样做到"无为",才可以实现"无不为"。由于人的精力和能力是有限的,而人间世事和自然万物则是无限的,任何人都无法达到"无所不为"程度的。如果一个人什么事情都想做,结果一定是什么事情都做不成做不好。相反,如果一个人不刻意去追求什么、刻意去做什么,而是顺其自然、因势而为,则想做且应该做的事情就一定没有做不到做不好的,水到渠成地实现"无不为"。那么,既然是"无为",又如何能够实现"无不为"的目的呢?奥秘就在于,去掉人为,而让之于"道",也就是老子接

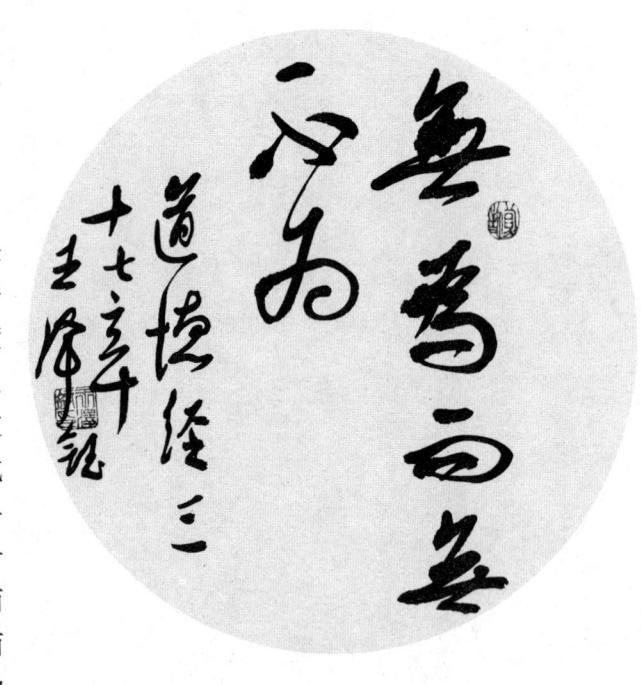

王泽钰:中国书法家协会会员

下来所说的:"侯王若能守之,万物将自化。"这是老子把"道"落实到国家治理中,指出最好的侯王(统治者)应该采取"无为而治"的国家治理政策,能依照"道"的法则来为政,不主宰、不干涉、不居功,则"万物将自化",百姓将会自由自在、自我发展,而无须侯王(统治者)再去亲自操心劳神。老百姓也不会滋生更多的贪欲,生活就会自然而平静。由此可见,那些认为"无为而治"就是什么都不做的消极避世哲学,实在是对老子这一政治哲学核心思想的误读和曲解。用"无为而无不为"来解读"无为而治"思想可能会有更积极的意义和更丰富的内涵,恐怕也更符合老子的本意。

首先,这一思想体现的是不折腾、不妄为的治国理念。要求侯王(统治者)在任何时候,对待任何事情,都不要瞎指挥、胡作非为,尤其是不要强行干预社会经济和百姓生活。在老子看来,社会经济的繁荣发展,百姓生活的富足安康,都是在客观(自然)规律支配下运行的,是一个自然而然的发展、发育过程,违背客观(自然)规律的人为干预,一厢情愿地瞎掺和,只能延迟、破坏乃至扼杀社会的自由发展。与其这样做,不如静观其变、乐享其成,尊重和维护民众在社会经济发展过程中的主体地位、创造精神,这才是得"道"侯王(统治者)的英明之举。

其次,这一思想的核心是遵守大道、依道而为。无论是"无为"还是"无不为",前提是必须符合大道的要求。当社会的发展合乎大道的时候,就任其发展,不加干预;当社会发展偏离大道时,应该加以引导,使之重新走上合乎大道的轨道。"为"与"不为"的选择,关键在于侯王(统治者)对大道的理解和把握,以及对社会现实的分析和判断。比如,战乱或危机过后,百废待兴,就应该实施休养生息的国策,不去干扰百姓,使社会经济恢复发展,这是"无为而治"。当社会经济发展到一定阶段后,社会矛盾日益突出、社会风气奢侈浮华、思想道德出现滑坡、生态环境不断恶化,这时侯王(统治者)就应当着手化解矛盾、强化教育引导、扭转社会风气、保护生态环境,采取有效措施从宏观上综合校正社会经济发展趋势,这也是"无为而治"。总之,无为不是不为,而是遵循大道而为,不是按自己的想法而为。

再次,这一思想包含有所为、有所不为的行为准则。"无为而无不为"就是不该做的事情一定不去做,该做的事情一定要做好,而且要持之以恒、一以贯之地坚守。特别是作为侯王(统治者),不能朝令夕改、言而无信;不能干违背常识和社会道德的傻事,不能干害人害己的蠢事,也不能干损人利己的坏事。对社会要善于保持静观状态,使自己始终处在游刃有余的可以选择的地位上,这样在处理各种事情时,就可以不被动、不匆忙,有时间从容应对,有空间进行回旋。

道德经的人生智慧

在当今社会,市场经济体现的就是"无为而治"思想。市场规律可以自发地调节经济和社会发展,不需要管理者过多的干预。只有经济严重偏离价值规律,可能发生经济危机时,才可以进行适度的干预。在市场经济社会中,人人会选择自己最合适的位置,干自己最喜欢也最拿手的事情,以求获得最大收益。社会上如果每个人都发挥出自己最大的才能,创造出个人的最大价值,社会经济自然会获得充分和快速的发展,民富国强、走向繁荣,这就是"无为而无不为"产生的巨大效力。

以上都是从古代侯王(统治者)和现代领导者(管理者)角度来解读"无为而无不为"思想的,其实这些道理对于所有人都普遍适用。我们都希望在有生之年,能够顺顺利利地度过每一天,顺顺当当地干好每件事。可现实却是残酷无情的,它常常会猝不及防地给我们一击,把我们伤得很深很痛,让我们一时不知所措。这就要求我们要学会自我调节,学会适应环境,化解一切不幸和痛苦。既然万事万物都有其自身发展变化的规律,是我们无法决定的,就要用"万事随缘、顺其自然"的心态去追求"无为而无不为"的人生至高境界。该做的事情努力做好,我们会有成就感;不该做的事情不去触碰,我们亦能心安理得。任何时候都不怨恨、不躁进、不过度、不强求;不悲观、不刻板、不慌乱、不妄形,而是最大限度地让自己随遇而安、随缘生活、随心自在、随喜而作,这就是解除痛苦而快乐生活的智慧。随缘自适,烦恼即去;自然而成,幸福即来。这是一种高超而豁然的人生态度,是一种达观,是一种洒脱,是一份人生的成熟,一份人情的练达,它需要人能够看穿眼前浮云,把人生滋味咂透。只有这样才能达到"无为而无不为"的人生至高境界。

这正是:

    大道无为不妄为,
    治国理政紧相随。
    若离大道随心欲,
    事业人生两自危。

"不欲以静"方能享受生活

老子的"不欲以静,天下将自正"(37章)思想告诉我们,一个人如果不起欲望,内心会恬静安然,天下则会呈现出安定的局面。对于每个人而言,则可改为:不欲以静,人生将自定。

人是有欲望的动物,人类如果没有感情欲望和生活嗜好也就不能称其为真正的人。荀子认为,人的本性是喜好私利的,任由这种本性发展,人与人之间就会发生争夺;人天生就会忌妒记仇,任由这种本性发展,人与人之间就会相互残害;人生来就喜好乐音美色,任由其发展,淫乱之事就难以避免。如果人人任由自己的本性,那么社会中的谦虚、忠诚、友善等道德观念都会丧失。所以老子认为,痛苦和祸乱的根源是不正常的欲望和非分的妄想,而产生这些欲望和妄想的原因是人们的思想偏离了大道,从而不知道自己内心的真实需求,迷失了自我。因此,人类决不可放纵自己的本性,任由欲望泛滥,否则,社会必然会相互争夺、风气败坏、秩序无常,最终很可能导致动乱。

面对个人私欲与社会安定构成的这对难以调和的矛盾,老子开出的药方是"不欲以静"。旨在提醒我们应该正确对待欲望,尽可能地克制自己的欲望,尤其是有权有势有资源的统治者(领导者)更应该率先做到这一点。在得道之人看来,欲望就好像狭路泥潭,一旦踏入不仅坎坷崎岖,更是寸步难行。一个人只要心中出现贪婪

孙蕾:中国书法家协会会员

道德经的人生智慧

或偏私的念头,就可能会由性格刚正率直变得猥琐扭曲,由聪慧明达变得暗昧昏庸,由慈悲善良变得残酷无情,由心灵纯洁变得卑鄙污浊,所有的美德将会因此丧失,甚至会给自己带来无穷的危害。索诸史籍,不难发现古今中外贪官都在受贿之后,变成由行贿者任意摆布的可怜虫,表面虽威仪,实际上没有尊严可言。所以,人在任何时候都不要被欲望控制,贪占便宜,否则,就可能坠入深渊而万劫不复。

这让我想起柏拉图和他老师苏格拉底的两则故事:有一天,柏拉图问老师苏格拉底什么是爱情?老师就让他先到麦田里去,摘一棵全麦田里最大最金黄的麦穗来,期间只能摘一次,并且只可向前走,不能回头。柏拉图于是按照老师说的去做了。结果他两手空空地走出了田地。老师问他为什么摘不到?他说:"因为只能摘一次,又不能走回头路,期间即使见到最大最金黄的,因为不知前面是否有更好的,所以没有摘;走到前面时,又发现总不及之前见到的好,原来最大最金黄的麦穗早已错过了,于是我就没有摘到。"老师说:"这就是爱情。"又有一天,柏拉图问他的老师什么是婚姻,苏格拉底叫他先到树林里,砍下一棵全树林最大最茂盛、最适合放在家作圣诞树的树。同样只能砍一次,同样只可以向前走,不能走回头路。柏拉图于是照着老师的话做。这次,他带了一棵普普通通,不是很茂盛,亦不算太差的树回来。老师问他,怎么带这棵普普通通的树回来,他说:"有了上一次经验,当我走到大半路程还两手空空时,看到这棵树也不太差,便砍下来,免得错过以后,最后又什么也带不回来。"老师说:"这就是婚姻!"柏拉图第一次一无所获是因为欲望太高,总想找到最好的。第二次有所收获,是因为他面对现实选择了适可而止。

在生活中,很多人都报怨"活得很累",其根本原因就是偏离了"不欲以静"。由于欲望太多太强,心里很容易产生挫折感和种种焦虑,把自己迷失和淹没在各种欲求之中。在这种混乱的生活状态下,内心渐渐地失去了平衡,变得没有条理,生活的目的也跟着盲目起来,不知道自己所为何来,也不知道自己终将怎样。长期的茫然和持久的压力,很可能产生心理疾病,从而影响到身体健康。人在这种状态下生活,怎能不累,哪有幸福感可言?

清代陈伯崖的对联有一句是"人到无求品自高"。这里的"无求",当然不是对学问的漫不经心和对事业的不求进取,更不是让人们去过那种清贫的生活,而是告诫人们要摆脱功名利禄的羁绊和低级趣味的困扰。有所不求才能有所求,这正是这句对联所反映的辩证思想。人生在世,固然无法离开名利等,但对这些身外之物,必须有一个清醒的认识,保持一定的警觉。一个人只有抛开私心杂念,砸掉套在脚上的镣铐,心地才能宽阔,步履才能轻松,才能卓有成效

地干一番事业。"不欲以静"要求我们,一个人所要做的就是把握住自己的心,不要让多余的不着边际的欲望杂念扰乱自己生命的脚步、快乐的生活。

这正是:

> 欲望甚多难守静,
> 欲歇以静心神定。
> 几多壮士志难酬,
> 只怨欲多丢性命。

"上德"对修身做人的要求

在德经的开篇,老子就对"上德"进行了阐释:"上德不德,是以有德;下德不失德,是以无德。上德无为而无以为。"(38章)意思是说,具备上德的人,从来不追求形式上的"德",所以是真正有"德";具备下德的人,从来不放弃形式上刻意追求"德",所以没有达到真正"德"的境界。具备上德的人一切顺其自然,无心故意作为。

高昆:中国书法家协会会员

老子把"德"分为"上德"和"下德"。"上德"是完全合乎"道"之精神、符合"道"之行为的一种"德",具备"上德"的人根本就不知道自己是具有德的,所以他才具有了真正纯正的德。就像一名长得很美的孩童一样,他并不知道自己是美的,所以才真正地给人一种天真无邪的美感,受到人们的喜爱。而那些具备"下德"的人总以为是最有德的,喜欢刻意向别人展示自己的德,这样人的德其实已经不是浑然天成、暗合天道的"上德"了,而变成为次一个等级的"下德"。这就像是一个贤惠温柔的美女,由于她在内心里已经知道自己是美的,因此会时时刻刻有目的地约束自己的行为、姿势、言语等,刻意维持乃至卖弄这种美,甚至通过精心化妆来掩饰自己的不足,以博取别人的赞美。这比起孩童般的纯真无邪之美,已经属于下乘之美了。因此,"上德"是一种不可言说,同时又自然

而然、具有浑然不觉的德,而"下德"则是一种能够划出具体的标准,然后按照标准去执行的德。更简单点说,"上德"是道家所说之德,是自然之"玄德";而"下德"则是孔子提出的儒家之德,是人伦之"仁德"。以老子为代表的道家学派是不赞成甚至不屑于儒家所倡导的所谓的"仁德、仁政"的,认为那是不符合道的精神、不顾客观实际情况,仅凭统治者(侯王)的主观意志强迫推行的统治手段和策略,只能算是"下德"。

老子认为,人类社会如果丧失了"道"(或"上德"),才会有"下德";"下德"丧失了之后,人们就开始倡导"仁爱"的行为;当"仁爱"也难以做到的时候,就开始宣扬"正直和正义"的人和事;当"正直和正义"也无法做到的时候,就只能通过提倡"礼节和礼仪"来掩饰社会的沦丧了。而"礼节和礼仪"就是人性由忠诚信实趋于伪诈浅薄的具体表现,也是社会趋于混乱的开始。那些所谓的"有见识之人",因为追求德、仁、义、礼,反而越来越远离了真正的"道",成为"道"的末流和愚昧的本源。

但是,老子并没有让他所提倡的"上德"玄虚化,而是在本篇末尾,对人应该具有的"上德"进行了具体化表述,即"大丈夫处其厚,不居其薄;处其实,不居其华。"(38章)意思是说,大丈夫应该立身敦厚,不应该浅薄;要存心朴实,不应该虚华。这是对具有"上德"精神的"大丈夫"的品质进行的概括和总结。也就是说,衡量一个人是否具备"上德"的标准有两条:一个是,敦厚不浅薄。敦厚之人具有淳朴自然、忠厚老实、心地圣洁的品质,对轻浮、轻薄的言行不屑一顾,不会去刻意伪装和掩饰自己的不足,而是按照大道的要求加强学习和提高修养,让自己的行为更加符合道的要求。另一个是,朴实不虚华。朴实之人具有质朴诚实、踏踏实实、扎扎实实的品质,不会追求华而不实的东西,远离虚名和奢华,而是孜孜以求大道的真谛,以对大道的敬畏和虔诚之心对待人生和事业。这样的人而是不会迷恋于"花"之美丽,而更看重"果"的价值。因为他们明白有些"花"只是美丽并不结果,舍"果"而追"花"是本末倒置。

在现实生活中,远离敦厚、朴实之"上德"品格的人和事不胜枚举。比如,有的人贪得无厌毁前程:经历了十年寒窗的辛苦、职场拼搏的心酸、官场是非的压抑,到中年以后好不容易得到一官半职,手中掌握了一些权力,这时就控制不住自己的欲望,以权谋私、损公肥私,为升官发财不择手段,甚至膨胀的欲望让其行为达到目无法纪、无法无天的地步,最后落得身陷囹圄的下场,一切化为乌有。有的人追求虚华莫知止:对名誉、财富的渴望非常强烈,什么荣誉都想要,甚至不惜沽名钓誉、欺世盗名;什么财富都想得,甚至欺行霸市、巧取豪夺,把"穷得只剩钱了"当炫耀的资本,不以为耻反以为荣。有的人死要面子活受罪:

道德经的人生智慧

　　结婚本是人生大事喜事,但有的人为了面子上的排场,举债办婚礼,在婚礼当天风风光光之后,却要咬牙花几年的时间来还债,个中艰难与尴尬,也只有新婚夫妇自己才知道。有的人嘴尖皮厚腹中空:没有真才实学,却没有自知之明,喜欢夸夸其谈,以博取同样学识浅薄之人的钦佩,从而感到脸上有光彩,洋洋得意、目中无人。而一旦遇到真正有学问之人将会原形毕露、自取其辱。有的人不分良莠乱交友:喜欢到处交一些酒肉朋友,二两酒下肚便信誓旦旦,以披肝沥胆、两肋插刀自诩,还认为这样的朋友多表明在社会上混得很体面。而到真正遇到事情的时候"朋友"便无影无踪。以上这些现象都是生活中典型的虚华和浅薄的东西,老子教导我们要彻底抛弃这些不符合"上德"的东西。

　　很显然,老子对"上德"的追求,具有理想主义色彩,对于绝大多数人来说是很难做到的,不可能达到圣人所具有的"上德"境界。反而儒家提倡的被道家称之为"下德"的境界离大众更近些、更具有普遍性,这也是儒家学说盛行的一个重要原因。因此,对于现实生活中的普通人,比较切实的做法是:追求上德目标、立足下德实践、弘扬仁爱情怀。但是,对于那些心存大目标,想成就大事业的有志之士来说,追求"上德"依然是不二的选择。

　　这正是:

　　　　开启德经论上德,
　　　　上德与道总相合。
　　　　朴实醇厚德之本,
　　　　不屑虚华去浅薄。

"贵以贱为本,高以下为基"看谦卑

在对待贵贱、高下的问题上,一般常人的观点,都追求高和贵而鄙视贱和下。他们喜欢高高在上、居高临下,争先恐后甚至不择手段地获取更大的名誉、更高的地位、更多的财富,尽早过上养尊处优的生活,获取光宗耀祖的地位。只有这样,事业才算是有成就,人生才算有价值。

刘波:中国书法家协会会员

而老子则从"道"的高度分析贵与贱、高与下的辩证关系,却给出不一样的理解。他认为,"贵以贱为本,高以下为基。是以侯王自称孤、寡、不谷。"(39章)意思是说,任何的高贵都是以低贱为根本的,任何高大也都以低下为基础,所以侯王将相常自谦为"孤""寡""不谷"。从中可以看出,老子深谙为官做人之道,他是在劝诫侯王(统治者),必须把百姓当作根本,居高位的人必须把百姓作为基础,必须深入百姓生活,与老百姓打成一片,了解百姓的想法和愿望,这是建立牢固的统治(领导)地位的基础。我理解,老子"贵以贱为本,高以下为基"思想可从以下三个方面解读。

道德经的人生智慧

一是贱是贵的根本,要保持谦卑。任何高贵都是由低贱产生的,离开了低贱的依托,就不存在所谓的高贵。因此,高贵并不值得骄傲,学会谦卑才是人间正道。谦卑的人不会极尽地表现自己的优越感,懂得只有尊重别人才能获得别人的尊重。泰戈尔在他的《飞鸟集》中这样写道:"当我们大为谦卑的时候,便是我们最近于伟大的时候。"《尚书》也说:"满招损,谦受益,时乃天道。"谦卑永远都是做人的美德,而且这种美德本身就是一层保护色,是人生最大的智慧。具有谦卑品格的人不喜欢装模作样、盛气凌人,更容易得到周围人们的欢迎。那些颐指气使、唯我独尊的人必然难以与别人相处,难以听取善言良策,最终导致人生的挫折和失败。而且,谦卑的品格还能使一个人面对成功和荣誉时,不把它当作骄傲的资本,而是一种激励自己继续前进的力量,从而不会陷在荣誉和成功的喜悦中不能自拔。

二是下是高的基础,要善于居下。我们常说:基础不牢,地动山摇。万丈高楼平地起,没有牢固的基础,就不可能建起高楼大厦。而且楼越高,基础就需要打得越深越实。空中楼阁则是人们对那些不懂得这个道理之人的嘲讽。任何伟大的事业,都需要从最基础的东西做起;任何高深的学问,都要从点滴的积累开始。居下可以让我们更利于接地气,更有利于避免树大招风,更有利于积蓄力量。厚积薄发的功力就是在善于居下中形成的。

三是要做到谦卑而不自卑,居下而不卑下。谦卑是谦虚谨慎、不自高自大的品格;而自卑则是轻视自己,认为不如别人的消极心态。居下是不张扬炫耀、不争强好胜、不锋芒毕露的行为方式,是自觉内敛的品格;而卑下则是自我感觉地位低微,是品格、风格等的低下,是阴暗色彩比较重的低俗心态。真正的得道之人,不会因为自己地位尊贵、处境优越或暂时获得成功而产生自得、自负的心理,也不会因为自己地位低微、处境贫贱或一时遭受挫折而悲观失望、自感卑下。因此,在生活中,我们应该放下自己对于贵贱、毁誉、高下的"分别心",努力达到"物我两忘"的境界。具体而言,就是不必过于在意自己身份的尊卑、地位的高下。对于自我优越的地方,没有必要得意忘形,但也不必过于妄自菲薄。总之,要让自己找到一种平衡、平和状态,保持一种谦卑、朴实的心态。只有这样,我们才算真正体悟到老子"贵以贱为本,高以下为基"的真谛,也才能够活得简单、快乐、有尊严而精神充盈。

这正是:

> 身居高贵莫张狂,
> 舍弃谦卑自灭亡。
> 固本强基修品性,
> 厚德居下世流芳。

"至誉无誉"话管理

对于"至誉无誉"(39章)的理解,一直以来也是见仁见智,众说纷纭。比较典型的有两种:第一种解释为,最高的荣誉是无须称誉赞美的;第二种的解释是,过度的赞誉就等于没有赞誉。第一种是基于结合上下文的理解,第二种则是基于独立的字面上的理解,在这里,"至"是"到达了极点""极、最"的意思。无论是哪一种理解,都对管理学有着重要的指导意义。

丘仕坤:中国书法家协会理事,广东省书协副主席

当作第一种解读时,在团队管理上会有两种情况:

一种情况是,得道之人会不用扬鞭自奋蹄,领导者要做的就是为他们排忧解难多支持。得道之人都是以淡然的心态对待荣誉的,得之不喜、失之不悲,做人做事从来不把是否能受到赞誉放在心上,一切依道而为,顺其自然。他们所做的都是自己无比热爱、孜孜以求的事业。比如,爱因斯坦对于科学的追求达到了忘我的境界,根本不图名不图利,有一次在产生灵感时竟然把"钱"当成演算纸。我国著名数学家陈景润,为解开哥德巴赫猜想数十年如一日,夜以继日拼命工作,光演算纸用了数十麻袋。像爱因斯坦和陈景润这样的深悟科学之道的人,不需要任何荣誉和赞美,需要的是能够以更多的精力投入科学研究之中,

道德经的人生智慧

为他们钟爱的科学研究创造更好的条件就是给予他们的最高奖赏。对于这样的人,管理者不需要在奖励、激励上多费心思,唯一需要的就是多给他们以人文的关心,多为他们的事业提供支持和保障。

另一种情况是,普通之人会盯着名利干工作,领导者必须实行分等级的目标激励牵引。从管理者对团队的管理来分析,在奖励部属时,一定要设立多层级的奖励项目,让部属每取得一项重要成就都有相应的奖励项目,并随着成就的层次提升相应地提高奖励级别。但一定要记住,要尽可能延长部属达到最高级别奖励的时间。因为,一个人一旦获得了最高级别的奖励项目,对于较低层次的奖励项目就会不屑一顾,甚至连最高级别的奖励项目的激励作用也会逐渐减弱,甚至是失效。这种激励方法对于一个人的职务晋升同样适用。一旦一个人感觉职务到顶了,进取精神和事业心、责任感就会在不知不觉中减退。这些都是团队管理需要防止的。因此,管理者调动部属积极性的妙诀就是:只要一个人有能力和精力保持旺盛的创造力,就要让他始终保持对最高荣誉追求的动力和渴望。

当作第二种解读时,在团队管理上有三个方面的问题需要防止:

一个是,过度的赞誉会让部属产生过大的压力。作为管理者,要想调动团队的积极性,除了坚持"事业留人,感情留人,待遇留人"的原则外,还必须使用一些管理技巧,例如表扬。部属工作做得好,要表扬,要激励。表扬要大张旗鼓、指名道姓;批评在公开场合一般只批现象不点名道姓,私下批评指出问题则要动之以情、晓之以理。实践表明,表扬人的效果比批评人的效果要好。但值得注意的是,表扬不能过度,过度表扬会让被表扬者压力太大,感觉难承重誉,浑身不自在,甚至感觉不好做人,相应地也就失去了表扬的激励作用。虽然有"邪不压正"之说,表扬先进弘扬正气没有错,但古人也告诉我们:人间正道是沧桑!压力过大会加重部属前进时的负荷,不利于事业发展和团队管理。

另一个是,过度的赞誉会让奖励的价值降低,作用减弱。稀缺才会珍贵。表扬之所以有激励作用,是因为受到表扬的人只是少数优秀分子,而且是经过艰苦努力并取得成绩时才能获得的。管理者如果能正确而及时地运用赞誉等激励措施,会让团队形成积极向上、团结和谐的氛围,促进管理目标的实现。但一定要注意,赞誉要恰如其分、适可而止。如果过度地运用表扬,不适宜地扩大被表扬的覆盖面,降低获得表扬的门槛,就会让表扬变成廉价,起不到太大的激励作用,这对于团队管理是十分不利的。

再一个是,过度的赞誉会让部属盲目自大。领导者如果总是对部属进行无原则的表扬,过分拔高性地表扬,可能会使被表扬的部属盲目自大。这样,一些

自控能力差的人就会摆不正自己的位置、认不清自己的能力,慢慢地可能演变成看不起周围的同事,甚至可能会不把领导放在眼里,助长了一些歪风邪气,这样反而使有能力有成绩的人成为团队管理的负担和包袱。出现这样问题的根源就在于没有把握好表扬的度。对于孩子的教育也是一样。有人常说:孩子是夸大的。这句话有一定的道理,但也不全对。只能说在孩子成长过程中,适度的表扬有利于孩子健康成长。如果一味地表扬,孩子会产生虚荣心过强,不能正确认识自己的问题;或者使孩子心理变得脆弱,产生承受挫折能力降低的问题。这都是对孩子的伤害,不利于孩子的健康成长。正确的方法是,要让孩子明白,人都有缺陷的,都有这样或那样的不足。在鼓励孩子树立自信心的同时,也让孩子认识到自身的不足,并及时改正。从这个层面上说,我国的一些传统教育方法还是值得借鉴的,例如,对孩子适度的惩罚教育是非常重要的。

总之,老子"至誉无誉"思想,不管怎样去解读,都是团队管理者(包括孩子父母)需要谨记的,必须在实践中不断实践和认真总结,才能让自己成为一名优秀的管理者。

这正是:

  团队经营需技巧,
  严明奖惩应知晓。
  褒扬为主莫出格,
  至誉则无难见效。

"弱者道之用"：成功背后的推手

"弱者道之用"（40章）的意思是说，"道"在发挥作用的时候，使用的是柔弱的方法。老子认为，"道"的表象和作用应该是微妙而柔弱的。"弱"的对立面是"强"，绝大多数人总是善于利用自己的长处和优势来实现自己的目标。但老子的观点正好相反，指出"强"不是长久之道，"弱者道之用"是强调通常被人们忽视的"弱"的重要性，认为柔弱最终能战胜刚强。

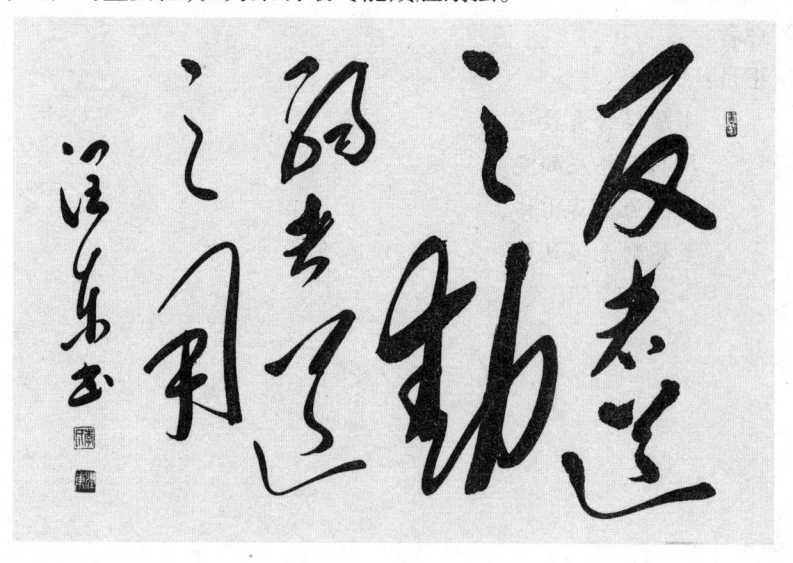

李润东：伊春市书法家协会主席

无论做任何事情，遵守"道"就能成功，违背"道"就会失败。这就是说，任何事物成功的背后都有一只看不见的手，这个背后推手就是"道"。那么"道"是怎样运用柔弱的方法发挥作用，人又怎样才能借助"道"的力量取得成功呢？

一是善用潜移默化之功：润物细无声。"道"在事物的发展过程中是在不知不觉地发挥着作用，让你根本感觉不到它的存在，这是它的柔性。同时，"道"发

挥作用不是短暂的而是长期的,不是间断的而是持续的,这是它的韧性。"随风潜入夜,润物细无声。""道"总是在不知不觉中来,悄无声息地滋润着万物。这启示我们,无论做任何事情,都要保持柔韧,知道什么事情可为,什么事情不可为;什么时候可为,什么时候不可为。做事如春风化雨而无声无息,能持之以恒而默默无闻。特别是要让别人觉察不到你的最终目标,在实现目标过程中留有回旋余地,善于从长计议,而目标一旦确定就要保持定力,久久为功,不能一曝十寒、朝令夕改。

二是遵守顺其自然之德:不干涉妄为。任何事物的发生、发展、灭亡都有其内在的规律,这是不以人的意志而改变的,这就是老子所说的"道"。"道"的博大精深,人们很难全面而准确把握,人们对"道"的了解只是一个圆圈内部的部分,无论这个圆圈是大是小,与圆圈外部比起来都是微不足道的。这就是说,人类的无知远远多于有知,未知远远多于已知。但是任性的人类却像初生牛犊不怕虎那样的无知而自信,贪得无厌的欲望让我们妄加干涉事物的发展,导致失败,甚至头破血流。所以说,成功的做事或做事的成功,成功的做人或做人的成功,都要建立在对"道"尽可能深入了解的基础之上,对"道"心怀敬畏之心。约束和控制自己的行为,对事物的发展不盲目作为,不妄加干涉,让事物顺其自然地发展。这样做看似柔弱,但会收到事半功倍的效果。老子无为而治的统治政策,守雌守弱的处世观点,并非是要人们放弃努力,而是要人们在行事时能够顺应大道自然而为。唯有如此,才更有可能获得满意的结果,才能获得欢悦幸福的人生。这种观点,如果用佛家的话说就是,不要太执着,要能拿得起、放得下。

三是掌握因势利导之机:要顺水推舟。老子说"无为",我们说不干涉,并不是消极的什么都不做,还是要当为则为。但这个"为"必须符合"道",即按照客观(自然)规律办事。事物的发展进程是复杂多变的,干扰甚至改变事物发展进程或方向的外界因素很多,有自然的也有人为的。这时就需要我们登高望远、高瞻远瞩,准确把握事物的正确方向和发展大势,顺着事情的发展趋势加以引导,让它重新回归正确的轨道上来。这就是"道"的柔弱,表现在不强行、不逆势上。这启示我们,由于我们认识能力、实践水平有限,做任何事情不可能一帆风顺、一马平川,遇到些挫折、犯些错误是正常的,但是要学会纠偏正向。做任何事情都不要逆势而为,要因势利导,顺水推舟。这样才能少犯小错误,不犯重复的致命的错误。

四是要具有恬静淡泊之心,不计较得失。"弱者道之用"告诉我们,不管"道"发挥作用的方式是多么柔弱,它都每时每刻地起着作用,我们必须明白,许多事情并非如同表面或暂时看上去的那样简单、明了,其背后都有"道"在暗暗

道德经的人生智慧

地起着作用。因此我们在看待事物的时候要保持一种更为宏阔与长远的目光，不要将目光局限在一个孤立的点上。这样，我们便会更加智慧，看问题会更加透彻。同时必须懂得，这个"道"非常微妙，不是人力可以掌控的。任何事情总有我们掌控之外的东西存在，所以在行事的时候，必须应该保持一种"谋事在人，成事在天"的态度，做自己该做的事，对结果不要过多强求。在做出努力的同时，对结果抱着一种豁达平和的态度，这才是与"道"的柔弱特性相符合。培养不计得失的淡泊之心，才更有可能实现自己的目标，走向成功。即使达不到目标，其负面效应也会因为我们的豁达而不像原来那么严重。只有努力但不过分执着，在失败或者失去的时候，才不至于迈不过那道坎，我们才会变得更为智慧、豁达、成功、快乐。

这正是：

天下苍生为道生，
道生万物细无声。
周而复始施柔弱，
因势而为不逆行。

闻道之态辨道性

所谓"道性",就是指人的道德品性,或是出家修道之人的情志。老子根据对"道"认识和外在行为的不同,把人分成了三个等级,即上士、中士和下士,即:"上士闻道,勤而行之;中士闻道,若存若亡;下士闻道,大笑之。"(41章)意思是说,悟性高的人听了道的理论之后,就会努力践行;悟性一般的人听了道的理论之后,总是保持将信将疑的态度;悟性低的人听了道的理论之后,以为荒诞不经,则会哈哈大笑。老子告诉我们,通过不同之人闻道后表现出来的状态,就能够辨别出来一个人悟道的深浅、道性的高低。我把老子的观点具体化为"四看",即从4个方面入手辨别一个人的道性:

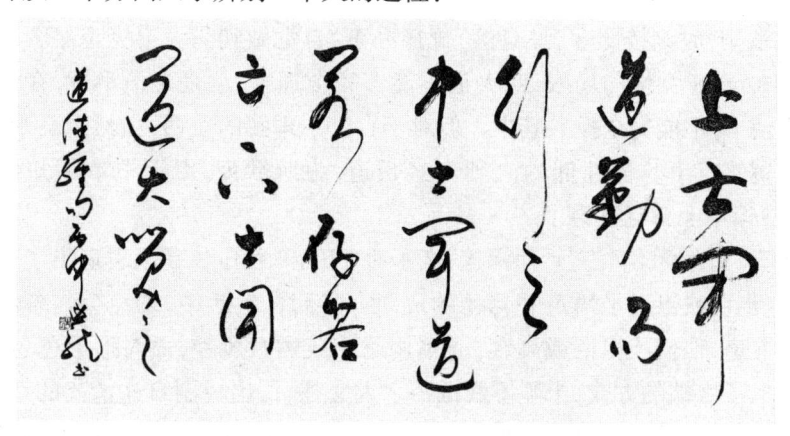

李吉辰:黑龙江省书法家协会理事

一是看对道的态度。所谓对道的态度,就是信与不信,真信与假信的问题。这是辨别一个人是不是有道性的最关键、最重要的问题。悟性高的人对道的态度是:笃信笃行,始终持之以恒。悟性一般的人对道的态度是:半信半疑,总是将行将止。悟性低的人对道的态度则是:不屑一顾,依然我行我素。

二是看悟道的能力。通俗点讲,悟道的能力就是把握客观(自然)规律的能

道德经的人生智慧

力。悟性高的人能够见微知著、一叶知秋，提前预测和准确判断事物发展变化的趋势和方向。我们常说"真理往往掌握在少数人手中"，这里的少数人其实指的就是那些有见识、有思想，比常人看得远的人，也就是老子所说的"上士"。正是因为他们看得比一般人更悠远、更深刻，所以能够看到普通人视野之外的东西。悟性一般的人对"道"有一定的感悟能力，虽然有时怀疑"上士"的所说所为，但随着时间的推移，等到"上士"所说的大道被越来越多的现实所证明之后，能够逐渐接受大道，并按照大道的要求去做。悟性低的人浅陋而无见识，根本不知道何为"道"，也就谈不上感悟能力了，经常嘲讽他所不理解的大道，做事往往是固执己见、一意孤行。

三是看畏道的品德。悟性高的人对"道"始终是敬而畏之，能够唯道是从，法地法天最终法道，一切顺其自然、事事顺势而为。悟性一般的人对"道"是畏而远之，时而畏道慎行、不越雷池，时而彷徨顾盼、犹疑不定。悟性低的人对"道"则是鄙而嘲之，无视大道的存在，藐视大道的力量，对"道"没有丝毫敬畏之心，任性妄为而不计后果，肆意嘲讽修道者，认为他们都是疯子，整天胡言乱语，信口开河。

四是看守道的自觉。悟性高的人能够领悟"道"中的奥妙，能够自觉遵守"道"的法则，时刻按照客观（自然）规律办事，自觉做到与大道完全融合。悟性一般的人，由于觉悟的局限，对大道不能够完全理解，总是半信半疑，在这种思想的驱使下，不能完全投入其中。但对于自己不理解的东西，虽然迟疑观望，但决不会贸然行事。悟性低的人则离经叛道，为所欲为，由于根本不知什么是"道"，更谈不上自觉守道了。

由于"道隐无名"，玄妙而深邃，老子对"下士"无知和嘲讽表现出了极度的宽容，这也反映出老子悟道和修德的成果。我们在生活中，难免会与各种各样的人打交道，他们或粗俗或高雅，或单调乏味或幽默风趣，面对形形色色的人，有人采取了极端的方式，干脆不和低俗之人交往，摆出一副自命清高的架势，见了粗俗之人就冷面孔相对，这便是忘记了什么是真正的高雅，不自觉地将自己推向了低俗的深渊。为什么不能做一株出淤泥而不染的莲花呢？如果我们真的有莲花的高洁，就应该以自己的品行感化人，帮助众多的"下士"慢慢脱离低俗。这是最好不过的处世方略了，拥有一颗包容心是无价之宝，这将让我们受用一生。

从老子的论述中，我们还可以看出，成为"上士"的标准很高、难度很大，只有极少数人才能够达到，这应该作为我们孜孜以求的目标。在生活中，我们即使无法成为"上士"，也尽量不要做那种浅薄的"下士"，以免显得鄙俗，最终贻

笑大方。无知不要紧,但要明白和承认自己的无知,对于自己不太理解的东西,不要轻易发议论,更不要嘲讽别人。否则,显得远离大道、愚昧无知的则是自己。

这正是:

道隐无名善贷成,
浅薄悟道笃难行。
士人闻道呈异态,
道性高低速现形。

"进道若退"：退一步海阔天空

在我们的传统教育之中，经常鼓励和赞美那些不畏艰险、勇往直前的人们，把培养孩子不怕困难、百折不回的精神作为将来事业成功的基石。似乎遇到困

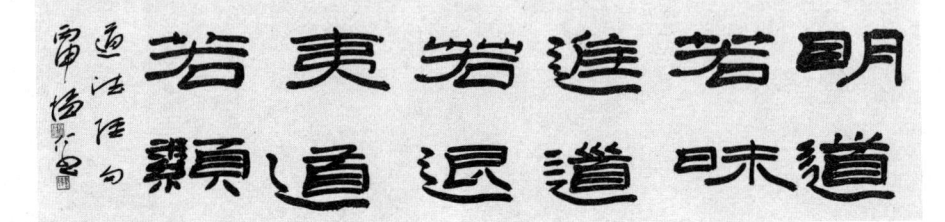

王猛仁：河南省书法家协会理事

难和危险不退缩的人才是值得佩服的英雄，遇到困难和危险回避的人都是让人鄙视的懦夫。但老子却提出了不同的见解，他认为"进道若退"（41章），即进取之道恰似退守。按照老子的观点来衡量，就可以这样理解，不怕死的不一定是勇士，也可能是莽夫，既能保全自己又能实现目标的才是有智慧的勇士。

"进道若退"告诉我们，退一步，会让事业更广阔

成就事业的智慧在于，知道进，更要知道退，退一步海阔天空。无论是面对困难和失败，还是曲折和绝境，都不做无谓的牺牲，退一步就会保留生命的坚强，保留生命的坚强就会有柳暗花明的机会。面对困难，不走极端；面对悬崖，不走绝路；面对风雨，不走夜路。退一步，积蓄力量；退一步，保存希望；退一步，卧薪尝胆；退一步，下一步我们走的会更有力量。前方有危险需要退而绕之：明知前方是雷池而敢踏雷池的不是勇士，是白白送命的莽夫；绕过雷池虽然会多走些路，却能保证自身安全，才能有机会向目标冲刺。前方有沟壑需要退而跨之：生活常识告诉我们，超过3米的沟壑是无法直接跨过去的，必须停下来退回去，到附近寻找树木等可用于搭桥的东西，花点功夫搭桥而过，否则只能望壑兴叹。前方有障碍需要退而跃之：有时跨不过去的坎，后退几步就可能跃过去，这

就像跳高比赛,没有后退之后的助跑,是不可能跳出人生的最高高度的,更不可企及冠军之梦。时机未成熟时需要退而待之:瓜不熟蒂不落则瓜不甜,水不到渠不成则难流长;时机不成熟而强为,失败是必然的结局。能力未达到时需要退而蓄之:羽翼未丰满,雏鹰难远飞;能力未达到,做事难成功。有些人心情浮躁,没学会走路就想跑,跌倒是必然的。越是做艰难的事情,就越是需要有强大的能力做后盾。能力水平没有达到时,就要把这件事先放一放,储蓄能量、积蓄能力才是当务之急。条件未具备时需要退而忍之:万事俱备时还需要借到东风。天时地利人和,这是成事的三个基本条件,缺一不可。任何一个条件不具备,都需要后退一步,静心地忍耐、精心地准备。纵观历史,退一步隐忍等待后取得成功的不胜枚举。三国刘备再三低头让步,从三顾茅庐到孙刘联合,每一次低头都有改变命运的收获,终于做成"三足鼎立"的辉煌。退一步需要有艺术,换句话说,不可以白退步,要退得有价值。

"进道若退"还告诉我们,退一步,会让生活更和谐

让生活幸福和谐,是每个人孜孜以求的目标,但更多的人却陷入抱怨、妒忌甚至争斗泥潭不能自拔。其很重要的原因就是背离了老子"进道若退"的教诲。俗话说:"忍一时风平浪静,退一步海阔天空。"人生在世,谁都会遇到一些困难或者不开心的事情,如果能忍一忍、让一让、退一退,也并不一定会改变我们的人生方向,也阻挡不了我们前进的脚步。很多时候,人与人之间产生矛盾和争执,并不是因为什么大是大非问题,常常是一些琐碎小事。且不说由此产生的矛盾和争执是否值得,即使自己占了上风,那又会有什么改变呢?无非就是赌一时之气、逞一时之强、得一时之快罢了。如果在此时,彼此能够退让一步,会少了很多的口舌之争,而多了几分心情的平和,对方也会随着自己大气、宽容的态度,主动退让平息纷争、握手言和。更为可笑的是,有时候人们争并不是利益,而是面子。有的人为了面子可以不惜一切代价,不计一切后果,谁也不肯后退半步。殊不知,面子不是争抢出来的,有时候退一步,更是尊严的象征。意气用事、相互斗狠,既伤害了别人,也伤害了自己。退一步,忍一时,给别人一点醒悟,也给自己一个好心情,更会在前进道路上减少一个敌手。如果我们遇事情时能退一步去想,思路会更加清晰,就不会莽撞行事;如果我们遇问题能退一步去看,那么将看得更远,也看得更透彻;如果我们遇困难时能退一步去思考,也许有更多的勇气去面对困难,有更多的方法去解决困难。可见,这种退不是无理由的退,也不是无目的的退,更不是坐以待毙的消极,而是为了创造一种宁静的环境,是退避三舍的明智。退一步,有时候是谦让,有时候是权衡。进退权衡,是主动的游刃有余,是进退自如的选择。在强势面前,先退让一步,暂避其

道德经的人生智慧

锋芒,待它的猛烈势头消减后,再寻求解决之道,这样往往更有可能反败为胜。那些大智大慧之人,必然懂得"能屈能伸""能进能退"的道理。"屈"不是懦弱,而是为了保存实力,"退"不是认输,而是为了突破困境。

  人生路上,不一定每一步都要前进。退一步,看似抬高了别人,却也没有贬低自己,是一举两得的共赢之举,是避免两败俱伤的有效方法。为了我们的事业更广阔、生活更和谐,需要多些"进道若退"的智慧。退一步所展示出来的,是一种低调的风范、平和的素质、宽容的德行。有时候,退一步,会让心情豁然开朗,多让别人几分,给自己一个快乐的心境;有时候,退一步,会化干戈为玉帛,给别人留有余地,也让自己多几分宽容;有时候,退一步,会绝处逢生,在"山重水复疑无路"时,便会突然感到"柳暗花明又一村"。人生坎坷,退一步,也许我们今后前进的步履更轻盈,前进的心情更快乐,前进的神态更潇洒!

  这正是:

    进道悠然常若退,
    退虚为进藏聪睿。
    屈伸进退应时宜,
    不妄为之行似水。

"大器晚成"终能成

"大器晚成"(41章)已经成为广为流传的励志成语。《古代汉语词典》解释为:"大器经久才能完成。后用以比喻大才晚有成就。"《现代汉语词典》解释为:"指能担当大事的人物要经过长期的锻炼,所以成就比较晚,后来也指年纪较大后才成才或成名。"这个成语也常用来安慰那些少年不得志的人。老子用"大器晚成"告诉我们两个道理:一个是,说明成大器之艰难。越是巨大的贵重的物品,制造的工序就越复杂,需要大量的前期准备工作,需要大量的人力、物力和财力,需要耗费大量的时间和精力。一句话,成大器需要花费大气力、长时间,不可急于求成。另一个是,说明树恒心之重要。凡事易说难行。由于工程浩大复杂,在制作大器过程中,一定会遇到各种各样的困难,有些困难可以在事前预测并有所准备,有些困难是无法预测的,会带来意想不到、突如其来的困难。在这种情况下,是坚持住还是放弃,是对恒心和毅力的现实考验。不经风雨就无法见到彩虹,胜利往往就在再坚持一下之后。

刘广岩:中国书法家协会会员

老子的"大器晚成"思想也给了我们两点启示:

启示之一,用之以识人,则不可目光短浅、轻视他人。把老子"大器晚成"智慧作为识人的重要参考,正确看待一个人成功迟早问题。他人在努力进取的过程中,不要因为一时没有成功,便对这个人的事业轻率下定论,认为成功无望、前途无"亮"。尤其是对于朋友,千万不要在其遇到困难时再泼一盆冷水。我们应该做的是雪中送炭,及时给予安慰和鼓励,尽自己所能暖人之心、成人之美。我们在生活中之所以缺少长久的朋友,很多时候都是因为在朋友需要鼓励和帮助之时没有伸出援助之手。特别是有的人因看到别人长时间没有表现出什么

道德经的人生智慧

才能,不太得志,便认为此人会一直潦倒下去,不但从心里看不起,甚至还冷嘲热讽。这是很伤人自尊的,很容易让对方产生赌气乃至报复心理,现实中因此而得罪人的事十分常见,甚至结仇的也屡见不鲜。如果这样做了,只能说明我们在识人方面目光短浅、不具慧眼,总被浮云遮望眼,只见当前不见未来,只见现实不见发展。一句话,不掌握"大器晚成"的道理和智慧。殊不知,大千世界,芸芸众生,每个人的人生路径都是不同的。而对于那些试图有所成就的人来说,因为各自的资质、出身、机遇等条件的不同,每个人最终抵达到终点的方式也是不同的,抵达成功的时间也会有早有晚。年少得志的人固然不在少数,但实际上更多的人往往是经过较长时间努力,在较大年龄之后才取得成就的。有的人即使早年表现得很糟糕,只要能够经受住历练,善于汲取经验教训,反而更容易在日后取得非凡的成就。如果连这点道理都不懂得,就是缺乏远见而为人浅陋。

启示之二,用之以励己,则不可缺乏恒心、半途而废。就是把老子的"大器晚成"智慧直接用于自身,鼓励自己自立自强,成就一番事业。任何事物的发展都不会是一帆风顺的,当我们遇到挫折时,千万不要灰心,持之以恒地做出自己的努力才是唯一正确的选择。正如《孟子》云:"天将降大任于斯人也,必先苦其心智,劳其筋骨,饿其体肤,空乏其身,行拂乱其所为。所以动心忍性,增益其所不能。"越是成就大事业的人就越应该经受长时间的艰苦磨砺,"晚成"就是理所当然了。商周时期的吕尚70岁才开始辅佐周武王灭纣建周,建立了不朽功勋;北宋文学家苏洵,27岁才开始发奋读书,后来名列唐宋八大家之一;明代著名科学家宋应星,年过半百才写成中国科技史上的重要著作《天工开物》;美国的肯德基创始人哈伦德·山德士,经历了无数的失败后,88岁高龄才迎来成功。这些都是功成于垂暮之年的典范。这些"大器晚成"之人的经历告诉我们,只要心怀梦想并坚持不懈,即使韶华不再的生命,也照样能焕发出夺目的光彩。成功什么时候到来我们无法把握,我们能做的就是不停地努力,尤其是永远对自己充满信心。闻道有先后,术业有专攻,成功有早晚。只要我们坚持下去,成功就还有希望。只要我们不放弃机会,机会就不会放弃我们。只要我们不自暴自弃,那么"大器晚成"便不再仅仅是一个成语,而是一条真实的踏在脚下的路。

这正是:

铸磨大器事难行,

久久为功勿断停。

志远不惜劳作苦,

晚成大器世人惊。

"冲气以为和"蕴含着"和为贵"思想

"万物负阴而抱阳,冲气以为和。"(42章)老子认为,世间万物之所以能够存在,便是阴阳之间相互激荡,并最终达到一种平衡与和谐状态的结果。

我国古代的阴阳学说,是国人解释世界的基本理论,老子无疑是这一学说的重要奠基人。阴阳学说认为,阴阳二气的相互作用,是自然界一切事物发生、发展、变化和灭亡的根本原因。宇宙万物的生息变化都遵循阴阳交融相合之道,相互对立又相互统一。"冲气"就是对万物重要的调控作用,"和"就是阴阳消长平衡的结果,"冲气以为和"就是客观(自然)规律作用于事物内部矛盾的两个方面,"高者抑之,下者举之,有余者损之,不足者补之。"(77章)通过其变化使之在新的层次上达到新的和谐。所以,整个自然界都是运用着这样的客观(自然)规律,在动态调节中维系着自身的平衡与和谐。所谓平衡与和谐,就是一种不偏不倚的中性状态。可以说,老子的这种思想对于国人的思想和行为都产生了深远的影响。我们知道,历来统治者(侯王)治国,几乎都是要选择中庸之道;国人在行为准则上,也一向推崇儒家的中庸之道。实际上,老子的"冲气以为和"思想为中庸思想提供了更为深层次的理论支撑——这个世界本质上就是中庸的。人作为这个世界的一部分,行为做事自然不能脱离宇宙万物的规律。正是因为如此,儒家中庸思想一直以来得到国人的推崇。可以说,无论是国人一向不走极端,而习惯不偏不倚,走在中间的行事习惯,还是在人际

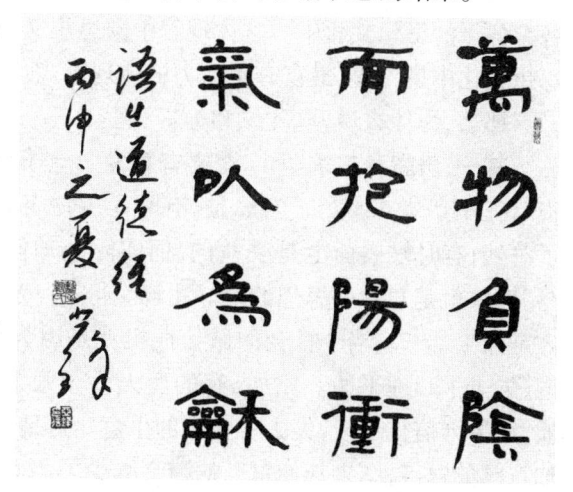

巩亚锋:中国书法家协会会员

道德经的人生智慧

乃至政治交往中所强调"和为贵",无不受到儒家中庸之道的影响,其背后也都有老子"万物负阴而抱阳,冲气以为和"思想的影响。这正如晋代道教大师葛洪所说:"道者儒之本也,儒者道之末也。"国学家南怀瑾也说:"细读中国几千年的历史,会发现一个秘密。每一个朝代,在其鼎盛的时候,在政事的治理上,都有一个共同的秘诀,简言之,就是'内用黄老,外示儒术'。"台湾学者陈鼓应也认为:"历代许多被认为是儒家的思想家,其实是外儒内道。"从某种意义上说,"冲气以为和"思想是儒家"中庸思想"之根。老子还说:"知和曰常,知常曰明"(55章),意思是说,懂得纯和的道理叫作"常",知道常恒的道理叫作"明"。可见,"和"依然已经成为一种精神、一种境界,历经了2000多年心心相传,"和"已经深入人心。它纵贯了整个中国思想文化发展的诸多过程,积淀了各个时代的各家各派的思想文化中。它体现着中国思想文化的首要价值和精髓,也是中国思想文化中最完善、最富有生命力的体现形式。

那么,为什么说万事以"和为贵"呢?

其一,贵就贵在求"和"需要有智慧。老子认为"物或损之而益,或益之而损"(王弼版本42章)。意思是,有时候事物表面上受到损害,反而最终却得到了益处;有时候表面上是受益的,而实际上却使其遭受损失。著名的"塞翁失马"典故就是对这一思想的最好注解。得不一定就好,失不一定就坏,有得有失才是人生常态。当今社会的诚信危机就是因为人们对待得失问题上出现了问题、失去了心理平衡。比如,有的商人为了眼前的一点利益,放弃了诚信的品质,结果因信誉受损,失去了更多的生意。这是典型的"益之而损",本来是想增加自己的财富,结果却使自己的财富减少了。而有的商人则为了坚守诚信的商业道德,宁肯遭受利益上的损失,结果因为赢得商业信誉而得到更多的顾客和合作伙伴,最终得到了比损失多得多的财富。这便属于"损之而益"的情况。再比如,有的人特别在乎自己的名誉,以至于刻意去做一些事情以成就自己的好名声,结果反而弄巧成拙,被人视作沽名钓誉之辈。而有的人根本不在乎虚名,踏实扎实求实务实,不会迎合别人,不想委曲求全,时间久了自然会得到人们的认可和敬服。在生活中,这样的例子还有很多,事情的好坏都不是像表面上看上去那么简单,一件事看上去是好事,没准隐藏了祸患;而一件事看似灾祸,也可能是一件值得庆幸的事情。损益是对立统一、如影随形的。此损则彼益,此益则彼损,有所失必有所得,有所得必有所失,损益相伴而行,损中有益,益中有损。利害在于取舍,以小损换大益,在各种利益得失之间,区分轻重缓急,做出正确取舍。更多的时候,丢卒保车就是一计良策,善于运用,才能够使我们逢凶化吉,趋利避害。这就是求"和"的智慧。

其二,贵就贵在求"和"需要有品德。无论是大到国家还是小到个人,弱者无缘无故主动挑战强者的情况几乎很少,一般来讲,都是强者仗势欺负弱者。弱势一方都想求"和",但作为强势一方,能够追求"和为贵"则非常难得。大不欺小、强不欺弱,在强势的情况下能够主动处下、坚持守弱需要品德。这也就是"和为贵"的难能可贵之处。当领导的不高高在上、不自以为是,而是真心关爱部属;当官的不任性妄为、不冷漠无情,而是真心为群众服务;富贵之人不为富不仁、不利欲熏心,而是真心为社会服务;一个人功成名就后能够淡泊名利、甘当人梯,真心帮助后来者,等等,如果社会上的强者都具有追求"和"的思想品质,能够做到严于律己、宽以待人,与人为善、同情弱者,不背后诋毁别人,得饶人处且饶人,这样的社会怎么能不和谐安定?可以说,"和"之道的运用之妙,存乎一心,在于立德。

其三,贵就贵在求"和"需要有力量。俗话说"万事和为贵""家和万事兴""和气生财""和衷共济",这些都说明在人与人相处的过程中,"和"字的重要性,求"和"也是绝大多数人的美好愿望。但不是什么时候、什么人都能求到"和"的。一个普遍性的现象,就是强者求和易,弱者求和难。大到国家,近代中国积弱成疾,丧权辱国,难求和平。小到个人,弱势群体办事难维权难,家园屡遭强占强拆,难求和谐生活。无数事实证明,打铁还需自身硬,要想追求"和",自身必须要有力量、有资本。缺少求"和"的力量,就缺乏求"和"的力度;没有求"和"的资本,就没有求"和"的资格。这就是"和"之平衡、和谐的另一种表现形式。

世界需要和平,社会需要和谐,家庭需要和睦,但愿当今世界上的每个人,特别是当政者、有权者都能够秉承老子"冲气以为和"思想,让"和为贵"成为处理各个国家之间、不同阶层之间、家庭成员之间关系的主流。

这正是:

> 冲气为和藏智慧,
> 以和为贵称精髓。
> 负阴需以抱阳冲,
> 万物和谐人万岁。

"强梁者不得其死"的昭示

老子说:"强梁者不得其死。吾将以为教父。"(王弼版本42章)"强梁者"是指强横、强暴,自恃力量强大而不遵从大道之人。这句话的意思是说,自恃强大的人都不得好死,不能寿终正寝,这是"我"教诲他人的最基本的道理,也是老子首要教诲他人的原则。可见,老子对这一观点的重视程度。那么,"强梁者"为什么会"不得其死"呢?我认为主要有3个方面原因:

王境:中国书法家协会会员

一是"强梁者"往往刚愎自用、难容他人。独断、霸道、狠毒,极富侵略性,是"强梁者"的重要性格特征。这样的人往往缺乏互惠共赢意识,喜欢大权独揽。

不但根本听不进别人的意见、建议,而且还实行顺我者昌、逆我者亡的处事方式。其他势力(包括群体和个人),与之共处都会产生深深的恐惧和嫉恨。为了自身利益不受或少受损害,这些势力必然会联合起来,共同对付"强梁者"。以抱团取暖的方式形成对"强梁者"的优势。当双方力量对比发生质变后,这些联合力量最终会击败"强梁者"。取得胜利以后,这些反对势力必然会对"强梁者"施以报复,以发泄长年积蓄在心中的怨恨,"强梁者"自然"不得好死"。

二是"强梁者"往往胆大妄为、凶吉难测。 敢于冒险是"强梁者"行为方式的主要特点。由开始时的比较谨慎、小心,逐步到自信、自大、自恃,最后发展成为不可一世、为所欲为。他们不喜欢顺势而为,常常以赌徒的心态做事,强行强为,不成功则成仁,这样做有时对"强梁者"自身也是极大的伤害。比如,强梁者使用强力压制或战胜对手的过程中,必然会遭到强烈的反抗,剧烈的对抗会使双方都消耗掉巨大的力量,即所谓杀敌一千,自损八百。虽然"强梁者"最终打败了对手,但也会付出沉重的代价,甚至会损失惨重、元气大伤。更可悲的是,这些"强梁者"往往会被胜利冲昏头脑,一次次胜利让其不断强化了对武力、暴力的崇拜,认为老子天下第一,"拳头"无所不能,一次次使用暴力手段对付那些不顺从的势力,而对自身力量的衰弱趋势却视而不见,最终在盲目自信中耗尽自己的力量。此时,一旦来自内部和外部的反对势力乘机发难,就会成为压垮"强梁者"的最后一根稻草,其悲惨下场可想而知。想当年,盖世天才拿破仑率领精锐法军横扫欧洲、气势如虹,那是何等的强梁,但最终在侵略俄国的战争中失败,复辟后再败于反法联军,落得被囚禁于孤岛而终的悲惨结局。与之相似的还有第二次世界大战中的希特勒,更是强梁一时,狂妄之至,结果自取灭亡,遗臭万年。这都应验了老子的话:"强梁者不得其死"。

三是"强梁者"往往欲壑难填、不知其止。 随着一次次成功和胜利,"强梁者"在更加自信的同时,欲望也逐步膨胀起来,忘掉了物极必反、适可而止的道理。由贪求蝇头小利开始,随着力量的强大逐步变得利欲熏心、野心勃勃,这是"强梁者"心理发展的轨迹。"强梁者"不知所止地贪权,为争夺权力不惜父子成仇、兄弟残杀,最后丧失亲情和人性。"强梁者"不知所止地贪财,恨不得把天下所有的荣华富贵、奇珍异宝都占为己有,为此不惜杀人放火、强取豪夺。"强梁者"不知所止地贪功,在功名面前当仁不让,容不得他人比自己功多名盛。为求功名不择手段,不惜欺世盗名、伤害他人。长此以往,"强梁者"必然会众叛亲离,成了孤家寡人,甚至四面树敌。在这种处境下,一旦"强梁者"遇到危难,他人不但不会真心相助,甚至还会推波助澜、落井下石。

从上述可以看出,"强梁者"存在的3个致命的弱点,决定了其"不得其死"

道德经的人生智慧

的必然结局。"强梁者不得其死"思想与老子一以贯之的贵柔、处下、守弱、不争思想是一脉相承的。即从另一个角度昭示我们，在政治上要摒弃强硬残暴的施政，主张"无为而治"；在做人上要避免争强好胜、锋芒毕露，不霸道、少树敌，主张守住自己的柔弱，甘于谦卑处下。这对我们为人处世以及事业成功都是极有裨益的。总之，老子这些思想启示我们，不做"强梁者"成为我们终生坚守的信条。

这正是：

人生在世莫猖狂，
任意胡为遇祸殃。
纵览古今中外事，
不得其死尽强梁。

"至柔"何以驰骋"至坚"

老子认为:"天下之至柔,驰骋天下之至坚。"(43章)其意思历来有两种解释:一种为,天下最柔弱的东西能够在最坚硬的东西间自由穿梭;另一种为,天下最柔弱的东西能够驾驭或者战胜天下最坚硬的东西。而实际上,这两种解释的本质内涵是一样的,都是老子一贯倡导的"柔弱胜刚强""守柔曰强"思想。正是在这种思想指导下,老子提出了自己的政治观点和人生哲学。即在政治上,主张统治者(侯王)应该放弃残暴强硬的政治,施行柔和的"无为而治",让百姓安居乐业;在为人处世上,主张要贵柔守雌,甘居下位,不矜不争,不为天下先,保持谦卑内敛、平和待人。

在老子看来,柔弱的东西,并不意味着软弱可欺、任人宰割,因为其内部往往蕴涵着巨大的能量;而坚强的东西,并不意味着无懈可击、坚不可摧,因为强大光环下往往蕴藏着危机。石头密度很大,可谓坚硬,一般人看来没有任何的空隙可供侵袭,但是水却能侵入石头内部。种子外表看起来十分柔弱,往往被人忽视,但它却能把生物学家和解剖学家用尽了办法都无法完整分开的人头盖骨

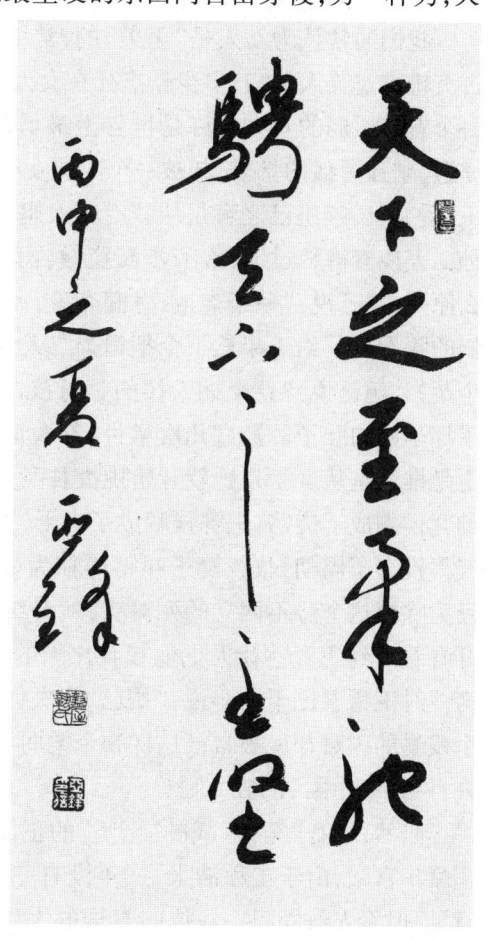

巩亚锋:中国书法家协会会员

道德经的人生智慧

轻而易举、完好无损地分开。这就是"至柔"的神奇力量。按照此法,老子总结出为人处世的一种策略,即"以柔克刚""以弱胜强"。事实证明,真正的强者,不是外表的勇猛,而是内心的坚守,柔弱是一种策略,克胜是一种精神。只有坚持不懈、持之以恒,才能达到"以柔克刚""以弱胜强"的目的,才能体现弱能胜强的真理。古希腊有一则寓言:北风与太阳各自为自己的本领高强争论起来,最后它们约定:能够让行人脱掉衣服者为胜利。北风率先登场,为了让行人脱衣服,它使劲地刮强风,可是行人却赶紧将衣服裹住,而且越裹越紧,根本无法让其脱掉。轮到太阳出场,它把温暖的阳光源源不断地洒向大地,行人热得先是脱掉外套,最后终于热得受不住,脱掉衣服跳进河里以解其暑。希腊是与中国相距遥远的国度,却同样有以柔克刚的思想和方法。

我们通常认为女人是"至柔"的,常用"柔情似水、弱不禁风"来形容。但自古英雄难过美人关,有多少豪杰死在女人的柔情中,有多少好汉倒在了情海里。一个看似柔弱的女人或许是世界上最勇敢而无所畏惧的人。殷纣王是位骄奢淫逸、刚强勇猛的暴君,却被一个柔弱女子摆弄得惟命是从。据史书记载,殷纣王"爱妲己,唯妲己之言是从。"有一次妲己和纣王站在宫殿层楼上,远远看见祖孙二人挽着裤腿过河,爷爷步履稳健,而孙子在冷水中战栗摇晃。纣王问是什么原因,妲己说:"爷爷老成,骨髓充盈,孙子稚嫩,骨髓不满,不信你叫人敲断他们的腿看看。"纣王果然下令把祖孙二人当场敲骨验髓。又有一次,他们碰到一个孕妇,妲己说:"这个妇人怀的是男孩,不信你叫人验证。"纣王果然令人割开了那孕妇的肚子。经过几次事件,都验证了妲己的话都是正确的,使纣王对她更是惟命是从。于是她就开始挑拨君臣关系,残害忠良股肱。纣王把三公重臣的九侯剁成了肉酱,把鄂侯晒成了肉干,拘囚西伯于羑里。哥哥微子数谏不听,气得投奔了周朝,叔叔箕子吓得佯狂为奴,只剩下最忠诚的叔叔比干在朝。妲己为除掉这个势不两立的死对头,就对纣王说:"比干心有七窍,不信你让人割开看。"纣王竟然让人把他叔叔比干的心挖了出来。人心只有四窍而不是七窍。纣王指着比干的心说:"妲己,这次你可说错了!"妲己却笑而不言,她笑一个残暴的国君却能被自己这样一个柔弱女子玩弄于股掌之中,可能也是暗自赞许自己"绕指柔"的威力吧!

当然,也有"至柔"战胜"至坚"的正面事例。春秋时期,齐宣王下令修建一座豪华宫殿,由于工程浩大,三年没有完成。大臣们对这劳民伤财的工程很有意见,但无人敢劝阻。一位叫春居的大臣忧心忡忡,但他也不敢直接劝谏刚愎自用的齐宣王,否则可能遭受杀身之祸。聪明的春居准备采取柔和的手段智谏。在一次朝会上,齐宣王和大臣们谈论君主的贤明问题,春居见劝谏的时机

到了,于是就抓住机会问齐宣王:"楚王抛弃了他们先王的礼乐,因而楚国的音乐现在变得轻浮了,请问大王,楚王能算贤明的君主吗?"问题如此简单,齐宣王不加思索地回答:"当然不能算了!"春居又问:"楚国朝廷有数以千计的大臣,却没有为此而劝谏楚王的,您说,楚国还有算得上贤臣的人吗?"齐宣王不知这是春居设下的圈套,爽快地回答:"当然没有了!"有了前面的铺垫,春居直奔主题问道:"现在大王您要修建的大宫殿,三年未成,但大臣中没有一个人敢劝阻,请问大王,您还算拥有贤臣吗?"齐宣王闻听后面露羞愧之色,稍微停顿了一下,说:"当然没有了!"听到齐宣王的回答,春居拱手做出告辞之状,说:"那好,请大王允许我离开吧!"说完便头也不回地快步往外走。很显然,春居是在表达自己不是正直的贤臣,而齐宣王也不是贤君的意思。但春居并没有把矛头直指齐王而是批评自己,既让齐宣王幡然醒悟又不伤尊严。齐宣王立即把春居留住,让记事的史官把此事记录下来,并果断停止了这项劳民伤财的工程。

其实,在现实生活中,"至柔"战胜"至坚"的事情也是寻常见到的。我的一位朋友讲过一件他妻子的惊险经历。一天妻子在单位加班很晚才乘公交车回家,冬天的夜晚街上几乎没有行人。下车后,她发现一个男子在后面尾随着她,快到比较偏僻的地方时,她感觉这名男子快步跟了上来。她感觉事情不好,但她很快稳住了心神,突然转过身来,以十分诚恳而信任的口气对这名男子提出请求说:"大哥,现在天黑人少,我这一个单身女子赶路很不安全,我很幸运能在这里碰到你,你能不能辛苦一下护送我一段路程?"她这突如其来的举动让这个准备抢劫的男子一时不知所措,只得很茫然地点头答应了。一路上,她把这名男子当成熟人一样聊天,聊生活、聊孩子、聊工作,让这名男子丝毫没有感觉到把他当成歹徒加以防备,使得这个原想作案的男子不知不觉地把她送到家门口,始终没有采取任何非礼行动。她在情急之下的纯善之心,唤醒了那位男子人性中善的一面,运用感化对方、以柔克刚的方法,在十分危难的状况下解救了自己。可以想象,在那种孤独无助的情况下,她的反抗也是无济于事的,反而有可能遭到更大的伤害。

总之,对于人而言,至柔可以彰显至爱,至爱可以温暖至冷的心;至柔可以彰显至善,至善可以感化至恶的心;至柔可以彰显至亲,至亲可以消解至恨的心;至柔可以彰显至娇,至娇可以软化至硬的心;至柔可以彰显至怜,至怜可以迷惑至疑的心。这就是"至柔"能够驰骋"至坚"的原因所在。只要能够坚守"至柔"之道,就能无坚不摧、战无不胜。

当然,"至柔"也并不是无条件、无限度的"柔"。柔中含刚,刚中存柔,刚柔相济才是中国人的处世正宗和理想境界。这一理想化的处世方式,太极图体现

道德经的人生智慧

得最为形象。在一个圆圈中有一个白色的阳鱼和一个黑色的阴鱼，阳鱼头抱阴鱼尾，阴鱼头抱阳鱼尾，互相纠结，浑融婉转，恰成一圆形，无始无终，无头无尾，无前无后，无高无下。最妙的是阴鱼当中有阳眼，阳鱼当中有阴眼，相互包容，相互蕴含，相互激发，相互转化而又相互促生。当我们今天凝神谛视这个小小的太极图时，不能不敬服我们祖先对宇宙哲理的深刻洞察，对刚柔相济思想的完美表达。所以说，柔中含刚，刚中存柔，刚柔相济，是"至柔"更深层次的含义，更高层次的境界，更是其具有驰骋"至坚"神奇力量的缘由。

这正是：

> 至柔驰骋入无间，
> 威力无穷克至坚。
> 持守至柔修正果，
> 攻坚克险定坤乾。

"不言之教"重在意会

在《道德经》第2章和第43章,老子分别提出"(行)不言之教"。暂且祛除其政治内涵不论,专就人生修养和智慧而言,"(行)不言之教"告诉我们这样一个道理:不说出来的教诲比说出来的效果要好。"不言之教"是一种心灵上的领悟,贵在于心,难在于行,重在意会。

"(行)不言之教"要做到,只意会不点破。老子在《道德经》开篇就讲:"道可道,非常道"。这是在说明一个道理,有些事情(道理)是不能用语言说出来的,而只能靠人们自己去领悟。老子虽然没有对"不言之教"为何会比"言教"效果好做具体分析,但我们可以通过现实生活去体验。"言教"是意向的思想交流,在某种程度上有些强迫性质,即"我教你学,我说你听,我打你通。"言者可能讲得满嘴白沫、声嘶力竭,听者可能是"左耳进右耳出",根本不入脑,甚至并不接受"言教"者的观点,心理产生反感。而与"言教"相反的"不言之教",则并不诉诸无的放矢的说教,而是通过某种精神上的契合让别人领悟,是心灵间的双向沟通。一个人自己领悟出来的事理他自然会接受,并会变成自觉的行动。这就是"不言之教"比"言教"更有效果的基本原理。特别是在有些时候,对于某些事情,不点破比点破效果要好得多。比如,在发现别人犯了一般性错误时,如果想让这个人改邪归正,不让他破罐子破摔,就要给他留足面子,对其错误点到为止,只要双方都心知肚明,达到引以为

周平:伊春市书法家协会副主席

道德经的人生智慧

戒、下不为例的目的即可。而绝对不能以"言教"的方式，当众严厉批评，甚至揭伤疤式批评，这会产生无法预测的后果。

"（行）不言之教"要懂得，身教重于言教。河上公《老子章句》中对"不言之教"的注释为"法道不言，师之以身。"指的就是要重视身教。中国教育向来重视言传身教的作用。所谓言传身教，就是通过言语讲述基本原理，而真正的教育则是以自己的实际行动来影响别人。在中国有"上行下效""上梁不正下梁歪""上有所好下必甚焉"的说法，讲的都是身教的重要作用。一般而言，上级官员喜欢贪污受贿，下级官员也多是贪官，领导自私自利，总是为自己打算，却号召部属去奉献，去大公无私，部属自然不会买账；家长痞气十足、满嘴脏话，孩子受其影响，长大后也多半不会是讲文明有修养之人；为人父母的如果对自己的父母不孝顺，其子女长大后也不会孝顺他们；老师整天谎话连篇、见风使舵，就不可能指望他能教出来诚实守信的学生。俗话说，喊破嗓子，不如做出样子。言传身教的要义在于无声的"身教"重于有声的"言教"，这历来是中国人最注重的教育方法。可以说，中国先人深谙老子"不言之教"的智慧，并已经将其巧妙运用到现实生活中了。

"（行）不言之教"要明白，功在潜移默化。教育人培养人的工作，是功在当代，利在千秋的事业。这不是一朝一夕的短期行为，是久久为功的长期作为，教书育人不能一蹴而就，而是要潜移默化、持之以恒。不但要注重从点滴做起培育人的高尚道德情操，更要注重社会道德风气的培育。如在一个风清气正、和谐向上的社会中，身处期间的个体往往会不自觉地变得友好、热情、富于正义感；相反，在一个道德沦丧、风气败坏的社会中，其间的个体也往往会受到污染，变得冷漠、自私、暴力。因此，我们要努力净化"（行）不言之教"的社会大环境，让良好的社会风气像"好雨知时节"那样，"润物细无声"般潜移默化地滋润着人们的心田。

这正是：

    不言之教难而贵，
    默化潜移皆意会。
    培育孩童借鉴之，
    言传身教弗相悖。

"无为之益"，益在何处

"无为"是老子的政治理念和人生哲学。他之所以极力倡导"无为"，是因为有"无为之益"（43章），虽然他没有集中阐述"无为之益"都有哪些，但反复研读《道德经》之后，根据老子的一贯思想，我把"无为之益"概括为四种境界下的四种益处。

其一，进入"顺应自然"之境界，享受"淡泊名利心坦然"之益

道家认为，天地万物都由道化生，而道的最大特点就是自然而然。它总是默默地发挥着作用，从不为彰显自己而强力强为，始终持守处下、守柔、不争法则，甚至让人感受不到它的存在。人类应该仿效大道，故老子主张："人法地，地法天，天法道，道法自然。"（25章）让事物按照自身的必然性自由发展，使其处于符合道的自然状态，不对它横加干涉，不以有为去影响事物的自然进程。如果人为干涉事物的发展进程，按照某种主观愿望去干预或改变事物的自然状态，其结果只会是揠苗助长，自取其败。

王境：鸡西市书法家协会副主席

有些人之所以进入不了"顺应自然"的境界，就是因为有追逐名缰得锁之心，把地位、权力、名声、财富等身外之物看得太重。没有的想得到，有的想占有更多并长期保持，唯一的办法就是要去争，去刻意作为。老子敏锐地观察到人们欲望愈演愈烈而日益膨胀的时弊，则明确提出了"无为之益"这一拯济世道的

道德经的人生智慧

法则。

相反,人一旦进入"顺应自然"境界,就会感受到"无为之益"。在这种状态下,人们的心就会安静、淡泊下来,自觉遵循实践"天之道,利而不害;圣人之道,为而不争"(81章)的自然法则。一切顺其自然,保持一种清静无为、少私寡欲的心态,不贪婪、不争夺、不占有。能够淡看名利得失就会明白,是你的别人抢不走,不是你的你想争也争不到,即使一时争到了也会失去。功名利禄、荣华富贵皆身外之物,得之者自然,失之者亦自然。得之不喜,失之不悲,坦然以对,心地轻松,精神愉快。而一个清静无为、少私寡欲的人便自然地能够获得自己需要的东西,得到幸福生活,享受"淡泊名利心坦然"之益。这就是老子所说的"无为之益"的一种情况。

其二,进入"无为不矜"之境界,享受"功成不居远祸患"之益

骄傲自大、得意忘形是人们最容易犯的毛病。无功时不矜易,有功时不矜难。树大招风,功多人嫉,自矜惹祸,所以老子说"不自矜,故长"(22章),不骄傲自大,就能让自己的业绩、名声等长久不衰。"自矜者不长。"(24章)骄傲自大的人往往是好景不长。深刻阐明了"矜"对人的严重危害,骄傲自大会让人直接面对挑战和危险。同时,老子又给出对策。他说:"以其终不自为大,故能成其大。"(34章)由于始终不自以为伟大,所以才成就了自己的伟大。又明确指出:"功成而弗居。夫唯弗居,是以不去。"(2章)有功劳而不以功自居,正是因为不居功,功业才不会离去。"功遂身退,天之道也。"(9章)功成名就之后,就应该主动归隐离去,才符合自然规律。由此可以看出,老子阐述的"无为之益",很重要的就是"功成不居远祸患"。一个人如果能够控制住自己的欲望,不总想彰显自己的能力和功劳,不胡作非为,不自高自大,始终保持低调;如果取得成绩后不居功自傲,多赞美别人的功劳,少夸耀自己的贡献;如果有自知之明,该退位时及时退位,该让贤时及时让贤,不阻挡别人前进的道路,那么就不会让别人把自己当成前进道路上的绊脚石和拦路虎。不对别人构成威胁,自然就不会遭到别人的刻意算计和陷害,自然就会远离祸患、人生平安。

其三,进入"无为自化"之境界,享受"戒除妄为民自安"之益

历史上遗留下来的沉疴流弊,以及当前社会出现的痼疾顽症,绝大多数都是人为造成的。正是由于当权者太想追求功名利禄,因而处处彰显自己,太想主宰别人,让百姓按照他的想法来生活,以至于造成民不聊生、怨声载道。老子看透了社会病根,提出:"我无为,而民自化;我好静,而民自正;我无事,而民自富;我无欲,而民自朴。"(57章)我不妄为,百姓就会自我化育;我喜欢清静,百姓就会自然纯正自己的思想道德;我不去用政令骚扰百姓,百姓就会幸福安康;我不放纵自己的欲望,百姓就会自然朴实淳厚。老子反问当权者:"爱国治民,

能无为乎?"(10章)爱护百姓、治理国家,能做到不妄为吗?老子又给出了回答:"道常无为而无不为。侯王若能守之,万物将自化。""不欲以静,天下将自正。"(37章)"道"永远是顺其自然而无所作为的,但是又没有什么事物不是出于它的作为。侯王如果能谨守"道"的运作法则,万物将会自然生长。一个人如果不起欲望,内心就会恬静安然,天下则会呈现出安定的局面。

这正如河上公《老子章句》对"无为之益"所注释的那样:"道法无为,治身则有益精神,治国则有益万民"。一旦我们进入到"无为自化"的境界,就能够享受到"戒除妄为民自安"的益处。只有真正懂得"我无为而民自化"的道理,统治者(侯王)才能做到以"百姓心为心",不会一味去强制干预百姓的生活,这样百姓就会自治自化、安居乐业。才能避免不顾客观(自然)规律,一味地按照自己的主观意志强作强为,让社会问题积重难返。百姓生活怡然自得,社会风气纯朴和谐,最省心、最受益的就是统治者(侯王)。

其四,进入"无为而无不为"之境界,享受"遵道而为遂心愿"之益

前面我们讲过,老子的"无为"并不是什么都不做,其根本目的则是"无不为",按照客观(自然)规律办事,把应该做的事情都要做好。所以老子说:"为无为,则无不治。"(3章)按照"无为"的原则去做,那么国家就没有治理不好的。一旦我们准确理解了"无为而无不为"思想的真谛,就可以享受"遵道而为遂心愿"之益。这时,我们就会时时遵守规律不妄为,不做违反客观(自然)规律的事情,深知按照客观(自然)规律办事是成事的前提条件;就会敬畏百姓,懂得"水可载舟,亦可覆舟"的道理,不做违反民意的事情,深知百姓的拥戴是成事的民意基础;就会懂得"细节决定成败"的道理,"天下难事,必作于易,天下大事,必作于细"(63章),深知凡事从大处着眼、小处着手,精雕细刻、精益求精是成事的基本方法。处在"无为而无不为"的境界下,就没有干不成的事情,我们就可以实现自己的心愿,享受成功的快乐,这就是"无为之益"。

这正是:

无为之益何其在?
避祸驱凶知否泰。
超越得失意淡泊,
为而不恃得拥戴。

道德经的人生智慧

"知足不辱,知止不殆"是老子倡导的人生观

"知足不辱,知止不殆,可以长久。"(44章)意思是说,懂得知足的道理,就不会受到屈辱;懂得适可而止,就不会遇到危险,只有这样才能保持住长久的平安。老子这是阐述名利与自身孰轻孰重的问题,是老子处世观的高度浓缩和精辟概括。在老子看来,人们追求的名声、财富这些东西都是身外之物,和生命相比都是无足轻重的。其实,这是老子倡导的人生观:人们不要过分地追求名利,而是要贵生重己,在追逐名利的时候一定要做到适可而止,知足常乐。只有这样才可以避免遇到危害;反之,如果为了争名逐利而奋不顾身的话,那么必然会落个身败名裂的可悲下场。

薛小舟:中国书法家协会会员

"知足不辱"的潜台词是:不知足则辱。其"辱"具体表现在四个方面:一是不知足则会强求,强求则是人品之辱。这类不知足之人,看中了别人的东西,就不惜采取欺骗讹诈、强取豪夺等方式占为己有,这样的人没有敬畏之心、没有正义之感,其人品让人不齿。二是不知足则会乞求,乞求则是人格之辱。这类不知足之人,当想得到但又无力强取时,就会改换成乞求的伎俩,不惜人格受到侮辱,把"有权就是爹,有奶便是娘"当成信条,为了满足自己的欲望甘愿低三下

· 200 ·

四、委曲求全,毫无人格尊严。三是不知足则会贪求,贪求则是人性之辱。这类不知足之人,欲壑难填,贪得无厌是他们人性的劣根。无之想得,得之想多,多之想久。甚至为了贪求一己之私,不惜触犯法律,危及生命。俗人输给圣人的就在于他们内心无休止的欲望。四是不知足则会苛求,苛求则是人情之辱。这类不知足之人,在人际交往中常常是宽容自己,苛求别人,总觉得别人对不住自己,总想事事以自己为中心,容不得别人,不讲感情,不会通融,发生一点矛盾便小题大做、睚眦必报。长此以往,就会造成人际关系紧张,人情淡漠甚至敌视。

"知止不殆"核心就是"知止",止所当止。一是知止则会不慕功名。不会不择手段地去追求功名,不会忌妒别人获取的功名。更主要的是懂得"功成不居""功遂身退"的道理,不会因贪恋功名而惹火烧身。二是知止则会不贪贵货。从内心里明白珠宝钱财等都是身外之物,生不带来,死有不带走;多则无用,够用即可。对这些身外之物,不会像不知止的人那样极尽奢求、极度追求、极力占有。三是知止则会不纵情欲。懂得"为腹不为目"乃是生活真谛,在酒绿灯红的诱惑面前,能够控制住自己的情欲,慎独慎初,时刻守住道德底线,遵守社会公德和法律。四是知止则会不惧得失。能够淡看得失,得之不喜,失之不悲。不应该得到的坚决不要,可以得到而没有得到时能泰然处之。应该失去的决不强留,不应该失去而失去时能坦然面对。

"知足"不易,"知止"更难。"知足"是一种心态,而"知止"则是一种修养。一个人能够真心地感觉"知足"已然难能可贵;但若是能够做到"知止",则必须具有大境界。很多人正是由于贪婪遮蔽了理智,以至于失去了对于重与轻的判断。老子对此看得非常清楚,因此他在一开始便断喝:人们生命本身比身外之物的名利要重要得多。在阐述不知足、不知止的危害时,老子用更具有哲学大智慧的思维进行了透彻的分析:"甚爱必大费,多藏必厚亡。"(44章)意即过分地爱惜功名必然要付出更多的代价,过于积敛财富必定会遭到更为惨重的损失。换句话说,这是一种两败俱伤两头吃亏的愚蠢行为,在获得的过程中,付出了巨大的代价,可能得不偿失;而这些获得的东西又不一定能长久归自己所有,很可能会迅速丧失。因此,理智的做法就是适可而止、知足常乐。其实,老子并不反对人们追求名利,而是反对过度而失去理智地追求名利,可以"爱"但不要"甚",可以"藏"但不要"多",做到这一点关键是要把握好度,学会知足,做到适可而止。而要做到适可而止,最根本的是应该少私寡欲,不要过分放纵自己。在老子看来,一个人的欲望总是无限的,再追求也不可能完全得到满足。物欲太强,会让人的灵魂变态,变得永不知足,以致精神上永无宁静,永无快乐。欲望越小,人生就越幸福。欲望越大越贪婪,人生越易致祸。做人不可让贪欲堵

道德经的人生智慧

塞自己的心智，蒙蔽住自己的眼睛。人应该从身边已经有的东西中感受到满足和快乐，正如唐代高僧赵州禅师说："你不缺少的东西，正是你没有的东西；你没有的东西，恰恰就是你本来不缺的东西。"只有"知足"和"知止"的人，才能立身长久，而且可以免去生活中的许多忧愁和悲伤，让快乐的心情永远占据自己思维的空间。如此不仅能够免祸，而且还能得到充实快乐的人生。

这正是：

名利与身哪重轻？
老聃睿智解人生。
多藏甚爱难长久，
知止知足免恐惊。

正确做人和准确识人的奥妙

人常说,做人不能透明得一眼就看到底,有时要"神龙见首不见尾"。也有人说,识人要不被浮云遮望眼,要善于透过表面看本质。老子提出的"大成若缺""大盈若冲""大直若屈,大巧若拙,大辩若讷。"(45章),给予我们智慧的指导。

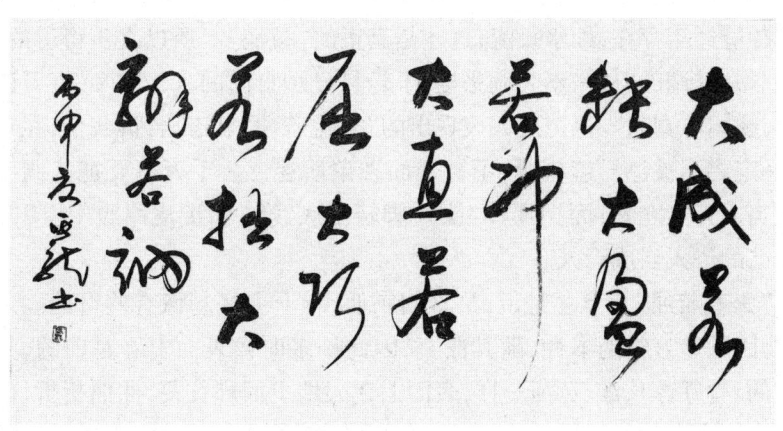

李吉辰:伊春市书法家协会秘书长

1."**大成若缺**"。意思是说,最完美的东西,看上去好像都有残缺一样。"金无足赤,人无完人"是对这句话最好的诠释。一方面,人的精力和能力是有限的,如果要成就大事,就不可能对生活琐事考虑得那么周全。真正伟大的人物,身上总有这样或那样的缺点,比如孔子的明知不可为而为,老子的保守与隐退。真正的美女,也不是完美无瑕的,她们身上总有不尽如人意的地方,比如维纳斯的断臂、西施的病容。其实,天地都无法达到完美,自然界依然存在着各种不毛之地、恶劣天气、自然灾害等,何况人乎?另一方面,如果一个人想要在各个方面都做得完美无缺,必然会使用不正常的手段掩饰自己的缺点和不足。这是不符合大道的行为,同时也会让别人产生琢磨不透、深不可测的不信任感。因此,

道德经的人生智慧

得道之人不惧怕别人知道自己的缺点,有时还会故意暴露出一些不足之处以迷惑对手。很多在事业上取得成功的人,其内心都隐藏着聪明支配下的迟钝与糊涂。得道之人常常表现出"大成若缺",这就提醒我们,要在识别人时,不能从表面上看他是否有缺点,更不能抓住缺点不放,要认真分析这个人存在的是一般性缺点还是致命性缺点,是在小问题上出现过错还是在大问题上出现过错,这个过错是必然发生的还是人为造成的,或是故意而为的。不弄明白这些就会在识人上失误。

2."**大盈若冲**"。意思是说,最充盈的东西,看上去好像是空虚的一样。真正装得满满清水的瓶子就像空瓶子一样,根本看不出装着水,而只有装半瓶子水时才晃荡,以显示自己有水平。再比如,在夏季的乡间,雨后往往会在一些低洼的地方形成一池塘的死水,其表面上看上去很多,但是因为没有水源,天晴之后一段时间便宜会蒸发掉了。而一条小溪,看上去只有涓涓细流,没有多少水,但是其却能经年存在,细水长流,这才是真正的"盈满"。所以真正得道的高人,往往是非常低调的,从来不高调张扬,不轻易显示自己的真才实学,真可谓真人不露相,露相不真人。得道之人表现出的"大盈若冲"状态,告诉我们,在识人的时候,一定要不被浮云遮望眼,不被表面现象所迷惑。千万不要把低调而谦虚的高人当成无能之辈,而把那些"头重脚轻根底浅""嘴尖皮厚腹中空"却喜欢彰显自己的俗人当成高人。

3."**大直若屈**"。意思是说,最直的东西,看上去好却像有些弯曲。老子是说,事物因顺遂万物的本性,随其曲直,因此许多时候表面上看是曲的,其实却是最直的,就好像长江、黄河一样,表面上在大地上回环往复,曲曲折折,但是其实质上直指大海的目的没有改变,已经是在顺随着地势的前提下以最短的路程奔流到大海。特别是生性正直但有智慧的人,有时在表面上反倒并不是一副正义凛然的样子,而是会随机而曲,随缘而适,看上去有些委曲求全的姿态,但实际上其内心追求正直的初衷并没有改变,只不过唯有他自己心里清楚这点罢了。得道之人胸怀大目标,为了实现自己的理想,该直则直,该屈则屈,屈直有度,屈直应时。"大直若屈"告诉我们,直率未必就总是冲动,正直也未必就经常鲁莽;弯曲未必不会挺直,弯腰不能说没有脊梁。在识别人时一定不要简单地看其一时的是直是屈,这就像跳高一样,后退是为了能跨越更高的高度。有些为了实现心中的大目标,是没有什么不可以放弃的,这就是高人与俗人之间的区别。

4."**大巧若拙**"。意思是说,最灵巧的东西,看上去却好像有些笨拙。最典型的例子莫过于姜太公垂钓的故事了。八十岁的姜子牙在渭水上用直钩钓鱼,

周围的人从来没见过他钓上来过鱼,受到周围人的嘲笑。同时他直钩钓鱼的事情却得以广泛流传,并传到来此寻找贤人的周文王那里,好奇心驱使周文王见到姜子牙,一见面就被姜子牙的才学所吸引,拜其为丞相。姜子牙后来辅佐周文王、武王两代君主建立了强大的西周,并推翻了商纣王的残暴统治,建立了周朝,成就了千古流芳的事业。如果姜子牙不以让众人嘲笑的直钩钓鱼方式炒作自己,可能到死也见不到周文王。正是"大巧若拙"的行为,才让姜子牙最终钓到周文王这条"大鱼"。这提醒我们,在识人时,千万不要被表面的"拙"与"巧"而迷惑,有些人看似很机巧,但属于精明不聪明之辈;有些人看似很愚拙,但在愚拙的外衣下,深藏着绝顶的智慧和聪明,即"大巧"。有时这种"若拙"下的"大巧",可以很好地保护自己,等待时机,以成大业。

5."**大辩若讷**"。意思是说,最卓越的辩才,看上去却好像木讷不善言辞。西方人际关系学中有一句名言:"永远不要和他人发生正面冲突。"争辩的本质恰恰是在与人发生正面冲突。我们大多数人都固执己见,都喜欢跟人辩论,认为把对方驳得体无完肤之后就可以接受自己的意见,事实上这是不可能的。辩论产生的结果只能是失败,永远无法获胜。即使表面上取得了胜利,实际上与失败没有什么区别。因为就算在辩论时战胜了对方,把对方的观点彻底驳倒,但伤害了对方的自尊,会产生不满,引来更多的麻烦。得道的高人都遵守老子"多言数穷,不如守中"(5章)的教诲,深信"知者不言,言者不知"(56章)。这就要求我们,在识别人时,一定不要把能言善辩的人当成是否有才学的标准,口若悬河但眼高手低的人比比皆是。能言善辩不如真抓实干,行动胜于雄辩。

从上述5个方面可以看出,老子讲的是个人生存与发展的谋略,同时也是识别真假高人的智慧。老子认为,真正有修养的人一定要练就内敛功夫,只有这样才能在为人处事上游刃有余、置危险于身外。当然,在运用成与缺、盈与冲、直与屈、巧与拙、辩与讷时还是要有一定分寸的,具体而言,就是在大事上把握好方向,绝对不能出现差错,在小事上不妨傻乎乎地宽容一点,因为这样做对方心安,自己才能理得。做人如此,识人亦然。

这正是:

> 处世立身多奥妙,
> 深藏不露当知晓。
> 若愚大智乃高人,
> 辨伪识真明大道。

道德经的人生智慧

老子韬光养晦的智慧

"韬光养晦"作为一个成语使用,首见于清朝末年郑观应写的《盛世危言》自序中,意思是"隐藏锋芒,不使外露"。虽然老子没有直接提到韬光养晦这个词,但《道德经》却始终贯穿着这一观点,其中"无为""守柔""不争"等思想都蕴含着韬光养晦的智慧。

"无为"是韬光养晦得以成功实施的前提。"无为"就是"不妄为",能够自觉遵循客观(自然)规律,应时而为,顺势而为,知行知止。只有这样才能善做善成,既达到了"隐藏锋芒,不使外露"的目的,又在别人不知不觉中实现自己的既定目标。人之所以有时会锋芒毕露,主要是因为不顾及客观(自然)规律逆势而为,不顾及条件是否成熟强势而为,一旦遇到阻力就不择手段、竭尽全力战而胜之。虽然这样强行强为有时候会获得阶段性、暂时性的成功,但会过早地暴露自己的实力和企图,给后续任务的完成带来更大的困难,往往是得不偿失的,甚至是以失败告终。所以,老子非常睿智地提出"圣人处无为之事,行不言之教"(2章)、"为无为,则无不治。"(第3章)、"爱民治国,能无为乎?"(10章)、"道常无为而无不为"(37章)思想。可见,老子认为只有做到"不妄为",才能实现韬

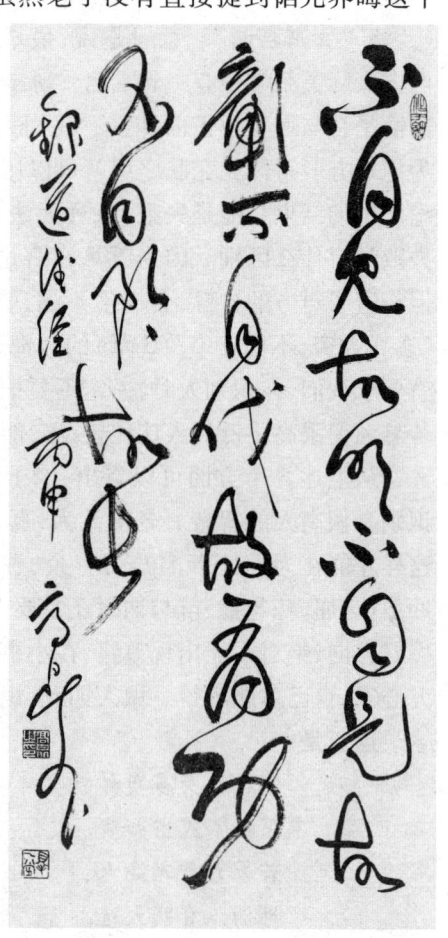

高昆:黑龙江省书法家协会副主席

光养晦,也就是说,"无为"是韬光养晦的必备条件。

"守柔"是韬光养晦需要始终坚守的心态。能不能长期坚持韬光养晦,实际上考验的是一个人的修养,关键是能不能保持"守柔"的心态。没有"守柔"的心态,可以韬光养晦一事,不可韬光养晦事事;可以韬光养晦一时,不可韬光养晦一世。老子认为,"守柔"就要"生而不有,为而不恃,功成而弗居"(2章)、"功遂身退,天之道也"(9章)、"古之所谓'曲则全'者,岂虚言哉?诚全而归之"(22章)、"知其雄,守其雌"(28章)、"万物恃之以生而不辞,功成而不有"(34章)、"是以圣人方而不割,廉而不刿,直而不肆,光而不耀"(58章)、"是以圣人为而不恃,功成而不处,其不欲见贤"(77章)。心理学认为:想知道一个人真正缺少的是什么,就要看他所炫耀的是什么。当一个人总是炫耀自己某方面如何强大、如何有成就的时候,则恰恰证明此人在这方面很空虚、很匮乏、很软弱。所以说,真正富有的人从来都不会炫富,真正有势力的人从来不会肆意逞强。诸如李嘉诚这样在某个领域里越是泰斗级的人物,他的作风就越谦卑、随和,这并不是他怀有某种野心的权宜之计,而是基于对长远和整体的理性思考而做出的选择,当其修养程度达到了很高境界的时候,就能够心甘情愿、不知不觉地保持了"守柔"的心态。

"不争"是韬光养晦必须运用自如的手段。韬光养晦的目的,是通过"隐藏锋芒,不使外露",给自己赢得时间和空间,创造条件和机遇,减少干扰和阻力,最终实现自己的既定目标。要想做到这样,就必须炉火纯青地运用好"不争"的智慧。所以老子认为:"夫唯不争,故无尤"(8章)、"夫唯不争,故天下莫能与之争"(22章)、"以其不争,故天下莫能与之争"(66章)、"天之道,不争而善胜"(73章)、"圣人之道,为而不争"(81章)。"不争"必须做到,不是你应该争的东西坚决不能争,时机没到条件不成熟时不能急于去争,对自己实现目标意义不大的事情没有必要费时费力费神去争。根据老子的思想,只有"不争",才能笑到最后,取得最终的胜利。

从老子一贯倡导的"无为""守柔""不争"思想可以看出,要韬光养晦,一是要做到"挫其锐,解其纷,和其光,同其尘。"(56章)人修炼得要像"道"那样,能够顿挫自身的坚锐而不受任何损害,能够化解各种纷扰而不感到劳累,能够含蓄光耀而不被污染,能够混同尘垢而不失其本真。一个人始终在做自己想做、应该做的事情,发挥着应该发挥的作用,但别人却感受不到他的存在或者威胁,在不露锋芒、与世无争、和而不杂、同而不流的同时,却依然保存着自己的智慧与志气,能够做到"举世皆浊我独清",不失掉自己的洁白和纯真,这是多么高贵的一种品质,多么高深的一种境界。二是要做到"大白若辱""大方无隅"(41

道德经的人生智慧

章)。没有厚积薄发的底牌,就毫无保留地将自己的十八般武艺悉数亮出来,则应了中国那句忌语:"好话不可说尽,力气不可用尽,才华不可露尽。"一个人只有去掉自己锋芒毕露的角,才能坚持长久,才能厚积薄发。庄子说:"直木先伐,甘井先竭"。一般来说,挺直的树木多先被砍伐;水井也是涌出甘甜井水者先干涸。妒贤嫉能几乎是人的本性,有才华的人往往会遭受更多的不幸和磨难。所以,有智慧的人都非常善于保护自己,即使自己洁白无瑕,必须让自己表现得存在瑕疵;即使自己棱角方正,必须让自己表现得内方外圆。三是要做到"大成若缺""大盈若冲""大直若屈,大巧若拙,大辩若讷"(45章)。老子这"五大"智慧告诫我们,一个人要实现韬光养晦,必须要善于隐真示假,就像最完美的东西,表现起来似乎是有残缺一样;最充盈的东西,表现起来似乎是空虚的一样;最直的东西,表面看起来似乎是弯曲的一样;最灵巧的东西,表面看起来似乎是最笨拙的一样;最卓越的辩才,表面看起来似乎不善言辞的一样。没有这"五大"隐真示假的本事,就做不到"隐藏锋芒,不使外露"。

按精明程度,可以把人分成四种类型:第一等级是大智若愚型。外相敦厚,为人处世决不以精明自居,甚至让人感觉有些傻乎乎的,但骨子里却有一种智慧。这种人往往让人产生一种高度的信任感。这是最高层次的聪明,精明不外露是大智大慧的圣人所具备的品质。第二等级是精明外露型。让人一眼看去就感觉浑身透着精明,而内底也确实相当精明的人。但精明外露已经不是上品,不免让人处处防范,其精明的效果也就有限。这样的人自认为很有能量、很充实,其实是活得很累、也很危险,属于常在"河边走"的一类。第三等级是忠厚老实型。本身既无多大能耐,看上去也十分愚钝,正因其内外都"傻",本人既无自作聪明之举,他人对其也全不设防,进而有不忍欺之者,这样的人往往会顺风顺水,得到"无心插柳柳成荫"的意外之喜。第四等级是自作聪明型。看上去一脸精明相,亦往往自认为精明过人,骨子里却愚不可及。此等角色人见人厌,成事不足败事有余。以上四个等级之人,并非一成不变,如第二等级者,一旦精明过头,聪明反被聪明误,往往会沦入末等而不复;而原为第三等级者,如能在世事磨砺中逐渐悟出人生真谛,则摇身一变而跻身头等行列者亦不乏其人。再聪明的人都无法完全认清世间万象,运转再快的头脑也跟不上世界万物的变化。所以老子要求我们,做人要"屈"一点、"拙"一点、"讷"一点,这样才可能更多地掌握世间万物,更全面地掌握我们自己。

老子告诫我们:"不自见,故明;不自是,故彰;不自伐,故有功;不自矜,故能长。夫唯不争,故天下莫能与之争。"(22章)意思是说,不固执己见,就能客观分明地看待事情;不自以为是,就能达到彰显自己的目的;不自我炫耀,就能获

得更大的功劳;不骄傲自大,就能让自己(业绩、名声等)长久不衰。正因为圣人不与他人相争,所以普天之下没有人能够争得过他。这是对韬光养晦益处的高度概括。只有大智若愚型的人才真正具有韬光养晦的修养和能力。这样的人进退有据、居安思危,左右逢源、化险为夷,因而必然是成大事者,常常会不鸣则已,一鸣惊人。

这正是:

柔韧无为亦不争,
韬光养晦善藏锋。
遵循大道强修养,
无祸无忧度一生。

道德经的人生智慧

"清静"蕴藏着巨大力量

老子说:"清静为天下正。"(45章)有的解释为,清静无为才能统治天下;有的解释为,清静无为是治理天下的准则(或正道、正统)。无论如何理解,都表明老子是把"清静"问题提升到治国安邦的高度来认识的。

谢少承:中国书法家协会理事,江苏省书协副主席

老子之所以高度重视"清静",提出"清静为天下正"思想,主要是因为"清静"具有三个重要作用:一是清静才能清醒。对于治理国家而言,统治者(侯王)能否保持清醒的头脑极为重要。国无小事,常常牵一发而动全身,面对错综复杂的形势,面对人心不古的现实,统治者(侯王)只有让自己的内心清静下来,才能让自己的头脑清醒起来。这样才能不错判形势,不冲动行事,不犯方向性、致命性错误;才能准确识别人的忠奸,做到亲贤臣远小人,防止奸佞之人得势得宠,危害社稷。二是清静才能寡欲。人的欲望之所以太多太强,就是因为不能保持内心的清静。人只有从内心真正清静下来,才能想清楚什么是重要的,什么是次要的;什么是需要的,什么是多余的;什么是能得的,什么是不能得的。对于重要的、需要的、能得的,也要得之有道、取之有度;对于次要的、多余的、不能得的,则坚决不生欲念,能得也不得。这就是清心才能寡欲的道理。三是清静才能生智。佛家也认为:静生定,定生慧。即冷静才能催生智慧。《大学》中说:"定而后能静,静而后能安,安而后能虑,虑而后能得。"一个平心静气的人由

于思考得周详，做事就不会盲目莽撞；一个心浮气躁的人由于不能深思熟虑，往往会功败垂成。在战争中，清醒沉静的一方一定能够战胜轻浮狂躁的敌人；在生活中，清静平和的一方往往可以战胜火气攻心的对手。所以，当遇到很棘手很困难的事情时，不妨祛除脑子的杂念，有意识地排除诱惑和干扰，让心灵安静下来，保持一种宁静如水的状态。这样做的效果可能是心灵顿悟后的豁然开朗，拨云见日后的绝处逢生。

由此可见，"清静"无论对于大人物还是小人物，都是非常重要的。一个人要进入并保持"清静"状态，必须加强"三静"修养。一是心性要静。我们常说："性静情逸，心动神疲。"品性沉静淡泊，情绪就安逸自在；内心浮躁好动，精神就疲惫困倦。一方面，心性静才能笃定追求不放弃。只有心性静下来，才能把目标设定得更科学、更合理。而目标一旦确定，就会以咬定青山不放松的精神，坚定不移而义无反顾地为实现目标而奋斗。从而尽弃这山望着那山高的浮躁之心，不会去追求缥缈无定、不切实际的幻想。另一方面，心性静才能心无杂念抗诱惑。只有把控住自己的欲念，淡泊功名利禄，才能在声色犬马的诱惑下，能够保持"我自岿然不动"的定力，不因自己的一念之差而饮恨终身。二是意念要静。诸葛亮说："静以修身""非宁静无以致远"。顺风顺水、心想事成的人生是不存在的，当遭受事业不顺，恋爱受挫，家庭纠葛等这些令人头疼之事时，能以一个良好的心态去面对，不焦躁、不烦躁。要明白，焦躁烦躁不但不会解决任何问题，还会让自己思维紊乱、头脑迟钝，从而失去解决问题的最佳时机、最好办法。因此，只有让自己的意念静定，才能头脑清醒、情绪稳定，才能设法寻找解决问题、化解矛盾的方法。三是行为要静。就是要学会控制自己的行为，行事不急躁、不毛躁、不鲁莽、不急于求成。我们常说冲动是魔鬼，鲁莽冲动的行为会滋生出很多傻事、错事、坏事。许多人脾气暴躁、性子急躁，做事的时候不能准确拿捏力度、不能很好地掌握分寸，往往会把好事办砸。所以说，一事当前，即使在极为愤怒的情况下，也要让自己保持有理有节，并能及时让自己平静下来，努力思考并实施最佳策略而制胜。

一个人一旦完成"三静"修养，就会进入"以静识物、以静观心"的境界。在"清静"的状态下，人可以把自身的全部精力集中起来，全部能量汇聚起来，全部能力发挥出来，从而形成攻无不克、无坚不摧的巨大力量。

这正是：

　　远离浮躁得清静，
　　合一天人出胜境。
　　识物循清辨伪真，
　　观心以静识奸佞。

"知足常足"远祸咎

《道德经》中很多经典语言被广为传诵,有的带有极强的教育和警示作用。比如"咎莫大于欲得;祸莫大于不知足。故知足之足,常足矣。"(46章)意思是说,天下最大的过错就是贪得无厌的欲望;天下最大的祸患就是不知足。所以,只有懂得知足常乐的人,才会得到永远的富足。虽然这一思想是从反战的角度提出来的,认为统治者(侯王)的贪得无厌是引发战祸的根本原因。但老子十分推崇的"知足常足"的人生观,对于人们的生活有着重要的指导意义。

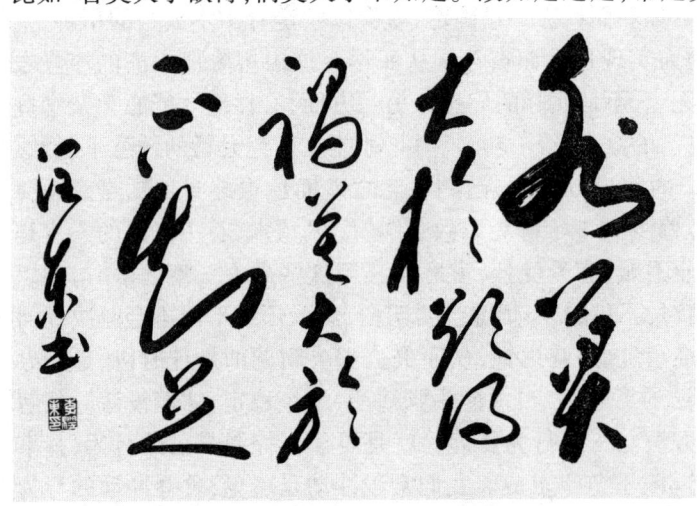

李润东:中国硬笔书法家协会会员

客观地讲,"不知足"是人类进步的动力源,是社会发展的助推器。人类正是由于有了各种各样的欲望,才使社会不断地向前发展,带动着人类走出了漫长的原始蛮荒时代,激励着人类逐渐脱离了无知无识的愚昧状态。但是,如果这种"不知足"发展到极致,甚至到了不可控制的地步,就会成为人性的缺点,成为大祸、大咎。人一旦有了"欲得"且"不知足"之心,就会陷入欲壑难填的泥潭,做出一些于情、于理、于法皆不容的事情。当我们挣扎在欲望中时,就难免心累、神疲、身衰。经商的人,赚到百万,梦想着千万;从政的人,当了县长还想当市长;赌博的人,赢了这次还想赢下一次……结果越想得到更多,越是难以找

到知足的快乐,最终反而会失去更多。有时候,我们之所以心情不好,是因为总感觉拥有的东西太少;之所以太忙,是因为总想获得更多的东西;之所以太累,是因为总是想象着可以获得更多的东西却劳而无获。

"知足常足"思想启示我们,**欲望无尽需知止**。作为一个理性而智慧的人,必须学会控制自己的欲望,使欲望不超过自己的能力范围,这样的欲望就是进步的动力。如果无限地扩张自己的欲望,不懂知止,那么就会掉进贪欲的深渊。历史上"欲得"而"不知足"的人最终招致身败名裂,甚至灭国杀身的不胜枚举。有些人是对权力的"不知足",如春秋时期越国大夫文种、唐朝的安禄山、清朝的鳌拜;有些人是对财富的"不知足",如东晋的石崇、明朝的沈万山、清朝的和珅;有些人则是对享受的"不知足",如夏桀、商纣王、隋炀帝等历代暴君。除了这些历史上留下名字的大人物,不知还有多少没有留下名字的人因为"不知足"而招致灾祸的。可以说,所谓"人为财死,鸟为食亡",就是对"不知足"的祸患极为形象的表述。一般来说,仅仅为了基本生活需求而所求的财物,不会让人付出生命的代价,那些付出了生命代价的,无不是因为自己的欲望膨胀,对于功名利禄等身外之物的"不知足"。

"知足常足"思想还告诉我们,**知足常足方常乐**。善于在已有的东西中获得快乐,而不要总是将快乐寄托在还未得到的东西上。要明白自己真正需要的东西,不要因为贪婪、虚荣、与人攀比而盲目追求。要明白每个人所拥有的东西,所走的路是都不同的。在追逐的过程中保持心平气静和从容不迫,即使最终没有得到自己想得到的东西,也不必抱怨,毕竟谋事在人,成事在天,尽力了就没有可后悔的。知足便不作非分之想,知足便不好高骛远,知足便安若止水、气静心平,知足便不贪婪、不奢求、不巧取豪夺。知足者温饱不虑便是幸事;知足者无病无灾便是福泽。因此,古人说:"养心莫善于寡欲",我们如果能够把握住自己的心,驾驭好自己的欲望,不贪得、不觊觎,做到寡欲无求,役物而不为物役,生活上自然能够知足常乐、随遇而安。真正的满足是内心的满足,而非物质的满足,物质是永远无法满足的。真正快乐的人知道什么是满足,因为只有在满足中才能体味什么是快乐。从某种意义上说,"知足常足"就是要有选择地放下。放下身外之物,放下负重之压,满足于当前得到的一切。放下不是放弃,不是贪图安逸,而是权衡与取舍。放下是让自己一切随缘,一切莫强求;是让自己脚踏实地,一步一个脚印地生活、工作。只要把那些不符合我们本性的东西放下,就可以快乐,可以从容,可以轻松。

"知足常足"是一种素质,一种境界,一种修养。知足常乐,能忍恒安;知足常足,终身不辱;知止常止,终身不祸。世间万物行止各有其时,亏足各有其度,

道德经的人生智慧

当行则行,当止则止,当足则足。无论是做人还是做事,只有"知止""知足",行止得当,亏足有度,才能生活安然,业有所成。"知足常足"应该是当今生活在这个物欲横流社会中的每个人都需要牢记的智慧。

这正是:

人心存欲贵知足,
不懂知足祸患出。
看透人生需放眼,
知足常乐似洪福。

圣人缘何能"不出户,知天下"

《道德经》第47章也是学术界颇为争议的章节之一。对老子持批判态度的学派认为,老子是一个纯粹的唯心主义先验论者。认为"不出户,知天下;不窥牖,见天道"是否定"实践决定意识"的唯心主义论调。"其出弥远,其知弥少"也否定"实践出真知"原则,与古往今来被倡导并为大家广为接受的"行万里路,读万卷书"完全相悖。特别是"不行而知,不见而明,不为而成"是具有代表性的唯心的虚无主义观点,是道家走向"玄之又玄"、神秘莫测道路的思想根源。

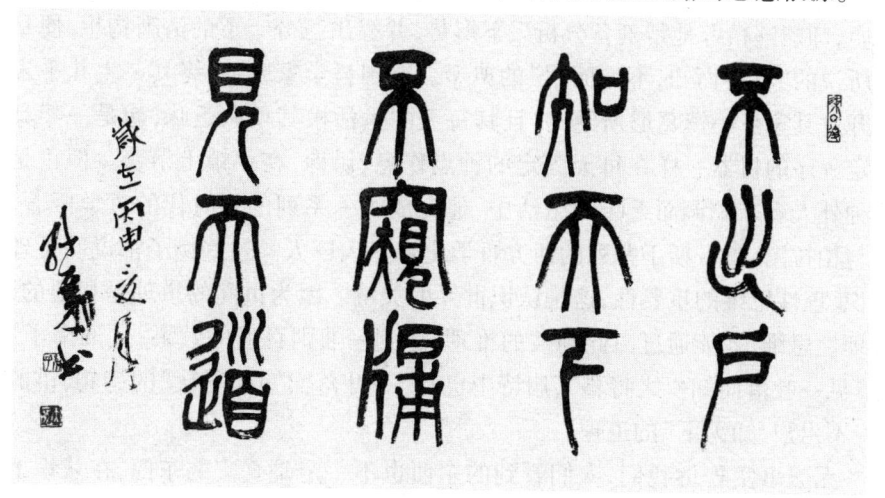

孙蕾:中国书法家协会会员

但是我认为,在这里老子集中讲述的是哲学上的认识论问题,即感性认识和理性认识问题。虽然有夸大理性认识之嫌,但绝对不能给老子扣上唯心思想的帽子。联系《道德经》全文,老子强调"无为",但其根本目的是为了"无不为",更看不出有轻视实践所获得的感性认识的想法。

我们要知道,《道德经》的写作对象是那些具有一定的社会经验和文化知识的治国理政的统治者(侯王),而不是目不识丁的老百姓,也不是阅历如白纸的

道德经的人生智慧

青少年。这些统治者(侯王)本应该"不行而知",他们之所以还"不知",是因为他们虽然"行万里路,读万卷书"了,但是没有认真思考,没有让感性认识转化为理性知识,"万里路"白行了,"万卷书"也白读了。本来应该"不见而明",但因为他们只凭眼见而不深思,只见个体而不总结归纳,只见表面现象而不洞察事物本质,看不到事物之间的内在的必然的联系,造成见也白见,甚至见得越多,被表面现象干扰的越多,迷惑也就越大。本应该"不为而成",专心遵循大道不妄为,但他们却往往情况不明决心大,肆意妄为、祸国殃民。对于这样的昏庸无道之人,其结果自然就是"其出弥远,其知弥少",事情做得越多,造成的危害就越大。

由此可以看出,"不出户,知天下;不窥牖,见天道。"是对那些有丰富的实践经验,有深厚的文化底蕴,已经深谙大道的"圣人"来说的,所以老子才在此文的最后得出结论:"是以圣人不行而知,不见而明,不为而成。"请注意,这个结论也是对"圣人"而言的。只有那些得道的圣人,不出行就能推知天下的事情,不用亲眼所见就能明白四达,不用刻意而为就能有所成就。比如,诸葛亮身处隆中茅庐,却能够精辟地帮刘备分析天下形势,并提出三分天下的清晰构想,便是老子所说的"不行而知,不见而明"的典型。德国哲学家康德,终其一生几乎未曾离开过其家乡小镇葛尼斯堡,并且其每天的生活极其单调乏味,像是一架具有固定程序的机器一样在每天固定的钟点作息、讲课、在小镇上散步。但正是在这种外人看来单调而乏味的生活中,他完成了一系列的划时代的哲学巨著,成为与柏拉图、奥古斯丁并列的西方哲学史上三大巨人。这些例子都说明了理性认识、理性思维的重要性,这是认识世界的关键。因为世间的道理是相通的,只有理性思维,才能通过由此到彼的推理,达到一通则百通的效果。《淮南子》中有"见一叶落而知岁之将暮",唐诗中也有"一叶落而知天下秋"的诗句,讲的都是"不出户,知天下"的道理。

无数事实告诉我们,人们看到的东西也不一定是真实的东西,在认识上仅凭感觉和经验是靠不住的,因为这样做无法深入事物的内部,可能会被一些表面的现象所迷惑,从而遮住事物的本来面目,让人无法真正认识事物的本质。所以,在做出一个判断之前,一定要先掌握事物发展的客观(自然)规律,真正做到使自己的主观认识与客观情况相统一。而"道"正是人们推知这些事理的依据。因为"道"是世间万物发展变化的规律,在老子看来,只有真正掌握了事物的本质规律,才能体察万物,洞察天下;只有真正领悟"道"的人才能够知小、知大,才能够知近、知远,才能够既看到事物的表面现象又能够了解事物的本质,才能既观察到事物的局部也能够体察事物的全貌。而所谓的"圣人"就是那些

能够洞彻宇宙人生,掌握万事万物变化规律的人,他们认识事物的方式就是一种不受感性认识干扰的理性认识。由此可见,老子所说的"不行而知,不见而明",并不是否认经验和实践的作用,其目的在于提醒人们理性思维的重要性,提醒人们如果没有理性思考,仅仅单纯依靠感性认知的积累,是不能达到认识世界的目的的。尤其是在网络时代,我们每天都会在电脑上获得大量的信息,如果不善于思考,便会淹没在信息的汪洋中,不仅不能提高自己,反而会失去自我,正所谓"学而不思则罔,思而不学则殆。"我们不论做什么事情,都要细心钻研,理清事物的思路,踏踏实实归纳出事物发展的内在规律,那么,就会达到"不出户,知天下;不窥牖,见天道"和"不行而知,不见而明,不为而成"的理想境界。在做事的具体过程中,掌握了多少并不重要,关键是要深谙大道,学会理性思维,懂得举一反三、触类旁通,这样就能够像圣人那样"不出户,知天下"了。

总而言之,老子特别注重人的直观自省。他认为世界上一切事物都依循着某种规律(即"道")运行着,掌握这种规律或原则,当可洞察事物的真情实况。人们应该透过自我修养的工夫,作内观返照,清除心灵的蔽障,以本明的智慧,虚静的心境,去观照外物,去了解外物运行的规律。他还认为,如果人们的心思一味向外奔驰,将会使思虑纷杂,精神散乱。一个轻浮躁动的心灵,自然无法明澈地透视外界事物,所以老子说"其出弥远,其知弥少",圣人能够做到"不出户,知天下"。

这正是:

> 缘何行远知弥少?
> 行但不思难悟道。
> 得道方能事洞明,
> 足弗出户皆知晓。

道德经的人生智慧

"为学日益,为道日损"之我见

后人对于"为学日益,为道日损"(48章)的解读分歧也是比较大的。第一种最主流的解释是:在求学的过程中,一个人的知识会一天比一天增加;在求道的过程中,一个人的欲念则一天比一天减少。这种解释,由于"益"与"损"的对象不同让人产生歧义和置疑,"益"的对象是"知识""损"的对象则是"欲念",很多人认为有些说不通,于是就有人作第二种理解:学习那些智巧性的东西(包括仁义礼智等)会让人的欲念一天比一天增加,学习大道会让人的欲念一天比一天减少。另外,还有第三种更为抽象和宏观意义上的解读:为学是向外的求知过程,知识是不断增加的;为道是向内的提炼过程,去粗取精、去伪存真,留下的都是精华,所以是损的过程。或者说,"为道"与"为学"是两种全然不同的学习方法,前者是外求,后者是内观,前者是积累,后者是消化。

联系《道德经》全文和老子的一贯思想,我比较倾向于第二种理解。把"为学"的内容限定为仁义、礼仪、智巧等方面。这样才能与后文"损之又损,以至无为,无为而无不为"贯通。这种理解可以从老子强调的"绝智弃辩"(19章)、"绝学无忧"(20章)找到有力依据。他认为智巧性的知识多了反而使智慧受到蒙蔽。人掌握的智巧性知识越多,内心的各种欲望与想法则会越多,外表上文过饰非的行为也会越来越多,这个人就会变得越来越精明、礼貌、雄辩。这就会偏离他一贯倡导的"无为而不不为"思想,也就与大道越来越远。

但无论哪种理解,"为学日益"与"为道日损"都不应该

李文侠:九三学社佳木斯书画院院长

是对立关系,而应该是递进关系。一种情况,如果把"为学"的对象理解成"知识",知识一天比一天增加,这应该是学习的初始的低级阶段,这时在学习过程中不断积累知识,读书"由薄到厚",即所谓"为学日益"。待到进入高级阶段,通过正确的方法消化知识,逐渐增长智慧,与真理更加贴近,就应该把厚的书读得越来越薄,提炼出精华,掌握其规律,这就进入道的"日损"状态。当我们将知识完全消化之后,智慧达到最高,与真理合二为一,达到了"无为"的至高境界,就可以做到客观条件和规律允许的一切事情,也就是"无不为"。只有达到这样的境界才能得民心,取天下,即所谓"取天下常以无事,及有其事,不足以取天下"(48章)。另一种情况,如果把"为学"的对象理解为"仁义、智巧、礼仪"等,这样的学习就偏离了正确的方面,远离了大道,就会促成人的欲念不断增长,即"为学日益"。但人类进步是不可能离开学习的,包括老子在内,不学习是不会有智慧成为圣人的。只有学习科学文化、学习治国理政方略、学习修身养性知识,才能让"欲念"越来越少,从而进入"为道"的境界。这就是说,"为学"不一定入"道",入"道"则"日损",不入"道"则"日益"。这是一个初级阶段的"为学"能否转化为高级阶段的"为道"的过程。无论如何解读,"为学日益"与"为道日损"都是不矛盾、不冲突的。

老子"为学日益,为道日损"思想,对现实生活有着很强的启迪意义。

首先,它提醒我们,"为学""为道"有高低。知识是人类对客观世界的系统化的认知成果。有真伪之分,鉴别知识真伪的最终标准是"实践"。真知识必实用,假知识是经不起实践检验的。智慧是"对知识的正确运用",是解决问题、处理事情的能力,有高低之分。知识并不等同于智慧,但可以转化为智慧。因此在对知识追求的过程中,不要一味地贪多求全。如果知识不能很好地转化为智慧,反而可能成为累赘。人们存在的普遍问题就在于,往往不重视把知识转化为思维能力(即智慧),而只当成一些死的信息,于是积累就成了掌握知识的方法,并认为这是天经地义的事。殊不知,真正的学习应当是对知识的消化,这个消化过程是一个提炼概括的过程,这正是一个日有所损的过程。韩愈所说的"提要""勾玄",苏轼所说的"博观约取"和以前学者们常提而今已为许多人所忽视的"把书读薄",都属于"损"的方法。从一个人的成长过程也能看出知识与智慧的关系,小孩子们既没有多少课本知识,也缺乏实践经验,但是他们说话、做事往往能出人意料,"童心无欺,童言无忌",纯净的心灵和好奇的思维时常放射出智慧的火花。反而是长大之后,大部分人都变得思维枯竭,想象力贫乏,这恰恰是他们的知识桎梏了思维。因此,在学习知识时,不可盲目,要用智慧作为一个衡量指标,让自己进入"为道"的境界。

道德经的人生智慧

其次,它提醒我们,"为学""为道"勿妄己。我们在致力于认识这个世界的同时,千万不要忘了回过头来认识一下自己。绝大多数人学习知识、追求学问,目的都是为了认识这个世界,却忽略了对自己的认识。这就使得许多人在狂热地追求知识的过程中,忽略了自我,最终迷失自我。比如,近年来每年都会出现一些大学生,乃至硕士、博士生自杀的消息。他们的知识不可谓不多,但是之所以走上绝路,正是因为他们对这个世界有了有条理的认知,对自身内心的混乱却无能为力。其实,人生最大的学问就是认识自我。我们在追逐外在事物的同时,应当时时将目光投注到自己的内心深处,这样,无论在这个世界上走多远,都不会迷失自己。

最后,它还提醒我们,"为学""为道"难分离。"为学"与"为道"是相互依存、密不可分的,不可能割裂开来单独去追求某一个。落到社会生活中,就是追求学问和做人是分不开的。一个人若要真想追求学问,必然要结合自己的做人。如果离开了自己的行为本身去追求学问,必然不会有真正的成就。反过来,追求做人的过程本身就是在追求一种人生的大学问。古代读书人追求学问首先就是"修身","修身"包含了追求学问与做人的双重功能。古代那些大有成就的学者无不是如此。"为学"修身,修身"为道",这应该是我们的终生追求。

这正是:

> 为学日益在初期,
> 为道为学两面皮。
> 待到为学循大道,
> 道学俱损总相宜。

弘扬"德善""德信"的处世之道

老子认为,圣人(得道的统治者)无一不是爱护自己百姓的,于是他说:"圣人常无心,以百姓心为心。"(49章,以下同)圣人永远没有私心成见,总是以百姓的想法作为自己的想法。因此才能做到:"善者,吾善之;不善者,吾亦善之;德善。信者,吾信之;不信者,吾亦信之;德信。"意思是说,对于善良的人,我以善良对待他;对于不善良的人,我同样用善良对待他;这种德的力量就会让百姓人人向善。对于有信用的人,我信任他;对于没有信用的人,我同样信任他,这种德的力量就会让百姓人人守信。

这里的争议点在于怎样对待"不善者"和"不信者"。绝大多数人认为,"不善者,吾亦善之"和"不信者,吾亦信之"既不可能也做不到。对"不善者""不信者"不还以颜色就是对他们的纵容,就是是非不分、胆小懦弱的表现,这必然会让社会道德变得更加糟糕。但圣人则与众不同,对这个问题有着超乎寻常的大智大慧的理解。

孟会祥:《书法导报》副总编,
河南省中国书法院副院长

道德经的人生智慧

首先,"不善者,吾亦善之",能够以善化恶,天下无敌。古今中外很多宗教学派对这一思想都是十分推崇的。比如,古代儒家思想一直提倡的"以德报怨",佛教认为"慈悲没有敌人",基督教鼓励人们"爱你们的仇敌"(《圣经》里耶稣说:"爱你们的仇敌,善待恨你们的人;诅咒你的,要为他祝福;凌辱你的,要为他祷告。"),德国哲学家叔本华也说:"如果有可能的话,不应该对任何人有怨恨的心理。"这些思想都与老子"不善者,吾亦善之"有异曲同工之妙。那么,为什么这些宗教学派和大思想家都倡导"不善者,吾亦善之"思想呢?在老子看来,这是"无常心,以百姓心为心"的必然结果。作为普通人,善待别人是有条件的,也就是说,我们只会善待那些善待我们的人;而那些不能善待我们的人,我们就很难善待他们。之所以如此,原因就在于我们都有一颗自我的私心,凡事都以自我为中心进行权衡。对我好的,我对他好;对我不好的,对不起,肯定我也不会对你好。显而易见,普通人的这种善终归还是自私而狭隘的。而圣人则因为没有一颗自我的私心,所以也就不会以自我为衡量的标准了。对于圣人的这种"不善者,吾亦善之"的情怀,我们普通人虽然很难做到,但都会在内心深处承认,这是比自己有条件的"善"具有更为伟大的情怀,因而圣人才能更具有感召力,能够带领众人一起向"善"。就是从现实的角度来看,"不善者,吾亦善之"也是一种为人处事的智慧。因为,对于别人的不善,如果心怀愤恨,最终对自己的伤害很可能比别人还要大。你的"不善"换来的可能是更大更多更持久的"不善",正所谓"冤冤相报何时了?"西方有句谚语:"为你的仇敌而怒火中烧,烧伤的是你自己。"现代医学也认为,仇恨心理能够造成长期性的高血压和心脏病,伴你度过痛苦的一生。某种意义上说,善待别人就是善待自己,伤害别人就是伤害自己。"不善者,吾亦善之"既是一种博大的情怀,又是一种深沉的智慧,他提醒我们要更理性、更智慧地去处理生活中的"不善""不信"之事。虽然这并不容易做到,但可以成为我们追求的目标。而一旦做到了,受感动的可能不只是对方,还包括我们自己。

其次,"不信者,吾亦信之",能够以信去伪,天下无欺。同样,"不信者,吾亦信之"也是圣人"常无心"的必然结果。因为一个人之所以会选择信任或是不信任别人,也是从自己的利益考量的。信任是因为相信别人不会给自己带来损失和伤害,不信任则是担心别人的失信给自己造成损失或伤害。而圣人根本没有私心,也就无所谓自己的利益了,自然也就没有必要根据对方的可信或不可信而决定自己是否应该信任他了。对于整个社会而言,诚信是保证社会正常运转的根基,一旦这个根基被破坏了,社会就会混乱不堪。而圣人正是用自己的一颗"公心"维护着诚信这个社会根基。"不信者,吾亦信之"正是维护这一根基

的重要手段。虽然老子所说的"不信者,吾亦信之"这种圣人情怀,对于普通人似乎有些太高远了,但也不是可望而不可即的,其实这也是一种非常实用的人际关系技巧。一个人要想做成一番事业,离不开别人的信任与支持。而要想取得别人的信任,就要首先自己做到诚信,"不信者,吾亦信之"正是一种展示自己诚信的最有力的示范。当然,这样做有时会冒很大风险。但我们不要忘了,绝大多数人都是有尊严和良心的,当你真正以一颗坦诚的心去面对别人的时候,别人是不会无动于衷的。因为当你把信任给予一个本来没有信誉之人的时候,你所给他的不仅仅是信任,而且还有尊严。而一个人之所以没有诚信恰恰是由于没有了尊严,"别人既然不信任我,我也没必要讲诚信了",于是就破罐子破摔。对于绝大多数人来说,只要你给了他信任和尊严,他就会珍惜这种信任和尊严。"不信者,吾亦信之"就是在提醒我们,对于那些曾经失去过信誉的人,一定要心存宽厚,要给予他们改正的机会。不过,需要指出的是,在对没有诚信的人施以信任时,最好要向其暗示,让他知道你其实已经明白自己可能受骗,但依然愿意信任他。让他明白,你所施与的不仅是信任,更是给他树立尊严的机会,这才是老子这项智慧的精髓所在。

  古语说:"处世无奇但善良,做人有道唯诚信。"善良和诚信是人的灵魂,我们要像圣人那样,不但自己善良、诚信,更要努力推动整个社会形成善良风尚和诚信风气。

  这正是:

> 心不偏私乃圣人,
> 爱惜百姓为其心。
> 善祛不善施德政,
> 信治奸邪返本真。

"出生入死"话生死

《辞海》对成语"出生入死"这一词条的解释是:"《老子》:'出生入死,生之徒,十有三;死之徒,十有三。'《韩非子·解老》:'人始于生而卒于死,始之谓出,卒之谓入,故曰出生入死。'谓从生到死。后形容冒生命危险,随时有死的可能。"这一成语出自于《道德经》第50章,是老子思考人的生死问题、探究死亡原因时的用语。老子认为,每个人都有生命的厚度和长度,除了遗传因素造成长寿和短命之外,就是外界因素使得那些占三分之一的人本来可以长寿,却因为不能很好地掌握自己的生命而夭亡,即"人之生生,动之于死地"(50章)这一类型的人,这是老子研究的重点。

老子认为,造成"人之生生,动之于死地,亦十有三"的情况包含两个方面原因:

一个是由于"生生之厚"造成的。即由于求生的欲望过于强烈而奉养过度。如果一个人的生活过于艰难,食不果腹,风餐露宿,有病也没钱去医治,当然很难活得长久。相反,如果一个人整天大鱼大肉、花天酒地,同样不一定能长寿。营养不足会导致各种疾病,营养过剩同样会导致各种疾病。每个人都想追求优裕的生活,这是人之常情,也是人的本性所在。但老子物极必反的道理告诉我们,一切应该适可而止。比如,有的人过于在意自己的生命,总想活得长

曲洪顺:中国林业书法家协会会员,荣宝堂书画院副院长

久一些,于是吃各种各样的补品。这样其实未必对身体有好处,清心寡欲的心态,顺其自然、与世无争的生活状态,才是一个人健康和长寿的保障。也可以说,这是老子的养生之道。那些长寿之人,无一不是具有这种心态的人。从另外一个角度看,如果一个人整天身处于富庶优裕的生活中,生存能力就会变弱,一旦遭遇到战争、家庭败落等天灾人祸,其适应能力就远远低于贫困之人。生于富贵之家的子弟就像是温室中的花草,被照顾得过于周到,生活过于优裕,对于疾病、灾祸等的抵抗能力就非常弱,更容易被伤害、被击倒。奉养过度而不知节制,养尊处优而不经风雨,生存能力必然下降,反而达不到养生长寿的目的。孙思邈在老子思想的启迪下,为世人总结出养生保健、延年益寿的"十二少"秘诀:"少思、少念、少事、少语、少笑、少愁、少乐、少喜、少好、少恶、少欲、少怒。"同时又提出忌讳的"十二多":"多思则神殆,多念则志散,多欲则志昏,多事则形劳,多语则气亏,多笑则脏伤,多愁则心摄,多乐则意溢,多喜则忘错混乱,多怒则百脉不定,多好则专迷不理,多恶则憔悴无欢。"他认为这"十二少"是养生真谛,"十二多"是丧生之本。人的七情六欲是难以回避的精神活动,如果放纵或者抑制都会对身体有损害,为此要做到适度、有所节制,贵在一个"少"字上。这与老子少私寡欲、清静无为的养生思想高度一致。

  另一个是由于不"善摄生"造成的。即由于不谙大道而不知趋利避害。老子认为,真正懂得养生之道的人,能够依道而行远离危险,明白什么事情能做什么事情不能做,什么时候能做什么时候不能做,不会贸然进入死亡的境地。即使发生意外、遇到危险也能毫无畏惧、视死如归,对待所有伤害都能保持一种平和的心态,因此也就无所谓伤害了。多数夭折之人死于非命的原因就是来自于人的欲望。欲望太多,对于财富、权力、名声的追求过于狂热。因追逐权力而死于非命,因和别人争夺财富而被杀戮,因被人嫉妒而遭陷害,因被别人仇恨而被毒害,因道德问题而被社会所不容,因犯罪而遭到法律惩处,等等,这些才是绝大多数人普遍面临的危险。如何面对这些问题,是判断一个人善于或不善于掌控自己生命的标志。不善于掌控自己生命的人,对于自己过多的欲望没有定力去控制,而是放任自己去追逐、争夺,总想获得更多的财富、更大的权力、更奢侈的生活和更多的美色,最终死于追逐的途中。而善于掌控自己命运的人则对自己能时时保持一种冷静和洞察。他非常清楚,自己的欲望是无限的,如果任其膨胀就永远没有满足的时候,自己永远也得不到平静与安详。因此,当欲望蠢蠢欲动的时候,当诱惑在前面招手的时候,他会清楚地意识到与之相伴而生的危险,从而果断放弃这些东西,全身而退以保全自己。老子深知无止欲望的危害,一贯主张清心寡欲、与世无争,并告诫人们:"甚爱必大费,多藏必厚亡。"(44

道德经的人生智慧

章)即认为一个人对于名利过分追求,必然要付出巨大的代价,得到的多,失去的也快。又说:"咎莫大于欲得;祸莫大于不知足。"(46章)然后又提醒人们:"故知足之足,常足矣。"(46章)再次劝导人们应该清心寡欲,知足常乐。

生生死死,如同春夏秋冬的四季交替,来来往往,周而复始。从这个角度来说,生并不是获得,也不一定具有更大的意义;死也并不是丧失,也并不是失去了所有的意义。尽管"生死由命,富贵在天"这句话有些宿命,但也能从积极的方面给我们一些启示。生老病死是客观(自然)规律,所以一些不必要的争取、过度欲念都是徒劳的,凡事顺势而行、尽力而为、适可而止,明白了这一点,对于生死就会变得坦然了。不论是生活在哪个年代,不论我们是一个什么样的人,过着怎样的生活,都需要一个健康的体魄和一种稳定的心态,这是健康地生存于世的最根本的资本。只有将健康的体魄与良好的心态融合到一起,才能成就自己快乐的人生。尤其在对待生死上,一定不要过分奢求长生而过度奉养,一定要遵道作为而趋利避害,特别是要保持一种"生死如一""视死如归"的态度。只有这样我们才能活得更潇洒,不枉来世潇洒走一回。

这正是:

> 出生入死道之常,
> 不善摄生命早亡。
> 善止善行遵大道,
> 远离险境寿绵长。

做个"尊道贵德"之人

老子在第51章,把"道"与"德"结合在一起阐述,进一步阐明两者的关系,强调"道生之,德畜之",即由"道"而生的万物则由"德"来养育。在万物的发展过程中,"道"与"德"都是不加干涉的,而是顺其自然、自由发展。万物由道生由德养,这就如同生养我们的父母,当我们长大成人以后,不论受到外界的什么影响,不论如何变化,都没有理由不去尊重父母,"是以万物莫不尊道而贵德"(51章,以下同)。"道"之所以被尊崇,"德"之所以被视为高贵,是自然而然形成的,是人类对客观(自然)规律的遵从和应用。正是"道"与"德"的有机结合,才使万事万物生生不息。

作为万物中的一员,人也必须"尊道而贵德",向"道"和"德"学习,按照"道""德"的要求去做。

吕敬哲:中国书法家协会会员

一是要像"道"和"德"那样"生而不有"。"道"和"德"生养了万物却不据为己有。这体现的是一种深厚而无私的博大情怀。与之相反,人却习惯于占有的法则。自己拥有的东西理所当然地据为己有,不愿意与别人分享;自己获得的东西理所当然地变成自己的"奶酪",不允许别人触碰。甚至别人的东西都想方设法占为己有。即使有时做出一些付出,也总是斤斤计较,每次付出总想着是否能得到回报,把奉献变成一种交易,计较着投入与产出的关系。一旦达不到自己设想的结果就会心生怨恨,报怨他人不知恩图报、忘恩负义。这种占有

道德经的人生智慧

欲和图报答心理是与"道""德"无私、奉献精神相背离的，这种功利思想非常重的行为，其结果只能是施者不快乐，受者不感激。解开这个思想之结的办法就是要树立"生而不有"思想，对社会对他人只考虑自己应该提供什么做些什么，而不是考虑能够得到什么占有什么，把无私奉献当作自己的人生价值体现，当作快乐的生活方式。

二是要像"道"和"德"那样"为而不恃"。"道"和"德"成就了万物却不自恃有功。一般来说，一个人立下了功劳、取得了成绩，难免产生骄傲自满、恃才傲物情绪。其危害有二：一方面，会危及自身。翻阅历史，会发现有大量的功臣都是因为功高而遭到杀戮的。最著名的就是汉高祖刘邦、明太祖朱元璋，都在开国之后杀了大批功臣。其实那些开国功臣们即使不骄傲自满，也时刻受着侯王的猜忌，随时都有被杀头的危险，而表现得飞扬跋扈则给侯王提供了动手的借口。汉代的张良、唐代的郭子仪等人，之所以功高而保全性命，就是因为懂得"为而不恃"的道理。当然，对于我们普通人而言，即使没有"为而不恃"的智慧也不会性命攸关。但道理是相通的，在工作中，如果自己出色地完成了某项重要任务，不要骄傲，上司自然会看在眼里，记在心里。如果因为做出了一点成绩便喜形于色、盲目自大，只能让上司觉得你缺乏沉稳，难堪大任。另一方面，会阻碍发展。法国行为科学家欧文·柏林提出的"柏林定律"说："成功的最大障碍莫过于取得不断的成功。"他进一步对柏林定律的内涵解释道：在不断成功之后，人们往往会认为自己已经无所不能。因此，对于下一步的成功来说，上一步成功往往表现为一种惯性陷阱。许多成功的人或企业难以超越原本的成就甚至一败涂地，原因就在于"陷入了成功的陷阱"。创业取得成功不容易，但对昨天的成就能够"拿得起，放得下"，永远保持前进姿态则更不容易。这警示我们，在做人做事上，不要使自己因为昨天的成功而成为一个骄横的人。总之，把"为而不恃"的智慧运用到现实之中，就是提醒我们忘掉自己的功劳，忘掉自己的成功，一切从零开始。

三是要像"道"和"德"那样"长而不宰"。"道"和"德"导引了万物却不主宰。"生而不有，为而不恃"阐述的是"道""德"生养万物的态度，给我们的是关于做人做事态度方面的启示，而"长而不宰"则偏向于"道""德"成就万物的方法，给予我们的是关于做人做事方法方面的启示，即要注重导引万物而不主宰。这提醒我们，做事要学会顺应事物本身的特点和规律，不要逆势而动、强势而为。正像"道"成就万物，"德"蓄养万物一样，如果我们不生硬而强势地干扰、影响某人某事，而是努力不让某人某事感觉到我们的存在，就会自然而然地成就了某人某事。比如，我们在与人相处过程中，可能有时会遇到需要说服或鼓

励别人的情况。这时候，许多人往往会自认为道理在自己这一边，便会有些强横，摆出一副居高临下教训别人的架势。这样做的结果，即使你是对的，往往也不能说服别人，因为你没有考虑到别人的心理规律。每个人都有自尊心，即使你是对的，若趾高气扬地去要求别人听你的话，也往往会引起对方的抵触情绪。而实际上，每个人大都只相信自己发现的东西，把你的观点强加给对方不会收到理想的效果，并在心里说"你站着说话不腰疼"。而如果能够做到让对方忽略你的存在，悄无声息地导引对方自己去思考出你想告诉他的道理，就会收到事半功倍之效。我有一位同事的儿子非常聪明，学习成绩也非常好，但有一段时间成绩下滑明显，老师找到他说孩子贪玩和早恋影响了学习成绩。他没有立即回家教训儿子，而是在一个烈日炎炎的周末，带着儿子来到一个建筑工地旁边，找一个没有遮挡的地方坐下，静静地看着劳作的建筑工人。过了一个多小时，儿子要喝水，他说没带钱，儿子说要回去，他说看看工人是怎样盖楼的。父子俩整整曝晒了三个多小时，孩子最后终于领悟了，对他爸说："我明白您的用意了，如果我不好好学习，将来就会像这些人那样辛苦谋生，我让老爸操心了，今后一定会好好学习的。"事实证明，这种让孩子自己感悟道理比教训他接受道理效果要好得多。这孩子最终考上了上海交通大学。总之，"长而不宰"启示我们，要学会去寻找事物的规律，然后顺着规律行事，就可像"道""德"成就万物那样自然而然地达到目的了。

这正是：
> 道生万物德滋育，
> 随顺自然无妄举。
> 成就功名莫强为，
> 贵德尊道祛私欲。

道家之"德"不同于儒家之"德"

道家和儒家都强调要讲求"德",但道家之"德"不同于儒家之"德"。如果用最简明的话区分道家与儒家之"德",那就是:老子讲的是自然之德,孔子讲的是人伦之德;老子讲的是"玄德",孔子讲的是"仁德"。

老子给"玄德"下的定义是:"生而不有,为而不恃,长而不宰。是谓'玄德'。"(51章)生养了万物而不据为己有,成就了万物而不自恃有功,导引了万物而不主宰,这就是"玄德"。他有时把"玄德"亦称为"恒德""孔德""上德",即玄妙之德、恒久之德、美好之德、上佳之德。

刘波:中国书法家协会会员

老子还提出了实践"玄德"的三项基本原则:第一,"知其雄,守其雌,为天下溪。为天下溪,常德不离,复归于婴儿。"(28章)知道什么是强雄,却能够安于柔雌的地位,这样就可以成为天下的溪河。如此,永恒的"德"就不会离失,从而回到婴儿的状态。其核心思想就是主张不要逞能好强,违背自然,要谦让柔顺,

回归并保持人类婴儿那种最单纯最质朴的状态。第二,"知其白,守其辱,为天下谷。为天下谷,常德乃足,复归于朴。"(28章)知道什么是明亮,却能够安于暗昧的地位,这样就可以成为天下的川谷。如此,永恒的"德"才得以充足,从而最终回复到淳朴的状态。这一原则的要点就是要出淤泥而不染、忍辱负重、积德行善、返璞归真。要求人们要勇于追求光明,宁可忍受屈辱也不背离恒常的玄德,以期达到最高的境界。第三,"朴散则为器,圣人用之,则为官长,故大制不割。"(28章)混沌朴真的初始状态逐步演化成宇宙中一个个具体的万物,得道的圣人懂得宇宙变化的规律并遵循规律而为,就成了国之君主。所以,完善的政治制度是一个完整的体系,采取恩威并重、刚柔相济的方式治理国家,而不能凭着某个人的主观愿望而任意割裂和取舍。

老子认为"德"的最高境界是"上德不德,是以有德"(38章),具备上德的人,从来不追求形式上的"德",所以是真正有"德"。天地万物自然生存状态已经包含了道德仁义的内容。认为"道"不可为,"德"不可求,更不必知。天下万物由"道"而生,其行为自然合于"道",合于"道"则其中必有"德",此"德"为"上德"。而过分强调某种品性的好处,会彰显其对立面的存在,会导致关系紧张、失去和谐。人的行为合于自然状态的"道"时就有了"德",如果树立一个关于"德"的死标准——礼,并在天下广泛宣传、极力推广,强迫人的行为去与之吻合,那是下等的"德",最终会让人变成无德。只有不知运用自然之"德"的统治者(侯王),才会大力主张和推行"礼"。"礼"的盛行只能表示忠信的不足,这是祸乱的开始。孔子一辈子孜孜以求的"克己复礼""道之以德,齐之以礼"之德,在道家眼里只不过是穷途末路的愚行而已。另外,老子还认为,即使某种看似好的品性,也不能过分彰显。因为所有的事物都是对立统一的,强调了一方面等于张扬了另一方面。道家认为事物永远在变,很容易转向对立面,所以美与丑、善与恶并没绝对的界线。"天下皆知美之为美,斯恶已;皆知善之为善,斯不善已。"(2章)当所有的人都以某一人为的标准为美时,原来本来可能是美的东西就会走向其对面变得丑陋不堪,如东施效颦、楚王好细腰等。而如果天下所有人都去追求符合社会某种善的行为时,原来是善的行为就可能演变成恶。这就是道家对儒家倡导的"仁德"嗤之以鼻的原因所在。

老子认为,守"道"则"德"自然存在,有"德"则仁心自然存在,根本没有必要划分正义与非正义、有礼与无礼。在老子看来,不讲大道的道德只能是假道德,而所谓仁爱、义气则是比假道德更低层次的主张。他在批判伪道德,毁弃伪仁义的同时,主张道法自然,德归恒道,人修玄德。

这正是:
　　德于道教谓玄德,
　　遵道而为自会得。
　　儒教仁德尊义礼,
　　废离大道染沉疴。

道德经的人生智慧

怎样才能坚守"袭常"

老子提出了"袭常"（52章）的概念，意思是"承袭万世不变的常道"。那么怎样才能坚守这万世不变的常道呢？老子给了我们5个方面的建议。

一是循环往复深悟道。老子讲："天下有始，以为天下母。既得其母，以知其子；既知其子，复守其母，没身不殆。"（52章）他把生养万物的"道"比喻成"母亲"，把由道生出的"万物"比喻成"儿子"，知其母便可知其子。但这还不够，由于其子的发展变化也会影响其母，因此还必须在认知其子后，再回头来进一步深刻地认识其母，以便能更好地认知其母，即秉承生养万物的大道。只有这样，我们直到死都不会遭到任何危险。在这里老子告诉我们，人们对道的认识不可能一次性地完成，必须由"道—万物—道"循环往复，经历由表及里、由浅入深的认识过程，才能够深刻认识大道，并形成自觉遵守大道的行为习惯。

二是远离诱惑无患忧。老子曾说："五色令人目盲；五音令人耳聋；五味令人口爽。"（12章）坦言欲念的诱惑力也是极大的，危害是极大的。那么，老子对于诱惑的态度是什么样的呢？他说："塞其兑，闭其门，终身不勤。开其兑，济其事，终身不救。"（52章）意思是说，塞住欲念的孔穴，闭合欲念的门径，终身都不

陈宇龙：黑龙江省书法家协会副主席

会有劳扰的事情。如果打开欲念的孔穴,就会增添纷杂的事情,终身都不可救药。从中可以看出,欲念旺盛但现实却无法满足,是一个人心怀郁闷的根源,更是一个人涉足违法之境的直接原因。人是靠感官与外界接触的,生活中的每一件事情都能给人带来感官的触动,当看到听到触到一些东西而产生欲望的时候,就很难让自己追寻外物的双脚停歇下来。一旦打开感官的出口,欲念就成了一个难以填平的沟壑,最终终身都不可救治。圣人可以坦然面对诱惑不动心,但作为普通人是很难完全抵制不住的,最好的解决办法就是远离,这样作也可以做到不偏离大道,坚守"袭常"。

三是见微知著方明达。老子认为,要坚守"袭常",还必须做到洞察到事物发展变化的细微之处,这样才能明白四达,预测未来,即"见小曰明"(52章)。这是就是我们常说的:细节决定成败。这种能够洞见事物细微之处的智慧包括两种情况:一个是,从细小而平凡的事物或现象中发现其背后所蕴含的原理。就像牛顿从人们司空见惯的苹果落地现象发现万有引力定律,瓦特受开水顶起茶壶盖启发发明蒸汽机,阿基米德洗澡时发现浮力原理一样。高深的知识和学问并非都隐藏在人们难以发现的幽暗之处,它就堂而皇之地存在于每个人都能看到的地方,只不过非细心和勤于思考的人难以发现罢了。另一个是,要从多角度动态地思考问题。这样就会把问题考虑得更加全面。我们平常说的一叶落而知秋之将至,很大程度上就是要学会动态地看问题,把时间因素考虑在内,就能够对事物发展趋势有一个准确的预测。由此可见,所谓的那些料事如神的先知先觉者,其实只是他们有一双充满洞察力的眼睛和一个善于思考的头脑,能够发现并把握事物发展的规律性,从而推演出事物发展的趋势而已。总体而言,老子的"见小曰明"智慧提醒我们,一个人要表现得比别人更有预见性,就必须学会全面地考虑问题,各个角度都考虑到,利弊两面都做一番分析,及时准确把握事物未来的走向,敏锐地捕捉到机会或躲避开祸患;就必须学会凡事多留心,能够从被别人忽略的细节中发现真理;就必须学会用发展的眼光看问题,将时间拉长来看,更清晰地看出事物发展变化的轨迹。

四是恪守柔弱亦强大。老子认为,只有恪守柔弱才能使自我达到强大的状态,即"守柔曰强"(52章),这也是坚守"袭常"所必需的。可以说,"柔弱胜刚强"观点一直贯穿于《道德经》始终,老子认为,柔弱虽然表面上看似没有力量、比较弱,却并非虚弱、脆弱,而是一种柔韧,具有内在的生命力,这正是天下事物生生不息的原因。柔韧的东西往往坚忍不拔,适应环境能力特强,承受外力也有较大的弹性,因而具有不断发展的强大生机,往往能够战胜刚强。老子非常推崇水,认为水表面上没有任何刚强之处,"天下莫柔弱于水"(78章),但水却

道德经的人生智慧

能自由穿梭于坚硬的山岳岩石之间，可以水滴石穿。所以说，最柔弱的东西里面，往往蓄积着人们看不见的巨大力量，使最坚强的东西无法阻挡。真正的强者，不是外表的勇猛，而是内心的坚守。

五是反躬自省心常明。"用其光，复归其明"（52章），就是要运用"道"的光芒照亮外在世界的同时，再返照自身以达到"明"。老子通常把人的智慧分成"智"和"明"两个层次。对世间万事万物的了解称作"智"，对自身心灵的明了称作"明"。即"知人者智，自知者明"（33章）。所谓"智"是自我之智，"明"是心灵之明，"知人者"知于外，"自知者"明于内。智者知人不知己，知外不知内；明者知己知人，内外皆明。简单说，了解外部世界并不是最高智慧，而只有了解自我才是最高明的智慧。这是因为，了解自身比外界要难得多。一个人的智慧正像是一盏灯一样，能够照到房间的各个角落，却偏偏照不到灯身下的一小块地方，人们俗称之为"灯下黑"。或者就像镜子一样，能照万物，却偏偏照不到自身。其实说到底，这就是一个要客观地看待自己的问题。有句话叫作："每个人对别人都是哲学家，对自己却是诗人。"说的就是每个人对于别人都能够很客观地进行分析，可以精确而犀利地指出别人的优点和缺点；而对自己却抱着一股狂热的偏爱，无法客观，往往只看到自身的亮点，却忽略瑕疵，乃至陷入孤芳自赏之中。很容易导致盲目自信、自大，最终吃苦头，摔跟头。所以说，只有真正了解自己的长处和短处，避己所短，扬己所长，才能对自己的人生坐标进行准确定位。当我们认识到自己的不足之时，也就是进步的开始，也才能"无遗身殃"，进入"袭常"的境界。

这正是：

  秉承规律守袭常，
  见小持柔变明强。
  不被浮云遮望眼，
  明白四达远身殃。

"大道甚夷,而人好径"的心理分析

"使我介然有知,行于大道,唯施是畏。大道甚夷,而人好径。"(53章)这是老子发出的无限感慨和无奈叹惜,假如我稍微有点知识的话,我就在大道上行走,唯独害怕的就是走入邪路。大道是那样的平坦,而有人却偏偏喜欢走邪路。虽然这是老子针对统治者(侯王)背离大道走入邪路而进行的尖锐鞭笞,但对于普通人来说同样具有警示作用。这就会让我们不得不思考这样一个问题:为什么会出现"大道甚夷,而人好径"现象,而且趋之若鹜、前赴后继呢?我认为主要有三种心理在起作用。

钟显金:中国书法家协会理事,四川省书协副主席

一是投机取巧走捷径。走捷径,无非是为了快速成功,快速获得幸福,可是这恰恰是关于完美人生最典型的误解,正所谓"欲速则不达"。那些看上去很短的小路,走起来却并不是最近、最平坦的,也不是最现实、最安全的。有时候看上去好像离成功只有一步之遥,但跨过那一步,需要的却不仅仅是运气。真的不如踏踏实实地走常人走的光明大道,尽管看起来似一次长途的跋涉,但是当我们达到光辉顶点的时候,会发现一路走来,处处有风景相伴。现实生活中,那些走捷径、抄小路而跌倒的比比皆是。最典型的就是有些人见小利而忘大义、舍本逐末的短视行为。比如,一些企业在经营的过程中,不知经商的大道,为了眼前的一点利益,便舍弃自己的商业道德,在商品制作的过程中偷工减料,在销售的过程中采用欺骗的方式。结果虽然暂时得到了一点点小利,却毁掉了自己

道德经的人生智慧

的商业信誉，失去了客户的信任，本来可以长久的买卖最后全都做成了一锤子买卖，最终导致企业在市场上无法做大，乃至无法立足。一些年轻人一门心思想要发财，出人头地，却不懂得一步一个脚印地去努力拼搏，而是妄图通过投机取巧来一口吃个胖子。或是痴迷于炒股、炒房，或是在没有任何经验和调查的情况下盲目地借钱去创业，结果年纪轻轻却债台高筑，多年无法翻身，有的甚至走上了诈骗、犯罪的道路，干脆一下子把自己的未来全部赔了进去。现在的许多女孩子，贪慕虚荣，在找对象的时候，不是去看对方是否具有优秀的品性，是否具有一颗上进的心，是否真的喜欢自己，而是看对方是否有车有房。结果嫁给有钱人之后，毫无幸福感可言，可能几年之后还遭到遗弃，等等。这些走捷径、抄近路的结果，或者是欲速不达，或者是事与愿违。无数经验教训表明，走在大道上看上去虽然走得慢些，但因为方向是正确的，总能走到自己要去的地方。小径看似一时抄了近路，其结果则可能是背离了正确的方向，离自己的目标越来越远。走捷径抄近路就是自寻无道，自寻烦恼，甚至是死路一条。

　　二是远离众目隐企图。"好径"者并不是不知道走小路的风险，但是他们还是喜欢选择小路。这主要是因为大道同行者众多，道路平坦而一览无余，而小路偏僻人稀，便于隐蔽其行为企图。那些喜欢走小路的人，有两个共同的特征：一个是欲望非常强烈，对财富、名声过分贪婪和追求，善于耍弄权术，为了实现目的可以恃强凌弱、使用机巧追逐功名利禄，不惜违背道德，甚至违法犯罪。另一个是，这样的人通常喜欢拉帮结派，搞团团伙伙，常常能够形成利益共同体，结党营私，往往是一荣俱荣、一损俱损。为了实现自己的目的，或者是为了维护小团体的利益，可以做到不择手段。他们虽然极力掩饰自己的欲望和行为，但也深知"若想鬼不知，除非己莫为"的道理，那些见不得阳光的东西越隐匿越神秘，越远离公众视线越好，以便于他们把目的企图隐藏得更深些更久些。因此，选择小路是其必然的结果。

　　三是独异于人彰自身。有些人认为，走大道会被淹没在茫茫人海之中，永远也没有出头之日。于是便用标新立异的方式彰显自己的存在和价值，以引起别人的高度关注。有些人为了出名，想方设法找机会与名人打官司，无论成败都可以一夜成名。有的人为了把自己由不红炒红，由红炒成红得发紫，隔三岔五就找推手帮助自己在新闻媒体上炒作一番，甚至不惜用绯闻博得大众眼球。也有的不想让自己平淡无奇地度过一生，热衷于寻求刺激。认为大道虽然平坦易行，默默地走下去是可以到达目的地，但总觉得平淡无奇、不够刺激、缺少激情，于是喜欢刺激、冒险、另辟蹊径，这样既可以展示自己的智慧、能力和胆识，又可以比别人更快捷地达到自己的目的地。很多人正是通过这种独异于人的

标新立异方式赢得了领导的重视,博得了大众的关注,因此改变了自己的发展轨迹。但实事求是地讲,这是一种"不成功便成仁"的赌博行为,有的可能会成功,更多的可能会败得很惨痛。

总之,老子认为,"大道甚夷,而人好径"的行为是不符合大道的,为官则祸国殃民,为人则害人害己。老子意在告诫人们,凡事要走大道不走小道,走正路不走邪路,保持清静不妄为,贵柔守雌不逞强,克制私欲不过度,遵循规律不取巧,这才是符合大道的行为方式。

这正是:
> 大道甚夷人好径,
> 歧途误入伤生命。
> 缘何后者覆前辙?
> 私欲存心难警醒。

道德经的人生智慧

老聃"何以知天下"

"吾何以知天下然哉?"(54章)老子在这里揭示了自己能成为先知先觉的智者的奥秘。他告诉我们,自己之所以能够了解天下情况,主要依靠三个方面。

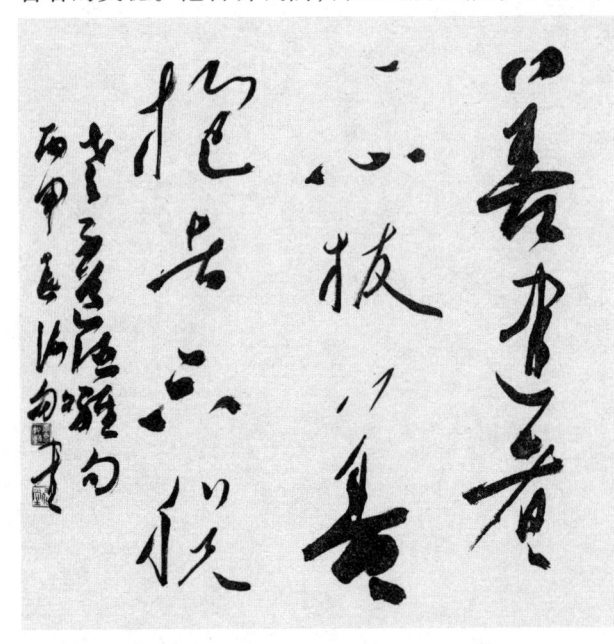

其一,修养自身是基础。提高自身的道德修养和能力素质是"知天下"的基础和前提。老子说:"善建者不拔,善抱者不脱,子孙以祭祀不辍。"(54章)一个善于建功立业的人,其建立的功业是消除不掉的;一个善于抱持事业的人,其秉承的事业是不会半途而废的。如果一个人既能建功立业又能抱持事业,就能将这份事业不断地传承给他的子孙后代。这种"善建""善抱"之人,就是得道有德

袁海船:周口市书协副主席兼草书专业委员会主任

之人,他们是源于内心对"道"的深刻感悟和对"德"的长久秉持,是内化于心的坚定信念,是不会轻易受到外界影响而改变的,也不会因为时间的延长而淡漠。这与那些哗众取宠,出于一种虚荣心而去追求和标榜仁义道德之人是有本质区别的。这些得道有德之人是从内心对"道"敬畏和对"德"追求,是在笃信基础上的笃行,因而能够自觉按照大道的要求修身立德,自觉驱除与大道不相符合的欲望和杂念,孜孜以求地提高自己感知认知大道、准确把握大道运行轨迹的能力素质。

其二，运用其德是关键。要想做到"知天下"，仅有修养是不够的，还必须自觉运用修养出的"德"去深刻感悟客观（自然）规律，把自己深度融入大道之中，在融入中发挥"德"的巨大作用。这正如老子所说："修之于身，其德乃真；修之于家，其德乃余；修之于乡，其德乃长；修之于邦，其德乃丰；修之于天下，其德乃普。"（54章）也就是说，把"善建""善抱"之德用于修养自身，那么这个人的德就会是纯真自然的，从而消除内心险诈、祛除私欲妄想、淡然功名利禄。用于齐家，他的德就会变得充盈有余，那么在他的带动下，家庭成员之间就会以真诚待人、尊老爱幼，进而家和万事兴，整个家庭都会变得精神充盈、生活富裕。用于乡里，他的德就能受大家的尊崇，那么在他的示范下，乡邻相处都会以纯真对人、追求诚信、互爱互助，让那些尔虞我诈、争名夺利的丑恶行为无立足之地，从而乡邻之间就能和睦至永远。用于治理国家，他的德就会越来越丰厚，那么在他的感召下，整个社会变得风清气正、团结和谐、乐观向上，国家就能兴旺发达、强盛不衰。用于治理天下，他的德就会普泽百姓，那么在他的治理下，普天之下就没有了高低贵贱之分，百姓就能获得自由平等；天下没有了严苛的法律政策，百姓就会自由发展；天下没有了战乱灾祸，百姓就会安居乐业。从中可以看出，德只有符合道的要求，才会发挥其应有的作用。得道有德之人，通过运用其德发挥出自身的作用，去造福于家、乡、邦、天下。由于他们始终身处于大道之中，与大道融合在一起，自然会感知"天下"的发展变化。

其三，推己及人是方法。老子提出了"知天下"的"五观"之法："以身观身，以家观家，以乡观乡，以邦观邦，以天下观天下。"（54章）对于是否有"德"的判别，可以以自身的情况去观照别人的情况，以自己家的情况去观照别人家的情况，以自己乡里的情况去观照别的乡里的情况，以自己国家的情况去观照别的国家的情况，以目前天下的状况去观照未来天下的情况。换句话说，就是凡事从自身开始，逐渐展开，推己及人，进而了解整个天下"德"的情况。老子正是通过深悟"道"掌握事物发展变化的规律，准确把握其蕴含的"物、象、精、信"（21章），采取由此及彼的推理方式，做到"不出户，知天下"（47章）的。这是得道有德之人"知天下"的方法，更是一种智慧和境界。现实生活中，很多人总是抱怨人心难测。处理不好人际关系，其实用老子"五观"智慧就可以迎刃而解。许多事情都是人同此心，心同此理。影响我们每个人的无非就是那些共通的人之常情，你如此想，别人也大致差不多。一般而言，每个人都会为自己的利益着想，但是要知道，别人也是这么想的。因此，你就不能为了自己的利益而去损害别人的利益，一旦如此，别人为了维护自己的利益，必然会与你对抗，最后大家谁都得不到好处，结果只能是两败俱伤。因此，在做出某种行为之前，你就要提前

道德经的人生智慧

想到这一层,在考虑自我的同时,也要设身处地地为别人考虑一下,也就是换位思考,将心比心,"己所不欲,勿施于人。"这才是我们在这个世界上站得住脚的基本条件。一个人如果能够运用好老子的"五观"之法推己及人、由此及彼、由表及里,就可以预知包括人类自身在内的天下万事万物,就可以成为先知先觉的智者。

这正是:

> 立德修性唯循道,
> 善建静心能善抱。
> 先觉先知有五观,
> 庸人智者得分晓。

老子的"赤子"情怀

老子对"赤子"情有独钟,在《道德经》中多次把得道有德之人比作初生的婴儿(即赤子),然后以婴儿的种种表现来描述"德"的作用。比如,第10章要求修道者以婴儿为参照:"专气至柔,能如婴儿乎?"聚集精气以致柔和,能达到像出生婴儿那种无欲的状态吗?第20章老子自比为婴儿:"我独泊兮,其未兆,如婴儿之未孩。"唯独我淡泊宁静,对那些盛宴、美景等无动于衷,好像还不会笑的婴儿。第28章要求修道者以返回婴儿状态为目标:"为天下谿,常德不离,复归于婴儿。"成为天下的溪壑,就会有众多

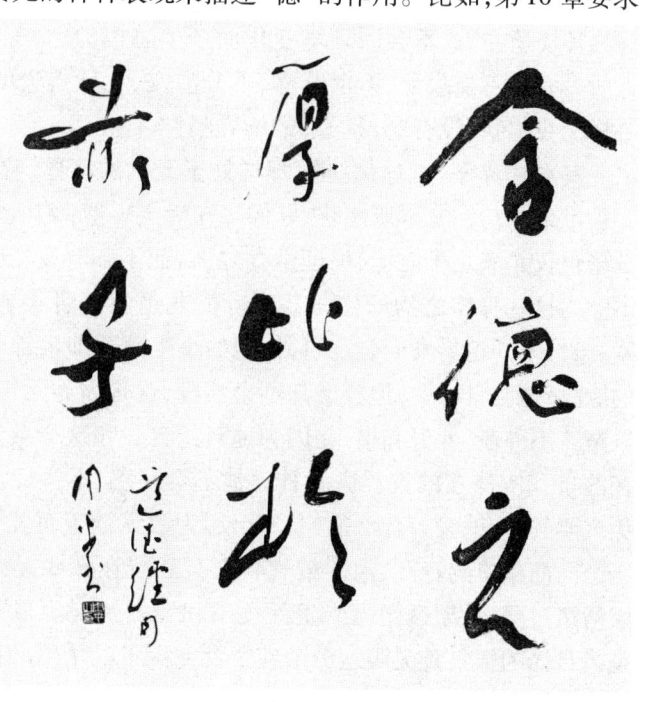

周平:荣宝堂书画院副院长,伊春市书协副主席

的水流归注其中,而他所秉持的道德也就不会离开他,而且他还能回复到婴儿般的质朴状态,达到一种纯真的境界。第49章要求圣人发挥示范引导作用:"百姓皆注其耳目,圣人皆孩之。"百姓都喜欢关注自己耳闻目睹的现实欲望,圣人则致力于让他们恢复到婴儿般的纯朴状态。在第55章中说:"含德之厚,比于赤子。"道德涵养深厚的人,就像刚出生的婴儿。老子之所以把得道有德之人"比于赤子",是因为婴儿所处的三种境界比较接近大道的状态。

道德经的人生智慧

　　首先，"赤子"能够像"道"那样处于无我的境界。老子认为，最高的修炼就是达到"无我"的境界。现实生活中，人们总是带着一种强烈的自我意识去打量这个世界，习惯于一切以对自己有利还是有害作为判断标准，从而得出结论，这就是所谓的"分别心"。据此，人们把事区分成好事或坏事，遇到好事就会高兴，在隆重的场合就会感到紧张，遇到坏事就会伤心，面临危险就会产生恐惧。把周围的人区分成朋友或敌人，按照对方的身份把人分为高低贵贱。对地位高或者有钱的人，在心理上不自觉便会产生一种重视，对卑贱者不自觉地便会有一种轻视。而婴儿就不会这样，由于没有"分别心"，所以就跳出了自我意识的狭隘，不会根据别人的身份地位，或者根据是否对自己有利而下意识地把人分成等级、敌友，对于一切总是友好和善的，因而总能收获更多的友善。婴儿也不被外界环境所左右，不会因环境变化而产生恐惧、紧张等情绪。道德涵养深厚之人所具有的不畏生死、不惧荣辱、不分敌友、不计得失的精神境界，不正像婴儿一样无我忘我、没有"分别心"的境界吗？

　　其次，"赤子"能够像"道"那样处于无欲的境界。在老子看来，只有婴儿才不被世俗的功利宠辱所困扰，好像未知啼笑一般，无私无欲，淳朴无邪。婴儿的欲望仅仅是满足于吃饱，保证生存之需，而不知享受"五色""五音""五味"，更不会为这些身外之物而你争我夺。婴儿虽然筋骨柔弱，但小拳头握起来却很紧；虽然不知道男女交合之事，但他的小生殖器即常常勃起，这是因为精气充足的缘故；他终日啼哭，但嗓子却不会沙哑，这是因为元气和谐的缘故。婴儿之所以精气不外泄、元气和谐，是因为他对于自我和这个世界都是懵懂的，不会为内在的自我或外在的世界去费神。他不会伤感、不会忧虑、不会烦恼、不会仇恨，更重要的是，他没有什么欲望，不会因为放纵欲望而破费精神。总之，婴儿就是一个简简单单的存在，他的精气神不会破费在那些无谓的地方，自然也就不会因情绪过分、欲望过度而产生元气不和谐的情况。与婴儿相反，成年人则往往是将自己的精气神无限地分散在了没完没了的情绪和欲望中，时而为自己拥有什么而高兴得不得了，时而又为自己失去了什么而伤感不已；时而羡慕嫉妒别人，时而又暗自庆幸没重蹈覆辙；时而为一件过去的事情恼怒不已，时而又为将来可能发生的事情过分忧虑。而这些情绪和欲望都会交替着破损精气，过分的情绪和过度的欲望又会破坏元气的和谐，成为破费精气的精神魔咒。道德涵养深厚之人就能够像婴儿那样守住精和之气，放下纷纷扰扰的种种情绪和欲望，学会看淡生活中的一切，不以物喜，不以己悲，不生欲望，远离烦恼。这样就会拥有更为旺盛和集中的精气神去做事，同时也会具有更为沉稳的情绪和心境，让自己返璞归真，宁静淡泊得像个婴儿一样。

再次,"赤子"能够像"道"那样处于无为的境界。婴儿不会去伤害他人,因此也不会受到伤害。即使是奸恶之人,绝大多数看到婴儿也会滋生一丝柔情。乃至如老子所说,毒虫见了不螫他,猛兽见了不伤害他,凶恶的鸟见了而不搏击他。道德涵养深厚之人掌握事物发展变化的客观(自然)规律,自觉按照客观(自然)规律办事,能够"知和""知常",不肆意妄为,不会贪生纵欲,不会做那些强迫命令、蛮横无理、倒行逆施、一意孤行的不顾老百姓利益的逞强之事。由于道德涵养深厚之人不会去伤害他人的利益,因此也就不会受到伤害。这正如唐太宗李世民在《论政体》中说:"君,舟也;人,水也;水能载舟亦能覆舟。"统治者(侯王)爱护老百姓,老百姓就会像呵护婴儿那样呵护自己的统治者(侯王),自然就不会让毒虫蛇蝎、猛禽野兽等靠近他、伤害他。现实中德高的统治者(侯王)就像赤子,只有生活、生存在老百姓(父母以及其他亲人)之中,才能不会受到任何伤害,而老百姓心甘情愿这样做的前提,就是统治者(侯王)能够想民之所想、解民之所困、爱民之所爱。老子对婴儿的赞美,还有一个更为主要的目的,就是告诫统治者(侯王),你的人生经历可以很复杂,你的思想可以很丰富,你可以知道得很多,你可以懂得很多的行事技巧,你也可以懂得权术韬略是怎么一回事,但是,你不能因为这些而使得自己原本纯洁的心地遭受污染,即使你受到了别人的欺辱,你也不会因此而去以牙还牙,而是"报怨以德"(63章),对他人依然以善美之心相待,这就是老子所说的"能如婴儿乎"的现实意义。

总之,老子一直非常推崇婴儿无我无欲无为的理想境界,纯真柔和、朴素自然才是人类最美好的品德,认为人们只有恢复到婴儿般的状态才符合"道"。如果一个人能够达到"载营魄抱一而无离,专气致柔如婴儿"的境界,这个人必定已经进入内圣的境界。所以说,老子对婴儿的赞美,就是对道德涵养深厚之人的赞美,更是对大道玄德的赞美。

这正是:

> 赤子情怀言宿志,
> 含德之厚精和至。
> 无为无欲弃烦忧,
> 无我超然明世事。

道德经的人生智慧

怎样理解"知者不言，言者不知"

老子提出了"知者不言，言者不知"（56 章）的智慧，意思是说，真正懂得的人往往不去言说，而去言说的往往并不真正懂得。也有人把这句话直接理解为"智者不言，言者不智"。即真正有智慧的人往往是少说话的，而那些喜欢夸夸其谈的人是没有智慧的。我认为无论把"知"解释为"知道的人"还是"有智慧的人"，其区别都不大，都是要告诉我们不要多说话、乱说话。这与"道可道，非常道"（1 章）、"多言数穷，不如守中"（5 章）蕴涵的道理都是相通的，既有难得糊涂的智慧，更有大智若愚的高深。

首先，高深的道理只可意会不可言传，谨记：多说无益。宇宙间真正高深的道理不是用语言所能表达的，即使有人感悟到了也无法用语言传递给别人。比如，最高超的领导不叫领导方法，而是领导艺术。领导艺术是一个人在领导实践中内化生成的能力素质，是不能用言语传授他人的。那些大谈领导艺术的人其实不懂真正的领导艺术，卖弄的只是些权术方面的雕虫小技以及旁门左道的厚黑之学。因此，真正有智慧、有知识的人不会随便高谈阔论，他们常常保持谦虚缄默的状态，少言寡语，不显山不露水。他们总是站在低处仰望他人，总感觉自己在某些方面不如他人，需要向他人学习。这就是为什么越是有学问的人越是谦卑和沉默的缘故。相反，只有那些毫无知识和没有头脑的人才会夸夸其谈，口无遮拦，甚至对某件事情只是一知半解，却急于炫耀自己的"学问"，唯恐他的这点"能力"被埋没。但结果

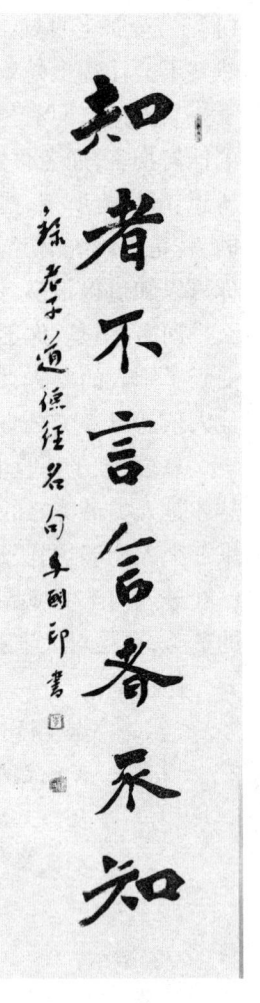

李国印：中国硬笔书法协会会员

却适得其反,这种急于表现的高谈阔论恰恰反映了他的浅薄和浮躁,无知和愚笨。这就是为什么那些"一瓶子不满,半瓶子咣当"之人经常被人暗地里嘲笑的道理。

其次,心知肚明的事情有时也不能说出来,谨记:祸从口出。生活中经常会遇到一些事情,只能心里明白却不能说出来。一旦说出来,就可能会引起不好的后果,甚至还会带来祸害。当有人私下里向你打听别人的私人信息时,或者是有人不怀好意地询问你对他人的看法时,或者有人试图和你一起在背后挖苦他人时,就是你运用"知者不言"智慧的时候了,应对之策就是假装没看见、没听见,或者装傻充愣,这才是真正的"智者"。相反,那些不知轻重,不知什么该说什么不该说,毫无顾忌地拿起什么说什么的人,表面上似乎比别人知道多些,其实是真正的"不智者",这种"言者不知"则真的变成了"言者不智"。现实中因为不懂得适时沉默而给自己带来麻烦,乃至带来灾祸的人,可谓数不胜数。研究表明,那些喜欢高谈阔论的人,其内心是非常空虚的,甚至有一种害怕别人说自己无知的心理,他们的内心缺乏一种叫作"平衡"的东西,而高谈阔论则恰好补充了这一空缺,让他们的内心获得满足的快感。但往往事与愿违,人们对于这种人都有一种避之唯恐不及的心理,甚至会成为人们嘲讽、攻击的对象,使之难以很好地融入社会、博得好感。因此,聪明的做法是,对于别人的事情一定要把住嘴巴关,对于自己不是很清楚、不是很专业的事情一定不要胡乱发表意见,切记"病从口入,祸从口出"这句话,而采取一只耳朵进,一只耳朵出的策略,不让是非在自己的脑中存留一分一秒。如果有人问起你对某件敏感事情的看法,你也最好闭口不答,一笑而过。一旦开口了可能麻烦就来了,这时再想"过"都过不去了。

再次,说话的效果与说话的多少成反比,谨记:说不如做。这是"知者不言,言者不知"观点的深化理解。无论是知还是不知,说话多的人相比于一个平时沉默寡言的人,其说话的分量肯定是不一样的。话说得越多,话语的分量就会减轻。因此,一个真正想影响别人的人,往往不是通过语言去教导别人,而是通过自己的行为去影响别人。孔子曾说:"其身正,不令而行;其身不正,虽令不从。"说的就是身教的问题。正因为是为样,父母在子女面前总是尽量展现出孝敬、诚实、守信的品格和行为,其目的就是将这些品格暗暗地传给子女。古代一些名将在打仗时往往与士兵同甘共苦、冲杀在前,就是用行动向士兵传达取得胜利的要旨。显然,这些以身示范的教育比口头的说教效果要好得多。

总之,"知者不言,言者不知"可以称得上是为人处世中一条必须谨记的真理。其中的"不言"并不是真正意义上的不说,而是"不多说""不乱说";"不知"

道德经的人生智慧

也不是真的不知道、没智慧，而是"无真知""无大智"。当然，我们不否定现代社会需要自我表现的现实，有时积极主动一些往往能给自己争取到很多难得的机会，但是有些时候"知无不言，言无不尽"并不见得是一件好事。为了不让自己愚笨无知的一面完全暴露在他人面前，就要学会含蓄一点，不要让过多的言语犯下本不该犯下的错。无数事实表明，对于人世间的是是非非，愚昧者看不懂，聪明人看得破。看破不说破是大聪明、真高明，看破又说破的则是大愚蠢、假精明。有许多事情可以看破却不可以说破，难得糊涂、大智若愚才能保全自己。在纷繁变幻的世道中，能看透事物、看破人性，能知人间风云变幻，而又能"知者不言"者才是真正的高人。

这正是：

　　知者不言因智慧，
　　不知妄语彰愚昧。
　　深谙大道忌多言，
　　大智若愚难且贵。

"和光同尘"的智慧

"和光同尘"的意思是指"不露锋芒、与世无争的处事态度"。这一成语出自《道德经》第56章,老子在谈论人的修养时,强调要"挫其锐,解其纷;和其光,同其尘"认为人应该像道那样,能够顿挫自身的坚锐而不受任何损害,能够化解各种纷扰而不感到劳累,能够含蓄光耀而不被污染,能够混同尘垢而不失其本真。简而言之,老子心目中最理想的人格特征就是:收敛锋芒,解除纷乱,含敛光耀,混同尘埃。(王弼版本在4章描述"道"的品格时也用了这四句话)。

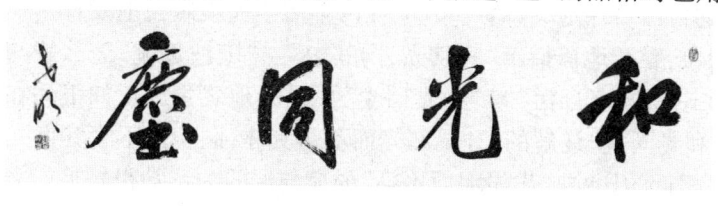

龚世明:中国书协会员,鹤岗民进书画院院长

老子认为"挫锐解纷、和光同尘"是做人处世的至高境界。如果锋芒外露,就容易被摧折,而"挫其锐"不但能够避免伤害他人,而且也能够避免自伤,顺利保全自己;只有将心中纷乱的思绪都消除,现实中的纷争都化解,人的心灵才能做到无牵无挂,自由自在,才能活得自然洒脱,所以要"解其纷";阳光在直接照射到的地方存在,不能直接照射到的地方依然存在,与万物和谐相处、不离不弃,只有懂得"和其光"才能做到"负阴与抱阳"的融合统一;宇宙之中到处充满尘埃,这就如同人世间存在的纷繁复杂的情形一样,它们的客观存在性以及人的不能超脱现实性,决定了人不可能完全抛开它们,必须学会尊重它们并因势利导,让它们都能发挥应有的作用,这便是"同其尘"。

愈加细细品味"挫其锐,解其纷;和其光,同其尘。"这句话蕴藏的人生智慧,就愈加感受到老子的睿智与伟大。"不露锋芒,与世无争,和而不杂,同而不流,冲而不盈",这是多么高贵的一种品质,又是多么高深的一种境界呀!如果一个人在为人处世的时候,能够不显山不露水,不炫耀自己的锋芒,挫去自己的棱角,却依然保存着自己的智慧与志气;能够解开纷扰,摆脱困苦,却不为之所累;能够和世俗混同,却依然能够做到"举世皆浊唯我独清"的状态,不失掉自己的

道德经的人生智慧

洁白和纯真，就能够达到极高的人生境界了，而这正是老子的智慧所在，也正是老子对我们的教诲！尽管我们与老子生活的时代不同，人们的观念也存在一定程度的差异，但老子的这一思想却很值得当今人们的深刻思考。无论是古今还是中外，人的欲望的本质是相同的，人都很难控制住自己的欲望也是相同的，渴望借助各种力量让自己脱颖而出的想法也是相同的。面对人的固有的这些弱点，老子站在智慧的最前沿告诫我们，为了不让欲望毁掉自己，就要采取克制的方法，为了不让自己愚笨无知的一面完全地暴露在他人面前，就要学会含蓄一点；为了不让自己的工作环境、人际关系变坏，就要学会宽容收敛一点。

有些人把"和光同尘"解释成"随波逐流"甚至是"同流合污"，这是对老子思想的严重曲解。当你在漆黑的夜里行走时，打开手电筒则会有一束光线驱走黑暗，照亮前程。你若留心，一定会看到那束光中均匀飞舞着的尘埃，它们默契融和，瞬间即融为一体。此时，谁能说清楚是光在空气中的尘埃里，还是尘埃在光中？光和尘，本是世界中两种不同的物质，可彼此相容相依，悄无声息，但它们内在的质却毫无改变，光还是光，尘还是尘，光发挥着照亮人的前行道路的作用，尘依旧漫无目的自由自在地飞舞着。老子在两千多年前就敏锐地发现这一令人叹服的自然现象，睿智地概括出"和其光，同其尘"。"随波逐流"怎么能与"和光同尘"相提并论，"同流合污"与"和光同尘"更是天地之别！正如王弼在《道德真经注》对"和光同尘"注解的那样"和光而不污其体，同尘而不渝其贞"。如果非要找个与之相近的比喻，"出淤泥而不染"的荷与泥的关系却很相近。老子"和光同尘"思想告诉我们：人真正觉悟后就会像光和尘那样——融入尘世，不露锋芒，与世无争，像光和尘那样，与所处环境相融，没有冲突和对立，这样才是最大程度的和谐同一。这就是"和光同尘"的境界和智慧。人应该融入生活、适应社会，自然相容、不露痕迹，但内在品质必须坚守不变。俗话说：小隐，隐于野；中隐，隐于市；大隐，隐于朝。懂得"和光同尘"的人，隐居山野，悠然自得，令人羡慕；隐居市井，在喧嚣中，保持心境宁静和谐，与世无争，令人佩服；隐居朝廷，面对污浊，做到"出淤泥而不染"，游刃有余，令人肃然起敬。"和光同尘"是刚柔相济的智慧，是内心刚强与外表柔和、信念坚毅与方法灵活的完美统一。这是智者应有的为人处世之道！

这正是：

> 光而不耀道渊深，
> 万象和光隐自身。
> 不露锋芒需智慧，
> 同尘不染守纯真。

老子治国用兵取天下的方略

"以正治国,以奇用兵,以无事取天下。"(57 章)以公正清明之道去治理国家,以奇巧诡诈之法去用兵打仗,以不骚扰百姓之策去治理天下。这是老子第一次把治国、用兵、取天下的方略集中在一起来阐述,是其"无为而治""无为而无不为"思想最全面的阐释,也可以说是其政治观点的总纲。主要体现在以下四个方面:

一、"以正治国",不正则国不治

老子认为治理好国家的关键在于一个"正"字。"以正治国"是其一贯思想,在某种程度上可以说,《道德经》通篇都是在围绕"以正治国"阐述其政治主张。比如,"爱民治国,能无为乎?"(10 章)"信不足焉,有不信焉。"(23 章)"道常无为而无不为。侯王若能守之,万物将自化。"(37 章)"清静为天下正。"(45 章)"圣人常无心,以百姓心为心。"(49 章)等等。在本章,老子先从反面阐述了不以"正"治国的后果:"天下多忌讳,而民弥贫;人多利器,国家滋昏;人多伎巧,奇物滋起;法令滋彰,盗贼多有。"(57 章)罗列的一些社会现象,是老子对国计民生的具体思考,其中包含了他对社会现状的焦虑和担忧。老子自始至终都相信,老百姓的本性是善良的,尤其是中国老百姓是特别能吃苦特别能忍耐的,如果不是迫不得已,绝对不会无缘无故地去惹是生非,即使发生民众反抗、暴乱,也是与统治阶级的不合

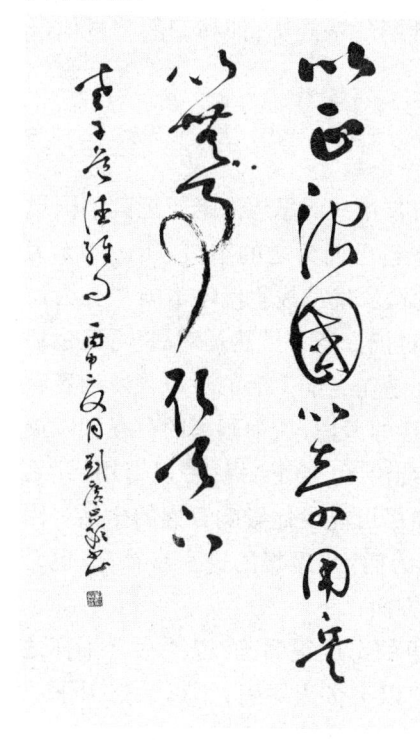

刘广岩:中国书法家协会会员

理的统治有直接联系的。所以老子说,天下的禁忌越多,百姓动辄得咎,无所适从,就不能安心干活,生活就会贫困;人们手中的利器越多,动辄勾心斗角、暴力相加,国家就会混乱;人们的智诈机巧越多,邪恶的事就会层出不穷;法令过于严苛森严,束缚人们的生活自由,盗贼就会越来越多。这些都是不"正"表现。最后,老子借圣人之口,从正面阐明了以"正"治国的"四个原则"和"四条标准":"我无为,而民自化;我好静,而民自正;我无事,而民自富;我无欲而民自朴。"(57章)把这四句话分开来讲,一方面,从统治者(侯王)治国理政的角度看,必须坚持"四个原则":一是"无为",即顺其自然不妄为;二是"好静",即心态平和不躁动;三是"无事",即按规律办事不扰民;四是"无欲",即遵循天道公理去私欲。另一方面,从老百姓的角度来看,衡量统治者(侯王)是否以"正"治国,必须坚持"四条标准":一是"自化",即看老百姓能否自由发展;二是"自正",即老百姓能否安分守己;三是"自富",即老百姓能否生活富足;四是能否"自朴",即看社会风气能够自然淳朴。可以看出,所谓的"正"就是一种正大光明、清静无为,为政者不放纵欲望,不骚扰百姓的统治政策,即强调的都是他所推崇的"无为而治"的政治理想。

二、"以奇用兵",不奇则不可胜

《道德经》不是兵书,但是其中包含很多打仗用兵的思想。老子把其治国思想与用兵思想放在一起论述,可以说是一种不得已而为之的举措。因为"无为而治"是一种对于国内百姓的治理。如果其他国家发动战争侵略本国,"无为而治"显然不够了,这时候就需要以军事行动来对抗。老子虽然反对战争,但也清楚地看到战争不会是一厢情愿地避免的,尤其是在老子生活的战争频发的春秋时期。因此,出于战争本身的多变性、不确定性的考虑,从为国家的存在和发展的角度来思考,老子不得不为弱者、为正义的统治者(侯王)提供"以奇用兵"之策。尽量以最小的代价获得最大的胜利,以便尽可能少地影响百姓的生活。因此"以奇用兵"可以说是老子对于自己的"无为而治"思想的进一步补充,也是老子用兵思想的总概括。具体可归纳为6个方面:

一是慎重用兵,后发制人。 老子反对战争的态度很明确,说:"兵者不祥之器,非君子之器,不得已而用之。"(31章)。"以道佐人主者,不以兵强天下。"(30章)因此,即使在万不得已的情况下用兵,也必须采取慎重初战的态度。"用兵有言:'吾不敢为主,而为客;不敢进寸,而退尺。'"(69章)领兵打仗有这样一句话:我不敢主动进犯,而愿意坚守,不敢前进一寸,而宁愿后退一尺。这就是不先发制人,不主动挑衅进攻,不去贪占对方的一寸土地,宁可退守防卫。

老子告诫后人,脱离了人类的恒道,或者恃仗武力强大先发制人,或者不容分辩以暴易暴,都不会有好下场。今天的侵略者,明天就会被对方反攻;今天的占领者,明天就会被赶走。历史无不验证了老子的告诫。从德国法西斯包围莫斯科,到柏林被占领和统一;从"日不落帝国"英国开始奴役印度,到最终在香港降下骄横的米字旗;从日本发起东亚战争到战败投降,历史的演变都说明了并将继续说明这一强弱转化、攻守易势的真理。

二是防骄破满,哀兵必胜。"祸莫大于轻敌,轻敌几丧吾宝。故抗兵相若,哀者胜矣。"(69章)这就是说,在任何时候都不要骄傲轻敌,更不能去主动侵略对方。而是在受到敌方侵略时以哀兵出战,上下同欲把侵略者淹没在人民战争的汪洋大海之中。老子认为,如果是实力相当的两军对垒,那么受侵略的一方能够同仇敌忾,就必然会获得胜利。更不用说弱小的国家不自量力地向强大国家挑衅了。

三是冷静清醒,善打心理战。"善为士者,不武;善战者,不怒;善胜敌者,不与;善用人者,为之下。是谓不争之德,是谓用人,是谓配天,古之极也。"(68章)这就是说,在战争开始和进行过程中,要始终保持清醒的头脑,不要被敌人的故意挑衅所激怒,乱了自己的方寸,误中敌人奸计,误入敌人陷阱。这也就是《孙子兵法》所说的"小敌之坚,大敌之擒"的道理。同时老子认为,战争要以攻心为上。"夫慈,以战则胜,以守则固。天将救之,以慈卫之。"(67章)慈悯,用以征战就会获胜,用以防守就会牢固。上天要救助谁,就会用慈去护佐他。慈悯可以凝聚我方军心、鼓舞士气,也可以瓦解敌方军心,解除敌方斗志,达到不战而屈人之兵的目的。

四是避敌锋芒,柔弱胜强。老子说:"天下莫柔弱于水,而攻坚强者莫之能胜,以其无以易之。"(78章)"坚强者死之徒,柔弱者生之徒。是以兵强则灭,木强则折。强大处下,柔弱处上。"(76章)"天下之至柔,驰骋天下之至坚。"(43章)这就是说,要像柔性的水一样,善于无孔不入地向敌人发起"上善若水"的柔性攻势,最后摧毁敌人的战斗力,而达到"弱之胜强,柔之胜刚"(78章)的目的,避免"兵强则灭"。同时,老子要求要善于隐强示弱,以己之长击敌之短。"鱼不可脱于渊,国之利器不可以示人。"(36章)告诫指挥员不可让自己的军队离开对自己有利的地形,不可过早暴露自己强大的致敌死命的秘密武器,以防敌人觉察防备而失去应有的威力。

五是以退为进,欲擒故纵。"将欲歙之,必固张之;将欲弱之,必固强之;将欲废之,必固兴之;将欲取之,必固与之。是谓微明。"(36章)在具体战略战术方面,老子提出,想要收敛它,先姑且扩张它;想要削弱它,先姑且增强它;想要除去它,先姑且笼络它;想要夺占它,先姑且送与它。这在军事中就是"欲擒故纵"之法,或"诱敌深入"之法。它是以土地、城池、人员、武器、粮草等军事要地和物资人员等的"放弃""充实"并麻痹敌人,使其产生获胜得利的轻敌思想,然后再利用"特洛伊木马"之类的内应条件和敌人兵力分散的弱点,重点打击,各个击破。老子认为,懂得这一道理,才叫作"微明"。

　　六是掌控分寸,适可而止。要注意战争的节奏和分寸,做到有理有利有节。"善有果而已,不以取强。果而勿矜,果而勿伐,果而勿骄,果而不得已,果而勿强。物壮则老,是谓不道,不道早已。"(30章)这段话的意思是,善于用兵的统帅,取得胜利之后不要妄自尊大,不要自吹自擂,不要骄傲自满。而是把战争的胜利当成是不得已而为之的结果,不要再乘势逞强。无论是任何事物,当达到强盛的极点之后,都必定会走向衰亡,这是由于不合"道"的缘故,而不合于"道",必然很快灭亡。因此,在战争的谋略上,要注意一旦取得胜利后就及时把战争停下来,不要因为胜利而逞强骄傲,成为横行霸道的侵略者。因为物极必反,发起战争过了头,从受侵略变成侵略,从战争的受害者变成加害者,这是违背大道的行为,必将受到战争自然规律的惩罚。

　　从上述"以奇用兵"思想的6个方面可以看出,老子的用兵之道雄浑博大,谋略高深。他不同于对兵道一窍不通、不屑一顾的思想家;也不同于只知道用兵的奇道诡道,却不知道立国处世的正道,更不知自然而然的恒道的纯粹军事家。所以老子"以奇用兵"思想既实用又有所节制,他反对给人类带来无限痛苦和巨大灾难的战争,重视战争的正义性、战争的辩证法和高明谋略。

　　三、"以无事取天下",有事则不可取

　　老子说:"以无事取天下"(57章),"取天下常以无事,及其有事,不足以取天下。"(48章)"有事"说的是多事妄为,"无事"则体现的是"无为而治"思想。从统治者(侯王)个人方面而言,应该潜心静气、少私寡欲,而在政治上,则应该推行"无为"政治,少侵扰百姓。我们常说"打江山容易,坐江山难",治理国家最好采用清静无为的方法,用一种客观平和的心态去面对所有的事情,不苛求任何成果,让事物顺其自然发展,这样往往能取得很好的治理效果。相反,如果经常附加一些额外的有悖事物发展规律的方法,如果经常采用繁多严苛的措施治理,那么就不足以取得天下。但现实中,很多统治者(侯王)不能正确地看待自己,认为自己位高权重,责任重大,总是以贤能自居,特别是天真地认为自己高屋建瓴,自己的想法都是正确的,老百姓的一举一动都要受到自己的教导和控制。因此,他们就大肆进攻老百姓的生活领域,随意干涉老百姓的生活。其

实他们却犯了这样一个错误:每个人做出自己的选择都是有其理由的,老百姓选择怎样的生活方式也是有其道理的,并且他们的选择都能从实际出发,都是自己生活经验的积累和总结,因而是最实用的。而统治者所指定的一些条条框框,很多都是教条化的东西,是不能完全切合老百姓的生活实际的。所以说,只要没有什么天灾人祸,老百姓自己就能过得很好,是不需要统治者的过多教化的。即老子从一个道德高尚的统治者的角度提出"我无为,而民自化;我好静,而民自正;我无事,而民自富;我无欲,而民自朴"(57章)思想,认为统治者(侯王)应该以清静无为、无欲无争规正自身,百姓就自然地回归于淳朴,社会就自然地趋于安定,国家自会呈现国富民安的太平盛世。相反,如果事必躬亲,经常有事需要处理,就不能治理天下了。当然,顺应客观、无为而治并非完全听天由命、任人摆布,而是在顺应客观的同时,主动地、策略地、乐观地、自觉地去驾驭现实环境中所遇到的矛盾,并制定合理的方针、策略。所以,"以无事取天下"体现的是"无为而治",其实是貌似无为,实则有为,眼下无为,长远有为的一种为政策略。

四、"奇""正"皆有道,融合取天下

历史上能打下江山并能坐稳江山的统治者(侯王)无一不是"以正治国,以奇用兵,以无事取天下"的典范,汉高祖刘邦就是其杰出代表:在秦末农民起义中,最有实力的两支武装力量就是刘邦集团和项羽集团。但刘邦的出身要比项羽卑贱许多,个人能力也远远比不上西楚霸王。而刘邦最终能打败项羽夺得天下,并建立了中国历史上的辉煌朝代,就是运用老子的"奇""正"结合之道。首先,在"以奇用兵"方面,最著名的就是"明修栈道,暗度陈仓"了。据《史记·高祖本纪》记载:项羽自封为西楚霸王后,分封诸侯,其中把巴、蜀、汉中三郡分封给刘邦,立为汉王。刘邦接受张良建议,在去领地途中令部下烧毁了一段栈道,以向项羽表示自己没有向东扩张的意图,同时这也阻止了其他诸侯西进,有利于不受干扰地发展壮大自己。然后,刘邦待积蓄力量后,就抓住时机迅速挥师东进。刘邦的大将韩信为刘邦谋划夺取陈仓的计策。陈仓是刘邦由川蜀进入关中的必经之地,两地之间有险山峻岭阻隔,又有雍王章邯的重兵把守。刘邦按韩信的计策,派了最信任的大将樊哙带领一万人去修五百里栈道,并以军令限一月内修好。当然,这样浩大的工程即使三年也不可能完成。正是这一点,迷惑麻痹了陈仓的守将。雍王章邯万万没想到刘邦的精锐部队摸着无人知晓的小道翻山越岭偷袭陈仓。正是凭借"明修栈道,暗度陈仓"的奇谋,刘邦顺利攻取关中,站稳了脚跟,拉开了他开创汉王朝事业的大幕。接下来,在与项羽集

道德经的人生智慧

团进行军事斗争的过程中,刘邦本不占据优势,甚至可以说是屡战屡败。但后来在张良的建议下,采取了利用项羽集团内部矛盾,联兵破楚的策略。此即是著名的"下邑之谋"。依此战略,刘邦派舌辩名臣隋何前往九江,策反九江王英布;接着又遣使者联络彭越;同时,再委派韩信率兵北击燕、赵等地,发展壮大汉军力量,迂回包抄楚军。在"下邑之谋"的战略下,一个内外联合共击项羽的军事联盟终于形成,扭转了楚汉战争的局势,使刘邦由战略防御转为战略进攻。经过激烈较量,由于项羽腹背受敌,兵疲粮尽,不得不与刘邦订盟,以鸿沟为界,中分天下,东归楚西归汉。楚汉订盟后项羽便引兵东归。这时,刘邦在张良、陈平等人提醒下,突然违背盟约,回过头来全力追击楚军。刘邦、韩信、刘贾、彭越、英布等各路汉军约计70万人与久战疲劳的10万楚军于垓下(今安徽省灵璧县南)展开决战。最终,楚军寡不敌众,仅剩下不到2万伤兵随项羽退回阵中坚守壁垒。楚军兵疲粮尽,又被汉军重重包围。这时汉军士兵齐声唱起楚歌,使楚军士兵思乡厌战,军心瓦解,项羽只好率领八百人突围,最终自刎于乌江边上。从楚汉相争的过程可以看出,刘邦在军事上之所以能够战胜项羽,凭借的正是一些高超的战略和令人防不胜防的奇谋。这正体现出了老子所说的"以奇用兵"的军事思想。其次,在"以正治国"方面,刘邦在打败项羽后,一天在洛阳南宫大宴群臣。席间觥筹交错,君臣共饮。正值兴头上的刘邦问群臣:"在座列侯诸将不要隐瞒我,要畅所欲言。请大家说说,朕何故得天下,项羽何故失天下?"安国侯王陵答道:"陛下平时待人有点粗暴无礼,似不如项羽宽仁。但派人攻城略地,有封有赏,能与天下人同其利。项王妒贤嫉能,战胜不赏功,得地不分利,所以将士不肯尽力,因此失掉天下。"刘邦听后笑道:"尔等只知其一,不知其二。运筹帷幄之中,决胜于千里之外,朕不如子房;主持政务,安排百姓,保证供应,朕不如萧何;统百万之军,战取攻守,朕不如韩信。这三人都是当今豪杰,朕能依靠他们,所以能得天下。项羽只有一个范增,且不能用,所以被我打败。"群臣听了都表示敬服。这件事说明两个问题:一个是,刘邦正是抓了人们无利不起早的心理,最大限度地满足那些卖命的功臣过上荣华富贵生活的愿望,用这种最简单的策略笼络人心。另一个是,刘邦善于用人御人,信任和重用人才,放手让他们各自发挥自己的才能。从而获得了部属的拥戴,使得整个军事集团得以高效运转。同时,刘邦在与项羽争霸过程中,还非常注重获取民心。其采取的措施同样是异常简单。公元前206年,刘邦率领大军攻入关中,秦王子婴投降。为了赢得民心,刘邦接受张良的建议,下令军队还军灞上,并将关中各县父老、豪杰召集起来,郑重地向他们宣布道:"秦朝的严刑苛法,把众位害苦了,应该全部废除。现在我和众位约定,不论是谁,都要遵守三条法律。这三条是:

杀人者要处死,伤人者要抵罪,盗窃者也要判罪!"大家都表示拥护约法三章。接着刘邦又派出大批人员,到各县各乡去宣传约法三章。老百姓听了都热烈拥护,纷纷带着牛羊酒食来慰劳刘邦的军队,但刘邦却拒绝了。由于坚决执行约法三章,克制自己的军队不去骚扰百姓,刘邦得到了百姓的信任和支持。其三,在"以无事取天下"方面,刘邦在定鼎天下,建立汉朝后,面对并不稳定的政局和残破的天下,刘邦废除秦朝过于严酷的法律,除犯死罪的一律赦免。采取了豁免繁重的徭役,减轻百姓负担,减轻田租。特别是对战争中逃亡的人,各回原籍,恢复原有爵级,归还他们的田地和房屋。由于饥饿而卖身为奴的人免除他们的奴隶身份,恢复为平民。这样,刘邦推行与民休养生息的政策,使多年因战乱而荒芜的土地重新开垦出来,乡村又出现繁忙的生产景象。刘邦正是通过这种"以无事取天下"的清静无为政策,汉朝江山最终得以稳固下来,成就了中国历史上第一个辉煌的时代。

这正是:

老聃大略谋天下,
奇正融合遵定法。
看似无为岂不为,
民安国泰君潇洒。

对"福祸倚伏"的哲学思考

"祸兮福之所倚,福兮祸之所伏。"(58章)老子告诫我们:幸福常常依傍在灾祸的旁边,灾祸常常隐藏在幸福深处。这句话充分体现了老子的辩证法思想和对人生的深刻思考。我认为应该从两个层面来理解老子的这一哲学思想。

一方面,要善于辩证地看待福祸。《淮南子·人间训》记载一个"害之而反利"的故事。春秋时期,鲁国的阳虎专权作乱,鲁国国君命令国人紧闭城门捉拿他,并宣称抓到阳虎的人将受到重赏,胆敢私下放走阳虎的人杀无赦。于是各个城门被人严密把守起来,阳虎东窜西逃都无法逃脱。当阳虎来到最后一个城门前,发现仍然没有办法逃出城外,绝望中便拔出剑来准备自刎。守门人看到了阳虎的举动,就制止了他,并对他说:"天下大得很,人生的路还有很长,何必如此灰心自杀呢,我放你出去吧!"这时意想不到的事情发生了,就在阳虎逃出城后,突然回身刺伤了这个守门人。守门人愤怒地说:"我本来和你非亲非故,只是因为同情你才放了你,为此我已经犯了死罪。你不但不感激我,反而刺伤我,这真是天降灾祸于我啊!"后来,鲁国国君发现阳虎逃走后大怒,下令调查此事,最终也没有查出结果。但国君断言,阳虎不会飞,肯定是从某个城门跑掉的。于是下令,凡是未受伤的守门人全部抓起来治罪,而受伤的是拦阻阳虎有功者,给予重赏。结果,这个放走阳虎的守门人因为身上负伤而得到了重赏。这则故事形象地

李文宝:中国书法家协会理事,黑龙江省书协副主席

说明了祸福相倚的道理。守门人冒死放走阳虎反而被刺伤,是非常倒霉的事情。但是结果他不仅没有被处死,反而被重赏,而被阳虎刺伤恰恰成了他受重赏的原因。可以看到,无论是灾祸还是好事,都并非如同一眼看上去的那样简单。好事的背后可能隐藏着祸事,祸事背后可能隐藏着好事。实际上,这绝非仅仅存在于那些看似有些偶然性的故事中,可以说,任何事情都是如此。一个女孩子长得漂亮应该是好事,但是又未必不是坏事,历史上那些美貌女子,如西施、貂蝉、杨贵妃、陈圆圆,或是像一个物件一样被有权势者争来夺去,身不由己,或是成为政治的牺牲品,早早殒命,最后还落得千秋骂名。现实生活中那些美貌女子,恐怕美貌给她们带来的也未必全是好事。福祸的辩证关系启示我们,福与祸只在一念之间,得与失也只有一线之差,况且福与祸、得与失等相反的两个方面在一定的条件下是相互转化的,所以我们要以平静的心态来面对福与祸、得与失。在节奏快、压力大的生活中,人们变得越来越急功近利、越来越在乎得失,以至于劳心伤神、精疲力竭。虽然整日忙碌,但却得不到多少收获。也许在我们最后得到了想要的东西时,回过头来一看,自己失去的可能不仅仅是时间,或许还有家庭的温馨、宝贵的健康,更重要的是,失去了内心的宁静和平和。可以说,没有这些基础层面的精神支撑,即使再大的成功也不能算是真正意义上的成功,更谈不上幸福和快乐。现实中,我们改变不了生存环境,但我们可以改变自己的生活心态,逐渐用一种舒缓的心态去面对生活,匆忙但不慌张,紧张但不急躁,积极但不功利,充实但不贪婪,使生活有条不紊,有张有弛。该忙碌时就忙碌,该放松时就放松,该放手时就放手,该糊涂时就糊涂,只有这样才能保持积极健康的生活态度和乐观从容的处世方式,从而以淡然之心来享受生活。"采菊东篱下,悠然见南山",这是恬淡的心境,是淡泊的心态。在这个躁动而唯利的时代,人们若能恬淡一点,淡泊一点,就会避免变得越来越浮躁和焦虑。只有以一种平和的心态去面对福与祸、得与失,才能体味到内心的真实和生活的幸福。

另一方面,要善于在变化中把握福祸。俗话说:天有不测风云,人有旦夕祸福。成与败、福与祸无时无刻不与我们如影随形。幸福的背后总是潜伏着灾祸,但灾祸并不是永久的,它在一定的条件下也会转化为幸福的。成与败、福与祸的互相转化,有客观原因也有主观原因。这启示我们。一个是,逆境中要保持信心定力,抓住化"危"为"机"的细节。人生在世,事事顺风顺水、时时春风得意的是不存在的,成功的人都是在逆境中成长、成熟起来的。不成功的人生都是在逆境中自己倒下的。一个能成就大器的人,面对危难不是去回避,也不是报怨,而是坚定自己必胜的信心,持之以恒,善于发现和抓住改变自己处境的

道德经的人生智慧

任何一个细节,并让它变成改变命运的机遇。细节决定成败,有时成功就在于抓住了微不足道的细节,就在于再坚持一下之后。另一个是,顺境中要防止骄傲自满,警惕由"机"转"危"的苗头。人在逆境中保持清醒容易,而在顺境中保持清醒则比较难。人在顺境时容易放松警惕,更容易骄傲自满。其实任何事物的转化都是有苗头和先兆的,并且要经历一个由量变到质变的转化过程,一个人在正常情况下,绝大多数时候是能够感觉到的,但由于人在顺境中心态发生了变化,失去子见微知著的能力,错失了力挽狂澜的时机,从而葬送了大好形势。居功自傲是人性的天生弱点,关键和智慧就在于如何把握好这个度。让自己在顺境中保持住应有的清醒和自知,及时发现大好形势下隐藏的危险,提早采取防范措施,避免让自己在即将到达成功的终点时跌倒。

总之,通过老子"福祸倚伏"的智慧,我们应该认识到,在遇到事情的时候,无论是好事还是坏事,都不要仅仅看到短暂的现实,而要学会用一种全面的、辩证的、动态的眼光去看问题,能够看到事情背后隐藏的趋势或者苗头。也不要看到好事就高兴得忘乎所以,遇到坏事就万念俱灰,失去方寸。把握好"福祸倚伏"的智慧,不仅可以发现灾祸背后的福气,而且还能够施加影响,使得灾祸变为福瑞。

这正是:

福祸倚伏常变换,
坦然正视无忧惮。
福中伏祸莫疏忽,
祸里倚福勤自勉。

圣人处世的四条准则

"圣人方而不割,廉而不刿,真而不肆,光而不耀。"(58 章)老子说,圣人处世刚正但不伤人,锐利但不害人,直率但不放肆,光亮但不炫耀。这是老子认为得道有德的圣人处世的"四条准则",对于普通人来说,具有很高的借鉴价值。

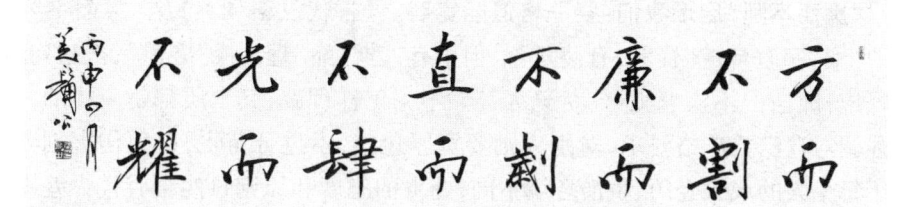

方不割而 廉不刿而 直不肆而 光不耀而

张华中:中国作家协会会员,中国书协会员

"方而不割"启示我们:要内方但会外圆。俗话说:"没有规矩,不成方圆。""方而不割"实质上就是人生"方圆之道",具体说就是"做事要方,做人要圆"。每个人在人生道路上,无非是"做事"与"做人"两件事。所谓"做事要方",就是做事一定要遵循规则或规矩,任何时候都要有棱有角,刚正不阿,有自己的主见和原则,既不为权势和金钱所诱惑,也不为别人压力所左右。既不能违法,也不能缺德,不逾越"法律"与"道德"雷池一步。所谓"做人要圆",是指在做人上既不随波逐流、随风飘荡,也不咄咄逼人、强加于人;既有原则性,也有灵活性;既有貌似糊涂的智慧,也有唯我独醒的胆识,是原则性与灵活性的完美结合。这是一种宽容、忍让、圆通、融洽的人生大智慧,决非是奸佞小人惯用的圆滑世故、八面玲珑、左右逢源的世俗心态。根据"方圆之道",做人做事大致有四种模式:内外俱方、内外俱圆、内圆外方、内方外圆。"内外俱方"者是儒家追求的理想人格;"内方外圆"者是道家追求的理想人格;"内圆外方"者是"色厉内荏"的伪君子;"内外俱圆"者是混迹世俗的小人。其实,"做人要圆"追求的就是道家"内方外圆"的圆通境界。中国古代铜钱是内方外圆,古代建筑的础石也多半是"内

道德经的人生智慧

方外圆",这是中国人对"内方外圆"人生境界的具体运用。"做事要方"虽好,但是也要"通人性""合人情",根据具体情况,要有一定的灵活性和人情味,"方"中求"圆"是人生的大智慧,会使自己进退自如,游刃有余。"方"是"内圣"之道,是自我修养,是人的内在素质,是所谓"诚意、正心、修身",是做人之本;"圆"是"外王"之道,是人的外在言行,是处世艺术,即所谓"齐家、治国、平天下"。"方"是道德,"圆"是人情;"方"是正直,"圆"是通达;"方"是气度,"圆"是涵养;"方"是进取,"圆"是迂回。如果只"方"而不"圆",或者只"圆"而不"方",在这个世界上都难有容身之处,难有成事之机。由此可见,"方"是做人的脊梁,"圆"是处事的锦囊。"方圆之道"是人们修身励志、为人处世、做事成败、为官治国、治家育人、经商打仗诸方面的大智大慧,不懂得这些将会一事无成。

"廉而不刿"启示我们:要严格但能宽容。《古代汉语词典》把"廉而不刿"中的"廉"字解释成"锋利,有棱角"。但也有人把"廉"理解成"廉洁",把这句话解释成:廉洁但不疾恶太严,苛刻太甚。不论怎样理解,其本质都是一样的,都是强调对自己要严格要求,对别人则要宽厚包容,不过分苛责,以免伤害别人。由于每个人的成长经历、生活环境不同,处世的态度和原则自然会有很大差别。每个人的为人处事原则、标准都只是用来约束和激励自我的,而不能用此去衡量和苛责别人。我们必须明白,什么事情都没有绝对的标准,你认为是对的未必就真的正确,更不一定能得到其他人的认同。用一种并不绝对的准则去衡量别人只能是一种自以为是,让自己显得苛刻、狭隘,乃至愚蠢,被人厌烦。对人苛刻、心胸狭隘的人常常会在人际关系方面出现问题。更可怕的是,总是苛责别人,很容易引起别人的嫉恨,甚至可能会让自己面临危险的境地。当然,当我们遇到特别出格的言行时,也不能袖手旁观、听之任之,要在充分考虑对方自尊心的情况下,以与人为善的态度,用恰当的方式客观地指出其错误,教育引导犯错误的人认识到自己的过失,接受良言相劝。千万不能锋芒太盛、言行过激,以至于伤人自尊。可以说,孔子在"廉而不刿"方面堪称楷模。孔子是对自己要求非常严格,做事非常有原则的人,每天都在反思自己有无不符合道德的事情,但他也深知"水至清则无鱼,人至察则无徒"的道理,所以他从来不用自己的标准去衡量别人,包括自己的弟子。否则,他就不会有三千弟子在其窘困的情况下不离不弃、忠心相随,锲而不舍地传承和弘扬他的思想。"廉而不刿"智慧启示我们,在任何时候都要严于律己,但能宽以待人;大度包容,但不随波逐流;刚正不阿,但不尖刻伤人;卓尔不群,但不盛气凌人。只有这样,才能建立良好的人际关系,为自己营造和谐的生活工作环境。

"直而不肆"启示我们:要直率但知分寸。直率本来是一种美德,直率的人往往说话直来直去,不会拐弯抹角,表现出一种坦诚、豁达的性格。因此,这种人往往受到人们的喜欢,都愿意与这样的人相处。但物极必反,直率也应该有一定的限度,如果说话没有克制,不管什么话都不加考虑地想到就说,则有可能成为一种放肆,其结果有可能令人尴尬甚至伤害别人,也显得自己不够稳重、成熟,乃至招致别人的讨厌。有时我们会听到这样一句话:某某人说话不过脑子!这个人之所以得到这样的评价,往往是因为说话过于直率以至于显的放肆。其实,作为一个成熟的人,说话要遵循一定的规则,考虑相应的场景和后果,不能想到什么就脱口而出。一句话,虚话、套话固然不受欢迎,而真话也是要有节制或者讲究说的方式的。在上司面前说话要注意分寸。比如,上司必须具有权威才能保证决策执行的效率。如果你当着众人的面无所顾忌地指出他的错误,或者无所顾忌地和他开玩笑,就会损害这种权威。即使上司是你的同学或者私底下的朋友,也应该对他展示足够的尊重,尤其是在公开场合。同样,在父母长辈、老师等面前也应该避免直率的放肆。还比如,在陌生人面前说话要注意分寸。与陌生人初次见面,说话应该保持一定的距离,不可放肆。而有的人却不懂得这个道理,在社交场合毫无顾忌,想到什么就说什么,询问对方家庭情况、收入等一些过于个人化的问题,或者跟人开一些过分的玩笑。这时对方可能出于礼貌表面上不说什么,而内心里对你不会有好印象,觉得你轻浮、不太可靠而不愿意跟你合作更不会和你交朋友。再比如,在熟人面前说话也应该注意分寸。实际上,熟人之间翻脸许多时候都是因为彼此之间太熟,在说话时无所顾忌,拿对方的短处或者糗事开玩笑,结果惹怒了对方,导致大家不欢而散,结下疙瘩。因此,在和同学、朋友、同事相处时,即使是彼此非常熟悉,也不可想到什么说什么。尤其是不要提对方的短处,不要直言对方的失败等等。总之,一个人的言行是应该有一定规范的,正如孔子所说:"非礼勿视,非礼勿听,非礼勿言,非礼勿动。"其实质就是将每个人的言行规范起来,避免放肆。可以说,这点与老子所说的"直而不肆"是相通的。

"光而不耀"启示我们,要自信但懂收敛。"光而不耀"实际上讲的是为人处事要懂得收敛、低调、谦虚,体现的是老子一贯强调的谦卑、处下思想。我们知道,不同的人会在地位、才能、智力、成就等方面有一定的高低差别。当然,对于出身平凡、卑微的人来说,自然不会很高调。但是,一个人一旦在某一方面具有优势,尤其是明显高于旁人时,就很难保持低调、收敛了,会情不自禁地产生骄傲自满、妄自尊大的姿态,总想刻意彰显自己。这种心态是十分有害的。首先,人一旦妄自尊大,自我表现欲过强,就会招致别人的反感和鄙视,失去别人

道德经的人生智慧

的敬重，并损害自己的人际关系，增加做人做事的难度，甚至会身临险境。其次，人如果言行过于张扬，就会志得意满，看不到自己的不足之处，进而束缚了自己的前进脚步。因此，做人还是应该内敛、低调为好。可以说，低调内敛是一个人成熟的标志，是为人处世非常实用的智慧，也是一个人不断取得更大成就的基础。向日葵在籽粒尚不饱满的时候，镶嵌着金黄色的花瓣，高昂着头，随着太阳的升起和降落摇来晃去，唯恐别人看不到它。一旦籽粒饱满便会低下沉甸甸的头，因为它成熟了、充实了。民间也有谚语："低头是谷穗，昂头是谷秧。"这都是"光而不耀"在自然界的体现。

总之，一切矛盾都是相互包含、互相渗透的，彼此之间存在着相互转化的可能和趋势。"方""廉""直""光"虽是好的品格，但在一定条件下也可能向"割""刿""肆""耀"等坏的方向转化。所以，深谙辩证法的人能够以"中道"自律，对自身的品格进行适时调节，力求控制在"不割""不刿""不肆""不耀"的限度内，使自己能够像圣人那样，真正做到"方而不割""廉而不刿""直而不肆""光而不耀"的至高处世境界。

这正是：

　　　　圣人处世守原则，
　　　　不刿修廉又不割。
　　　　不耀和光知内敛。
　　　　直而不肆重谐和。

"重积德则无不克"

"重积德则无不克。"(59章)老子认为,不断地积德,就没有什么不能攻克的。老子这是在强调"德"的价值和力量,也是在强调"积德"的极其重要性,并号召人们要"重积德"。对于这一思想可以从三个层次理解：

吕敬哲：中国书法家协会会员

一个是,积德靠日积月累,因此需要"早服"。"早服"就是尽早做准备的意思。因为德的修养不是一朝一夕可以完成的,必须日积月累,久久为功。积德必须从小时候开始,必须从小事情做起。尤其是作为一个国家的统治者更要注重早作准备,有长远打算。统治者最根本的德行就是把国家治理好,而治理好国家的关键就是要长期保证百姓衣食无忧、安居乐业,这是保证国家安定太平最重要的基础。另一个是,有德则威力无比,因此能"无不克"。"无不克"就是无所不胜,能克服一切、战胜一切的意思。老子认为德的威力是无比巨大的,不断的积德就会产生无法估量的力量,没有什么不能攻克的。再一个是,治国者必须有德,因此"可以有国"。由于积德的力量无法估量,那么治国者只有不断积德,才"可以有国",即可以担负治理国家的重任。只有坚持以德治国,才能让江山"深根固柢",这是"长生久视之道"(59章),即可以让江山基业长久维持下去的根本方法。事实证明,统治者只有掌握了治理国家的原则和道理,才能目光长远、精于筹划,这个国家就会物质储备富足,百姓安居乐业,社会井然有序,这样的国家就能经受所有的战争与灾祸的考验,在所有的挫折与困难面前取得胜利，国家就可以长久存在并持续地发展下去，即"有国之母，可以长久"（59章）。

　　老子"重积德则无不克"思想，对于现实也很具有指导意义，它带给我们五个方面的启示：

　　以德立业，就能顺应自然，不敢妄为。前面我讲过，"德"就是按照客观（自然）规律办事。开创自己的事业，必须遵循客观（自然）规律，不能胡作非为。否则，一个人的能力越强，干得越多，对社会的危害就越大。我国近年来自然灾害频发，山体滑坡、旱涝不均、地震频繁、海啸不断、雾霾笼罩，这些看起来是天灾，其实都是人祸，至少人祸占很大成分。解决这些问题，关键是当权者要树立"以德立业"思想，切不可为了私利、为了所谓的政绩，净干一些殃及子孙的缺德之事。古人云："国正天心顺，官清民自安。"国正则人心正、天心顺，所以说，干事业千万不能忘记"重积德"，自觉遵循规律不妄为，否则就会成为千古罪人。

　　以德做官，就能勤恳低调，关爱百姓。老子讲："圣人常无心，以百姓心为心。"（49章）圣人永远没有私心成见，总是以百姓的想法为自己的想法。用毛泽东的话说，就是"全心全意为人民服务"。有些官员高高在上、作威作福、横行霸道、欺压百姓，就是因为缺少"官德"。只有以德做官，才能真正把老百姓的利益高高举过头顶，把老百姓的信任和期待当作自己的责任和使命，如履薄冰、战战兢兢做好每一件分内之事，想老百姓之所想，急老百姓之所急，办老百姓之所需，解老百姓之所难。也才能低调做官，谦虚谨慎、平易近人，虚心向群众学习，"从群众中来，到群众中去"，与老百姓打成一片、亲如一家。总之，以德做官，就能做到真心关爱老百姓，就能赢得老百姓的尊重和支持。

　　以德处事，就能表里如一，恪守诚信。在功利主义和享乐思想的冲击下，有些人见利忘义、失德忘德。为了不让自己的利益受到损害，不惜损害别人的利益。做事阳奉阴违、言行不一、表里不一，说了不算，算了不说，毫无诚信可言。古人云："以诚感人者，人亦诚而应。"诚信具有双向性，只有自己以诚对待同事和朋友，才能得到他人以诚相报。如果形成相互欺诈、不讲诚信的风气，将会人人自危，每个人都会毫无安全感可言。因此，"重积德"的人就能够以德处事，做到诚实无欺，宁可自己的利益受到损失，也不会去欺骗别人；能够信守诺言，以一诺千金的责任感去履行自己的承诺，不管有多大困难都无法动摇言出必践的决心；能够表里如一，说的与做的一样，想的与说的一样，人前与人后一样，白天与黑天一样。

　　以德为人，就能与人为善，化敌为友。我们常说，没有无缘无故的爱，也没有无缘无故的恨。人们之间之所以成为对手、变成敌人，就是因为利益之争。

那些无德之人为了利益,可以六亲不认、反目成仇、你死我活。而"重积德"之人则以"不争"的姿态对待别人、对待利益,就避免了你争我夺的相互伤害。正如老子所说的:"善者,吾善之;不善者,吾亦善之;德善。"(49章)即使对待不善良的人,也能够用善良的心去对待他。这样,那些有些许良知的人,一定会被这种与人为善的"德"的力量与真诚所感动,放弃与自己的争斗之心,甚至会拜倒在"玄德"之下,心悦诚服地成为自己的朋友。即使个别缺乏良知、贪得无厌的人,也会由于自己不与之争,使其变得自讨没趣而有所收敛。

以德修身,就能荣辱不惊,身心健康。很多人之所以感觉活得累,最根本的就是放不下功名利禄这些身外之物。得之则喜,失之则悲。长年累月生活在这些荣辱、得失等利益的惊恐之下,产生巨大的心理和精神压力,这就是当今抑郁症、狂躁症增多的原因所在,也是人们普遍都处在"亚健康"状态的原因所在。而那些"重积德"之人,能够坚持以德修身,以"宠辱不惊,闲看庭前花开花落;去留无意,漫随天外云卷云舒"悠然自得的心态去对待荣辱得失,这就是"重积德"之人的"养生之道"。所以古人总结出"德高而寿自高"经验,值得我们认真地学习借鉴。

这正是:

治国理政重积德,
德厚君王取万国。
天下苍生德护佑,
长生久视赐恩泽。

道德经的人生智慧

"治大国,若烹小鲜"的深邃道理

"治大国,若烹小鲜"(60章)是老子的治国主张和方略,是流传很广的名言,深刻影响了古今中外的政治家们。1987年,美国总统里根在国情咨文中曾经引用"治大国,若烹小鲜"这句话,国外再次掀起《道德经》热。特别是2013年习近平主席在接受外媒采访时引用这句话之后,更是火遍中外。在《古代汉语词典》中"烹小鲜"的"鲜"字是"鲜鱼、活鱼"的意思。"烹"是"煮"的意思。可见,老子生活的春秋时期,根本没有办法与当今社会活鱼的做法(如水煮、汽蒸、火烤、油煎、涮火锅等等)相媲美。那么,怎么才能把小鱼煮好,又怎样把"烹小鲜"与治大国挂起钩来呢?我认为两者之间有4个方面的相似之处:

王猛仁:中国书法家协会会员,周口市书协主席

其一:忌讳折腾与"无为而治"。诸多注解《道德经》的人对"治大国,若烹小鲜"这句话都给予了很大关注。比如,《韩非子·解老》云:"事大众而数摇之,则少成功;藏大器而数徙之,则多败伤;烹小鲜而数挠之,则贼其泽;治大国而数变法,则民苦之。是以有道之君贵静,不重变法。故曰:'治大国者若烹小鲜。'"西汉河上公《老子章句》的注解是:"烹小鱼不去肠,不去鳞,不敢挠,恐其糜也。治国烦则下乱,治身烦则精散。"唐玄宗注说:"烹小鲜者,不可挠,治大国者不可烦,烦则伤人,挠则鱼烂矣……此喻说也。小鲜,小鱼也,言烹小鲜不可挠,挠则鱼溃,喻理大国者,不可烦,烦则人乱,皆须用道,所以成功尔。"从中可以看出,"烹小鲜"最忌讳的就是乱折腾,烹之前不能折腾,烹的过程中更不能折

腾。我们知道,处理一条大鱼并不困难,随便怎么处理,都会做出一道大菜。但小鱼本身价值已经很小,如果处理不善,小鱼除了一堆小刺外什么都没有。用"烹小鲜"来比喻治理大国,意思是说,治理大国和烹调小鲜的道理是一样的,小鱼很鲜嫩,但由于小鱼的身体还没有长成,骨弱肉薄,如果用刀乱切或者在锅里频频搅动,肉会碎得不成为菜,也就无法吃了。所以,烹小鱼一定不要乱翻乱搅,小鱼是很不容易烹的。同样,作为一个国家的统治者,要想将一个国家治理得井井有条,就不要反复无常乱折腾。一定不要将个人的主观意志强加在治国治民上,不要对国家的法令朝定夕改,否则老百姓就会无所适从,无法安居乐业,那么国家的统治也将会处于飘摇动荡的状态。如果结合老子的"无为而治"思想,"治大国,若烹小鲜"可谓一语中的、寓意深刻,老子所要表达的治国之道就是,治理一个大国不宜翻来覆去,不要动辄扰民,更不要乱折腾。

其二:控制火候与"知雄守雌"。虽然明知大火煮鱼熟的快,却不能用大火,必须用小火慢慢地煮,不能让锅里的水翻开,否则即使不搅拌小鱼,也会被翻滚的开水弄烂的。治大国也是一样,固然要知道什么是强雄,但必须安于恪守柔雌。大国的治理非常复杂,是个系统工程、长久工程,非一日之功,不可一蹴而就。这就需要大国要保持内敛不可张扬,不能让周围知道大国的远大目标和抱负,否则别国就会及早加以防范甚至遏制;需要柔弱不可示强,否则就有可能出现突发情况干扰甚至打乱大国目标的实现;需要处下不可居上。正如老子所说"大国者下流,天下之牝,天下之交"(第 61 章),大国如果能像居于下游的江河那样,甘居下位,处于天下雌柔的位置,定会得到天下的归附。大国有很多优势,但也有致命的劣势,就是"船大难调头",一旦在治理过程中把握不住"火候",即使是犯了小错误也有可能引起大灾难。

其三:善用调料与"明白四达"。老子生活的时代,"烹小鲜"时的调料肯定不会像我们现在这样丰富,油盐酱醋、葱姜蒜、花椒大料味素等样样俱全,但像盐等必备的调料是应该有的,甚至还可能有已经失传的秘方。但不管怎样,用好调料是把小鲜烹好的重要环节。什么调料能放而什么调料不能放,什么时候放什么调料、放多少调料都必须清清楚楚、按部就班,否则,再新鲜的小鱼也做不好吃。治理大国也是一样。国计民生有很多事情需要统治者去做,而且又有很多方法可供选择。这就需要统治者做到"明白四达",即通达万事,明白事理。明白什么是符合大道的可以做,什么是不符合大道的不能为。明白各种"调料"是管什么用的,什么时候用,怎么用才会起作用,从而把国家治理好。特别是要学会统筹协调,用十个指头弹钢琴,发挥好各种"调料"的综合作用。即备好调料、善用调料,方可"烹"好"小鲜"。

道德经的人生智慧

其四：精通厨艺与"以道莅天下"。大家都有这样的感受，同样的菜不同的厨师做出的味道不一样，有的味美可口，有的难以下咽。其根本原因就是厨艺问题。"烹"好"小鲜"，厨艺高低是关键，最根本的是看厨师是否掌握了"烹小鲜"之道。这就是老子所讲的"治大国者"要"以道莅天下"（60章），也就是说，治大国者必须是得道有德的圣人。在治理大国的过程中，就是要做到"无为而治"，不强求、不妄为、不反复无常瞎折腾；就是要"知其雄，守其雌"，不争强好胜、居功自傲，不急功近利、急躁冒进，不贪得无厌、好高骛远，以柔弱胜刚强的智慧，达到"无为而无不为"的目的；就是要"明白四达"，加强自身道德修养，提高遵道守德的能力素质，并善于在细节上下功夫，把手中的资源和权力运用得恰到好处、恰逢其时。

其实，不仅是"治大国，若烹小鲜"，治小国同样也"若烹小鲜"，甚至治理一个公司、一个企业，一个人的为人处世同样也不例外。只是大国更难治，更应该有"若烹小鲜"那种如履薄冰、战战兢兢的心态，才能让国泰民安、民富国强。

这正是：

烹小鲜时忌炒翻，
大国治理似其然。
火候掌控凭功底，
忽弱忽强毁小鲜。

"大者宜为下"对领导者的启示

老子说:"大邦者下流,天下之牝,天下之交也。"认为"大者宜为下"(61章),告诫大国的统治者,大国如果能像大海那样甘居江河的下位,处于天下雌柔的位置,就会像百川河流汇聚大海一样让天下归附。他强调国与国的关系中,能否和谐相处,关键在于大国。大国一定要端正对待小国的态度,一定要谦卑处下,绝对不可恃强凌弱,欺压、侵略小国。大国只有以一种大海般宽容的心态去包容小国,才能达到国与国之间和谐相处的理想效果,才能赢得小国的归附,让自己永远强盛下去。这里的"下流"不是通常意义上的卑贱、龌龊,而是谦和、处下的意思。

大海之所以能够纳百川,就是因为大海是博大、宽容、谦卑的,正是因为它的这些特性,百川才会欣然奔向它的怀抱。虽然"大者宜为下"是针对国家之间的关系提出来的,但对于人与人之间的关系同样适用,这也应该成为领导者(管理者)必须具备的品质德行,必须遵循的处世法则。一般来说,居于高位的领导者都有资历、有能力、有权力,不同程度地掌握着单位或部属的发展前程。虽然领导与被领导、管理与被管理是一对矛盾,但除非在忍无可忍的

王振坤:中国书法家协会会员

情况下,部属是不会无缘无故地主动去挑战领导者的权威,跟领导过不去的。两者之间发生冲突或矛盾,主要责任应该在领导者身上。可见,领导者明白"大者宜为下"之理,奉行"大者宜为下"之举是非常重要的。为此,领导者应该努力修炼四种品格。

道德经的人生智慧

首先,领导者要胸怀博大。 没有博大的胸怀是不可能做到谦和处下的。法国大作家雨果说过:"世界上最宽阔的东西是海洋,比海洋更宽阔的是天空,比天空更宽阔的是人的胸怀。"领导者的胸怀决定着他的眼界、品位和在部属中的威信。整天与部属较劲、事事斤斤计较的领导者是不会赢得部属尊重和信任的。领导者的博大胸怀表现在:一是琢磨事不琢磨人。自己的部属表现不尽相同,有听话的也有不太听话的,有能力强的也有能力不太强的,有积极的也有不太积极的,有自己喜欢的也有自己不太喜欢的。但作为领导者,责任就是把这些人凝聚起来、调动起来,各尽所能、扬长避短。而不是天天琢磨着整人,搞顺我者昌、逆我者亡那一套,更不能让部属感觉到领导在"整"自己、与自己过不去。绝对不能做靠打击别人、抬高自己过日子的蠢事。二是向前看不翻旧账。在一起工作时间长了,难免会发生一些分歧,对已经过去的事情,不要总是记在心里,总是回过头去计较谁高谁低、谁是谁非。作为领导者更要主动不计前嫌,过去的事情要及时翻过去,重要的是面向现实和未来,要甩掉个人恩怨的旧包袱,轻装上阵,带领部属团结一致向前看。三是讲道理不讲私情。太注重私情就会远离公平公正。坏了规矩就容易公私不分、拉帮结派,形成团团伙伙。领导者一旦陷入私情的泥潭,交下的是少数,得罪的则是大多数,甚至有时连少数也可能交不下,个别人的私欲得不到满足有可能会反目成仇、反戈一击。这是作为领导者必须极力避免的。

其次,领导者要为人宽容。 谦和处下的前提是懂得宽容,苛刻尖酸的人是不会谦和处下的。人非圣贤,孰能无过?每个人都会做错事、说错话。当人做错事的时候,一方面会汲取教训,引以为戒,另一方面也希望能够得到别人特别是领导的谅解,给他以纠正错误的机会。能否给别人特别是部属改正错误的机会,是衡量领导宽容度的重要标志。只有度量恢宏的领导者才能助人之难,谅人之过,扬人之长,补人之短,从而产生强大的凝聚力,使人乐于接近。而心胸狭小的领导者往往是嫉人之贤,妒人之能,攻人之短,笑人之过。林则徐说:"海纳百川,有容乃大;壁立千仞,无欲则刚"。领导者的宽容,主要体现在容人之贤,虚心向部属学习,取人之长补己之短,切忌妒贤嫉能;要容人之过,部属工作有了过失,不能一味地批评、指责,要及时帮助部属分析出现错误的原因,找出纠正的办法,切忌"一过定终生""一棒子打死";要容人之言,既要容顺言,更要容逆言,善于在不同意见中择其善而从之。宽容的领导才能受人拥戴,才会具有凝聚力。

第三,领导者要谦虚谨慎。 谦和处下品格的外在表现形式就是谦虚谨慎。有的人当领导时间长了就摆起老资格,做事独断专行、目中无人。有的新上任

的领导自认为有本事,意气风发,急于踢头三脚烧三把火。这些都是做领导的大忌。一名懂得谦虚谨慎的领导应该做到"三讲三能":一是讲风格能让人。就是和部属发生争执或在名利面前要发扬风格,有谦让精神。在成绩、表扬面前要主动谦让,在问题、批评面前要敢于主动承担责任。要知道,敢于担当的领导才会有追随者。二是讲友谊能尊重人。领导和部属只有在工作上分工不同,人格上都是平等的,领导不一定就尊贵,部属不一定就卑贱。一名优秀的领导者必须讲友谊、懂尊重,与部属真诚相待,相互之间有话说在当面,不背后议论;有疑问及时澄清,不无端猜疑;有意见及时交换,不留成见。三是讲信任能支持人。每个人都有得到别人信任的渴望,特别是下级更渴望得到上级的信任和支持。日常生活中,要心地坦诚,相互间都讲真话、说实话,推心置腹地交流思想和看法,不搞口是心非、当面一套背后一套、会上一套会后一套的两面派手法。每个人在工作和生活中都可能会遇到困难,领导决不能对部属的困难袖手旁观、不闻不问,而要千方百计地帮助部属排忧解难,使每个人感受到领导的关怀;决不能对部属在工作中出现的失误和问题不理不睬,甚至幸灾乐祸、落井下石,而要主动靠上去真心帮助,使部属切身体验到领导的关怀、集体的力量;决不能对部属的短处和劣势讽刺挖苦,甚至无限夸大,而要耐心帮助、善意劝导。

第四,领导者要自知而明。有智慧的领导者都有自知之明,能够给自己一个清醒的认识和定位。深知职位高不一定水平高,更不一定品行高。职务的升迁是由能力、品行、机遇、关系等复杂的因素决定的,职位低的人能力水平、道德情操真不一定比职位高的人差。其实,"大者宜为下",既是领导者必须具备的品行,更是对领导者本身的一种保护。如果一个人混上了一官半职,手中有点小权力,就以为自己很了不起,心高气盛,恃才傲物,根本不把别人放在眼里,早晚会吃大亏的。直到有一天自己撞在门框上时才明白,自己的头抬得太高,总会有碰头的时候。谦和处下不是自卑,也不是怯懦,而是一种清醒中的坚定,是一种别样的自信和伟大。人往高处走,但是高处不胜寒;水向低处流,低处却能纳百川。因此,生活中我们既要有向上走的心态,也要有敢于低头的勇气,什么时候都不要忘记老子"大者宜为下"的教诲。

这正是:

大海如何纳百川?
善居下位守雌坚。
唯当大者宜为下,
大小相和各自安。

心悟大道懂宽容

老子认为,大道可以庇护、恩泽万物。不仅善良的人把大道视为修身养命的法宝,就连不善良的人也经常依靠大道来保护自己。其方法就是:一个人无论以前是善人还是不善之人,只要说出合乎大道的美言,就可以获得人们的尊敬,只要做出合乎大道的行为,就会获得人们的褒扬。即大道是"善人之宝,不善人之所保。美言可以市尊,美行可以加人。"(62章,此为王弼版本,笔者更倾向于此。)"道"之所以被天下人所尊崇,就是因为一旦拥有它就可以立身,需要时向道求助就能够得到帮助,有罪时向道求恕也可以得以免除。这就是大道"化人"的强大威力和宽容的博大胸怀。

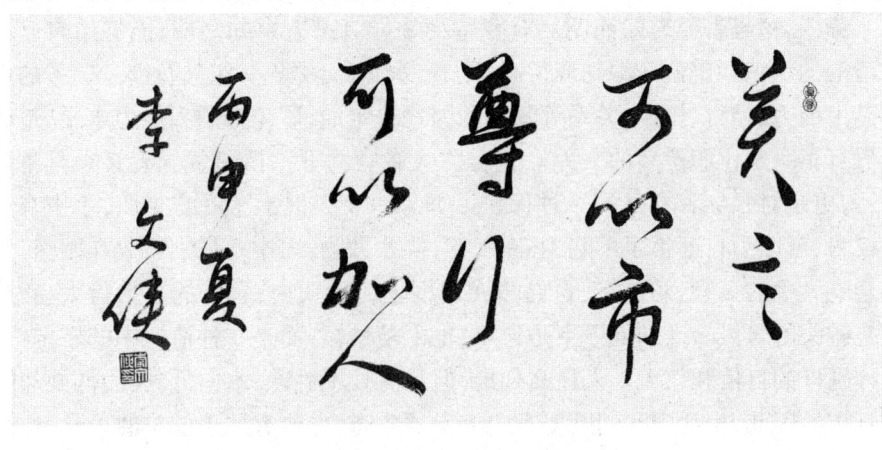

李文侠:中国书法家协会会员

要想做一个得道有德之人,就应该像大道那样懂得宽容,甚至宽恕他人。善于包容别人的错误,善于发现别人的优点,善于鼓励别人的善举。这就是老子所说的"圣人常善救人,故无弃人"(27章)。得道的圣人总是善于救助人,所以没有被遗弃的人。圣人对善人和不善之人的包容之心则表现在"善人者,不善人之师;不善人者,善人之资"(27章),即善人是不善之人的老师,而不善之

人是善人的借鉴。圣人对待善人和不善之人的方法是:"善者,吾善之;不善者,吾亦善之;德善。"(49章)即对待善人固然要善待,而对于不善之人也要以挽救之心去善待他。就是要用真心、真诚去感化不善之人,这才是最大的真正的善举。这启示我们,对待他人要像得道有德的圣人那样,一方面,要对美言美行孜孜以求,不离不弃。另一方面,对待以前犯过错误的人,要不计前嫌、过往不咎,只要现在的言行符合大道的要求,就给予原谅、给予鼓励。

世界上完美无缺的人是没有的。一个人再好,也不可能一辈子只做好事没做过坏事、不犯错误;一个人再坏,也不可能一辈子只做坏事,没有做过一件好事。即使很坏的人身上也有闪光点,只不过这些微弱的闪光点被茫茫黑夜给淹没、掩盖了。我们说一个人是坏人,往往是因为他的一些恶的言行突破了社会所划定的道德和法律底线,而并非是这个人生下来就是一个一无是处的恶人。反过来,我们所说的好人,则是因为他总体上的言行是好的,而并非是指他生下来就只做好事,从不做坏事。实际上,好人也必定做过一些坏事,恶人也必定做过一些好事,两者之间的差别只在于程度上。基督教中有这样一个故事很值得思考:有一天,一群人把一个淫乱的女人押到耶稣面前,问耶稣应该如何惩罚她。耶稣反问大家是什么意见,所有的人都义愤填膺,挥舞着拳头大声要求把这个伤风败俗的坏女人用乱石砸死。耶稣听后深思了一下说:"好吧,既然你们都这么要求,就这么办吧。"耶稣环视一遍在场的所有人,然后严肃地说:"下面,就请你们中间没有犯过罪的人举起石头来砸死她吧。"此言一出,所有人都低下了头沉默不语,没有一个人敢取石头砸这个坏女人。这个故事告诉我们,所谓的好人和坏人之间的标准并不总是那么清晰可见的,每个人都是善与恶的复合体。更进一步说,所有人对大道有时遵从,有时不遵从,但不论你是否遵从,大道都客观地存在,并没有离开你而消失。它始终在人的内心深处,随时听从召唤来庇荫人、恩泽人。所以说,即使是坏人也并不是不可救药的,关键是坏人本身能不能浪子回头、幡然悔悟、回归大道。同时,也决定着周围的人能不能真心去施救,及时去挽救,以"道"化人。

帮助不善之人改邪归正,既需要美言的鼓励,更需要美行的感召。被誉为是20世纪最伟大的心灵导师和成功学大师戴尔·卡耐基,小时候是一个公认的非常淘气的坏男孩。在他九岁的时候,父亲把继母娶回家门,父亲一边向继母介绍卡耐基一边说:"亲爱的,希望你注意这个全县最坏的男孩,他可让我头疼死了,说不定会在明天早晨以前就拿石头扔向你,或者做出别的坏事,总之让你防不胜防。"出乎卡耐基意料的是,继母微笑着走到他面前,托起他的头看着他,接着又看着丈夫说:"你错了,他不是全县最坏的男孩子,而是最聪明但还没

道德经的人生智慧

有找到发挥热忱地方的男孩。"继母说得卡耐基心里热乎乎的,眼泪几乎滚落下来,因为在她继母来之前没有一个人称赞过他。就凭这一句话,他和继母开始建立起了深厚的感情。也就是这句话,成为激励他一生的动力,使他日后创造了成功的28项黄金法则,帮助千千万万的普通人走上了成功的光明大道。正是继母的美言美行改变了卡耐基一生的命运。这个故事启示我们,对任何人都不能吹毛求疵,更不能像法官那样用苛刻的眼光看人,认为罪犯(或犯过错误的人)都是十恶不赦的社会垃圾。任何人都有值得赞赏的东西,任何人都渴望被赞美、被信任、被肯定,包括罪犯,这是每个人对自尊心和成就感的需要。美好的言论可以换取尊重,美好的行为对人有益。美好的言行可以影响他人,感化他人,从而使周围的人都能拥有美言美行。因此,生活中我们应该以宽厚、包容的心去看待周围的人,多去发现、寻找别人值得称赞的地方,这样不但能给对方的生活带来阳光与快乐,自己也会因此更受欢迎。

这正是:

美言美举合乎道,

善者视之如法宝。

大道宽容不弃人,

人无善恶均能保。

"报怨以德"何其难

"报怨以德"出自《道德经》第63章,是指用"德"来回报别人的怨恨。后来便演变为成语"以德报怨"。这一成语也出自《论语·宪问》中:"或曰:'以德报怨,何如?'子曰:'何以报德?以直报怨,以德报德。'"可见,老子与孔子观点是有差别的,这里姑且不论。

那么,何以生怨?我认为主要有3个方面的原因:一是因自己的过失让别人产生怨恨,这就需要立即改正、及时补救。二是因别人不理解产生的怨恨,这就需要在"报怨以德"的同时,要多沟通交流,耐心等待,毕竟事实胜于雄辩。三是因别人心术不正产生的怨恨,这就需要在"报怨以德"的同时,对顽固不化、得寸进尺之人断然出手、猛击一掌,令其清醒,亦知敬畏。

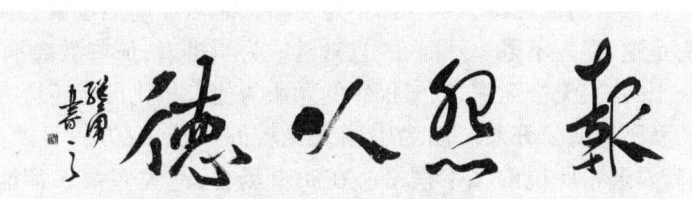

王继勇:中国书法家协会会员

为什么说"报怨以德"难能可贵呢?这是因为,一个人如果没有遵道守德的修养,没有与人为善的愿望,没有博大宽宏的胸怀,是很难做到这一点的。对于普通人来说,"报怨以德"难在7个方面:

小事容易大事难。一般来说,一个人对于不涉及重大利益的鸡毛蒜皮小事,能表现得宽容大度、谦和礼让。而一旦关系到重大利益问题时,就很难保持绅士风度了,可能会据理力争、寸步不离,甚至会无理辩三分。

一时容易一世难。绝大多数人还是比较理性的,懂得人不可能占尽便宜、事事得利的道理。在某些具体事情上能够站在对方的角度思考问题,理解对方的感受,主动放弃自己的一些利益。而一旦时间长了,自己的利益受损多了就会产生不平衡,甚至也产生怨恨心理,自然就无法继续做到"报怨以德"。

表面容易真心难。有些人可能顾及亲朋好友之间的面子,即使受点委曲也能坦然面对，不与对方斤斤计较。但是这种坦然和不计较不是出于内心情愿的，真实的心里可能会很不舒服，或者根本看不起对方，认为与这样的人计较会降低自己的身份，于是采取违心的忍的态度。

弱势容易强势难。这也不是真正的"报怨以德"。弱势的一方考虑到自己的生存环境和事业前程，对上级或强势一方伤害自己、给自己穿小鞋的行为，能够采取韬光养晦的策略，违心地服从或装作不介意，表现出心悦诚服的样子。可是作为强势的一方，一旦感觉对方损害了自己的利益，可能连样子都懒得去装，明目张胆地疯狂打击报复，你让我一时不舒服，我让你一辈子都难过。

生人容易熟人难。与陌生人产生小的利益冲突时，认为都是无意的，大度一次、忍让一下就过去了，没有必要争个是非曲直，谁对谁错。但对于熟悉的人就不一样了，平时关系都不错，特别是自己对其有恩时，认为对方是有意与自己过不去，是小人恩将仇报算计自己，很容易针锋相对、以牙还牙。

诲人容易律己难。当自己不是当事人时可以超然度外，开导别人时可谓是头头是道、诲人不倦。然而，一旦自己成为当事者，那些教诲别人的道理就会忘得一干二净、无影无踪，以怨报怨的做法与他人相比可能还会有过之而无不及。

私下容易公开难。因为中国人比较好面子，双方一旦产生矛盾都喜欢私了，就是通常所说的私下摆平。在私下场合，绝大多数人都能表现得理性、谦让，矛盾自然也就好解决。而一旦把矛盾公开化，就很可能使原本比较好解决的问题变得困难，简单的问题变得复杂了，双方则必须争出个谁高谁低、谁输谁赢、谁对谁错不可。

其实，以上这7种情况即使暂时能够解决问题和矛盾，也不是真正的"报怨以德"。真正能够做到"报怨以德"的得道有德之人，必须是没有"分别心"的，不以自己的好恶、得失作为标准衡量周围的人和事，无所谓的好事和坏事、好人和坏人；必须是淡泊身外之物的，对于功名利禄毫无贪欲；必须是清静无为的，做任何事情，条件不具备时不为，时机不成熟时不为，大家都不认可时不为，自己能力不足时不为。凡事都顺天之时，随地之性，因人之心，决不违反"天时、地性、人心"，决不凭主观愿望和想象行事。一句话，不符合大道的事一概不为。一个人只有具有尊道贵德的修养，才能少产生怨恨，一旦产生怨恨后也能够坚持"报怨以德"。

这正是：

以德报怨为何难？
难在难逾利益关。
如若淡泊身外物，
了无恩怨自心安。

"图难于其易,为大于其细"的哲学思考

"图难于其易,为大于其细;天下难事,必作于易,天下大事,必作于细。"(63章)老子用脍炙人口语言告诉我们:解决难题要从容易的地方着手,做成大事要从细微之处入手;一切的难事必定都从简易发展而来,一切的大事必定都从细小处积蓄而成。这里主要蕴涵着4个方面的哲学思想。

凡事预则立,不预则废。任何事物的发展变化都是有苗头和征兆的,是内外因共同作用的结果。只有具备深邃的洞察能力和超前的预测能力,才能够准确把握事物的发展趋势,及早做好因势利导和防患于未然的工作,这是做事成败的前提。老子要求"作于细",这里的"细"包含了要从"一叶落"这样的细微变化中,预测到"秋将至"的思想。不同事物之间的关系错综复杂,彼此间相互作用相互影响,如果不把这些外在因素提前分析透、弄清楚,就很难应对千变万化的环境产生的影响。而那些大事难事内部关系也同样错综复杂,如果不能准确预测和把握主要矛盾的发展变化规律,就无法区分轻重、缓急、难易,难以科学有序地解决问题。遇到事情,如果我们能够提前预测其发展变化,就能够早做准备、从容应对,否则就会在仓皇应付中出错,必然导致失败的结局。

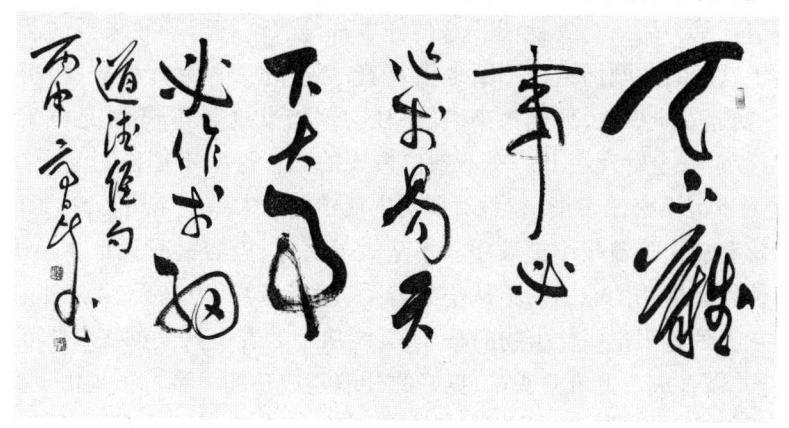

高昆:中国书法家协会会员

道德经的人生智慧

细节决定成败。细节就是细小的事物、环节或情节。细节看似微不足道，却关系着事物的兴衰成败，可谓是成也细节，败也细节。可以形象地说，细节是转动链条上的扣环，是千里钢轨上的铆钉，是太空飞船上的螺丝……细节往往因其"细"且"小"，而容易被人忽视，掉以轻心，甚至不屑一顾。但就是这些看似不起眼的细节，往往是事物发展的关键和突破口，是关系成败的双刃剑。特别是对于细节的过于疏忽，往往会酿成无可挽回的悲剧。2003年2月1日美国"哥伦比亚"号航天飞机返回地面途中，着陆前意外发生爆炸，机上7名宇航员遇难，而调查结果表明，造成这一灾难的"凶手"竟是一小块脱落的隔热瓦。"哥伦比亚"号表面上有两万块隔热瓦，而就是这微不足道的一小块被碎片击中而脱落，酿成这一惨剧。1485年，英王理查三世与亨利伯爵在波斯沃斯展开决战，此役将决定英国王位新的得主。战前，马夫为国王备马掌钉。铁匠因近日来一直忙于为国王军队的军马掌钉，铁片已用尽，请求去找。马夫不耐烦地催促道："国王要打头阵，等不及了！"铁匠只好将一根铁条截为四份加工成马掌。当钉完第三个马掌时，铁匠又发现钉子不够了，又请求去找钉子。马夫道："上帝，我已经听见军号了，我等不及了。"铁匠说："缺少一根钉，也会不牢固的。""那就将就吧，不然，国王会降罪于我的。"结果，国王战马的第四个马掌就少了颗钉子。战斗开始，国王率军冲锋陷阵。战斗中，意外的不幸发生了，他的坐骑因突然掉了一只马掌而"马失前蹄"，国王栽倒在地，惊恐的战马脱缰而去。国王的不幸使士兵士气大衰，纷纷调头逃窜，溃不成军。伯爵的军队围住了国王。绝望中，国王挥剑长叹："上帝，我的国家就毁在了这匹马上！"战后，民间传出一首歌谣："少了一枚铁钉，掉了一只马掌。掉了一只马掌，失去一匹战马。失去一匹战马，败了一场战役。败了一场战役，毁了一个王朝。"莎士比亚对这次战役感慨道："马，马，一马失社稷。"这两件事都是忽略细节导致失败的悲剧。现实生活中这样的悲剧仍然在不断地重复着，煤矿化工厂爆炸事故、楼房桥梁垮塌事故、交通安全事故、环境污染事故、社会踩踏事故等等，不都是由于社会管理忽视细节、安全管理细节落实不到位造成的吗？这些不都证明老子"为大于其细""天下大事必作于细"智慧对现实生活中的巨大指导作用吗？！

做事要从大处着眼小处着手。不从大处着眼，就容易只见树木不见森林，失去整体把握事物的能力。不从小处着手，就容易"老虎吃天，无从下口"。只有善于从大处着眼把握住事物的整体，又能从小处着手高度重视个体问题的解决，才能善做善成。万事开头难，良好的开端是成功的一半。正是由于开头难，所以就不能难上加难，必须从容易的小事开始；正是由于开头重要，所以就必须降低风险，从容易的小事开始，树立信心，这就是老子强调"图难于其易"的原因

之所在。有些人也知道从小事做起的重要性,开始时也能充满热情地去做,但时间一长就锐气消磨、热情减退,再加之有时看不到希望,就逐渐变得懈怠、敷衍了。这种人都是没有志向的,缺乏的就是持之以恒的韧劲,导致半途而废,终无所成。而那些有志向的人,每天兢兢业业地把所在岗位的每一件平凡小事都做成精品,让优秀成为习惯,最后做成了不简单、不平凡的事业。正如海尔公司总裁张瑞敏所说:"把每一件简单的事做好就是不简单,把每一件平凡的事做好就是不平凡。"无数经验教训告诉我们,看似最为平常、最容易做的事,也是最难做的事,谁做好了最为平常、最容易做的事,谁就会取得非凡的成就。把不起眼的小事能做到位,把不起眼的小事能坚持做到底,小事也能成为大的事业。这正是"海不择细流,故能成其大;山不拒细壤,故能就其高。"这也是老子强调"作于易""作于细"的原因所在。

循序渐进则水到渠成。认识规律告诉我们,人们对客观事物的认识,有一个由简到繁、由易到难、由低级到高级、由直观到抽象的循"序"过程,人们对任何事物都不可能一步就认识到其本质的。做事情也是一样,不可能奢望毕其功于一役,一口吃成个胖子。正如荀子在《劝学篇》中所说的那样:"不积跬步,无以至千里;不积小流,无以成江海。"任何事物,无论是好事还是坏事,都需要经历由量变到质变的过程。对于难事大事,一旦把其拆分为若干步骤,按照由小到大、由简到繁、由易到难的顺序,按部就班、步步为营地一个步骤一个步骤地解决好,这些难事大事就会变得简单很多,善于积小胜为大胜,最终必能成功。同样,要阻止致命的坏事发生,事到临头、临时抱佛脚是不行的,必须防患于未然,在细节上未雨绸缪。总之,要做大事难事既不要好高骛远,也不要被其困难所吓倒,要循序渐进,从每一件具体小事情干起,重视量的积累,久久为功,最终就会发生质的变化,水到渠成则成为必然。

这正是:

> 早知为大于其细,
> 难事开端于作易。
> 自古遵行有几人?
> 功亏一篑丢功绩。

道德经的人生智慧

莫让自己成为"轻诺寡信"之人

"轻诺必寡信"(63章,以下同),自从老子说出后,就成为一句广为流传的至理名言。"轻诺寡信"之所以会成为一种普遍现象,有其深刻的根源。其实这句话后面还有一句"多易必多难"。两句话的意思是说,轻易许下的承诺必然很少能够兑现,把事情看得太容易必然会遭遇很多困难。"轻诺必寡信"强调对于别人的"信用"问题,偏重于对如何做人给出指导。而"多易必多难"则更强调一个人对于所遇困难的预见性,侧重于对如何做事给出指导。事物的因果都是互相影响的,一旦失信于人,就很难再得到众人的帮助,得不到众人的帮助,困难就会越积越多,所以"多难"者必是自己"寡信"的结果。

鲁迅先生在遗嘱中专门留了一句话告诫妻儿:不要轻信别人的诺言。可见,"轻诺寡信"已经成为社会的一个通病。"轻诺必寡信"旨在提醒我们要注意两个方面:一个是,不要轻易向别人做出承诺。以免一旦不能兑现承诺,使自己在别人眼中成为一个没有信誉的人。实际上,在现实生活中,

温刚:中国书法家协会会员、黑龙江省书协副主席

很多人对信守诺言不在意、不重视,许诺就像渴了喝口水那样简单、轻易,根本不认真考虑能不能兑现,过后甚至会把许诺的事忘得一干二净。比如,在朋友有事要求帮忙的时候,我们其实并不能保证自己能办到,但是为了显示自己很讲哥们儿义气,便拍着胸脯说"没问题""包在我身上",甚至一开始自己就清楚根本办不到,但碍于面子却稀里糊涂地应承下来。结果事没有办成,没能兑现承诺还耽搁了别人办事的时机,不仅当初的面子、义气都没了,信誉也没了。再比如,你向别人借钱,担心别人不借,于是就信誓旦旦地承诺哪年哪月哪天肯定还,其实你心里并没有谱,甚至干脆明知道这个时间无法偿还。最后,别人借给了你,到时却无力偿还,结果不仅你再也不好意思向人借钱,而且人家再也不会相信你这个人。另一个是,对自己也不要轻诺。许多人在决定减肥、戒烟、晨练时,往往给自己制订出一个很苛刻的计划,坚持一段时间后就会力不从心,对自己失去了信心,最后干脆放弃。与其如此,不如制定一个稍微宽松、有弹性的计划,以使自己能够长期坚持。比如,只规定自己少吃肉而不是完全不吃肉;戒烟不是一下子戒掉,而是规定每天少抽点;早起的时间不一定那么早,等等。这样虽然难度降低,但能够坚持就会让自己增强信心,如果能够超额完成计划,还会获得意外的成就感。

"多易必多难"的意思很简单,就是说一个人如果在做一件事之前将事情想得越简单,在以后遇到的难题就会越多。反之,如果能够在做事前更多地预测可能遇到的困难,并制订出周密的应对计划,就会顺利很多。即使有些突发情况无法预测,由于心里有所准备,也能保持镇定而谨慎的态度,不至于乱了阵脚、六神无主。总体而言,越是复杂、风险大的事情,"多易必多难"的道理体现得越明显。要做成大事难事,不仅需要漫长的时间,还需要克服数不清的困难。这就要求做事者既要有足够的耐心,又要有坚定的意志和充分的自信心。但那些"轻诺"之人,往往把事情看得太容易,对困难估计不足,所以做起来就会遇到很多意外困难,要么半途而废,要么功亏一篑,到时候即便主观上不想失信,客观上也没有办法兑现"诺言"。况且,那些轻诺之人,往往都是没有耐心的浮躁之徒,缺乏责任感和坚强的意志,许多事情只是随口说说而已,并未真思考事情能否办成,自己能否兑现诺言。一旦遇到困难便会轻易放弃,最终成为"寡信"之人。因此,不负责任的"轻诺"结局必然就是"寡信"。

那么,圣人是怎么做的呢?"圣人犹难之,故无难矣。"老子告诉我们,圣人总是把事情看得更加困难些,故而最后就不存在困难了。无数事实都证明,凡事如果在开始觉得容易,往往到最后便觉得难;而一开始就将其当作一件难事,更加认真努力地做,结果就会变得容易,这样就会为自己信守承诺打下坚实的

道德经的人生智慧

基础。信守承诺说起来容易,做到则难。小信守于言,大信守于心,君子守信,圣人守心。从心理上想信守诺言才是最关键的,也是最有可能兑现的。那些随随便便向人开"空头支票"而事到临头又不能兑现的言而无信之人,既害人又害己。

我们应该怎样吸取"轻诺必寡信,多易必多难"教训,防止让自己变成一个"轻诺寡信"之人呢?我认为应该做好四个方面:

一是充分考虑自身能力,量力而为不装大。不自量力、骄傲自大的人容易轻诺。因此,一事当前,一定要充分考虑自身的能力大小,要弄清楚别人请托的事情是不是在自己的能力范围之内。在感到自己做不到时,千万不要轻率地向别人许诺。这样做的好处是:婉拒别人的请托,别人只能表示遗憾,并不会认为你说话不算数,因而不会对你产生不信任感,即使试着办但没有办成,声誉也不会受到损害。

二是充分考虑外界条件,困难想足不盲目。当别人请托的事情不在自己职权范围内,但可以通过协调帮忙解决时,一定要充分考虑到复杂的主客观条件。有很多时候看似"万事俱备",就是无法借到"东风",依然会功亏一篑。因此,在接受别人的请托时,一定要把可能遇到的困难考虑周全,让对方清楚办事过程中面临的困难,而不是碍于面子等盲目许诺。这样做的好处是:成则皆大欢喜,不成也会少受埋怨。

三是充分考虑多变环境,留有余地不包揽。做事成功和成功做事都是有条件的,需要天时、地利、人和。我们常说,计划没有变化快。有很多事情,昨天看还办不成,今天就具备条件能够办成了;也有很多事情,今天看还具备条件可以办成,明天就情况突变成为无法完成的任务了。因此,在许诺之前,一定要给自己留有余地,千万不能"自古华山一条路",千万不能大包大揽,把自己"逼上梁山"。即使是答应了别人,也最好将情况给他说清楚,比如说:这件事我尽力而为,但不敢保证一定能办成。这样做的好处是:把事办成了,你自然有能力、有面子、有信誉,即使没有办成,也能守住面子、守住义气、守住信誉、守住友谊。

四是充分考虑对方心境,及时回复不拖延。办事拖拉是最差劲最让人讨厌的坏毛病之一。办理任何事情都是有时限要求的,超过了这个时限,损失会无法挽回的。当我们接受朋友请托办理某件事时,进展到什么程度、遇到了哪些问题一定要及时通报对方,特别是自己无能为力办不成时,一定要及时告诉对方。让对方有时间可以另想办法、另寻高人。千万不能拖到山穷水尽之时,让对方失去另寻出路的机会。这样做的好处是:让对方知道你是信守承诺的人,一直在努力地办理这件事。即使是没有办事,没有功劳也有苦劳,对方依然会

从心里感激你的。更重要的是,没有耽误对方开辟新路径的时机。

这正是:
>许诺之前细考量,
>预知困难不仓皇。
>轻佻承诺终难践,
>寡信于人乃祸殃。

道德经的人生智慧

"为之于未有,治之于未乱"话绸缪

老子告诫我们:"其安易持,其未兆易谋。其脆易泮,其微易散。为之于未有,治之于未乱。"(64章)意思是说,局势稳定时容易把持,情势尚未有征兆时容易筹谋;事物脆弱时容易瓦解,微小时容易消散。在尚未露出端倪时就要做好准备,在祸乱尚未滋生时就要做好预防。老子这段话包含了很多哲学思想,如凡事预则立不预则废,做事要未雨绸缪,防患于未然,强调了防微杜渐的重要性。这给了我们三点重要启示:

一是"为之于未有,治之于未乱"要求我们,**做事要增强预见性**。事物的发展历程是从无到有,难以解决的问题往往由常被人忽视的小隐患生成,这就是量变到质变的基本原理。防范祸患发生的关键在于能够提前有所预测,根据一些微小的征兆而预测到祸事的发生,在事情还未发生或者还没有形成不可挽回的态势之前采取措施,杜绝其继续发展。从哲学上讲,任何事物都处于一定的因果链条中,因果律是除了时间、空间之外,另一个任何事物都无法摆脱的先验法则。所有的坏事都不是突然发生的,而是在早期就有一定的征兆,如果早早发现,就能够及时避免。比如,生活中,一个烟瘾大的人,如果得肺癌,大家肯定不会觉得诧异;一个酗酒的人得肝癌,大概也不会有人想不通;一个人做人不讲信用,经常出尔反尔,借钱不还,等到他真正遇到难事需要用钱时没有人肯帮忙,大概他也不必

马安贵:中国林业书法家协会会员

抱怨人家绝情;一个人工作不思进取、胡乱应付、得过且过,企业裁员时第一批被裁掉大概也不必太过抱怨。原因就在于在这些人身上,很早就出现了倒霉的苗头,但他们却不去采取措施消除,自然也就没有抱怨的权利了。

二是"为之于未有,治之于未乱"要求我们,做事要有底线思维。一段时间,国内社会管理事件、社会安全事故屡见不鲜,造成很大的负面影响和经济损失。总结这些事故、事件的教训,很重要的一个就是缺少底线思维。问题没有发生前盲目乐观,不注意预见防范,一旦出事就惊慌失措,后悔莫及。没出事时不注重投入精力、财力、物力预防事故、解决矛盾,出事后才运用一切资源、不惜一切代价平息事件、消除影响。整个社会的管理就像是一个人的身体健康保健,平时不舍得花点小钱每年定期到医院做健康检查,造成一些小病由于没有及早发现、及时治疗而酿成大患,最后不得不花大钱受大罪保命,甚至最终小命难保、人财两空。所以说,人越是在健康的时候越应该注意监测、保护身体,否则不病则已,一病不起!社会管理也是一样,越是在表面平安、祥和的情况下,越要强化底线思维意识,看到深处涌动的暗流,对症下药,防患于未然,只有这样才能保持社会稳定、长治久安。

三是"为之于未有,治之于未乱"要求我们,要善于运用危机管理。危机管理在西方发达国家的企业做得比较好,值得我们学习借鉴。一个成功的企业领导者,不会任凭其企业被外在不利环境所裹挟,而是对可能出现的危机有相应的准备。即使危机超越了其预想的程度,也会在心理上从容应对,并从中发现机会、逆转劣势、反败为胜。英特尔公司就是采取危机管理而立于不败之地的典型。1994年,一个数学教授指出装有英特尔芯片的机器上出现了一个除法错误。起初英特尔对此并未在意。但后来随着媒体对这件事的广泛关注,IBM宣布装有英特尔奔腾芯片的计算机停止出厂。面对质疑,英特尔随即意识到这个看上去很小的问题已经超越了问题的本身,它涉及了人们对于英特尔本身的信心。立即改变原来的策略,免费为所有用户更换所有问题芯片。事后,英特尔方面对这件事进行了深入细致的分析,最后总裁格鲁夫得出了一个令他"出了一身冷汗"的结论。那就是,这个小小事件的出现并非是偶然的,而是预示了英特尔正在面临着一场异乎寻常的危机。英特尔在电脑商和用户中是最先进最安全的处理器的地位受到了威胁。一旦出现哪怕多么小的问题,整个品牌都将遭受巨大损害。正是这种准确的预见和及时的危机管理,使英特尔及早在新的游戏规则中找到了自己的位置,进而避免了被扫地出门的命运。比尔·盖茨更是一位危机感极强的人,当微软的利润超过20%的时候,他便提醒同事们由于软件市场竞争的日趋激烈,这个利润很可能维持不了多久;后来利润上升到了

22%，他仍旧强调这很可能只是一时的；再后来，微软的利润已经超过了60%，盖茨依旧这么说。表面上看似乎他有些过于紧张了，但是谁也不敢说，如果之前没有这种危机感，微软会依然是今天的微软。微软能够长期占据计算机行业的领袖地位，或许其秘密很大程度上便藏于比尔·盖茨提出的那句"微软离破产永远只有18个月"的著名口号。在全球化、信息化和网络化的今天，企业不得不在一个蕴含更多不确定性和突变性的危机中打拼。突如其来的危机往往以迅雷不及掩耳之势，打乱企业的正常秩序，甚至让企业陷入困顿或绝境。危机一旦形成，化解的难度之大、代价之高，使人不寒而栗。然而，危机并不是横空出世的，只有对企业进行危机管理，不断在细微之处发现危机、化解危机，才是企业保持卓越的长久之道。

有人说，成功不在于多做了多少正确的事，而在于少做了多少错误的事。"为之于未有，治之于未乱"就是告诉我们少犯错误的方法。

这正是：

    为之未有善绸缪，

    治乱于萌万祸休。

    事预则成无预废，

    精心防患细筹谋。

"千里之行,始于足下"

《道德经》充满着哲思,有很多脍炙人口的经典语言。如:"合抱之木,生于毫末;九层之台,起于累土;千里之行,始于足下。"(64章)老子告诉我们:合抱的大树,是从细小的幼苗生长起来的;九层的高台,是由一筐一筐的泥土堆积起来的;千里的远行,是从脚下的第一步开始的。荀子"不积跬步,无以至千里;不积小流,无以成江海。""道虽迩,不行不至;事虽小,不为不成。"与老子之言同出一理,都要求我们做任何事情既要循序渐进,又要持之以恒;既要志存高远,又要脚踏实地,把远大理想和实干精神结合起来,通过量的积累实现质的飞跃。

"千里之行,始于足下"道出了两种智慧:"千里之行"与"始于足下"。"千里之行"是从脚下第一步的跨出开始的,"始于足下"是一个不断积累的过程,没有这个过程,就很难达到"千里之行"的目标。"千里之行"说的是一种远大的奋斗目标,有了目标就要有行动,要勇敢地跨出第一步,通过"始于足下",一点点缩短实现与理想之间的距离,才能接近、实现自己的理想。蒸汽机发明者瓦特小时候家里很穷,没有机会读书,只好去给邻居放牛。但一有时间,他就用黏土和空心树枝做他想象中的蒸汽机模型。到他17岁时,他真的做成了一部蒸汽机,还让父亲帮他烧火做实验。瓦特虽然没有进学校读书的机会,但机器就是他的老师,而且他是非常用功的学生。当同龄人在游山玩水、逛酒吧间的时候,他却在拆洗机器,仔细研究,反复做实验。当他

陈宇龙:中国书法家协会会员

道德经的人生智慧

作为一个伟大的发明家和蒸汽机的改进者闻名于世的时候,那些游手好闲的人只能是作为旁观者,远远地羡慕他了!陈胜年少时曾受人雇佣,替人耕种,心中不满于这种处境,在垄上休息时对同耕者说:"苟富贵,无相忘。"同伴都嘲笑他这种地位卑微、替人耕种之人,竟然不知天高地厚地谈将来有一天富贵!陈胜长叹一声说:"燕雀安知鸿鹄之志哉!"陈胜后来在大泽乡和吴广发动起义灭秦,做出了惊天动地的壮举,若无佣耕垄上时就存埋在心底的鸿鹄大志,怎么能想象他后来的惊天壮举?陈胜还曾说过一句话:"壮士不死则已,死即举大名耳。王侯将相,宁有种乎?"有这样的雄心壮志,有这样一种虽死不辞的精神及高度的自尊自信,必将激发出矢志于"千里之行"的巨大潜能,这岂是那些连好梦都不敢做的瞌睡不醒的人所能相比的!

  现实生活中,能够一夜成名、一夜成功的只是特例,只有在极特殊的背景下才可能发生。绝大多数的成名成功都需要积累,这永远是一条最原始也是最简单的成名成功智慧。很多人看不到成名成功者背后的艰辛和努力。当我国数学家陈景润摘下"哥德巴赫猜想"这颗数学王冠上的明珠时,谁能知道他是从什么时候开始,最终积攒起那十几麻袋的演算草稿纸的?又有谁知道他在通往这座科学高峰的千里征途上,是怎样一步一步地艰难向前的呢?

  人们常说,"成功,始于心动,成于行动。"只有心动而没有行动,任何成功的渴望都将以失败告终。那些日夜眺望着远方辉煌的目标,却不想方设法去缩短脚下距离的人,理想最终一定会是空想。现实生活中,每个人都有自己的理想与目标,哪怕仅仅是微乎其微的,如能吃饱饭、有衣服穿、有房子住,等等。然而,唯有"始于足下"的行动可以帮助我们实现这些目标:若想吃饱饭就要去劳动、去工作;减肥者要想实现每天减掉半两肥肉的计划,就要采取适当适量的运动或节食措施等等。同样,我们如果想在人生之路上有所作为,就不要把我们心中的那份宏伟蓝图深藏于大脑之中,随着我们的老去而发霉烂掉,而要敢于迈出成功的第一步,这样的人生才更有价值,离成功也会越来越近。对于那些想要"行千里"而不去"迈步"的人来说,只能默默承受失败的命运;任何不付出行动的等待都不会产生成功的奇迹。坐而论道将会一事无成,"千里之行,始于足下"才是成功的哲学。

  这正是:

    千里之行足下始,
    不积跬步终难至。
    人生之旅勿停歇,
    久久为功成万事。

正确理解"为者败之,执者失之"

"为者败之,执者失之。是以圣人无为故无败,无执故无失。"(64章)有人从字面上,把这段话理解成:有所作为的人必将招致失败,有所执著的人必将遭受损害。因此,圣人无所作为就不会招致失败,无所执著也就不会遭受损害。如此看来,这段话体现的则是一种无所作为的极其消极的生活观。这难道是老子的思想本真吗?回答是否定的。

纵观《道德经》全书,"无为"作为老子的核心思想之一,贯穿于全书始终。正如前面有关文章中对"无为"思想的理解那样,其本质内涵就是"不妄为",不做违反客观(自然)规律的事情。所以,"为者败之,执者失之"中的"为者",就是违反客观(自然)规律的妄为之人,"执者"就是过于执著、固执不化、喜欢钻牛角尖之人。这样一来,这段话就应该理解成:任意妄为的人必然会招致失败,过于执著追求的人必然会遭受损害。所以圣人不妄为就不会失败,不过分执著追求就不会遭受损害。如此理解,这段话告诉我们的则是一种非常现实、非常理性、非常智慧的人生观、价值观。

老子主张"无为"之为,认为人不应该过于执著,一切顺其自然,能够像"道"那样在合于目的、合于意图中顺利取得成功。进入"无执"的境界,就可以找到真我,不会让人陷入迷途,这是做人的原

何文军:中国书法家协会会员

道德经的人生智慧

则。人之所以痛苦,不在于拥有多少东西,而在于过分执著一些东西。有人认为金钱可以代表地位,但金钱带给我们的烦恼也很多。有人认为赌博可以带来快乐,但为了赌博自杀或家庭破碎的事却时有所闻。谈恋爱卿卿我我,好不浪漫,但是每天打开报纸电视网络,情杀的案件却屡见不鲜。痛苦是人们自斟自饮的苦酒。所以说,苦乐皆有因缘,亦是人为自造,过于执著是众苦之源。人活着之所以感到很累,就是因为总是被各种外在的表象所迷惑,总希望得到的越多越好,以至肩上的担子越来越重,最后连步子都迈不开了。如果我们破除一切尘劳,丢掉身外乱性的贪婪和物欲,找回自我,这样就能获得身心的自然安宁,惬意、舒适、安逸、幸福的生活也随之而来。可叹很多人一生只知道追逐名利而不知道享受,所以身心俱累、疲惫不堪。世上有多少人能够不让各种欲望占去清醒时刻,多一些时间来追寻生命的意义呢? 如果放下过分的执著,就会远离痛苦,人生就会解脱,这时才能深刻体验到:只有生命才是最真实的。

反对过于执著,但并不是不要执著。执著是对人和事一心一意的追求,是有毅力、有恒心的体现,这本是值得赞扬的。但凡事都有两面性,也都有个度,真理再向前迈出半步就有可能成为谬误。当执著的事情成了一个人内心的负累时,陷入固执、拘泥而无法超脱时,其危害是很大的。"忧生于执著,患生于执著。凡无执著心,亦无所忧患。"今日的过分执著,往往会造成明日的后悔莫及。所以,作为一个成熟而智慧的人,做人做事都要把握重心、实实在在,祛除那些浮华、虚伪的心态。花自飘零水自流,倘若是心中存有自然的法则,多一些"条条道路通罗马"的浪漫,生活就会过得平静而怡和。而那些不够成熟、缺少智慧的人,喜欢去追求高于现实的东西,常常会因为无法实现而饮恨;喜欢追求超出需要的幸福,常常会让真正的幸福越来越远;喜欢追求没有限度的享乐,常常越深入越觉得枯燥无味、醉生梦死。老子的"为者败之,执者失之",正是医治这种病症的一剂良药,提醒人们:为何不回转心念,看清生命的真谛,拿出部分爱心,照顾一下自己的心灵呢?

这正是:

败者为之乃妄为,
执而失者善逾规。
抛开欲念无烦恼,
生命归真少是非。

慎终如始无败事

"慎终如始,则无败事。"(64章)是老子给我们留下的又一至理名言,两千年以来一直受到人们的推崇。人们在做事情时,初始阶段很容易保持旺盛的斗志和冷静的头脑,但是在快要接近成功时,会因为前面的顺利而形成骄傲心理,同时也会因为接近成功而头脑兴奋,失去冷静,进而丧失谨慎的态度和应有的沉着,功败垂成。中国历史上,这样的教训可谓不胜枚举。

三国时期的刘备,是三国创业者中基础条件最差的。但隐忍低调、谦虚谨慎、从善如流的做人品质,让刘备成就一番事业。这一点从他礼贤徐庶、三顾茅庐等事,以及他对儿子刘禅"勿以善小而不为,勿以恶小而为之"的告诫中得以充分体现。正是凭借这种对己严格、对贤能之士尊重的做人风范,他才得以立足荆州和川蜀,创建蜀汉,与占据了"天时"的曹操和占据了"地利"的孙权鼎足而立。但是,刘备在西川称帝以后不能够"慎终如始",逐渐失去了其早期谦虚谨慎的作风,甚至对于前来投奔他的士人也不那么礼遇了。实际上,早在据有荆州之后,刘备的作风就有所改变。当初凤雏庞统前来投奔他,刘备看庞统其貌不扬就加以冷落,只是给了一个小官就打发掉了。在称帝之后,刘备开始变得刚愎自用,听不进别人的意见。当关羽被东吴杀害之后,他怒发冲冠,不顾包括诸葛亮在内的大部分人的劝阻,执意兴兵讨伐东吴。而这就彻底破坏了

崔武卿:中国书法家协会会员

道德经的人生智慧

自己联吴抗魏的立国之策,是十分不理智的。结果,他的一意孤行导致了后来的夷陵之败,蜀汉元气大伤,他自己也抑郁而终。后来诸葛亮多次北伐都没能成功,也与此有关。大唐天子李隆基,因平定宫廷叛乱而登上九五之尊。他励精图治,在著名宰相宋璟、姚崇、张九龄的辅佐下取得了二十多年的"开元盛世"之辉煌,使唐朝走向最鼎盛的巅峰。然而,这位唐玄宗却不能"慎终如始",在成绩面前飘飘然起来,日益骄傲、故步自封、淫逸堕落,把儿媳杨玉环霸占过来,"承欢侍宴无闲暇,春从春游夜专夜""从此君王不早朝"。他还爱屋及乌,连杨贵妃的三个姐姐也都被封为夫人,一切政事委托给口蜜腹剑的奸相李林甫和不学无术的冒牌舅子杨国忠。这二人狼狈为奸,把朝政搞得一塌糊涂,最终引发了八年之久的"安史之乱",唐玄宗仓皇逃亡四川。多亏了郭子仪借来回鹘兵才平定了这场叛乱,但从此唐朝走向了日益衰败的下坡路,"安史之乱"是唐朝由盛而衰的转折点。唐末农民起义领袖黄巢率军转战南北,因为起义军作战勇敢又得民心,一路上队伍不断壮大。攻下东都洛阳后,没有就此懈怠,仅在洛阳停留了十几天,就向长安进发。因唐王朝人心离散,起义军很快就攻下了长安,唐僖宗率众逃亡四川。起义军刚进入长安时,黄巢张贴布告晓谕市民:"黄王起兵,本为百姓,非如李氏不爱汝曹,汝曹但安居无恐。"其果然军纪严明,并向贫民散发财物,百姓热烈欢迎。得到民心的黄巢很快称帝,建立大齐政权。但是,黄巢称帝后同样不能"慎终如始",马上就失去了原本的进取精神。当时唐僖宗仍在四川,是个巨大隐患,同时起义军只是占领了长安城,而在长安周围仍然驻扎有不少唐朝军队,随时可能反扑长安。但是志得意满的黄巢既没有派人入川追杀唐僖宗,也没有派兵攻打长安周围的唐军。而在长安心安理得地当起了皇帝,过起了奢侈糜费的帝王生活。正所谓上行下效,起义军将士面对富庶的长安,迅速失去了原本严明的军纪,开始烧杀劫掠、哄抢财物,起义军逐渐失去了民心。而唐王朝经过一番喘息之后,调动长安周围的军队反扑长安,将起义军赶出了长安,黄巢率人逃窜,最终兵败被杀。这些历史教训无时不在警示我们,人们通常容易犯两类错误:一类是已是成功者,因不能"慎终如始"而失道,导致以失败告终。这类人靠虚怀若谷、励精图治、戒惧谨慎,创立了了不起的功业,但是巨大的成功也改变了他们的心态和人格,使这些取得了一定成就的人走向反面,最终因得意忘形、懒惰懈怠、贪图安逸而溃败。另一类是即将成功者,因不能"慎终如始"而失道,最终功败垂成。这些人在创业的早期阶段,能够保持清醒的头脑,有着不被挫折和失败打垮的坚强意志,以及低调谦和、团结大众的姿态,在不断前进的过程中,战胜挫折,积累成功,一步步逼近目标。但是,就在要实现目标的时候,他们的心态突然发生变化,认为成功唾手可得,便一反创业早期的努力和低调,浮躁盲动、自大狂妄起来。而这个时候反面的力量依然强

大，面对的困难并未减少，甚至可能比以前更大，只是困难的形式发生了变化而已。由于这些人被暂时的胜利冲昏头脑而把"道"扔掉了，在立足未稳之时，一下子被击垮，再也爬不起来。

　　现实生活中，不能"慎终如始"而遭受挫折、受到伤害、身败名裂的同样比比皆是。比如，很多人在婚姻方面不能"慎终如始"。结婚后逐渐放纵原来隐藏起来的缺点和陋习，夫妻间的新鲜感、神秘感逐渐消退，再也找不到谈恋爱时如胶似漆、温情脉脉的感觉。再加上外界酒绿灯红的诱惑，"这山望着那山高，不知哪山有柴烧"，慢慢地开始喜新厌旧，搞起了移情别恋，最终导致感情破裂、家庭解体。又比如，在工作中不能"慎终如始"的也大量存在。很多人在接受任务之初比较用心、比较谨慎，但往往是有头无尾、虎头蛇尾。一些已经布置的工作，没有反馈；有的事情只有出去的指令，没有"做得如何""结果如何"的回音。哪些已经完成了？哪些还没有完成？遇到哪些问题需要研究解决？任务的进程距离目标还有多少距离？诸如这些本应该自己时时关注的问题、让领导时时掌握的情况，本应该咬住、盯住、抓住、抓紧、抓实、抓到位的工作，随着时间的推移逐步变得麻木不仁了，造成很多有头无尾的半截子工程，只有上篇没有下篇的虎头蛇尾工作。让很多小问题积累而成大问题，简单问题积累而成复杂问题，形成恶性循环。还比如，在仕途上不能"慎终如始"的屡见不鲜。在反腐风暴中落马的官员，并不是一开始就是腐败分子，绝大多数是有志向、有能力的社会精英，特别是初入仕途时是能够严格要求自身的。但随着任职时间的延长、职务的提升、权力的扩大，欲望开始膨胀，自律开始放松，在利益的诱惑和不法商人的围猎下，一步步堕落到犯罪的深渊。身败名裂的下场着实令人痛惜。

　　总之，从古到今，正反两方面的无数事实已经反复证明了，老子所说的"慎终如始，则无败事"的正确性。这句话告诫我们，想要做成一番事业，开好头固然重要，但更重要的是能够结好尾。不但要在事业初创时保持一颗进取的心志、坚忍的意志、冷静的头脑和谦虚的态度，而且要把这种心志、意志、头脑和态度保持到取得最后胜利的那一时刻。古人讲："行百里者半九十"，一百里的路程走了九十里，和走了五十里没有什么区别，因为同样没有达到目的地。因此，我们做任何事情，切勿在最后关头疏忽大意、迷失自我，否则就会前功尽弃。

　　这正是：

　　　　万众皆知应慎始，
　　　　天长日久难维继。
　　　　虎头蛇尾弃前功，
　　　　慎终如初无败事。

老子是否有愚民思想

老子是否有愚民思想,历来是学界争论的焦点问题,对"古之善为道者,非以明民,将以愚之。民之难治,以其智多"(65章)的解读,可以说是挺老派与倒老派的分水岭。这里的关键就在于对"愚"字的理解。

倒老派认为,这里的"愚"字就是蠢笨无知、愚弄欺骗的意思。老子主张的"道法自然""无为而治"的政治主张是建立在反智主义思维基础之上,提出的一系列极端的愚民策略,要求百姓无知而不争。老子让统治者诱导百姓"不尚贤,使民不争;不贵难得之货,使民不盗;不见可欲,使民不乱。是以圣人之治,虚其心,实其腹,弱其志,强其骨。常使民无知无欲。使夫智者不敢为也。为无为,则无不治。"(3章)提倡不尊尚贤能、不贵重珍品、不显露欲望,百姓就会不争功名、不做盗贼、不乱心绪。老子构想的"圣人之治"使人们肚皮填饱而头脑简单、骨骼强壮而志向懦弱,使百姓永远没有知识、没有欲望,使聪明人不敢有所主张。如此按"无为"的原则办事,天下便没有不能治理的。或者说,老子的政治理想除了要求统治者"无为而治"外,还需要通过"绝圣弃智""绝仁弃义""绝巧弃利""绝学无忧"(王弼版本19章),让百姓低素质、低智能而"无知无欲"。更有甚者,老子主张社会应倒退到较为原始的"小国寡民"(80章)状态,让人们回到结绳记事的时代,非常满足于自己的衣、食、住及风俗,更由于害怕死亡而不向他处迁徙,邻邦相互可望,鸡犬之声相闻,人们老死都不相往来。这是老子在一厢情愿的自然主

岳国鼎:中国书法家协会会员,三苏书画艺术研究院院长

幻想之上,创建的一座道德豪华的空中楼阁,让百姓对根本不可能出现这样的"圣人之治"抱有幻想,其结果就是愚民、忽悠百姓,乃至在为专制统治制造有关的理论依据。这无疑又增添了老子是为统治者提供驭民之术,施行愚民政策的铁证。

而挺老派则认为,"愚"字作"蠢笨"解是后来延伸出来的意思。在早期,"愚"的本意是心在一定范围内,意识守中,不跑太远,其实就是淳朴自然之意。对于"古之善为道者,非以明民,将以愚之。"这句话,王弼《道德真经注》解释说:"明,谓多见巧诈,蔽其朴也。愚,谓无知守真顺自然也"。河上公《老子章句》的注解是:"说古之善以道治身及治国者,不以道教民明智奸巧也,将以道德教民使质朴不诈伪也。"高延第认为:"愚之,谓返朴还淳,革去浇漓之习,即'为天下浑其心'之义,与秦人燔诗书,愚黔首不同。"所以,老子的"愚之",根本不是搞愚民政策的意思,而是主张去除奸智,提倡诚朴。老子认为当时的社会,由于统治者"以智治国",而百姓巧以应付,所以,奸伪丛生,天下大乱,即所谓:"大道废,有仁义;智慧出,有大伪。"(王弼版本18章)这就是"以智治国,国之贼"的理论根据。由此老子提出要"绝圣弃智、绝仁弃义、绝巧弃利、绝学无忧"(王弼版本19章)。认为现实社会丧失了"道",才出现仁义、礼乐等,即"失道而后德,失德而后仁,失仁而后义,失义而后礼"(38章)。对于"民之难治,以其智多",王弼则解释说:"多智巧诈,故难治也"。河上公解释说:"民之所以难以治者,以其智多尔为巧伪。"道理很简单,统治者以巧智心机对付百姓,百姓必然以智巧心机应对,岂有不出刁民之理? 综上所述,老子所说以"愚"治国,并不是要人们愚蠢无知,更不是为统治者提供的愚民之策,而是针对奸诈虚伪的社会风气,而提出对民"愚之",即让社会回归到诚朴纯真的自然天性。

我认为,这两种观点都有一定的道理,但又都有失偏颇,从一个极端走向另一个极端,是为了反对而反对。我们研究历史必须尊重历史唯物主义和辩证法,一定要走出非白即黑,非好即坏的二元思维。研究老子也是一样的,不能非挺即倒,也不能非倒即挺。挺老子的学派不应该把老子描绘成无所不知、无所不能、无所不对的神人,倒老子的学派也不能以偏概全,把老子说得一无是处、一文不值。通过本人研读《道德经》的感受,我更倾向于老子有愚民思想,但老子又与其他人不同的是,他也反对统治者"以智治国",奉劝他们不要用智巧奸诈手段对付百姓。这就是老子的高明之处。俗话说:"人无完人,金无足赤。"老子虽然是圣人,但他也无法跳出他所生活时代的局限和束缚;老子虽然存在愚民思想,但丝毫不影响他成为伟大的圣贤先哲。

为了探求"愚"字的真正含义,我查阅了《辞源》《辞海》《康熙字典》《说文

295

道德经的人生智慧

解字》《古代汉语词典》《古代汉语字典》等工具书,没有一本典籍把"愚"字注解为"真朴自然""淳朴天真"之类的意思。只有在商务印书馆《古代汉语词典》中的注解为:"使蠢笨,无知。《老子·六十五章》:'古之善为道者,非以明民,将以愚之。'"如果这里的"愚"字真有"质朴自然""淳朴天真"之意的话,作为对于古今中外都影响颇大的《道德经》中如此关键字的解释,是不可能不进入这些历代大家编著的权威工具书的,否则简直是不可想象的事情。所以说,挺老派望文生义地把这里的"愚"字美化成"质朴自然""淳朴天真"之意,并以此否认老子没有愚民思想是没有依据的。

但是,老子并不是单纯地为了愚民而愚民,更不是单一的愚民。老子接着对统治者也提出了忠告和要求:"故以智治国,国之贼;不以智治国,国之福。知此两者亦稽式。常知稽式,是谓'玄德'。"(65章)所以统治者用智巧心机去治理国家,国家必然遭受祸害;不依靠智巧心机治国,才是国家的福祉。只有知道"以智治国"和"不以智治国"是古今治乱兴衰的标准界线,并常怀这种标准于心的人,才是有大德之人。老子认为,治国安邦只靠愚民政策让百姓"无知无欲"是不行的,统治者也不能任意妄为,用智巧心机对待百姓。否则,百姓也会以其人之道还治其人之身的,为了生存就会学着用智巧心机对付统治者。他认为,政治的好坏常系于统治者的处心和做法。统治者若是真诚朴质,才能导出良好的政风,有良好的政风,社会才能趋于安宁;如果统治者机巧狡诈,就会产生败坏的政风。政风败坏,人们就互相伪诈,彼此贼害,而社会将无宁日了。基于这个观点,老子期望统治者导民以真朴。因此老子断言,百姓的"饥""难治""轻死"都是被统治者的压迫、剥削所逼的。哪里有压迫哪里就会有反抗,斗不过"力"当然只能斗"智"。"智"是人人争利的必然产物,特别是统治者与百姓争利的产物。"智"在社会上越盛行,人心和道德就越堕落。世风日下,人人自危,这样国家必生动乱。所以老子主张"圣人常无心,以百姓心为心"(49章),奉劝统治者要像圣人那样,关心体贴百姓,要尊重畏惧百姓。要想不让百姓"智多",统治者也不能以"智多"对付百姓,否则,上行下效,风气大乱。正如王弼《道德真经注》云:"以智术动民,邪心既动,复以巧术防民之伪,民知其防,随而避之,思惟密巧,奸伪益滋。故曰:以智治国,国之贼也。"不以智治国,百姓则无须设防,上下坦诚以安,这就是"不以智治国,国之福"的道理所在。老子还认为,治国安邦要持守"大者宜为下"(61章)的原则,百姓是弱势群体,统治者就应该自觉自愿地"处下",即为百姓谋利造福而不与其争利。只有这样才能"处上而民不重,处前而民不害"(66章),老百姓才会"乐推而不厌"(66章)。不与百姓争利而是积极地为百姓造福,才会让老百姓不去产生出"智"与统治者对

抗,这样才能民心稳定,国家安定,长治久安。在此基础上,老子进一步提出"民不畏威,则大威至"(72章)、"民不畏死,奈何以死惧之"(74章),旨在提醒统治者"治大国,若烹小鲜"(60章),要小心治理百姓,否则反而会被百姓推翻。这些虽然是为统治者着想而提出的策略,但无疑对于百姓安居乐业也是有很大益处的。其实,老子的"非以明民,将以愚之"与孔子所说的"民可使由之,不可使知之"意思都是一样的,无论是儒家还是道家,其愚民政策都带有一定的强制性,都建议统治者把自己塑造成无所不知、无所不能的"圣人",并把权力牢牢地控制在自己的手中。从治理国家的角度来说,老子的愚民政策与儒家没有太大差别,都不主张让百姓掌握太多的文化知识。只要我们还记得老子的《道德经》是写给统治者治国安邦的谏言书,对其中的愚民思想就不会大惊小怪了。

纵观《道德经》全文,老子具有一种很强的复古反智情绪。这是有深层次原因的,与老子生活的时代背景密切相关。老子生活的春秋战国时代,诸侯纷争、战乱不断、民不聊生。他感于世乱的根源莫过于大家攻心斗智,竞相伪饰,因此呼吁人们扬弃世俗价值的纷争,而返璞归真。特别是各家各派为了伸张自己的主张,文人墨客为了表现出自己的雄才大略,有的为诸侯争霸出谋划策,有的鼓动百姓伺机造反,从而造成诸侯与诸侯之间、诸侯与百姓之间、百姓与百姓之间相互欺诈,斗智斗勇。胜者为王败者寇,城头变换霸王旗。在这种偏离大道的社会环境下,无论是世袭的统治者还是造反后登上统治者宝座的庶民,无一例外都是野心家、权谋家,他们被智巧心机鬼迷心窍,忘记了大道,丢掉了自己的本性。正是因为世俗都丢弃了自己顺其自然的本性而自恃聪明,想方设法去强争妄为,必然导致人与人之间尔虞我诈、互相算计,到头来谁也得不到好处,加重了社会动乱。在这种战乱难忍、斗智不休的情况下,老子悲愤交加,针对时弊发出了愤世矫枉的言论,同时让他更加怀念古代那种"使民复结绳而用之"(80章)的"质朴自然""淳朴天真"的社会生活。所以老子说"绝圣弃智,民利百倍"(王弼版本19章),认为"不以智治国,国之福"(65章)。从《道德经》的字里行间可以看出,老子的政治主张充满着理想主义色彩。在老子看来,人们保持淳朴与天真,社会才是美好的。这正如庄子所描述的那样,上古时候,平民百姓自有固有不变的本能和天性,织布穿衣,耕种吃饭,如此而已。他们的想法和行为浑然一体,不相背离,一切都自然而然。所以,那时候才是人类天性保留最完善的时代。那时候,虽然人人都没有什么智慧,但本能和天性却没有丧失;人们都愚昧但没有私欲,保持着极其朴素的状态,所以那是一个美好的时代。《菜根谭》赞赏说:"田父野叟,语以黄鸡白酒则欣然喜,问以鼎食则不知;语以缊袍短褐则油然乐,问以衮服则不识。其天全,故其欲淡,此是人生第一境界。"说的是

道德经的人生智慧

与乡下老农谈论饮食,当谈到小鸡米酒时,他们会津津乐道,如果问他们一些山珍海味,则茫然不知。与他们谈论穿着,说到长袍短褂,他们就高兴起来,如果问起紫蟒玉带,则一点也不懂。这些农夫保全了天然淳朴的本性,欲望较少,性情淡泊,这才是人生的第一等境界。由此可见,复古反智是老子始终坚持的政治主张,期望人们回归"真朴自然""淳朴天真"的状态,对国家、社会和人生都有着非同寻常的意义。这与是否存在愚民思想没有太大的关系。但如果从这个角度来理解,把"愚之"的结果设想成是为了减少"智多",让人们回归"质朴自然""淳朴天真"的状态,也能说得过去、解释得通。

这正是:

君子别凭智治国,
常知楷式谓玄德。
愚民思想难得咎,
老子堪当大圣哲。

善下者为王

老子按照他的一贯论述方式，先从自然世界的现象开始进入主题，他说："江海所以能为百谷王者，以其善下之，故能为百谷王。"（66章）通过对江海吸收和融汇千川百谷的事实，说明了善处下位才能获得万物的拥戴而成为百谷之王。然后提出圣人（统治者）应该"谦卑处下"的主张："是以圣人欲上民，必以言下之；欲先民，必以身后之。是以圣人处上而民不重，处前而民不害。是以天下乐推而不厌。"（66章）圣人要想高居万民之上，必须心口一致地在言辞上表示谦卑，自以为下；要想居于万民之先，必须主动靠后，把自己的利益放在所有人的后面。正是因为圣人懂得这些道理，所以他虽然自处上位，却不威迫凌人，不使百姓感到有压力；虽然他居于百姓之前，百姓并没有感觉受到伤害。因此，天下的百姓都乐意推戴他而永不厌弃。这是老子针对历史上绝大多数统治者都高高在上，喜欢用严刑峻法来管理百姓的残酷现实，及时把"谦卑处下"引入统治者为政之道当中，作为一个王者应该谦卑处下，像海纳百川一样宽宏地接纳一切，谦和包容，不争强好胜。由于不用任何方式与人争强，故而没有人可与之一争。

可以说，"谦卑处下"是老子的一贯思想，认为正是由于"道"居于低调的位置，才能够四方宾服、百川归流。在《道德经》第39章讲："故贵以贱为本，高以下为基。"在第61章强调："大者宜为下。"在第68章中提出："善用人者，为之下。"而在第66章中，老子则进一步说明了"处下"所带来的效果。那就是"处下"能够使自己居于万民之上；进一步延伸，把自己的利益放在所有人的后面，自己则可以成为万民之先。同时，"天下莫能与之争"。

曹景超：周口市书协副主席兼行书专业委员会主任

道德经的人生智慧

而事实上，老子所说的这个断言也是得到了事实证明的。

孔子就是一个非常谦卑的人。他学富五车，广收天下门徒，其中既有颜渊、曾参、子游、子夏这样的大学问家，也有冉有、子路这样的达官贵人，更有子贡这样的外交家和商人。应该说，孔子本人虽然在仕途上一直不得志，但他自己的价值在当时已经被间接地体现出来。虽然他完全可以表现得张扬一些，但他非但没有一丝一毫的张扬，反而始终表现得比任何人都谦虚，甚至说出"三人行，必有我师焉"这样谦卑的话。这一点恐怕连一个普通人都难以真正做到。有些人总是自我感觉特别好，优越感极强，总感到自己比别人强，处处、事事、时时都显示出一付盛气凌人的样子，别说是三个人，就是三十个人也未必有他的老师。但孔子却不仅是说说而已，而是在现实中也是这么做的。虽然许多人都千里迢迢地来向他求教学问，但他自己还经常不远千里去拜访诸如老子这样有名望的人，请教问题。据说有一次，他竟然向一个小孩子请教问题，弟子们觉得不解并有些羞耻。孔子却说："不懂就问，这有什么耻辱的呢？"可见他是发自内心的谦卑。他本来自甘处于所有人之下，结果，后世所有的人都将其摆在高高的位置上顶礼膜拜，就连帝王在他的塑像前也得行三跪九拜之大礼，丝毫不敢怠慢。这正如老子所说的："圣人欲上民，必以言下之。"另外，孔子之所以受到人们崇拜，不仅是因为谦虚，还因为他为了百姓不受战乱之苦，不畏艰难，百折不挠地奔波于各国之间，为推行仁政而努力。这可以说是将自己的利益放在了天下人的后面，正因为此，后世人将他放在了所有人的前面，这则体现了"欲先民，必以身后之"。由此可见，古今中外那些受到人们尊崇，被人们摆放在高高的位置并顶礼膜拜的圣人，恰恰是将自己放在低于所有人的位置上，将自己的利益放在所有人的后面。

老子"谦卑处下"思想，对于现实生活有着很重要的指导意义。在人际活动尤其是领导活动中，领导者必须将自身摆在比交往对象或部属更低的位置上，才可能建立起和谐的人际关系，而和谐的人际关系是领导者取得良好工作绩效的必备条件。现代心理学认为，和谐的人际关系会使组织气氛融洽，成员士气高涨，凝聚力增强。在这样的情境下，领导者就是善于用人，激发起下属的主动性和积极性，使每个下属都能尽心竭力，从而取得满意的领导效果。虽然我们达不到圣人那样的境界，但是至少可以懂得保持谦卑的重要性、维护他人利益的重要性。虽然姿态放不到最低，但至少知道姿态应该尽量放低，不会自恃有钱、有权或者有才而张扬跋扈。事实证明，一个人如果总想将自己摆在高位上，结果反而不被大家认同；一个人总考虑自己的利益，结果会失去人心。而恰恰是降低自我地位，甚至不惜故意卖个破绽逗大家一笑，反而能得到大家由衷的

敬意和拥护。其实,自甘处下不仅仅是一种良好的品德,也是一种博大的胸怀和发自内心的自信。只有拥有博大胸怀的人,才能眼界更宏阔,而不受世俗眼光的影响,勇于以自己的价值观念来决定自己的行为;只有具有自信的人,才不担心自己因一时的处下而遭到别人的轻视,从而置自身于下的位置。相反,那些时时总惦记着要使自己高高在上的人则是心胸狭窄和自卑之人。因为心胸狭窄,所以生命没有格局,也就只能看到一时一地的得失高下,从而斤斤计较于此,而看不到一时一地之外更为高远的道理;因为自卑,所以才不敢使自己的言行背离众人的眼光,生怕一不小心便被人瞧不起了。如果一个人善于"谦卑处下",其实就是在优化自己的人生。比自己强的人,谦虚地和他相处;比自己差的人,也谦虚地和他相处。谦虚自然地与人相处,别人舒服,自己也舒服。谦卑处下不是抬高了别人,也不是踩低了自己。因此,谦卑处下是一种能容忍他人的能力,是自信和有力量的表现,是王者风范。

这正是:

海江处下纳川流,
百谷称王壮志酬。
善下圣人赢爱戴,
不争善胜立王侯。

道德经的人生智慧

"我有三宝"取天下

"我有三宝,持而保之。一曰慈,二曰俭,三曰不敢为天下先。"(67章)老子认为,有三件宝贝是应当永远保持的:第一件是慈爱,第二件是俭啬,第三件是不敢居于天下人的前面。下面分而述之。

张华中:周口市书法家协会兼作家协会副主席

其一,关于"慈"的问题

老子把"慈"放在三件宝贝中的第一位,并从"慈故能勇"的角度,阐释了慈爱的作用。"夫慈,以战则胜,以守则固"(67章),认为慈爱能够产生巨大的威力。古往今来高明的领导者无不通晓慈爱的奥妙,并且能够灵活运用慈爱的手段。战国时期名将吴起就深深懂得这一点。吴起的一个士兵在战争中受伤,伤口生了脓,痛苦不堪,日夜呻吟。吴起知道后亲自去慰问他,并且跪下来用嘴为他吮吸伤口里的脓,好让这位士兵减轻痛苦、早日痊愈。这位士兵的感受不言而喻。这件事很快在军中流传开来,吴起关爱士卒的行动感动了无数将士,从而士气高涨,战斗力显著增强。可当这件事传到这位士兵的母亲那里时,这位母亲听罢不禁大声痛哭起来。旁人十分惊讶地问道:"你的儿子受到将军的关怀难道你不高兴吗,为何要哭泣呢?"士兵的母亲含泪答道:"你们不知道,往年吴起将军亲自为我儿的父亲吮吸伤口里的脓,我儿的父亲就甘愿为吴将军战死沙场,现在吴将军又为我的儿子吮脓,我不知道我的儿子又要死在哪里了。"这就从另一个侧面说明了慈爱的巨大威力。为了调动部下的积极性,深知领导艺术的吴起特意采用这种特殊的示爱方式征服了部下的心,让部下自觉地产生为他献身的思想,达到管理的最佳目标。其实,一个人去做一件事,必然是有动机

· 302 ·

的,或者是为了欲望所驱使,或者是为利益所吸引,或者是被胁迫不得已而为之,等等。但是,能给人带来持久力量的,就是出于爱的动机。在欲望、利益、胁迫等动机下所作出的行为,说到底都是一种从自己的利益出发,权衡利弊后做出的理性判断。一旦代价过大或者弊大于利,行为就会失去了动力。而因慈爱去做一件事,则是为了所爱之人去做,本身并不考虑自己的得失,自然也不太顾及代价,就必然会浑身充满力量。鸡怕鹰是自然法则,然而母鸡为了保护小鸡而敢于同老鹰进行殊死搏斗。女子虽然柔弱,但在身为母亲时,则会突然变得无比坚强,都体现着爱的力量。爱可以战胜怯懦,战胜自卑,战胜一切困难。只要拥有爱、付出爱,天地之间没有办不成的事情。这就是老子强调"慈"给予我们的重要启示。同时,老子也给了我们一个警示:"舍慈且勇……死矣。"(67章)即不是出于爱的勇敢,只是一种逞勇斗狠,只能是死路一条。老子认为只有爱所激发出来的勇敢才是真正的勇敢,即只有在自己所爱的人面临威胁时出于自卫的目的而表现出的勇敢才是必要的勇敢。没有爱的勇敢要么是逞强,要么是不必要的冒险。扩而广之,这里也反映了老子的战争观。老子一向是反对战争的,他所反对的是那种逞勇斗狠、主动挑衅的战争,但是对于出于慈爱,为保护自己所爱的百姓而进行的战争,老子是支持的,并且认为这种战争必定会取得胜利,并得出"天将救之,以慈卫之"(67章)的重要结论。

其二,关于"俭"的问题

"俭"是老子的第二件宝贝,它的意思与"治人事天,莫若啬"(59章)中的"啬"是相同的,"俭"即是"啬",其内涵包括两个方面:一是节俭、吝惜,二是收敛、克制。老子深刻地认识到,人和动物的一个最大区别就是,动物的欲望是有限的,而人的欲望是无限的。通过满足欲望的方式去追求幸福永远不可抵达终点,于是就提醒人们要反向而为,节制自己的欲望,在物质上崇尚节俭,知足常乐,这样才能够得到幸福。特别是对于统治者来说,节俭与否就不只是他个人的事情,而是国之大事。如果统治者个人欲望膨胀,想过更为奢华的生活,住更华丽的宫殿,占有更多的美女,那就会对百姓征收更多的税收,要百姓服更多的徭役。如此,百姓必然生活艰难、怨声载道,国家必然不能安定。更进一步,有的统治者在对内横征暴敛的同时,仍不满足,还想占有别国的珍宝、美女、土地,那么战争就降临了,这个国家就会更加不安定。相反,如果统治者能够克制自己的欲望,崇尚节俭,那么国家对百姓的征敛必然比较少,对百姓的骚扰也会比较少。同时,各级官僚也会效仿,不会因追求奢侈的生活而过度盘剥百姓,百姓生活就会安定幸福,国家自然会治理好。正是因为这个机理,老子认为,把俭啬这一修身之道用到治国上,就可以治理好国家,因为说到底,修身就是克制欲望;治国,最关键的也是克制欲望。

道德经的人生智慧

不过，老子强调的"啬"不仅仅是生活上节俭，而有更广阔的含义。通观《道德经》，除了提醒人们要"啬其欲"之外，还要求人们在诸多方面保持收敛和克制。如老子说："无为之益"（43章），"我无为，而民自化"（57章），提醒人们"啬其为"；"塞其兑，闭其门"（56章）、"民之难治，以其智多。故以智治国，国之贼；不以智治国，国之福。"（65章），提醒人们"啬其智"；"知者不言，言者不知"（56章）、"多言数穷，不如守中"（5章），提醒人们"啬其言"；"勇于敢则杀，勇于不敢则活。"（73章），强调的是"啬其勇"。等等，这里的"啬"实际上包含了老子所提出的诸如"清静无为""守柔处下""藏拙守愚"等思想，其总体上就是要求人们在克制自己欲望的同时，也克制自己的精力、思虑、行为等。要尽量少地运用自己的智力，不去思虑过多的东西，卖弄智巧；不要过多运用自己的身体去妄为，一切顺其自然，不强为强争，等等。总之，就是保持一种恬淡安适的心境，通过在精神、欲望、智力等方面的节约、节用，提前预知危险的存在并及时避开。

老子"俭""啬"思想对于现代生活也有很强的指导意义。过多的劳作消耗了我们的体力，过多的追求分散了我们的精神，过多的娱乐消解了我们的意志，过多的言说耗散了我们的心气，过多的欲望戕害了我们的身心，而所有这一切，都是我们的身体之宝、精神之宝、幸福之宝，这些元素的过度消耗会使我们心浮气躁，内心焦虑不安，最终导致体质下降、精神不济、道德损伤。唯有节制自己，守护精气神，才能长保健康。人们常说：贪多嚼不烂。目标太多就没有目标，失去方向的人生只能是撒了一地的时光碎片。一切事情都应该考虑节俭，留有余地。"俭""啬"对于吃喝来说，可以养脾胃；对于嗜欲来说，可以集中精神；对于说话来说，可以培养气息；对于交朋结友来说，可以择友少过失；对于应酬来说，可以养身息劳。这虽然是持身的方法，也不失为处事之道。欲望太繁会陷入泥潭，贪看沿路的风景就会耽搁一生的行程，清心寡欲则能随时明确自己的志向，俭啬才能达到远方的目标。唯有这样才可以给生命一条完整的行程。真正懂得生活真谛的人，要尽量减少周围环境的干扰与制约，而保持内心的宁静与自由。活得简单才能活得自由。当然，生活简单并不是生活单调孤单，简单生活的目的就是更好地享受人生。单调而孤单的清贫不应该成为我们的追求目标，真正的享受是生活简单而趣味丰富。简单而富有，这需要生活的智慧和人生的境界。只有懂得简化生活的人，才是真正享受生活的人。一句话，"俭故能广"（67章）。

其三，关于"不敢为天下先"的问题

"不敢为天下先"是老子的第三件宝。如果做到"不敢为天下先"则会成为"器长"。"不敢为天下先"有两层含义：一是不争、谦让；二是退守、居下。"大国者下流"（61章）；江海"以其善下之，故能为百谷王。"（66章），都是"不敢为

天下先"的意思。就是让我们持身处世要谦卑一点、谨慎一点,就是对人对事都要小心谦虚,决不胆大妄为、自高自大地以他人之师自居,这样不但不会遭到他人的嫉妒和反感,反而会得到他人的尊敬和喜爱。老子认为,"不敢为天下先"并不是不为,而是为而不争、谦让处下。柔弱能够战胜刚强,越是争强越不可能强,真正的强者反而不争,"不敢为天下先"反而能够达到成为"天下先"的目的。"不敢为天下先"就是要在低调做人中修炼自己,低调做人就是不要把自己的心理能量浪费在无谓的人际斗争中,即使认为自己满腹经纶,即使认为自己的能力比别人强,也要学会藏拙,这是一种能量的内俭,也是保护自己的有效手段。不卷入是非、不招人嫌、不招人忌,不动声色地把自己要做的事情做好才是最重要的。低调做人无论在官场、商场还是政治军事斗争中都是一种进可攻、退可守,看似平淡、实则高深的大谋略。经验告诉我们,人生在世会遇到各种各样的险境,骄傲自大可能是最可怕的一种。处境卑微自然不幸,但却没有太大的危险,趴在地上的人是不会被摔死的。最可怕的情境则是身处险峰而高视阔步,只谓天风爽,不见峡谷深。这正是骄傲时的典型情境。人一旦骄傲起来,纵有天大本领,也不会有好下场。真正有才华的人是值得骄傲的,但他们大都很谦虚。而那些看上去不可一世的人,却只懂得做表面文章,就内在而言,不过是徒有其表,实乃庸才尔。真正的谦虚是一种美德,但为了赢得谦虚的名声而故作"谦虚"就是虚伪,为了讨好他人而"谦虚"就是卑贱。我们不需要卑贱的谦虚,也不需要虚伪的谦虚,只需要真实的谦虚。当然,低调做人并不是什么事情都退在后面,不是自己的利益被别人剥夺强占也不发任何声音,自己的人格被别人侮辱也不反抗,这不是低调而是懦弱。低调做人是不要太招摇,不要有点小本事就拿出来显摆,而是要做到无论什么事情自己心中都要有数,自己有本事慢慢地拿出来,在别人最需要的时候拿出来用,乐于帮人之需,乐于成人之美。只有这样才能成为"器长",即成为被广泛支持和拥戴的领导。

总之,老子认为"慈""俭""不敢为天下先"这"三宝",是符合大道的三条处世准则。世界上一切争端皆因违背了这三条原则,世人只有努力克服自己思想上的局限,用慈爱之心善待他人,用俭啬之法约束自己,用不争之举对待一切,才会更加透彻地理解这个世界,自身才会拥有无穷的生命力,才能实现"取天下"的宏伟志向。

这正是:

遵循大道持三宝,
曰俭曰慈知要妙。
天下之先不敢为,
功成不踞得福报。

道德经的人生智慧

优秀将帅的作战素养

老子反对战争,但也不回避战争。在第 68 章明确阐述其战争观的同时,重点对优秀将帅的作战素养提出了四条标准。

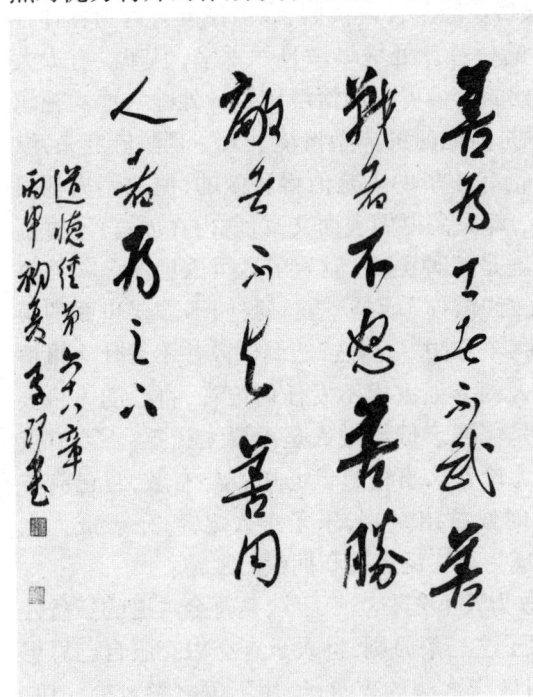

李珂:中国书法家协会会员

"**善为士者,不武**"——不轻言战。老子认为,善于带兵打仗的将帅,决不会逞其勇武。老子向来坚持这样一个原则,即能够用智慧解决的事情,就坚决不用武力,喜欢通过运用武力来取得胜利的并不是一个好的将帅。任何时候,武力都不是解决问题的最好方法,因为这样做的风险很大,即使取胜也必然是杀敌一千自损八百,况且多数时候结果也不是自己想要的。因此,老子劝诫人们,与其大动干戈、劳民伤财、费心费力地采用武力却达不到自己想要的结果,还不如放弃这种愚蠢的方式,平心静气地考虑其他有效的解决问题方式。方式改变了,结果可能也会得以改变。不轻言战,并不是惧怕战争,对于抵抗侵略、保护国民的战争必须坚决而有力,但要放弃侵略战争、掠夺式战争,对于由于纷争引发的战争要尽力避免,努力通过和平方式解决争端。

"**善战者,不怒**"——冷静制怒。老子认为,善于作战的人,不会轻易被激怒。《孙子兵法》云:"主不可以怒而兴师,将不可以愠而致战。""将不胜其忿而

蚁附之,杀士卒三分之一,而城不拔者,此攻之灾也。"侯王和将帅如果带着怒气兴师动众,一来可能会错误地估计形势,二来是不爱惜士兵的生命,对于战局是极为不利的。孙子的观点与老子"善战者不怒"思想是一致的。可见,动怒是兵家之大忌。"静生定,定生慧",作为带领千军万马的将帅,是不能轻易动怒的,一旦动怒,就失去了理性的判断,不能冷静客观地分析敌我形势,可能会给自己带来灾难性的后果。以冷静的态度来实施战争,才能制定出合理的作战方案,才能避免不必要的损失,才能取得最好结果。三国中,蜀国走向衰弱很大程度上都是由一个"怒"字而起,先是张飞因怒而不顾客观条件,强令部下完成不可能完成的任务而被部属所杀。接着,一向"喜怒不形于色"的刘备因痛失关羽、张飞两位兄弟而不听别人劝告,"以怒兴师"伐吴,并恃强冒进,夷陵之战惨败后元气大伤,从而走向衰亡。三国中更有英姿飒爽的周瑜因发怒而自绝性命的惨痛教训。老子认为,好怒是一种不善时又好胜的坏性情,人一定要管住自己的性情,才能胜人而不败。没有清醒冷静的头脑,没有控制自己情绪的能力,就不是一名优秀的将帅,是不配带领千军万马打仗的。其实,在生活中也是一样的,人达到一定的境界,是不会被外界牵扰的,也是不会被他人打败的。人活着不是要"斗气",而是要"斗志";不是要比"气盛",而是要比"气长";不是要"争一时",而是要"争一世"。

"善胜敌者,不与"——以谋取胜。老子认为,善于克敌制胜的人,不会和对手正面交锋。这与《孙子兵法》中"不战而屈人之兵,善之善者也",以及"上兵伐谋,其次伐交,其次伐兵,其下攻城"的思想有异曲同工之妙。真正的胜利是兵不血刃,是和平地解决纷争,这已经成为中国古代仁人志士的共识。善于克敌制胜的人,不是要寸土必争,斤斤计较一城一地之得失,而是要获得最后的胜利。通过谋略,包括政治、经济、文化、外交等手段的综合运用挫败敌人才是最高超的作战艺术。但必须承认,在军事对抗中,完全的不战而屈人之兵的结局,即使处于优势与主动地位的一方,也是不容易实现的。两军作战,将帅的谋略水平和指挥艺术对于作战的胜利就显得极为重要,无论是古代战争还是现代战争概莫能外。因此,学习军事谋略艺术是带兵打仗之人的必修之课。

"善用人者,为之下"——用人励气。老子认为,善于用人的人,对其所用之人会表示谦下。在老子的心中,最理想的统帅应该是甘居人下、海纳百川,能够以广博的心胸包容一切事物的圣人,而不是穷兵黩武的霸王。处于劣势的解放军之所以没有被强大的国民党军队消灭,并最终战而胜之,一个很重要的原因就是毛泽东与蒋介石在用人励气方面的差别。共产党军官提升不是以派系而是以能否打胜仗为根本标准的,毛泽东善于用人,对前线指挥员给予充分的信

道德经的人生智慧

任和指挥权、临机决策权,极大地调动了指挥员的积极性,提高了指挥效率。一线指挥员与官兵生死与共,极大地激发了官兵的战斗精神。反观蒋介石,以总统和校长自居,高高在上,不容置疑,一旦有重要战事,总是亲临一线坐镇指挥,干扰一线指挥员,挫伤积极性。同时,在资源分配和军官提升上厚此薄彼、拉帮结派,造成派系林立、勾心斗角、一盘散沙。这样的军队不打败仗都天理难容。善用人者得人心,得人心者得天下,这是亘古不变的真谛。

总之,"不武""不怒""不与""善用人"是统军打仗将帅必须具备的基本素养,得之则成,失之则败。

这正是:

　　将帅用兵常慎武,
　　沉着镇定防激怒。
　　守攻有据不强梁,
　　善用能人兵似虎。

"祸莫大于轻敌"

张殿清：黑龙江省书协理事，省妇女书协副会长

"祸莫大于轻敌"（69章），这是老子用最简明易懂的语言揭示出了人性的弱点。很多战争的失败，不是因为敌人多么强大，而是由于轻视了敌人的强大；不是敌人打败了自己，而是自己打败了自己。"轻敌"之害的道理很多人都懂得，但是一到具体实践中就很容易忘记。

通过对古今中外战例的研究，发现领军打仗之人主要在三种情况下容易产生轻敌思想：一是占优势时易轻敌。《孙子兵法》中提出"不轻寡"思想，即不轻视兵力少的敌人。这条看似已经说得很滥的警告之所以被惜字如金的老子和孙子都加以强调，是因为虽然理论上人们都懂得这一点，但在具体的战争中，一旦自己具有优势，往往就不由自主地产生轻敌情绪，试图以人多势众、大军压进之势横扫对手、速战速决，从而轻视了对战术技术、计策谋略的运用。这样做的结果，反而容易被对手抓住漏洞和破绽，最后尝到了"以劣胜优"的苦头，这样的战例数不胜数，有的是一败丢胜果，有的是一败丢江山，教训非常深刻和惨痛。二是不知彼时易轻敌。初生牛犊不怕虎，是由于它不知道老虎的厉害，这是典型的无知者无畏。有些将帅只知己而不知彼，盲目乐观，特别是在对方隐强示弱的情况下，很容易产生轻敌思想。这样就很容易掉入对手设下的圈套，最后导致失败。

道德经的人生智慧

三是打胜仗后易轻敌。很多将帅能够慎重初战，精心筹划准备、深入研究对手、处处小心翼翼。而一旦初战告捷，特别是接连打了几个胜仗后，就会不由自主地产生轻敌思想，认为对手不过如此，已经成为手下败将。在接下来的交手中就会变得越来越大胆，越来越冒进，越来越骄傲，越来越不把对手放在眼里。忘记了对手在吸取教训后会绝地反攻，一雪前耻。这样很容易被对手打个措手不及，造成一败涂地、前功尽弃。

"祸莫大于轻敌"，不仅打仗时如此，生活中更是如此。"轻敌"思想在生活中最突出的表现就是容易狂妄自大。一般而言，人通常在以下四种情况下会狂妄自大起来。一是条件优越时易狂妄自大。出生在家庭条件好的人，特别是官二代、富二代，从小就被周围的人宠着惯着，把父母的影响力错误地当成自己的能力，不能平等正确地看待他人和自己，做事高调张扬，不把他人放在眼里。孩子初中时的一个男同学，手持凶器找社会上的混混到学校滋事，被带走时对警察咆哮："我爸是X长，你们怎么把我抓进去的，明天就得怎么把我请出来！"狂妄之态表现得淋漓尽致。殊不知，"靠墙墙塌、靠树树倒"，父母再厉害也不能保护自己一辈子，自己不知天高地厚，走路不看脚下早晚会跌倒，甚至是跌倒后永远爬不起来的。二是年少得志时易狂妄自大。有些年轻人有才华、有能力、有机会，在仕途或商界旗开得胜。这样的年轻人往往表面上礼貌谦虚，但内心里常常狂妄自大，看不起同龄人，在他眼里这些人都是平庸无能之辈。开始时还可以伪装一下子，像个谦谦君子，但时间长了或在熟人、同事面前，狂妄自大的本性就会露出原形，时时处处都喜欢以自己为中心，离开了自己上司的视线，说话做事就变得锋芒毕露。三是取得成绩时易狂妄自大。很多人在困境时往往能刻苦奋进、小心谨慎，唯恐在哪个环节出了问题造成失误。而当步入佳境、事业顺利、百事亨通时，就逐渐变得不可一世、忘乎所以。特别是面对领导的表扬、同事的赞许，更会飘飘然、翘尾巴。从而进一步重复着"骄傲是失败的开始"的怪圈。四是有一技之长时易狂妄自大。有些人属于特殊人才，有一技之长，往往会受到领导的重视和同事的佩服。但这样的人往往自视过高，错误地认为地球离开了自己就不会转，恃才傲物，不尊重领导、不团结同事，甚至在关键时候与领导谈条件、讲价钱、相要挟。殊不知"两条腿的蛤蟆难找，两条腿的人到处都是！"地球离开谁都照样转，照样东方红太阳升！因此，恃才傲物的结果只能是自取其辱，断送自己的美好前程。

在万千世界中，任何事物都要竞争，当今世界是一个充满竞争的残酷世界，每个人都可能随时被击倒成为输家。因此，一个人能够取得多大的成功，除了机遇、能力之外，在取得成功之后能否仍旧保持"不敢进寸，而退尺"（69章）的

谦虚心态至关重要,这往往是成功与失败的一个重要分野。老子"祸莫大于轻敌"的谆谆教诲,可以让我们树立忧患意识和危机感,懂得居安思危、居乐思悲、居福思祸,在忧患警惕中生存和发展。

这正是:

> 两军对垒莫轻敌,
> 麻痹疏忽丧胜机。
> 世事人生需谨慎,
> 忘形得意败无疑。

道德经的人生智慧

"被褐怀玉"蕴涵的人生智慧

"被褐怀玉"(70章)这一成语在《古代汉语词典》的解释是:"身上披的是粗布衣服,胸前却揣着宝玉。比喻怀抱美才而深藏不露或出身贫寒而怀有真才实学。"在这里,老子既是对圣人虽然不被人理解、没有显赫名声,但却具有宝贵品质的深情赞

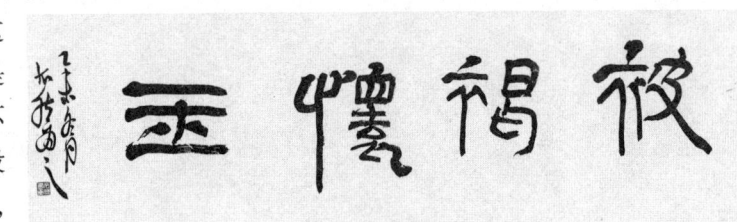

衣然:九三中央书画院院务委员

美,又抒发了自己的孤寂和无奈之情。老子已经感觉到,他的理论并没有真正得到天下人的重视和认可。"吾言甚易知,甚易行。天下莫能知,莫能行。""夫唯无知,是以不我知。"(70章)正是由于人们的无知,才导致了世俗对自己的不了解。老子认为自己所倡导的"虚静""柔和""慈俭""不争"等处世、为政思想,都是来源于自然、符合大道的。这些本来应该是最容易被人理解、最容易在社会上实行的,但是由于人们的心智完全被现实生活中的种种名利、地位、权势、财货所诱惑,原本纯洁质朴的本性逐渐被淹没,因而对自己提出的这些最为根本、最为显现的道理反而难以理解,于是发出了"知我者希,则我者贵"(70章)的感叹。理解我的人太少,而能遵循我的道理的人就更为难得。基于此种心绪,老子提出了圣人追求的是"被褐怀玉"的思想境界。那么,老子追求的"被褐怀玉"是一种什么样的境界,对我们又有哪些启示呢?

一方面,"被褐怀玉"蕴涵着如何对待自我的智慧。圣人追求的"被褐怀玉"的人生境界,是以一种低调、不争、朴实、追求内在精神的境界。可以从两个方面理解:其一,要摒弃外在虚华,追求内在品质。老子要求人们不应该去追求外在的华丽衣服,而应该追求怀中有宝。更深层次的含义就是,不追求外在显赫的地位和名声,而追求内在精神的纯朴宁静。实际上,这是老子一向提倡的

人生态度。比如:"知其雄,守其雌""知其白,守其辱"(28章),"大丈夫处其厚,不居其薄;处其实,不居其华"(38章),所提倡的都是以不争、处下、谦卑的处世方式,去修炼自身"上善若水"的思想品质。现实生活中,我们很难做到像圣人那样"被褐怀玉",但可以学习这种不看重外在的虚华,而注重自我内在价值的做人心态。不为争得别人表面的尊重而穿戴名牌,不为赢得别人的羡慕去做虽体面而自己却不喜欢的事情,不为赢得别人的欣赏而刻意卖弄自己的才能,因为这些外在东西其实并不值得追求,我们应该追求的是自己内在的价值。只要我们内心明白自我追求的精神高地,摒弃处世的虚华之心,锤炼过硬的内在品质,按照既定原则扎扎实实做好每一件事,即使再不被他人重视,乃至遭到势利之人的白眼,但我们的内心是充实完满的,因为破烂衣服之下,我们怀有珍宝,价值无限。其二,要活出自身精彩,不为他人左右。老子要求我们,在怀中有宝的时候,我们不应该在乎披在身上的衣服的好坏。更深刻的含义就是,只有具有了内在的高贵精神,不被人理解和重视也无所谓。老子认为,一个人只有对别人的评价和各种流言蜚语都无动于衷的时候,才算修炼到家了。这样的人才能真正地享受生活,从生活中得到更多的快乐。而现实中我们却常常被别人的评论所左右,因别人的闲言碎语而苦恼。按老子的观点,这大可不必。要学会忍受"知我者希,则我者贵"的孤独与寂寞,享受高处不胜寒的意境。每个人都有自己的生活方式,我们不必为没有得到理解而遗憾叹惜。人的生活其实就是一种心情,一种感受。心情好了,生活一定美满、成功。如果一个人将生活的焦点和生命的重心放在看别人的眼光、脸色和喜恶上,千方百计去克忍自己、迎合别人是非常愚蠢的。且不说千人千性、众口难调,一个人不可能满足所有人的要求,即使能也只能扭曲自己,最终失去自我,失去自己的生活乐趣和生命价值。如果整天要按别人的意志去生活,要看人家的喜恶行事,成了别人的精神奴隶,生活就没有什么幸福可言。所以,人最要紧的不是在争取别人怎么看自己,而是要考虑自己的路应该怎么走,怎么才能走得更好。

另一方面,"被褐怀玉"蕴涵着如何正确看待他人的智慧。圣人追求的"被褐怀玉"的人生境界,是洞悉世事、洞察人性的睿智境界。老子提醒我们,在看待别人时,不要只注重外在的东西,而更应该注重内在精神,否则就容易在识人上看走眼、犯错误。许多人在看待别人时,习惯于通过外在的东西轻率下结论。比如,看到一个人地位高,就认为这个人有才能;看到一个人夸夸其谈,就认为这个人知识广博,非等闲之辈;看到一个人口碑好,就认为这个人一定是好人,其实这些都是不一定的。地位高的可能是善于投机钻营之人;夸夸其谈的,可能是"嘴尖皮厚腹中空"无真才实学之流;口碑好的,没准是个善于作秀的沽名

道德经的人生智慧

钓誉之辈。老子的"被褐怀玉"智慧告诉我们,那些真正有才能的人,通常是很谦卑、低调的,不轻易让人们知道他的才能,给人一种平凡而普通的表象;那些真正有才学的人,恰恰三缄其口,很少展露;那些具有良好品德的人,做好事总是故意不让人知道,所以默默无闻。总之,"圣人被褐怀玉"所包含的这层意思就是那句老话:"人不可貌相,海水不可斗量",即不可从表面现象上去判断一个人,造成良莠不分,而要入木三分识别人,不被浮云遮望眼。

这正是:

圣人被褐仍怀玉,
则贵知希遭冷遇。
切莫依貌辨取人,
伤人误己丢声誉。

人无完人贵自知

"知不知,尚矣;不知知,病也。圣人不病,以其病病。夫唯病病,是以不病。"(71章)老子在这里讲的是"知"与"不知"的辩证关系。意思是说,知道自己还有所不知,很高明;不知道却自以为明白,就是缺点。明于大道的圣人没有缺点,是因为他能够把缺点当作缺点,正是因为他把缺点当作缺点来对待,所以才能及时改正缺点,从而没有了缺点。老子是在告诫人们,对自己应该有一个实事求是的态度,既要知道自己不知道的事情有很多,更要敢于承认自己存在缺点和过失。

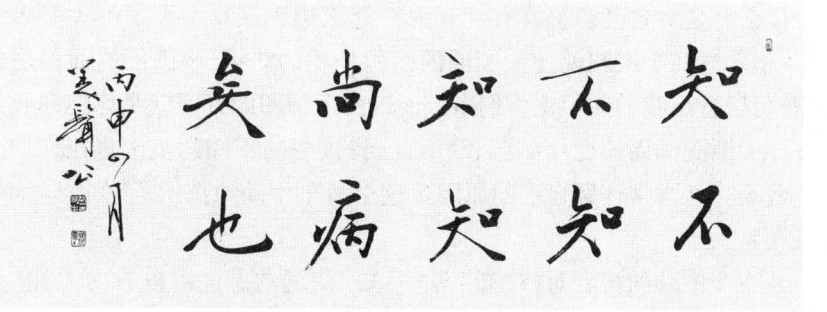

张华中:中国书法家协会会员

从老子对待"知"与"不知"的态度上来说,强调人要有自知之明,这是判定一个人思想境界高低的重要标准。庄子说:"吾生也有涯,而知也无涯,殆矣!"(《庄子·养生主》)生命短暂,而世界却是无限的,将有生之年的所见所闻与整个世界相比,永远都是无知的,盲目自大只会贻误终生。曾子说:"吾日三省吾身:为人谋而不忠乎？与朋友交而不信乎？传不习乎？"(《论语·学而》)。孔子也说:"知之为知之,不知为不知,是知也。"(《论语·为政》)知道就是知道,不知道就是不知道,这才是明智的。孔子不仅是这样说的,更是这样做的。据《列子·汤问》记载:一天,孔子到东方游学,看到两个小孩为什么事情争辩不

道德经的人生智慧

已,便问是什么原因。一个小孩说:"我认为太阳刚出来的时候离人近一些,中午的时候离人远一些。"他的理由是:"太阳刚出来的时候像车盖一样大,到了中午却像个盘子那样小,这不是远的时候看起来小而近的时候大的道理吗?"另一个小孩却认为太阳刚升起来的时候离人远,而中午时要近些。他的理由是:"太阳刚出来的时候有清凉的感觉,到了中午却像把手伸进热水里一样,这不是近的时候感觉热而远的感觉凉的道理吗?"对此,孔子难以做出判断。最后两个小孩笑着对孔子说:"谁说你知识渊博呢?"在当时孔子被人们认为是最有学问的圣人,但他在这件事上却没有不懂装懂,实在难能可贵。西方的智者对于"知"与"不知"同样也有深刻的认知。古希腊哲学家苏格拉底被德尔斐神庙预言为雅典城中最有智慧的人,可他用来形容自己的那句家喻户晓的名言却是:"我只知道到一件事,那便是我一无所知。"法国大思想家蒙田有句名言"我知道什么?"20世纪最伟大的科学家爱因斯坦则说自己"真像小孩一样的幼稚。"当代最伟大的科学家霍金宣布放弃了发现宇宙终极理论的努力,坦承这是做不到的。古希腊哲学家芝诺有个著名的比喻更能说明这个问题。一次有位学生问芝诺:"老师,您的知识比我的知识多许多倍,您对问题的回答又十分正确,可是您为什么总是对自己的解答有疑问呢?"芝诺顺手在桌上画了一大一小两个圆圈,并指着这两个圆圈说:"大圆圈的面积是我的知识,小圆圈的面积是你们的知识,可以看出我的知识比你们多。而这两个圆圈的外面就是你们和我无知的部分。大圆圈的周长比小圆圈长,因此,我接触的无知的范围也比你们多。这就是我为什么常常怀疑自己的原因。"这个故事生动地揭示了"知"与"不知"的辩证关系。

从古今中外的智者对待"知"与"不知"命题的态度可以看出,"知"是相对的,"不知"是绝对的,他们最终强调的都是"不知",都不约而同承认自己的认知能力是有限的,一些东西是自己无法认识的。显然,知道自己的无知是所有知识中最难能可贵的。必须明白自己认识的局限性,不可盲目自大。特别是当我们掌握了一定的知识后,接触和思考的问题越多,就越觉得有许多问题不明白,因而就越感到自己知识贫乏。相反,如果我们感到自己知识很充足,就不会更加主动地学习思考,如此会造成认识浅薄,发现和思考问题的能力降低,而越是如此,反而越意识不到自己的无知。但是,由于人与生俱来的傲慢习气,有太多的人习惯于不懂装懂。这样不仅使自己失去了"知",有时还会带来巨大的灾难。纸上谈兵的赵括和丢失街亭的马谡就是典型。当然,具体到我们普通人的生活中,即使不懂装懂,一般也不会给自己带来杀身之祸,但却会损坏自身的形象。有趣的是,许多人之所以不懂装懂,恰恰是为了给自己赢得一个好的形象。

比如,当人们聊天说到某个话题时,有的人虽然对之所知不多,却不甘示弱,即使明知牵强附会,也要故作有把握地表达自己的看法。对于某个事物,有的人只知道一点大概,在别人面前谈起时,往往会居高临下地做出评判,仿佛对之了如指掌。这样做实际上已经给别人留下了夸夸其谈、华而不实、为人浅薄的印象,就会遭到别人或明或暗的嘲笑。如果能够保持一种谦卑的姿态,不知道就坦白承认不知道,反而能获得别人的尊重。说到底,老子的"知不知"与"不知知"的智慧提醒我们,做人要有自知之明,要明白每个人本质上都是无知的,因此可以坦然对待自己的无知,这正是走向相对的"知"的第一步。

老子在这里讲的"知"与"不知"的辩证关系问题,并不是单纯的知道与不知道的问题,更深层次的含义是"知病"的问题,即是否能正视自己,真正知道自己身上存在的缺点和过失。这是走向相对"知"的更重要的第二步。

"圣人不病",原因在于"以其病病"。需要指出的是,这里的"病"所包含的不仅是缺点,也可以指一个人所犯的错误。总之,对于需要改正的东西,只有认识并承认它的存在,才具有了改正它的基本可能。正如老子所说,圣人之所以看上去没有缺点,不犯错误,乃是因为他正视自己的缺点和错误的缘故,而非其生来如此。关于此,孔子就是典型的例证:孔子师徒周游列国时,一次在陈国和蔡国之间被人误以为是强盗团伙堵截了起来,粮食也没了,师徒一起饿了好几天。后来颜回出去讨了一些米回来,然后开始煮饭。饭煮好后,颜回看到锅里有一些脏东西,就用勺子将带有脏东西的那团米饭给捞了出来。由于当时粮食紧张,颜回不舍得将其扔掉,便将这团饭给吃了。这时孔子正好路过做饭的地方,看到了颜回吃米饭的举动,以为他是因为饥饿难耐而提前偷吃米饭,于是便上前指出颜回这样是不对的。颜回解释了缘由,孔子马上向颜回道歉,称自己不该在没搞清楚情况就贸然下结论。他还在后来专门给弟子们讲了这件事,并从中引申了道理,感叹地说:"人可信的是眼睛,而眼睛也有不可信的时候;可依靠的是心,但心也有不足依靠的时候,弟子们要记住,知人真是一件不容易的事呀!"还有一件事,孔子师徒周游到了齐国,孔子在拜见了齐景公之后,并没有去拜见齐国宰相晏婴。当时的晏婴在内政外交上卓有功绩,是一个十分贤能的人,誉满诸侯国。孔子对这样的贤能者一向非常尊崇,往往会专门或顺便前去拜见。子路对老师不去拜见晏婴的做法感到奇怪,便问道:"老师呀,听说晏婴很贤能,您来到了齐国,怎么不去拜访他呢?"孔子如此做果然有他的原因,解释道:"我听说晏子侍奉过齐国的三代君王,都能得到宠信,这说明他有三个心眼,因此我怀疑这个人的为人,不想见他。"后来,孔子了解真实情况后勇于承认自己的过错,对弟子们说:"我私下评论晏婴却没有切中人家的过失,我的过错很

道德经的人生智慧

危险。我听说君子才能超过别人仍能以别人为友,才能不及别人要以别人为师,如今我错怪了晏婴,责备了人家,他应该是我的老师啊。"然后立即派自己的弟子到晏婴府上登门道歉,但还不放心,后来又亲自到晏婴府上去拜见并致歉。

从这两件事中,可以看出孔子对自己的过错是从不掩饰和回避的,而是知错就改,并把从中悟出的道理告诉弟子们,实在难能可贵。特别是误解晏婴这件事,可以想象,如果换作其他人很可能会不了了之,因为反正自己也没有当着晏婴说那些话。即使以后碰到晏婴,也可以推脱说是以讹传讹,很容易敷衍过去的,但孔子却选择了勇于承认、登门道歉,这更展示出他的智慧与伟大。我们常说:"人非圣贤,孰能无过",其实即使是像孔子这样的圣贤也要犯错误,只是圣贤能够正视错误并及时改正错误。在现实生活中,有的人是由于自我感觉良好,对自己的错误和缺点视而不见;有的人则是出于傲慢,采取一种"不屑一顾"的态度,不予重视;还有的人则是出于自尊,担心承认错误和缺点会使自己没有面子,于是死不承认。这几种态度都是不可取的,如此一来,这种缺点就会附着在自己身上,永远都无法摆脱;而犯了错误却没有能从中吸取教训,很可能还要再继续犯下去。长此以往是有百害而无一利的。因此,有过失和缺点并不是问题,问题是能否改正。而改正的前提就是承认过失和缺点的存在,即"病病",把"病"真正当作"病",不讳疾忌医,不文过饰非,不给自己找借口开脱。一个人只有正视自己的缺点,才能改正缺点,超越自我,趋向完善,这就是老子"夫唯病病,是以不病"的深刻含义。生活中,凡是自以为自己没有毛病的人,就一定是思想上出了大毛病,认识不到自己的缺点就是最大的缺点。

  这正是:

    知不知则深悟道,
    不知知者呈疾兆。
    人生境界有高低,
    知或不知能洞晓。

做人要"自知不自见,自爱不自贵"

"圣人自知不自见;自爱不自贵"(72章)。这是老子针对当时的统治者不能够平等地看待百姓,自认为高贵,经常逼迫、压榨百姓,引起百姓厌恶和反抗,造成国家动荡不安的问题提出来的,认为"自见"和"自贵"是造成上述后果的原因。因为想要"自我表现",所以才会骄傲放纵,残暴妄为,乃至发动战争;因为自以为高高在上,比所有人都要尊贵,所以才会穷奢极欲,恣意靡费,进而横征暴敛,掠夺百姓财货。基于此,老子提出正确的态度应该是:"自知不自见,自爱不自贵。"告诫统治者要明白自己的能力所及和限制,知道自己的职责所在,而不去刻意彰显自己的权力和奢华;爱惜自己应该真正爱惜的东西,比如自己的生命价值、在百姓中的威信等等,而不自视过高,过于看重自己。老子的这一思想体现出了圣人风度的不卑不亢与思想的深邃优美,对"度"把握之精准,对"适可而止"拿捏之恰当,对于现实生活中的人们同样具有非常强的指导意义。

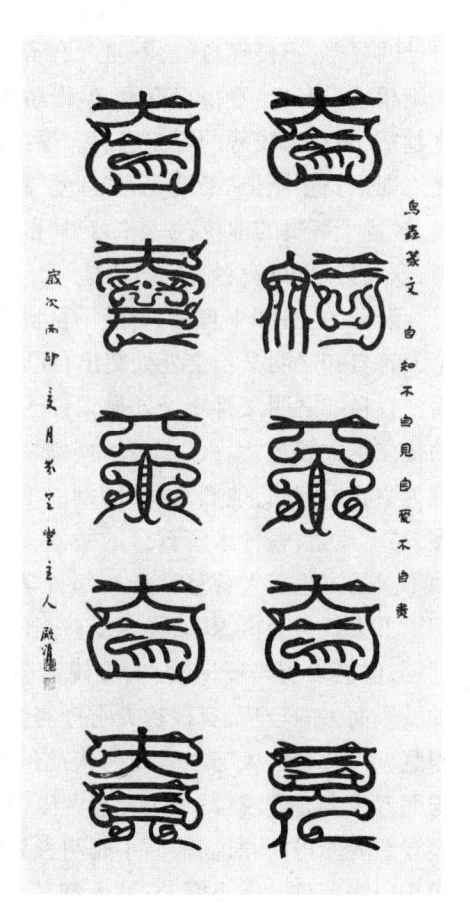

张殿清:中国书法家协会会员,国家一级美术师

"自知不自见"就是有自知之明,从不刻意彰显自我。要求我们对自己要有个清晰的把握,知道自己的优缺点所在,知道自己言行的意义所在,同时不必为赢得别人的赞扬、认同、好感而刻意

道德经的人生智慧

去表现自己、伪装自己、扭曲自己。这是非常明智的做法,一个人以此作为行为准则,就会更好地把握自己,更好地处理自己与外部世界的关系,在为人处世上也会更加从容;也会更加清楚自己真正想要做的事情,进而坚韧地去追求,也就更有可能获得成功。

"自爱不自贵"就是虽有自爱之心,却从来不表现得高人一等。"自爱",就是要懂得自己所处的地位,所扮演的角色,以及自己言行如何才是适宜的。一般而言,表现得谦卑谨慎,言行合乎道德、法律,不做违背道义、法律之事就是一种基本的"自爱"。"自爱"之人会珍惜自己的生命价值,爱护自身的人格,维护自己的尊严,不自轻自贱,不自暴自弃,不放纵自己,不草率行事。而"自贵"之人则相反,把自己看得很尊贵,傲慢骄横、自以为是,自视高别人一等,有强烈的优越感,表现出浅薄的特权思想。懂得"自爱"的人自然不会"自贵",而"自贵"之人则不真正懂得"自爱"。"自爱"的人虽然不自视很高,却往往能被别人尊敬,被置于尊贵的地位;一味"自贵"的人,则很难能得到人们的真心尊重。自爱者,众人仰之;自贵者,众人远之。

老子的"自知不自见,自爱不自贵"思想,更深层次的用意是想告诉我们:一个人有自知之明又不会处处突出自己,爱惜自己而不抬高自己,是一种大智慧;而没有自知之明又喜欢处处显耀自己,则是缺乏智慧的耍小聪明。成就一个人的往往是大智慧,毁灭一个人的常常是小聪明。何为大智慧?大智慧者是以环境为中心看问题,他们表现得山水不露、稳重大方、拙中藏巧、大智若愚、运筹帷幄、高屋建瓴,有种水滴石穿的坚韧,有种任你千变万化,我早已将你看穿却含而不露的沉稳。大智慧就是一部哲学著作,初读时不一定喜欢,可是只要能坚持读下去就会变得深厚,终身受益。何为小聪明?小聪明者是以自我为中心看问题,他们表现得聪明伶俐,会说话会办事,伶牙俐齿、机灵敏捷、善于伪装,有种随风而去的轻巧,有种趋炎附势的灵动,有种你能千变万化,我能随机应变的聪慧。大智慧的人与小聪明的人的区别在于:凡大智慧者懂得为人低调,而小聪明者只会显摆炫耀;凡大智慧者懂得宽容包容,而小聪明者只会斤斤计较;凡大智慧者懂得高瞻远瞩,而小聪明者只顾眼前利益;凡大智慧者懂得胸怀大局,而小聪明者只考虑小圈子;凡大智慧者懂得爱人爱己,而小聪明者只爱己不爱人;凡大智慧者懂得适可而止,而小聪明者只见利忘义;凡大智慧者懂得平衡各方,而小聪明者只攀比逐利。

"自知""自爱"是大智慧,"自见""自贵"是小聪明。人生需要的是大智慧,而最忌讳的是小聪明。小聪明本身就具有一种擦抹不掉的悲剧色彩,小聪明者总有个性的弱点,个性的弱点总会造就人生的局限,所以大智慧者人生常常很

成功,小聪明的人生可能支离破碎。小聪明一旦与功名利禄粘连,人生的悲剧就会上演。小人物被小聪明所误容易变得张狂,自己不认识自己,走路辨不出南北西东,做事不知道天高地厚,跌个跟头、撞破头皮对社会不会造成大的危害。而大人物若是被小聪明所误,对社会造成的损失则是灾难性的。清朝的和珅是个绝顶聪明的大人物,但他的一生都是在耍小聪明中度过的,都在不择手段地贪婪敛财,从而成为超级贪官,害国害民,不得善终。三国的周瑜也是个绝顶聪明的人物,心胸狭窄容不得强者,耍小聪明设计陷害诸葛亮不成,反而贴了老本,成了"赔了夫人又折兵"的历史典故的主角。《红楼梦》中的王熙凤也是"聪明反被聪明误"的典型。凤姐在贾府可算是一个巾帼英雄,她想尽多种办法聚敛财富,引来贾府上下的不满,最终还落得个悲惨的结局。应验了书中对她的判词:"机关算尽太聪明,反误了卿卿性命。"其实,聪明是一笔财富,关键在于怎么使用;财富可以使人过得很好,也可能使人毁掉。真正聪明的人是具有大智慧的人,总是深藏不露,或者不到火候时不轻易使用。大人物运用大智慧就能耳聪目明,笑看云翻雨覆,谛听旷野喧嚣,正所谓"不畏浮云遮望眼,只缘身在最高层。"小人物运用大智慧,能够知道人情世故,趋利避害,终身受益无穷。大智慧像阳光,即使没有缝隙,阳光也能照亮心窝。幽兰吐馥、金菊傲挺、翠竹抱虚、寒梅争妍,无一不是大智慧。人们都喜欢"自知"和"自爱"的人,因为这样的人具有大智慧;人们对"自见"和"自贵"的人则会敬而远之,因为这样的人常耍小聪明。如果说"自知"和"自爱"是提升自我魅力的一种法宝,那"自见"和"自贵"就是毒害自己的一剂毒药。

这正是:

> 处世哲学生智慧,
> 自知自爱当无愧。
> 不能自见入歧途,
> 谦逊为人防自贵。

"勇于不敢"才是大勇

老子说:"勇于敢则杀,勇于不敢则活。"(73章)意思是说,行事鲁莽、无所顾忌就会招来杀身之祸,而勇于柔弱处世就可以受益自保。实际上,有很多时候,需要我们在"勇于敢"和"勇于不敢"上做出选择,老子告诉我们要选择"勇于不敢",认为这并不是怯懦,而是知道柔弱胜刚强、宁静胜躁动、细谨胜粗野的智慧,能够达到进退有据、不争而善胜的人生境界。

"勇于敢"需要勇气,"勇于不敢"需要更大的勇气。关于这个问题,苏轼在《留侯论》中阐述的极为清楚:"古之所谓豪杰者,必有过人之节。人情有所不能忍者,匹夫见辱,拔剑而起,挺身而斗,此不足为勇也;天下有大勇者,卒然临之而不惊,无故加之而不怒,此其所挟持者甚大,而其志甚远也。"可以看出,前者为匹夫之勇、血气之能,是力勇。后者为理性之勇、智慧之能,是智勇。虽然留侯(即张良)也逞过匹夫之

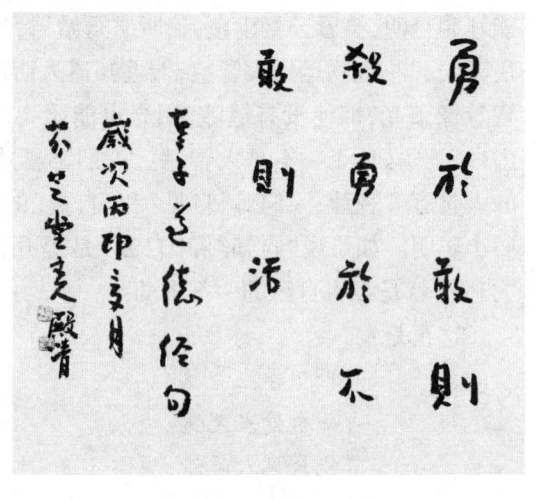

张殿清:伊春市书协副主席、女书法家协会会长

勇,但后来由于心中怀有远大目标,就有了智慧之勇,达到了当勇则勇、当忍则忍的大境界。其实,在"勇于敢"和"勇于不敢"这方面,忍受"胯下之辱"的韩信更具有说服力。读过《史记·淮阴侯列传》的人都知道,从韩信带兵打仗的所作所为上看,他是一点也不缺少"勇"的,韩信之所以能忍受常人难以忍受的"胯下之辱",并不是韩信不敢拔出剑来杀死那个无赖,但他心中有远大抱负,认为用自己的宝贵生命去抵那个一文不值无赖的小命不值得。"杀人偿命,欠债还钱"是中国根深蒂固的法律和道德规范,韩信知道自己死了就无法实现远大抱负,

这就是选择"勇于不敢"的智慧和勇气。因为示弱的"勇于不敢"往往会遭到别人的嘲笑,所遭受的心理压力比"勇于敢"遭受危险所带来的压力更大。战国时期的"将相和"的故事我们几乎耳熟能详。敢于舍弃生命"完璧归赵"的蔺相如,能够忍受官位比自己低的廉颇的羞辱,从而感动了廉颇,蔺相如用大智大慧阻止了将相的争斗,这是一种典型的"勇于不敢"。正如蔺相如所说,他之所以不和咄咄逼人的廉颇争斗,并不是自己没有胆量,而是出于一种理性,考虑到大局。应该说,这种理性而谨慎的态度表面上不够"勇敢",其实却是一种大智大勇。而这种"勇于不敢"也果然如老子所说,最终取得了完美的效果。而从廉颇的角度讲,当他知道蔺相如对自己忍让的原因之后,以自己尊贵的地位竟然负荆请罪,从"勇于敢"变成了"勇于不敢",这也是一种大智大勇之举。最终,蔺相如和廉颇两人,各以其"勇于不敢",保全了赵国的利益,并名垂千古。

对于什么是真正的勇敢问题,关于孔子的一个故事讲得同样非常精彩:有一天孔子与子路聊天,孔子一会儿夸奖颜回,一会儿表扬子张。自恃勇力过人的子路心里很不服气,便直言不讳地问孔子:"如果发生战争,你让谁当统帅?"孔子答道:"当然是我了。"子路自傲地说:"我不是很勇敢吗?"孔子说:"没错,你是很勇敢,可是我不仅勇敢,而且还勇于不敢。"孔子的话一针见血地让子路认识到了自己的不足。"勇于敢"与"勇于不敢"蕴涵着深刻的哲理,它们看似相互矛盾,其实相辅相成、辩证统一。"勇于敢"不是不察情势,莽撞蛮干;"勇于不敢"也不是唯唯诺诺,患得患失。"勇于敢"需要勇气和魄力,"勇于不敢"更需要胆识。不勇敢的人不可能做到"勇于不敢",做不到"勇于不敢"同样也是卑怯的表现。"勇于敢"与"勇于不敢"结合起来,才是全面的。"勇于敢"是油门,"勇于不敢"是刹车,善于驰骋的人,油门与刹车是同样重要的。

许多时候,谨慎和懦弱看上去很相像,勇敢和鲁莽也只有一步之遥,区分的关键要看深层次的动机是什么。如果仅仅是为了个人的欲望铤而走险,或者为了一时的冲动而做出伤害别人的举动,这绝非是勇敢,而只是莽撞罢了,属于"勇于敢"之类。这种行为往往给自己带来的是悔不当初的后果,看那些因为作奸犯科而身陷囹圄的人,其行为不可谓不"勇于敢",但是正是这种"勇于敢"使他们的一生蒙上了耻辱,也许再也无法摆脱。相反,那些看似做事稳重,用理性控制自己行为的人,看似不那么"勇于敢",其实恰恰是做出了正确的选择,理性而有智慧的人都会采取这种"勇于不敢"的举动。真正之勇都有一种精神支柱,泰山崩于前而不惊,没有什么能击垮他们,能够无敌于天下;自有浩然正气于胸中,能够视死如归;关键时刻敢于为正义而献身,能够舍生取义。老子认为,匹夫之勇、血气之勇都不是真正的勇,能够"勇于不敢",也就是能忍得住一口气才

道德经的人生智慧

是真正的勇。所以我们必须记住一句话:勇敢只有在必要的时候表现才是真正的勇敢,反过来说,在不必表现勇敢的时候表现勇敢,往往是一种灾祸。这就是老子"勇于敢则杀,勇于不敢则活"思想给我们的教诲。

这正是:

匹夫之勇别宽纵,
遇事三思防冲动,
利害权衡岂懦夫?
勇于不敢方为勇。

"天网恢恢,疏而不失"的警示

在社会生活中,每当有违法犯罪分子被绳之以法时,常常用到"天网恢恢,疏而不失"(73章)这一词语。老子的这句话告诫人们:天道就像是一个广大的网,看起来似乎很不周密,但却没有一丝的疏漏,最终不会放过一个坏人,作恶者逃不出天道的惩罚。因此,任何人都不要凭借侥幸心理去为非作歹。

周平:伊春市书法家协会副主席

《梦溪笔谈》中有这样一则故事:随州大洪山镇有个叫李遥的人,他杀了人后就逃亡外地。过了一年,李遥来到秭归县城,路过市场,他看到有人在出售拐杖,因为价格便宜,就随意花几十枚铜钱买了下来。当时秭归县城中恰好也出了一桩人命案,官府正在急于抓捕凶手。被害人的儿子看见李遥拄的手杖,认出他手中的拐杖是自己父亲的,于是就向衙门报了案。衙役们把李遥逮住,经验证,果然是被害人的拐杖,一切拷打手段都用尽了,但李遥称自己是买拐杖之人,并非凶手。差官们在市场上没有找到那个卖拐杖的人。于是又对李遥进行审问,问李遥是哪里人,李遥知道无法隐瞒,就说出自己的真实住址。秭归县衙与随州地方官府取得联系后,得知此人就是大洪山杀人潜逃的嫌犯,于是大洪山杀人案告破。李遥虽然远逃外地隐秘而居,也没有逃脱落法网被惩罚的厄运,这就是"天网恢恢,疏而不失"的印证。类似这样的事情,在现代生活中几乎每天都在发生。

俗话讲:"人在做,天在看""善有善报,恶有恶报,不是不报,时辰未到。"这

道德经的人生智慧

都反映出"天网恢恢,疏而不失"的道理,都要求我们要培养多修善心、多行善事的好习惯,无论如何不能生恶念、做恶事。三国时期的刘备是一世英雄,留下来的名言并不多,但在白帝城临终托孤时,仍不忘谆谆告诫儿子刘禅:"勿以善小而不为,勿以恶小而为之",惟有这句话流传千古,而且给后人永久的启示:奉劝人们不要因为某个坏习惯不起眼就不重视,这看似比较浅显话语,却蕴含着很深的哲理。"勿以善小而不为,勿以恶小而为之",谁都知道这个道理,但能够自觉做到的人却很少。白居易为官时曾去拜访道林禅师,他看见禅师端坐在鸟巢边,于是说:"禅师住在树上,太危险了!"禅师回答说:"太守,你的处境才非常危险啊!"白居易听了不以为然地说:"本官是当朝重要官员,有什么危险呢?"禅师说:"薪火相交,纵性不停,怎能说不危险呢?"意思是告诉白居易官场浮沉,勾心斗角,危险就在眼前。白居易似乎有些领悟,转个话题又问道:"如何是佛法大意?"禅师回答道:"诸恶莫作,众善奉行。"白居易听了,以为禅师会继续开示自己深奥的道理,没想到只是如此平常且浅显的话语,而且再无下文。白居易便失望地说:"这是三岁孩儿也知道的道理呀!"禅师平静地回答:"三岁孩儿虽道得,八十老翁却行不得。"这时,白居易才被禅师一语惊醒。"知易行难"永远是困顿人们身上的魔咒。其实,绝大多数人对于善恶之事都是心知肚明的,但有些人总把一些坏习惯当成是小节、小事,为之无大害,却不知道时时为之而积久就会成为大恶。此犹如水之一小滴,滴入瓶中,久而久之,瓶因集聚一滴一滴之水而满。所以说,虽然是小恶,也不可为之,为之则有恶满之日。这正如古人所说的"千里之堤,溃于蚁穴",如果对小的私欲不能及时察觉并且有效地修正,终将因为无底的私欲酿成灾难,小则身败名裂,大则招致亡国灭族。

善恶皆因心起,为小善可以养心,为小恶则可以损心。人之善恶是不分大小轻重的:一点善也是善,只要做了,就能给人以温暖,在社会传播正能量;一点恶也是恶,只要做了,就会给人以损害,败坏社会风气。所以,生活中我们须谨言慎行,从一点一滴之间要求自己,做到唯善是举、从善如流。只有这样,我们才不至于在人生的沟沟坎坎中马失前蹄、自食其果,断送自己本该光明的前程。如果凭借侥幸心理做些不善之事,早晚都会受到惩罚,待出现不良后果再深深痛悔则为时已晚,这就是老子"天网恢恢,疏而不失"思想带给每个人的思考和警示。

这正是:

> 天网恢恢疏不失,
> 善与恶者地天知。
> 种禾种栗难生豆,
> 善恶昭昭果自食。

对"民不畏死,奈何以死惧之"的思考

老子说:"民不畏死,奈何以死惧之?若使民常畏死,而为奇者,吾将得而杀之,孰敢?"(74章)百姓连死都不怕的时候,用死来吓唬他们又有什么用呢?如果百姓真的怕死,那么对于那些作奸犯科的人抓起来杀掉就可以达到威慑作用了,有谁还敢明目张胆地犯法呢?老子认为"民不畏死",敢于犯上作乱大都是因为百姓对沉重的压迫忍无可忍造成的,也就是说社会动荡的主要罪责都归于统治者严刑苛政的统治。一旦百姓不堪其苦,那就一定会揭竿而起。对于一群死都不怕的人,用死来威胁他们是没有用处的。然而,如果能够让百姓安居乐业,那么他们自然会珍惜生命而畏惧死亡。到那个时候对那些为非作歹的人,只要稍微运用一点刑罚,就可以起到杀一儆百、以儆效尤的作用,就不会有谁再敢触犯法律了。因此,老子要求统治者要采取谦和卑下的态度,施行宽容的抚民政策。

王猛仁:中国书协会员、中国作协会员

其实,老子在《道德经》中多次对统治者以严刑峻法的方式治理国家给予严厉的警告。如在第72章中,老子直言:"民不畏威,则大威至。"如果总想依赖严刑峻法来压制民众,那么即使刚开始时有些效果,但一旦到了一个极限,当百姓不再惧怕统治者威压的时候,可怕的灾祸也就降临了。在第75章中老子又说:

道德经的人生智慧

"民之难治,以其上之有为,是以难治。民之轻死,以其上求生之厚,是以轻死。"这里老子则是指出了百姓"难治""轻死"的原因,即百姓之所以难以被治理,是由于统治者肆意妄为、政令繁苛,所以才会难于统治。统治者穷凶极欲,过分追求个人生活的奢靡,因此对百姓盘剥过重,百姓无法正常生活,即使不犯法,也要饿死冻死,左右是个死,当然也就不必惧怕因触犯法律而死了。老子之所以会提出这种说法,与他看到的社会现实是密切相关的。当时的社会现实,正如老子所说的那样,百姓的确是没必要特别害怕死亡的。因为在春秋时期,整个社会动荡不安,战争不断。统治者为了保全自我,或是为了扩张领土,经常要发动战事,因此在物质上就要征收更多的赋税,在人力上则要抓更多的壮丁,民众生活大多苦不堪言,朝不保夕。我们知道,人们对死的害怕往往是因为对生的留恋,而当时的人们在这样痛苦的生活下,享受不到生的快乐,自然对死也就不那么害怕了,甚至死恰恰是对痛苦生活的一种解脱。而百姓一旦对死不再害怕,自然也就不怕严刑峻法了。老子正是看到了这一点,才会含着一种悲愤向统治者发出这种警告。而事实上,老子的这种警告也的确不是危言耸听,历史上一再发生的农民起义就是统治者的刑罚过于严酷,反而造成了百姓更激烈的反抗。这样的例子可以说是俯拾皆是。

老子"民不畏死,奈何以死惧之"给我们带来两个方面的警示:一方面,在治国理政和社会管理上,不能让百姓怨声载道,缺少生活的幸福感。为政者要时刻保持如履薄冰、战战兢兢的状态,用老子的话说就是"唯施是畏"(53章),不要让自己的行为背离大道而走上邪路。为此,在当今社会尤其要加强民主建设,畅通民主渠道,让百姓有更多机会参加社会管理,不断增强主人翁意识;要加强制度建设,让社会更加充满公平正义,特别是要关注社会弱势群体的生活状况,不断改善民生。只有百姓都能过上平安、富足、幸福的生活,才能实现长治久安、民富国强。另一方面,在处理人际关系和社会交往上,任何时候都不能把别人逼上绝路,从而铤而走险。要谦卑处下、与人为善,不能仗势欺人、横行霸道;要宽以待人、容人容事,得饶人处且饶人,不能得理不让人,无理辩三分;要助人为乐、雪中送炭,不能见危不救,甚至釜底抽薪、落井下石。要记住,给别人留活路就是给自己留生路。

这正是:

民不聊生无畏死,
严刑苛政生危世。
为人之道莫苛求,
礼让宽容袪祸事。

平平淡淡才是真

陈宇龙:中国铁路书协理事,黑龙江省书协副主席

老子说:"夫唯无以生为者,是贤于贵生。"(75章)这句话看起来有些晦涩难懂,但却蕴含着深刻的人生哲理。这是老子一贯倡导的"无为而治"思想在生活中的具体运用。意思是说:那些追求恬淡自然生活,不刻意养生保命,不刻意有所作为的人,要胜过那些追求功名利禄、过于看重生死的人。

人生在世,追求富足的生活、追求事业有成是理所当然的。但一定要摆正心态、掌握好度,做到顺其自然、水到渠成,千万不能奢求无度、任意妄为。一个统治者(领导者)一旦想有所作为,以满足自己物质方面的欲望,或者总想张扬自己、彪炳史册,其结果必然会凭主观意志干些违反客观(自然)规律的事情,同时,也会是对周围人的生存造成压迫,使他人受到抑制。无数历史经验教训告诉我们,一个统治者(领导者)未必是越有作为越好。如果一个统治者(领导者)自己存有过多的想法,总想强势地实现自己的意志、满足自己的欲望,不但会压缩下属发挥能动性的空间,而且还会带来严重的不良后果。由于统治者(领导者)掌握着巨大的权力,能够调配巨大的社会资源,如果想法过多而又无视客观(自然)规律,则是作为越多越大,

道德经的人生智慧

对社会造成的危害就越深越广。

那么，怎样才能避免奢求无度、任意妄为呢？关键在于保持一种顺应大道的心态。要以一种平淡的心境对待生活，以平和的心态对待感情、看待一切。道家认为，悲哀和欢乐是背离德行的妄念，喜悦和愤怒是违反大道的罪过，喜好和憎恶是忘却真性的过失。因此，内心不忧不乐，是德行的最高境界；持守专一，是寂静的最高境界；不与任何外物相抵触，是虚豁的最高境界；不被身外之物所累，是恬淡的最高境界；不与任何事物相违逆，是精粹的最高境界。纯净精粹而不混杂，静寂持守而不改变，恬淡而无为，运动则顺应自然而行，这就是修养身心的法则。我们常说"平平淡淡才是真"，这句话告诉我们，大多数人的大多数时光是要在平淡中度过的，不要勉强去追求轰轰烈烈和惊天动地。人的一生如果有展示才智、大干事业的机遇，当然不应该错过，那是天降大任，理当应时履命。但对于市井小民来讲，此等机会实为千载难逢，可遇而不可求。如果没有这样的机会，切不可勉强自己。否则，可能想得到的东西没有得到，已经得到的东西也可能丧失。同时，我们还要以平常心对待生命中的一切，做到得失坦然、去留无意、好坏随缘。一个人赤条条地来，赤条条地去，得与失最终都是身外之物，顺其自然，不应强求。特别是要在有的时候想到无，多的时候想到少，高的时候想到低，富的时候想到穷，乐的时候想到苦，得意的时候不忘形。古人所谓"贫贱不能移，富贵不能淫，威武不能屈"，就是教导人们应该时时保持这种平和之心。《红楼梦》从另一个方面告诉我们应该具有平和之心，那就是世界上的事情总是"好了相随""好即是了，了即是好。"幸福是用平和的心态对生活的一种满足。只要用平和的心感悟生活，幸福就会离自己很近。以平淡平和的心笑看人生，就会过得更轻松、更自由、更快乐。

这正是：

　　无以生为胜贵生，
　　贪功逐利事难成。
　　甘于平淡知真谛，
　　随顺天然善不争。

"强大处下,柔弱处上"是智慧,更是规律

老子认为:"强大处下,柔弱处上。"(76章,以下同)意即,凡是彰显强大的最终会处于劣势的下位,凡是持守柔弱的反而最终能居于优势的上位。这是老子一贯倡导的"守柔居弱"的智慧。他直言劝告人们,面对"强大"与"柔弱"两种姿态应该怎样选择?那就是要优先选择示以"柔弱",而尽量避免示以"强大"。在解释为何要"强大处下,柔弱处上"的深层次原因之前,老子先是给人们指出了两个直观的自然现象:"人之生也柔弱,其死也坚强。草木之生也柔脆,其死也枯槁。"他以人体为例,人活着的时候肌体柔软;人死之后,身体就慢慢变得僵硬。又举草木为例:草木生长的时候,枝叶柔顺;凋零之后,就变得枯槁坚硬。老子通过对自然现象的细致观察后,科学归纳得出重要论断:"故坚强者死之徒,柔弱者生之徒。"所以说,坚硬刚强是死亡所表现出来的特点,凡是坚强的东西属于没有生机、走向死亡的一类;柔弱则是生命力所表现出来的特点,凡是柔弱的东西都是属于生机勃勃、走向繁荣的一类。接下来,老子则进一步对"强大处下,柔弱处上"的深层次原因进行了解释,解释的方法则是运用了他的另一个重要智慧:物极必反、相反相成原理。"强大"与"柔弱"作为一对相反相成的状态,自然也难逃这种规律。所谓"兵强则不胜,木强则折"就是老子对于强大者必然不能长久的形象化表述。而在现实中,无数的实例也证明了这一点。秦王朝当初以雄厚的物质

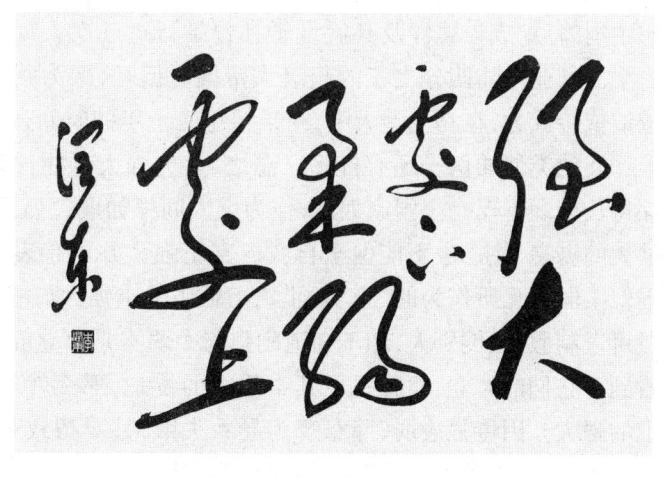

李润东:黑龙江省书法家协会理事

道德经的人生智慧

基础、强大的军事实力相继灭掉六国，吞并天下，其不可谓不强大。但是在统一六国之后，秦朝依旧不收敛这种强大的武力，四处开边，征伐无度，并用强大的军队来对内欺压百姓。结果，短短十五年，秦王朝便告灭亡。在灭秦过程中，项羽是在陈胜、吴广的大泽乡起义后不久，崛起于江东的举兵反秦力量。三年之间纵横九州，一统天下。又率领各路诸侯攻入关中，推翻秦政，从此威震四海，册封诸侯，大权独揽，自号"霸王"，位同皇帝。但由于其刚愎自用、独断专行，难以听取旁人的意见，以至于韩信、陈平、英布等纷纷离开了他。再加上他优柔寡断，错失良机，于鸿门宴上放走刘邦，又与其以鸿沟为界划地而治，给对方以喘息之机，以至于兵败乌江，最后落得个身败名裂的下场。"一代天骄"成吉思汗，当年所建立的蒙古铁骑，急如狂飙，势如山压，所向披靡，被称作是"蒙古旋风"。先后攻灭金国、西夏，后又灭云南大理国、南宋，最终统一中国。不仅如此，在统一中国前后，成吉思汗及其后世子孙曾举行过三次大规模的西征，并建立起了一个占欧亚大陆四分之三的超级大帝国。但是，因为蒙古人在马上得天下后，依旧依恃武力，在马上治天下，结果短短几十年的时间，这个大帝国便宣告崩溃了。其他类似的例子还有许多。总之，兵力强大者往往都是一时强大，却不能保持长久。不仅一个国家如此，作为个人同样如此。如果一个人总是摆出一副强大的姿态，往往也不能保全自我。真正强大并不是表面上的强硬，而是遵循看似柔弱而无所作为的"道"。世人习惯了追求强大与刚强，只知道用刚强的力量可以制服、压倒别人，却不知道刚强与柔弱本是对立而统一的矛盾体，如果只看到了它们的对立，而忽视了其本质上的统一，那么就永远也做不到真正意义上的强大。因恃强凌弱、肆意妄为导致失败，甚至招致杀身之祸的事例古今中外比比皆是，不胜枚举，教训不可谓不深刻。

关于"强大处下，柔弱处上"的道理，《高士传》卷上《商容》记载的老子的老师商容与其一段对话更能说明问题："容张口曰：'吾舌存乎？'曰：'存。'曰：'吾齿存乎？'曰：'亡。''知之乎？'老子曰'非谓其刚亡而弱存乎？'容曰：'嘻！天下事尽矣。'"大意是：商容张开口问老子："我的舌头还在吗？"老子回答："还在。"商容问："我的牙齿还在吗？"老子回答："没有了。"商容又问："你明白其中的道理吗？"老子回答说："这不就是说刚强的容易消亡而柔弱的容易生存吗？"商容说："哈哈！天下的道理都在这里了！"因此，《吕氏春秋·不二》里记载"老聃贵柔"，认为"贵柔"的思想是老子从商容那里学来的，所以《淮南子·缪称训》说："老子学商容，见舌而知守柔矣。"

有人会产生疑问：在竞争非常激烈的今天，老子的示弱思想还适用吗？这是个回避不了的现实问题。通过老子的教诲我们应该明白，内刚固然可喜，若

外亦刚则堪忧矣。外柔内刚就是自己有主见、有原则，不同流合污，而在行动上语言上委婉、圆转、不恃强、不凌弱，不与人攀比，不争口舌之胜，不显贵露富。有些人虽然是强者，如果放逸不轨，也会被弱者所摧毁。如果弱者能精进努力，谨慎不放逸地做事，就能使自己立于不败之地。反之，一个强者行为不端，就会招来祸患而败亡。事实上，总结一下古今中外的那些取得大成就之人就会发现，他们往往都具备上面所说的那些品质。这些品质，使他们能够得到周围人的好感，从而愿意帮助他们，愿意和他们合作。如此，这些表面柔弱的人，由于能够从别人那里汲取力量反而变得异常强大。并且，在他们取得成就之后，由于依旧能够保持谦卑，不骄傲冒进，这种强大也能够长久维持。无论是商业精英、科学大家、政治领袖，莫不如此。而现实生活中的很多人却没有走出总想逞强而不想示弱的误区。我们在大多数时候，都习惯于在别人面前展示坚强美好的一面，自然地想掩饰自己脆弱不堪的一面。研究社会心理学的专家指出，适当地在别人面前表现你比较脆弱的一面是一种坦诚与接纳的态度，会让别人产生想接近的感觉，彼此心理距离可以很快拉近。特别是在自己明显占有优势的情况下，淡化自己的光芒，充分尊重别人，这种示弱并非真正的弱小，而是一种主动把握生活的自信和从容。如果我们足够智慧和理性，就要经常扪心自问：我们是否有足够大的生存空间？如果没有，请先示弱。如果我们不能征服环境，那就先适应环境，然后再试图找出征服环境的方法。我们是否已经准备充分？如果没有，请示弱。经历过就是经验，为了获得经验请多经历。我们是否已经有必胜的把握？如果没有，请示弱。不要觉得这样做会丢脸，其实你是为了成功而暂时示弱，并非永久示弱。示弱是最高的智慧，其表现有时是谦虚，有时是宽容，有时是忍让。向人示威，人人都会；向人示弱却只有少数人能够真正懂得、真正做到。示威者能得一时之利却往往难以取得最终的成功；示弱者一时忍让，不逞能、不占先、肯退让，却能最终获得长久的成功。这就是老子"强大处下，柔弱处上"告诉我们的道理。

这正是：

> 自恃其强乃未强，
> 弱柔处上克强刚。
> 人生居下方为道，
> 盲目刚强易损伤。

道德经的人生智慧

"天之道"的告诫:不要逆势而为

老子说:"天之道,其犹张弓欤? 高者抑之,下者举之;有余者损之,不足者补之。天之道,损有余而补不足。人之道,则不然,损不足以奉有余。"(77章)在这里老子把大道比喻成射箭时的状态,射箭必须瞄准目标,只有箭羽与目标保持相对平衡才有可能射中靶心,否则就会白白浪费一支箭羽。因此,当弓箭抬得高了的时候,就需要往下放一放,低了的时候,就需要往上抬一抬。如果弓弦拉得过满就放松一些,用力不足就再加力拉满一些。自然大道的规律就是盈满多余的地方会自然减少,而欠缺不足的地方会自然增加,从而永远保持动态平衡,即"天之道,损有余而补不足"。"人之道"则正好相反,是减少本已不足的来奉献给已然有余的人,即"损不足以奉有余"。老子把"天之道"与"人之道"同时列出,进行了具体的比较。"天之道"是真正的"道",是柔顺而公平的自然法则;而"人之道"不是真正的"道",甚至是与真正的"道"背道而驰的。故而老子推崇均衡自谦的"天之道",认为国家治理只有顺应了"天之道",万民才能同乐、天下才会太平,这是老子的民本思想的重要体现。

汪德龙:中国书法家协会理事

老子认为天道自然,就是顺乎万物发展的客观(自然)规律。矛盾的两个方面在一定条件下能够相互转换,高山可以变成沧海,沧海可以化成桑田。有生必有死,有死必有生。一切的一切,都在自然而然地变化着。老子是在告诫我

们,客观(自然)规律即"天之道"不可违,人们在任何时候都必须顺应自然,顺势而为。正如孙中山说过的一句名言:"天下大势,浩浩荡荡,顺之者昌,逆之者亡。"即使是孙中山这样的旷世之才,也要顺着天下大势的方向做事,不能由着个人的性子,否则就可能徒劳无功,甚至身败名裂。也许智者与庸者的区别就在于是否能够判断出社会的发展趋势,并抓住机遇、顺势而为吧。

智者顺势而为,愚者逆势而动。如果一个人能够做趋势的追随者,顺势而上,无论是进是退,都会占尽先机,无事而不成、无往而不胜。所有成就事业的人,都是深谙"天之道"、顺势而为的智者。天下最不可为者,莫过于逆势而行。逆势逆时,遇到的阻力就会大,往往会危机四伏,功败垂成。曾经是战无不胜的伟大的拿破仑,在后期总是打败仗,其根本原因就是逆大势而动:天下人都厌恶了战争,他还持续发动战争,结果成为阶下囚。诸葛亮是三国时期的军事家,成为中国智慧的代名词,但他为报答刘备的知遇之恩,不顾蜀弱魏强的现实,硬着头皮劳师远征,七出祁山,结果不是收效甚微,就是无功而返。这不是诸葛亮计谋不行,也不是他不够勤奋,而是犯了违背"天之道"逆势而行的错误。因此,我们从老子"天之道"中感悟到:顺势者,会使生命舒展勃发,即使凡人也可能成就大事;逆势者,生命蜷曲枯萎,即使伟人也可能面对失败。在竞争日益激烈的当今社会更是如此。万事皆有定律,违背"顺势"法则的人,必然招致失败的结局,即使一时一事可能取得暂时的成功,最终也无法逃脱失败的命运。因此,像模像样时候做人行事都必须牢记:不要逆势而为。逆势则违"天之道",违"天之道"则必遭受失败。

这正是:

道损丰余补不足,
无私公正俱臣服。
人生世事应遵道,
逆势而为险四伏。

道德经的人生智慧

水的力量

"天下莫柔弱于水,而攻坚强者莫之能胜,以其无以易之。弱之胜强,柔之胜刚,天下莫不知,莫能行。"(78章)老子认为水的品性是近乎完全合乎"道"的,他在赞扬水"弱之胜强,柔之胜刚"的同时,也对人们不能像水那样做,缺少水的那种品性而感到无奈和叹息。那么,老子为什么如此崇尚水,而水为什么如此有力量呢?我认为,这主要是由水的品性所决定的。根据老子的思想,水的品性概括起来有四个方面,这也是水的力量之所在。

水的品性之一:柔弱而不变

"天下莫柔弱于水,而攻坚强者莫之能胜,以其无以易之。"天下万物没有什么比水更加柔弱,但攻坚克强的力量没有能胜过水的,因为没有什么能改变水的性质。对于水而言,似乎一切都可以轻易地对其产生影响,但是却又没有什么力量可以真正地影响其本性。故而一切祸患都不可能加诸其身。水之所以为水,正是以其善于变化的表象保证了其永恒不变的本质。当水流向万丈深谷时,不以低下为耻,从容落下,遇方则方,遇圆则圆。但不论水跌落到哪里,也无论遇到什么地势变化,水都能够适应。无论形态如何改变,水的性质永远保持不变。水能够适应千变万化的周围环境,无论是高温以成气、低温以成冰,也无论只身以成霜露、流动以成江河、聚集以成湖海,但水依然为水,本性没有丝毫的改变。在人们眼里看似柔弱的水,却能够坚守住永恒的本性不改变,而这种永恒正

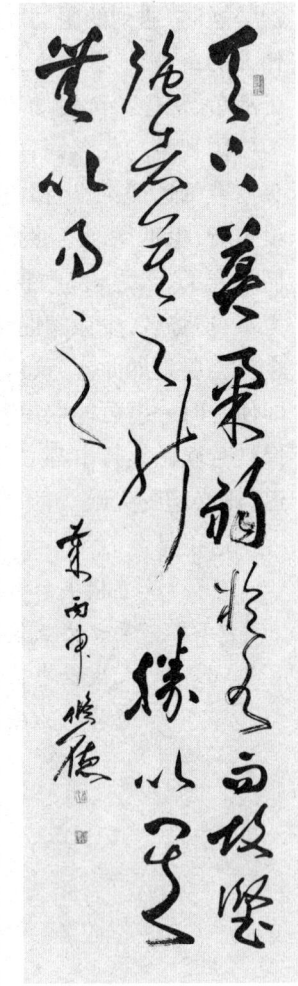

吴修德:中国书法家协会会员

是水的力量所在。

水的品性之二：持久而不舍

"弱之胜强，柔之用刚，天下莫不知，莫能行。"柔弱胜过刚强的道理，天下没有人不知道，但也很少有人能够做到。水之所以有力量，就是因为能够持久坚守柔弱胜刚强之道，有一种锲而不舍、水滴石穿的坚韧精神。但是，老子面对现实普遍存在的，人们都不愿意"守柔处弱"的问题，发出了"天下莫不知，莫能行"的无奈慨叹，揭示出了"知易行难"的道理。这正如《尚书》所说："非知之难，行之惟难。"生活中几乎所有的事情无不印证着"知易行难"的普遍性、正确性。有句话叫"寸金难买寸光阴"，是告诫大家要珍惜时间，这个道理可以说人人都会脱口而出，但是具体到日常生活中又有多少人能真正珍惜时间呢？还有句话叫"少壮不努力，老大徒伤悲"，念过几年书的人无不知晓并认可，但是又有多少人能在年轻时就发奋努力呢？还有"骄傲使人落后，谦虚使人进步"，也是众所周知的名言，想必也没有人存有异议，但是人一旦取得一点成功，就会将这句话抛到九霄云外，不自觉地飘飘然起来。在取得成功之后，仍旧能够保持谦虚的人是非常稀有的，只不过轻浮一些的人表现得可能不能自控，过于喜形于色，而比较沉稳一些的表面可能伪装得比较好，但依然抑制不住内心的自鸣得意、自命不凡。因此，历来取得大成就的人总是极少数，而平庸者则永远是大多数。总之，各种各样的道理被人们反复讲，讲透了也讲滥了，但是有几人能将其落实到自己的行动中？古往今来的那些能够有所造就的人，并不是因为他们懂得多、能力强，而是能够像水那样积极地行动，锲而不舍地坚持。

水的品性之三：宁静而不怠

老子认为水"心善渊"（8章），苏辙解释说："空虚寂寞，深不可测，善渊也。"这就是说，水的表面看起来是很平静的，但它内部却是"空虚寂寞，深不可测"的，有着极为丰富而深邃的内涵。据科学测算，海洋生物占地球总生物的75%以上，宁静的水面下，能够包容万物，能够滋养万物能够孕育万物，水在任何时候都没有表现出丝毫的懈怠。特别是江海以其博大的胸怀，容纳百川，化浊流为静水。一个"心善渊"的人，一定是达到了很高修养的人，是一个具有涵养而不肤浅的人，表面上总是那样的宁静，但内心里没有丝毫的懈怠和放松，为着自己的目标而"咬定青山不放松，任尔东南西北风。"在情况不明晰的时候，他能够以静制动，以不变应万变。但这样"心善渊"有城府之人并不是无所事事，在心如止水的状态下，无时无刻不在关注着事态的发展变化，见微知著，以见"一叶落而知秋之将至"的细心和智慧，不动声色地谋划着应对之策，并耐心地等待着时机的到来。而那些肤浅之人则不然，不是放任自流没有正事，就是放肆妄为

道德经的人生智慧

无所惧怕,而人一旦放任、放肆起来就难免要做错事、蠢事。人们通常说的"恃才傲物",实际上就是一种肤浅的表现。所以说,水能够保持宁静而永不懈怠,正是它蕴含强大力量之所在,人只有像水那样宁静而不息,才能无往而不胜。

水的品性之四:汹涌而不肆

老子认为水"事善能,动善时"(8章)。做事善于达成既定的效果,行动善于选择合宜的时机。又说:"攻坚强者莫之能胜。"(78章)攻坚克强的力量没有能够胜过水的。这充分说明水柔弱但不软弱。水不会因为在前进的途中遇到阻碍就改变目标,它会不断地积蓄力量,选择对手最薄弱的地方,以汹涌澎湃之势突破重围,飞流直下,一泻千里。水从来都不会无缘无故地掀起波澜、展示排山倒海之威,更不会肆意妄为、泛滥成灾。水的汹涌只是针对阻碍其前进的障碍,一旦突破障碍,它就会恢复柔弱的本性,沿着既定的路线向前缓缓流淌,奔向川谷、归入江海。所以说,那些持守"柔弱胜刚强"之道的圣人,对于那些违反大道的事情并不是视而不见、一味退让的,他们的忍让是有底线的,他们的反击是有时机的。任何人任何事,一旦突破这个底线,他们一定会在最适合的时机予以迎头痛击,决战决胜,以实际行动坚守心中的信仰——大道。

正是由于水具有上述这四种品性,才让水产生"弱之胜强,柔之胜刚"的巨大力量。人们用"上善若水"来形容悟道有德的圣人,也正是基于此。

这正是:

　　天下弱柔难比水,
　　穿石不止甘身碎。
　　缘何弱水有神威?
　　无以易之无惧畏。

"和大怨,必有余怨"的告诫:
要得理饶人不结怨

老子发出了无限感慨:"和大怨,必有余怨;(报怨以德,)安可以为善?"(79章,以下同)即认为人与人之间产生怨恨之后,即使经过调节有所缓和,但心里的怨恨仍然挥之不去,因此与人结怨不是好的处世方法。老子主张用"德"来回报别人的怨恨,在任何时候都不与他人结怨。

但是,世上许多事情都不是由我们自身决定的,在很多时候,即使自己不主动去得罪别人,也可能被人误解,甚至被怨恨。面对这种情况我们应该如何处理呢?老子告诉我们要"报怨以德",用"德"来回报别人的怨恨。接下来就以圣人的做法为范例教导我们解决方法:"圣人执左契,而不责于人"。在先秦时期,人们订立契约后,都将契约内容记载在竹简或木片上,然后分作两半,左边的一半由债权人保留。因此"执左契"的人即债权人。显然,如果一个人欠了我们的钱,向他讨要是维护自己的正当权益,不能说是主动去冒犯别人。但是即使如此也可能会得罪人,产生怨恨。老子教诲人们要向圣人学习,即"不责于人",对别人宽容一些,不逼迫得那么紧。别人欠我们的钱物,向其讨要是天经地义的,但即使在这种占据明显道义优势的情况下,我们仍然不要对别人过于苛责,要宽容以待,老子认为这才是真正的善行。更简单地说,老子在这里所提倡的智慧就是要"得理饶人",或者反过来说,不要得理不饶人。

高昆:中国书法家协会会员

道德经的人生智慧

得理饶人是"报怨以德"的具体体现，是避免结怨的重要方式。得理饶人需要有博大的胸怀和不计得失的精神，是一种在占据道义优势情况下的主动让步，甚至是利益、声誉的牺牲。但这是能够让人真正感动的大善之举，只有这种大善才会真正受到人们的尊崇。成语典故"宰相肚里能撑船"告诉我们的就是这个道理：宋朝宰相王安石中年丧妻，后来续娶了一个妾叫姣娘。姣娘年方十八，出身名门，长得闭月羞花，琴棋书画无所不通。婚后，王安石身为宰相，整天忙于朝中之事，经常不回家。姣娘正值妙龄，独居空房，便跟府里的年轻仆人私下偷情。这事传到了王安石那儿，王安石使了一计，谎称上朝，却悄然藏在家中。入夜，他潜入卧室外窃听，果然听见姣娘与仆人床上调情。他气得火冒三丈，举拳就要砸门捉奸，但是就在这节骨眼上，"忍"字给他当头一棒，让他冷静下来。他转念一想，自己是堂堂当朝宰相，为自己的爱妾如此动怒实在犯不上。他把这口气咽了回去，转身走了。不料，没留神撞上了院中的大树，一抬头，见树上有个老鸹窝。他灵机一动，随手抄起一根竹竿，捅了老鸹窝几下，老鸹惊叫而飞，屋里的仆人闻声慌忙跳后窗而逃。事后，王安石装作若无其事。一晃儿到了中秋节，王安石邀姣娘花前赏月。酒过三巡，王安石即席吟诗一首："日出东来还转东，乌鸦不叫竹竿捅。鲜花搂着棉蚕睡，撇下干姜门外听。"姣娘是个才女，不用细讲，已品出这首诗的寓意，知道自己跟仆人偷情的事被老爷知道了。想到这儿她顿感无地自容。可她灵机一动，跪在王安石面前，也吟了一首诗："日出东来转正南，你说这话够一年，大人莫见小人怪，宰相肚里能撑船。"王安石细细一想，自己年已花甲，姣娘正值弱冠年华，偷情之事不能全怪她，还是来个两全其美吧。过了中秋节，王安石赠给姣娘白银千两，让她跟那个仆人成亲，一起生活，远离他乡。这事很快就传了出去，人们对王安石的"忍"字当头，宽宏大量，深感敬佩。"宰相肚里能撑船"这句话也就成了宽宏大量的代名词。还有一个典型事例：在齐桓公成为齐国国君之前，齐国的公子纠同他争夺君位。管仲为了帮助公子纠，射过公子小白（即后来的齐桓公）一箭，幸好射在了衣带的钩子上，不然小白早就没命了。然而，齐桓公当上国君后，不仅没有报这一箭之仇，反而委以管仲相国之重任。在管仲的全力辅佐下，齐国日益强盛，齐桓公成为春秋时期的第一个霸主。从这两个事例可以看出，在王安石和齐桓公占据了"理"的情况下，如果对别人伤害自己的行为施以报复，人们会觉得那些人是罪有应得，合情合理。但他们在得理的情况下，却主动饶恕了别人，这可以说是一种了不起的胸怀。

更进一步讲，得理饶人，讲的就是一种宽容。宽容是一种优秀的品质，是一种非凡的气度、宽广的胸怀；宽容是一种高贵的品质、崇高的境界；宽容是一种

生存的智慧、生活的艺术。它不仅包含着理解和原谅,更显示着气质和胸襟、坚强和力量。许多时候,当我们占据道义的制高点时,如果摆出一副高高在上的架势,咄咄逼人地试图让对方屈服,对方即使表面上屈服,内心也一定不服气。此时,如果我们能够摆出一副谦下、忍让的姿态,那么对方就会被感动,主动承认错误。佛教中有一个著名的"七里禅师与强盗徒弟"的故事很能说明问题:一天,七里禅师正在禅堂上独自打坐诵经,一个强盗突然闯进来,把又明又亮的刀子对着他的脊背威胁道:"把柜里的钱全部拿出来!不然,就要你的老命。""钱在抽屉里,柜里没钱。"七里禅师头也没回地回答,"你自己拿去,但要留点,米已经吃光,不留点,明天我要挨饿呢!"那个强盗把抽屉的钱都揣进了怀里,他正要扬长而去,七里禅师说:"收到人家的东西,应该说声谢谢啊!"强盗几乎机械地说了句"谢谢"。他转回身,心里感到有些慌乱,这种抢劫情形他从来没有遇到过,有些迷糊地继续往外走。走到门口时,他愣了一下,想起不该把全部的钱拿走,于是掏出一把钱放回抽屉。后来,这个强盗被官府捉住。根据他的供词,差役把他押到寺庙去见七里禅师。差役问道:"多日以前,这个强盗来这里抢过钱吗?"七里禅师说:"他没有抢我的钱,是我给他的。他临走时也说'谢谢'了,就这样。"这个强盗听了之后,只见他咬紧嘴唇,泪流满面,一声不响地跟着差役走了。在服刑期满之后,这个强盗立刻去叩见七里禅师,求禅师收他为弟子,七里禅师不答应。他长跪三日,七里禅师终于收留了他。这个故事说明了宽容的力量。宽容是人类情感中最重要的一部分,这种情感能融化心头的冰霜,驱散眉宇的荫翳,焕发出重整旗鼓的力量。宽容别人,给别人留条后路,别人才会报之以宽容,也会为自己留下余地。宽容别人也是宽容自己、保护自己。

《菜根谭》中有言:"不责人小过,不发人隐私,不念人旧恶,三者可以养德,亦可以远害。"不要责难他人犯下的轻微小过,也不要随便揭发他人私生活中的秘密,更不可以对他人过去的坏处耿耿于怀,久久不肯忘掉。这三大做人的基本原则,不但可以培养自己的品德,也可以彻底避免意外灾祸。人生活在世上,不要与人结怨,而要与人结缘。俗话说:"有理走遍天下"。其实,有理与无理仅有一步之遥。得理不饶人,不仅没有人情味,有理也会变得无理。用这种方式处世的人,当然不可能有好人缘。何况,得理时不饶人,以后别人也不会轻易放过自己。得理不饶人,让对方走投无路,有可能激起对方求生的意志,从而不择手段,对自己造成伤害。由此可见,得理不饶人既害人也会最终害自己。冤家宜解不宜结,一个懂得宽容别人过错而不记仇的人,一定会得到别人的善意回报。人生,就是着眼于人与人之间的沟通、交往、宽容,并享受生活的快乐。善于结怨的人其实是在囚禁自己的心灵,仇恨会让一个人的心灵永远生活在黑

道德经的人生智慧

暗之中。当我们能够得理饶人,选择了宽恕的时候,我们的心灵就获得了自由,给别人留一些空间,自己将得到一片蓝天。

这正是:

虽和大怨存余怨,
积怨于心成大患。
得理饶人可解忧,
虚怀若谷与人善。

老子理想中的"小国寡民"生活

"小国寡民"(80章)是老子对心目中的理想国家和神往生活的具体描述。后人对这句话有两种解读:一种是字面上的解读,即指的是现实中的纯粹小国,认为理想的国家应该是国土很小,人口也很少。另一种是引申解读,正如河上公《老子章句》对这句话解释的那样:"圣人虽治大国,犹以为小,俭约不奢泰。民虽众,犹若寡少,不收劳之也。"告诫统治者,治大国也要崇尚节俭,不要劳民伤财。但无论哪种解读,都不影响对老子理想中的"小国寡民"生活的四个特点的理解。

"小国寡民"生活的特点之一:国无战事。老子认为"小国寡民"的社会,"虽有甲兵,无所陈之"(80章,以下同)。虽然有盔甲和兵器,却没有使用的必要。老子生活在战火纷飞的春秋时代,生灵涂炭,百姓生活在水深火热之中。各诸侯国无不努力开拓自己的疆界、增加自己的人口,天下的争端因此而起,战事由此而生。老子厌倦、痛恨这种战乱动荡的社会生活,企盼着统治者能够放弃贪得无厌的欲望、强取豪夺的占有,劝诫他们要满足于建立"小国寡民"社会。只有国家没有战事,才能"使民重死而不远徙",让百姓珍惜自己的生命,不冒险向远处迁徙。百姓之所以"远徙",一方面是躲避战乱的伤害。另一方面是要到达统治者鞭长莫及的地方,躲避赋税猛于虎的盘剥。如果统治者能够知止知足,满足于建立"小国寡民"社会,就不会出现这两种情况,这就是国之幸、民之福。

"小国寡民"生活的特点之二:生活富足。老子提倡

张艳明:中国书协会员,佳木斯书协副主席

道德经的人生智慧

的"小国寡民"社会是一种生活富足的社会。在这种社会中,人人"甘其食,美其服,安其居,乐其俗。"百姓吃得好、穿得好、住得好、玩得好,没有冲突,没有战争。这与儒家设想的"矜寡、孤独、废疾者,皆有所养"的大同社会是相通的。百姓的基本生活需求,即老子关注的衣、食、住、乐四个方面,看起来很简单、很平常,但是从古到今,从中国到外国,从平民百姓到君上圣贤,都想解决好但又都没有完全解决好。在当代中国,尽管在绝对意义上没饭吃、没衣穿、没房子住的人口已经很少了,但还远远没有达到人人甘食、美服、安居、乐俗的程度。贫困地区的农民和城市低收入阶层的温饱问题,仍然是一个不容忽视的问题。因此,建设生活富足的"小国寡民"社会,时至今日依然任重道远。

"小国寡民"生活的特点之三:民风淳朴。老子对你争我夺和尔虞我诈的厌倦,自然而然地令他梦想着返璞归真。对战争的抵触情绪和社会风气的无比失望,让老子产生回归到"使民复结绳而用之"古朴社会的想法。"使民复结绳而用之"只是一种比喻,真正喻义是:在那样处处平和、自给自足的"小国寡民"社会里,百姓就像回复到结绳记事时代的人们那样淳朴自然、天真无邪。我认为,作为圣人的老子并不是要求人们退回到"使民复结绳而用之"原始社会,而是强调社会风气要恢复那时的古朴,人的思想要恢复到那时的本真。这并不是批判老子的人所说的那样,认为老子的这一思想是反科技、反文化、开历史倒车的。同时,我们还必须注意到,老子生活的时代,掌握科学文化的是极少数人,广大奴隶、平民基本上都是文盲,如果他们为逃避战乱和赋税,"远徙"到一个新的荒凉之地去生活,必然又要从头开始,再联想两千多年后的现在,我国仍然还在努力扫盲,那时的百姓过着"复结绳而用之"的生活也没有什么大惊小怪的。从这个角度讲,也同样不能说老子是反科技、反文化、开历史倒车的。

"小国寡民"生活的特点之四:自然无求。人们内心的淳朴自然、无欲无求是社会安定的关键所在。战争之所以发生,说到底是人们在欲望和冲动的驱使下,想要掠取更多的财富,想要使自己获得更大的权势。实际上,人们对物质财富的需求没有限度,物质财富丰富与否也没有固定的标准,如果内心欲望很多,即使拥有很丰厚的物质生活,可能仍然感到不满足。而一旦内心安闲恬适,知足常乐,即便物质生活稍微差一点,也同样能够过得舒心快乐。因此,老子认为,在"小国寡民"的社会里,百姓必然会自然无求、知足常乐,从而进入"邻国相望,鸡犬之声相闻,民至老死不相往来"的生活状态。这种生活状态包含两层含义:一个是,由于食甘、服美、居安、俗乐,百姓不需要因生活所迫而东迁西徙;另一个是,在那样没有过多欲求的平和社会里,消除了过去的那些不平与矛盾,因而没有了你侵略我、我反击你的战争往来。春秋时期,吴楚两国曾因边界上

的两家小孩争桑叶而打了几次大仗。打开国门交往过多,也容易引起攀比心理。而封闭环境下的简单生活,能够保持人们心理的平衡与社会的安定。经过有"道"之君的长期治理,一个清静、安详、和谐的社会,使人们保持了纯朴自然的天性,百姓自然无求的生活心态也就完全在情理之中了。

其实,东晋诗人陶渊明曾经虚构的《桃花源记》则深受老子思想影响,"桃花源"就是老子理想的"小国寡民"社会的具体形象化。在"桃花源"内,没有战争,甚至都没有政府,人们自然也不用缴纳赋税;同时,根据当地人对渔人的招待也大致可以看出,人们的物质生活水平不高不低,只是自给自足,但风气却淳朴自然,人们生活简单快乐。这样一个社会之所以能够维持几百年,其中的一个最为关键的因素就是这里的人们内心的清心寡欲、知足常乐。试想,如果有人欲望膨胀,不满足于自己的既得,内心产生机诈的念头,就会打别人的主意。这样"桃花源"内势必出现偷盗劫掠、恃强凌弱之事,也会出现凌驾于众人之上的强权势力。如此一来,这里就会出现一个政府维持其统治秩序,继而人们自然就需要缴纳赋税,甚至接受统治者的盘剥乃至压迫。说到底,老子的理想社会,是要以个人的清心寡欲、知足常乐、随遇而安为基本前提的。

那么,在现实生活中,老子提倡的"小国寡民"社会是否存在呢?答案是肯定的。在全世界二百多个国家中,安详宁静的多数是"小国"和"寡民"。瑞士是公认的发达国家,在那里,手工制作钟表的技艺以家庭为单位世代相传,各个小作坊用最擅长制作的零部件互相配套、协作,多数人习惯于家乡传统的宁静生活,不喜欢"什伯之器"之类的奢侈品;也不会轻易乘舟舆"远徙";至于"甲兵"更是与他们无缘。许多北欧小国的情形都与瑞士相似,他们并没有丢掉传统,而是"甘其食,美其服,安其居,乐其俗",却仍得以享受安静、平和、舒适的生活。这些国家GDP很少,由于国小民寡,军队对于他们而言已经不是政治延续的必要工具,因此不必热衷于对付"大规模杀伤性武器",也不必去到处掠夺资源、输出文化与宗教,这恐怕是"不争"和"道法自然"的被动实践吧。另外,位于南半球的太平洋小岛国瓦鲁阿图,是地球村中很不起眼的居民。但在英国"新经济基金组织"出台的一项全球范围"幸福指数"排名中,瓦鲁阿图曾列居榜首,荣获全球"最幸福"的国家称号。很多人心存不解,觉得一个不发达国家怎么可能最幸福呢?然而经过深入了解,事实果真如此。瓦鲁阿图国民的生活是:穿衣一块布,吃饭一棵树,住宿有棚屋。由于衣食住行十分简单、易得,所以生活节奏缓慢,心情十分放松。无论打柴捕鱼,还是戏水聊天,黄发垂髫总是怡然自得、乐在其中。他们非常重视家庭和睦与邻里相助。生存环境没有污染,海水蔚蓝透亮,空气新鲜纯净。瓦鲁阿图的"最幸福"显然不是基于物质尺度。

道德经的人生智慧

这充分说明,精神的安逸、心理的满足才是真正的幸福。这是物质第一、金钱至上的人体会不到的人间乐趣,更说明老子"小国寡民"的理想社会是值得肯定的,也是有实践基础的。

这正是:

小国民寡复古初,
风气淳璞自给足。
相望邻国无战事,
自然无欲乃知福。

老子辨别世人道德的智慧

在《道德经》的最后一章,老子对如何判别一个人的道德问题进行了归纳总结,即"信言不美,美言不信。善者不辩,辩者不善。知者不博,博者不知。"(81章)这是识别真假、辨析是非、准确识人的智慧。

结论之一:"信言不美,美言不信"

真诚可信的话语说得不一定漂亮华美,说得漂亮华美的话不一定真诚可信。在《孔子家语》中,孔子告诫弟子的一句名言流传得更广泛:"良药苦口利于病,忠言逆耳利于行。""忠言"即是"信言",虽然听起来不好听,却对听者有益。"美言"虽然好听,却对人没有好处,甚至是糖衣炮弹。可以说,"美言不信"的历史教训不胜枚举。《吕氏春秋》里有一篇《九石弓》的故事,说的是齐宣王爱好射箭,他喜欢听人家称赞自己能使用强弓。其实,他使用的那张弓的强度仅有三石。侍从们每次试拉时都只拉到满弓的一半就故意停住,说拉不动了。为了博得齐宣王高兴,大家异口同声说:"这张弓,至少是九石弓,除了王能使用,谁都拉不开,用不上!"宣王到死都自以为使用的是一张九石弓。侍从用"美言"阿谀奉

赵山亭:中国书协篆书委员会委员,中国书协会员

承,但齐宣王不自警,于是被侍从们所迷惑,以至终生受骗而不觉。齐宣王平日亲信和重用一批善于阿谀奉承的奸臣,对忠臣良将却猜忌和排斥,使齐国陷入

道德经的人生智慧

重大的政治、经济危机。这也验证了鲁迅曾说过的一句话：人，往往容易被捧杀。唐玄宗的宠臣李林甫才艺过人，但他做官却不是本着良心和原则，对人总是当面恭维话不绝于口，暗地里尽做些害人的勾当，大家被视为"口蜜腹剑"之人。他一味地用"美言"迎合玄宗旨意，青云直上被封为宰相。在生活中，像李林甫这样的当面说好话，背后踹你一脚的人必须认真识别，严加防范。其实这种不怀好意的"美言"是不难识别的。一位哲人说过："阿谀是一种伪币，它只有通过虚荣心才能流通。"因此，只要我们祛除虚荣之心，保持清醒头脑，对越是说得动听、柔媚的恭维话越提高警惕。这样就不会被花言巧语迷惑，也能够识别出来善于"美言"的别有用心之徒。

善于听取"信言"，接纳别人的批评、指责是需要胸怀和勇气的。因为每个人都有种强烈的自我价值得到认可的欲望，因此，一旦听到别人的赞扬，往往会不假思索地接受，而对别人客观公正的否定意见，则本能地拒斥。事实上，这种心理即使是那些贤能的人也很难避免。邹忌讽齐王纳谏的故事中，邹忌的过人之处就在于：他能够对称赞自己的"美言"抱持怀疑的态度，而不是陶醉地收入耳中后便飘飘然起来。历史告诉我们，谁能够区分"信言"与"美言"，并能接受那些逆耳的"信言"，谁就能成为"圣人"。任何人都存在各种各样的缺点和不足，但往往是当局者迷，旁观者清。只有那些真正为你好、亲近你的人才会甘冒得罪你的风险，为你指出来。因为他们关心你，才不怕冒犯你。而和你不亲近的人才懒得做这种出力不讨好的事情，因为谁都懂得"多栽花，少栽刺"的道理。另外，别人肯冒着被敌视的危险来批评你，也说明别人看得起你，认为你值得批评，而对一个在他看来不可理喻的人，肯定懒得去浪费口舌。因此，要善待那些对你说出"信言"的亲人、朋友、同事，不可因为维护自己的情绪而轻易否定他们意见，更不要对他们反唇相讥。听到他人客观的评价或者是善意的批评，应该有则改之，无则加勉。

由上可知，"信言不美，美言不信"的道理提醒我们，既要有辨别"信言"与"美言"的智慧和本事，更要有接纳逆耳"信言"的胸怀和勇气。这是判别一个人悟道修德水平的关键所在。

结论之二："善者不辩，辩者不善"

真正善良的人不会巧舌如簧，巧舌如簧的人不是真正善良的人。善者的言论，止于理，符于实，所以不必立辞巧说；善者的行为，真诚不妄，正直不欺，所以不必自作辩解。反观那些善于巧辩的人，则是由于言行的欠亏而求自我掩饰。有人对老子把"善者"与"辩者"，而不是"恶者"（或不善者）作为一对矛盾阐述感到疑惑。其实这正是老子高明之处。因为"善者"与"不善者"好辨别，甚至

是一目了然。但是"辩者"与"善者"则不太好区分。"辩者"能说会道、巧舌如簧、巧言令色，没做的事说做了，没做好的事说做好了，做错的事掩盖过去了，或者把责任推给别人了。对于高高在上的统治者，或对于不深入实际的领导者，或对于不明真相的同事们，都会错误地认为这样的"辩者"有思想、有能力、会干事。而事实上，这与真相大相径庭。正如唐玄宗《御解道德真经》中对"善者不辩，辩者不善"注解的那样："善者在行，无辩说。空滞辩说，故不善。""善者"以善良诚实为本，有一说一，有二说二。从不夸大成绩，也从不掩盖错误，不会为自己辩解，更不会把自己的错误扣在别人身上。

事实上，在社会交往中，诚实地承认错误胜于强词夺理，毫不掩饰错误常常能够得到谅解。狡辩只是为自己的错误开脱，令人讨厌并使问题更加复杂。有些人明知自己错了但就是不肯认错，或者想办法遮盖错事，或者狡辩推卸责任，这样就使得一个错误变成两个错误，错上加错，一直错到底，铸成更多更严重的大错。人不能总是活在自欺欺人之中，真诚不需要狡辩和掩饰。邹韬奋在《硬吞香蕉皮》中讲过一个笑话：一个做过黑龙江省督办的旧官员在宴会上第一次看到香蕉，便不假思索地连皮吃了下去。等一会儿，看到同座的客人剥皮再吃时却为时太晚。他不肯认错，只得一本正经地解释说："我向来吃香蕉就是连皮吃下去的！"一时成为笑柄。可见，错吃了香蕉皮不可怕，可怕的是错吃了以后还没有一个正确的学习和认错的态度。古人云：智者改过而迁善，愚者文过而饰非。愚者只要一听到别人指出他的错误就极力否认，其结果是"迁善则德日新，饰非则恶日积。"勇于承认错误，虽然可能会失去颜面，却能对己对人无愧，心地坦然。其实，绝大多数人都是宽容的，只要你真诚地说"我错了"，把情况讲清楚，一般来说大家是会原谅和接受的。人生在世，孰能无错？出错后拒不认错，可能一时保得住面子，而一旦真相大白后反而会颜面尽失。古人说的好："改过宜勇，迁善宜速。"人们尊重那些勇于认错的人。一个勇于认错的人，必定是胸怀坦荡、心底无私的人，一定会在自己的悔过自新和别人的宽容帮助中成就事业。

综上所述，老子从"善者不辩，辩者不善"中看出的是人的本性问题，从中可以判断出一个人悟道修德程度的深浅高低。

结论之三："知者不博，博者不知"

真正有知识、懂得很多的人不卖弄，不故意表现自己的博学；而故意表现自己博学，卖弄自己的人不是真有知识。中国有句谚语："水深不响，水响不深"。越是懂得多的人，越是喜欢保持沉默，刻意收敛自我，因此表面上看上去似乎很平凡低调；越是懂得不多的人，反倒越是自以为博学多才，急于表达自己的看

道德经的人生智慧

法,展示自己的才华。"知者不博,博者不知"告诉我们,要懂得谦虚和内敛,而不要自傲和张扬。因为张扬是一种轻浮之举,使自己在别人眼中成为一个张狂高傲的家伙。而内敛之人绝非自卑,而是一种更为理性的自信,是一种明了自己优劣边界的自信,使自己始终处于一种随时准备纠正自己错误的弹性状态。不事张扬,可进可退,如有才能,洞察之人自然会识别,不会被埋没太久;如无才能,则安于守拙,仍旧不失沉稳。一个人是否是真的深刻独到,只能让别人慢慢体会,而不能自己刻意去宣扬。有句谚语说:"泡沫冒处,必是浅滩",就是对那些喜欢卖弄自己的人的尖刻讽刺。无论历史还是现实中的人,真正有才能的人往往都是内敛,不事张扬的。佛家净宗一代祖师印光法师自称:"早年学诗而不解诗,中年学儒而不懂儒,晚年学佛而不知佛,参禅而不悟禅。"谦虚内敛得着实令人折服。俄国思想家别林斯基曾说:"一切真正伟大的东西,都是纯朴而谦逊的。"清代教育家李惺也说:"人以言媚人者,但欲人之悦己,而不知人之轻己;人以言自夸者,但欲人之羡己,而不知人之笑己;轻而且笑,辱莫甚焉。"我们有时会遇到过这样的情况,一个人在那里夸夸其谈地卖弄自己,我们或是不厌其烦,但碍于情面也不好说什么,只能时不时敷衍一下;或是暗暗感到好笑,甚至都有点可怜这种人。喜欢卖弄的人像是一个在人前表演的玩偶,被别人当小丑却不自知,甚至还洋洋得意。

　　从行为心理学上分析,一个人之所以喜欢张扬地卖弄自己,无非是对自己的某个方面感觉良好,主动炫耀人前,希望得到别人的赞美。其实这完全没有必要。如果真正有值得赞美之处,肯定无须自己去说,别人自然会承认。即使别人因为嫉妒,嘴里不肯承认,但心里也是不得不承认的。况且,嫉妒本身就是一种承认。自己本来优越的地方,一旦去卖弄,这优点就会因为炫耀而黯然失色。更堪忧的是,如果所卖弄的东西只是自己的一种浅薄,不仅不能得到别人的认可,还可能会自讨没趣,被人暗地嘲笑。喜欢卖弄的人往往都会过高地估计自己。一瓶子不满,半瓶子咣当才会去卖弄。

　　总而言之,"知者不博,博者不知"告诉我们,"知者"内敛不张扬,"博者"张扬不内敛,我们从一个人是内敛还是张扬的表现中,就可以辨别出他是否真的悟道修德了。

　　这正是:

　　　　人世道德孰判断?
　　　　信与美里寻关键。
　　　　善和辩者见高低,
　　　　知或博中得镜鉴。

《道德经》之精髓:"利而不害""为而不争"

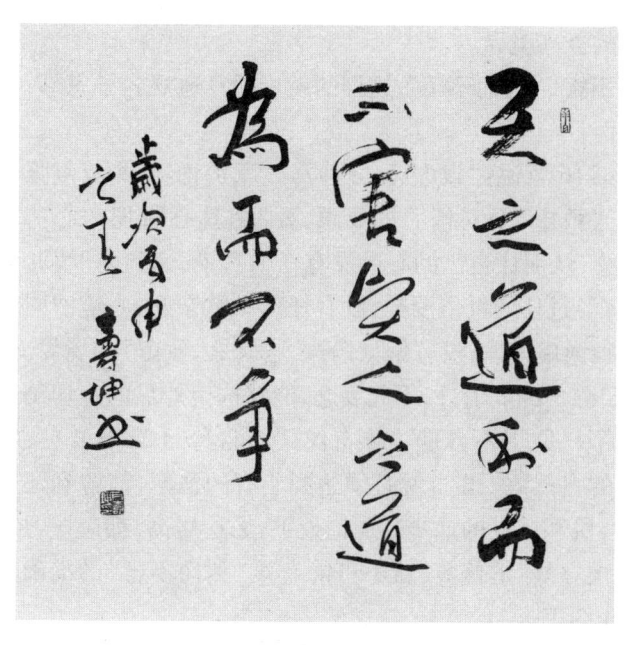

尹寿坤:中国书法家协会会员

在末篇综观全书时不难发现,一部《道德经》洋洋洒洒五千言,究其核心不外乎什么是"道"和怎样去追求"道"。在结尾老子对自己的政治主张和哲学思想进行了精辟的总结概括,即"天之道,利而不害;圣人之道,为而不争。"(81 章)这是《道德经》的点睛之笔、精髓所在。自然界的规律是,让万事万物都得到益处,而不受到伤害;圣人的行为准则是,有所作为而不与人争夺。"利而不害"是"天之道",即人们必须遵循的客观(自然)规律,是人们做一切事情必须恪守的前提和宗旨。在"利"和"不害"之间,"利"是根本、是宗旨,"不害"是基本、是底线。"不害"即不害自己,不害他人,不害万物。"天之道"要求我们不能出现不尊重客观(自然)规律而"好心办坏事"的逆势行为。"为而不争"则是得道有德之人的具体做事准则和方法。在"为"和"不争"之间,"为"是目的、是准则,"不争"是方法、是手段。"不争"就是不争功,不争名,不争利,不争权。从中可以看出,老子在这里进一步阐释出"无为"思想的核心和本真就是"利而不害"与"为而不争"。"无为"实质上也是一种"为",是"利而不害"之"为""为而不争"之"为"。如:"生而不有,为而不恃,功成而弗居。"(2 章)"是以圣人常善救人,故

道德经的人生智慧

无弃人;常善救物,故无弃物。"(27章)"以正治国,以奇用兵,以无事取天下。"(57章)"治人事天,莫若啬。"(59章)"治大国,若烹小鲜。"(60章)"图难于其易,为大于其细;天下难事,必作于易,天下大事,必作于细。是以圣人终不为大,故能成其大。"(63章)"为之于未有,治之于未乱。合抱之木,生于毫末;九层之台,起于累土;千里之行,始于足下。"(64章)"慎终如始,则无败事。"(64章)"故以智治国,国之贼;不以智治国,国之福。"(65章)"是以圣人为而不恃,功成而不处,其不欲见贤。"(77章)"是以圣人云:'受国之垢,是谓社稷主;受国不祥,是为天下王。'"(78章)这些都是一种谦卑、审慎,而又积极向上之"为",表现为一种为人、处世、理政的极高境界。

那么,怎样才能达"利而不害""为而不争"这样的境界呢?通观老子思想,我认为应该做到以下五个方面:

一要致虚守静。老子在第16章说:"致虚极,守静笃"。《道德经》中反复强调"致虚守静"的行为之法。"致虚"是对修心的要求,要"虚其心",把内心清空,使心空无杂物、意空无杂念,从而让自己的心灵没有任何污染,达到"如婴儿乎"的淳朴境界。一个人没有经过任何世俗浸染,没有任何私欲杂念,心境清明澄澈,为人光明坦荡,处世又很谦虚谨慎,没有偏见偏执,这就是"致虚"的境界。"守静"是对心态的掌控,要宁静、安静、清静,不起妄念,能够抗拒外界的一切诱惑,从而做到在任何时候都"不自见""不自是""不自伐""不自矜"(22章)。要使自己的行为符合老子所说的自然之"道",就必须达到心智的消解,消解到还原"赤子之心",即没有一点心机和成见的地步。无论处下,无论居高,都应该习学虚静、坚守虚静。没有"致虚守静"的修养,就不可能有对"利而不害"的准确判断,以及"为而不争"的自我约束。

二要处下守弱。《道德经》说:"江海所以能为百谷王者,以其善下之,故能为百谷王。"(66章)还说:"柔弱胜刚强"(36章)、"强大处下,柔弱处上"(76章)。老子所言的"处下守弱",很大程度上是借助最接近于"大道"的水的特性,强调人也要像水一样"甘居下流,不争上游""天下莫柔弱于水,而攻坚强者莫之能胜"(78章),做到谦卑处下、虚怀容物,久久为功、水滴石穿。老子之所以特别强调"处下守弱",是因为他认为"高以下为基"(39章),以下为利,以高为害。处于高位、上位时,招来祸害的危险比处于低位时更大,也就是所谓的不虞之险、不虞之毁。相反,通过示弱、处下,可以避嫉、避妒、避祸。"处下守弱"才能深邃洞察、易明晰"利而不害"之理;"处下守弱"才能保护自己,"为而不争",以弱胜强;"处下守弱"才能汇聚智慧、形成合力。"处下守弱"不能是表面的、暂时的,应该真心"处下守弱",常态"处下守弱"。检验一个人是否真正能

够做到"处下守弱"的标准有两条：一个是，看能否"终不为大"（63章）。"不为大"主要是指为人做事，切勿贪大、切勿自大、切勿求大、切勿充大。现在很多人反对老子"终不为大"观点，认为人生在世，只有做大才更有可能展示自己的知识才华，实现人生的价值理想。其实这种想法本来无可厚非，事实也的确如此。老子之所以认为应该"不为大"，一则是由于如若贪大，必然遗忘细物。贪大求全必有疏漏，贪大求全必然精力难以集中。二则是由于为大必骄、为大必傲、为大必霸，因此，为大必折。在人的行为准则体系中，老子力倡"不为大"，的确值得我们深思而自觉为之。另一个是，看能否"不敢为天下先"（67章）。这是老子"取天下"的"三宝"之一。在人的社会行为中，为先易乱、易失、易亡。"木秀于林，风必摧之；堆出于岸，流必湍之；行高于人，众必非之。"在为先者心里，既要先，必予争。既然争，就一定会有区别、有取舍、有权衡。而区别、取舍、权衡，必然导致心志乱、异念起。正是从这一意义上说，"不敢为天下先"才能实现最终意义上的"至先""大先""终先"。因此说，只有保持"处下守弱"的状态，才能明晰何为"利而不害"，也才能甘于"为而不争"。

三要知止知足。老子说："知足不辱，知止不殆，可以长久。"（44章）在老子看来，人的行为要顺应客观（自然）规律，主动将事物控制在自身能力能够控制的范围之内，可行则行、可止则止，顺情势、适万物、适可而止。老子提出"知止"，无疑是一剂有的放矢的良药，它教人行事不要过分，止所当止方能实现初衷。从个人修养的角度而言，要达到"知止"的境界，一定要心明见事。只有"心明"才能"见事""见事"才能"知止"。心明源于不贪奢。老子提出的"知止"，决不是一种消极的见识，因为它表面上看似寻安自保，而深层上却是一种稳妥前行。这是一种以主动选择和自我控制为特征的圣人之慧。关于"知足"，更是休养生息的大学问。"知足"则能跳出身来置身事外，以静观天下之势，静察天下之变，整合力量、积蓄能量。"知足"包含五个方面：一是知足不辱，知足方能不受屈辱；二是知足不殆，知足方能避免危险；三是知足为富，知足方能永远感到富有；四是知足长寿，知足方能身体健康；五是知足常乐，知足方能得到真正的快乐。达于"知足"之境，既需外在客观基础，更需内在心理支撑。要从心里真正明白自己需要什么，需要多少；不需要什么，不盲目攀比。特别是要明白物极必反的道理，凡事不求穷尽。求穷尽则必然破坏平衡；一旦打破平衡，失度失衡，则万难尽至。总之，"事因知足心常乐，人到无求品自高"，唯有知止知足，方能心静、心安、心宁，才能进入"利而不害"的境界，自觉做到"为而不争"。

四要功成弗居。老子在第2章中讲："功成而弗居。夫唯弗居，是以不去。"接着又在第9章中进一步强调："功遂身退，天之道也。"可见，"功成弗居"是老

道德经的人生智慧

子一贯秉承的思想。纵观历史，坐拥成功而终酿悲剧者不乏其人。这些人为了彰显自己的功名利禄，准备流芳百世，结果却落个身败名裂。为什么这类悲剧反复重演？从统治者的角度看，出于对国基稳固与否的忧虑，统治者对内乱之源异常敏感，稍有风吹草动，势必止风于青萍之末。从悲剧人物自身的角度看，与悲剧的主角功成而不退有极大的关系。所以说，功成身退是一种前瞻性的智慧，以及对于自己生存环境的清醒的、睿智的把握与预测。对于一个人而言，功成名就本来就是比较困难的，但更困难的是功成名就之后将如何去对待。对此，老子劝诫人们，一定要懂得"功成而弗居"，学会急流勇退。任何事物发展到一定程度，就会朝着相反方向转化，否泰相参、祸福相位，古今中外的历史上长盛不衰的人又有几何呢？功成名就的确是好事，但其中也暗藏着引发祸水的忧患。贪慕权位利禄的人往往得寸进尺，恃才傲物的人总是锋芒毕露。这些都容易招来祸患。常言道：功不为私方不居，功不唯己方不居。功成弗居就是在完成重要任务、取得重大成绩后，大家都认为自己有功劳，而自己却不把功劳归己所有，也不会去对别人宣扬自己有多么了不起，更不会因为自己有功就讨价还价、试图影响甚至控制他人。经验告诉我们，盛名之下善于韬光养晦，才能不开嫉妒之门；成功之后依然保持谦虚，方可免走怨怼之路。放下功利心，不炫耀自己的荣宠，不吹嘘自己的功绩，不贪婪权位名利；收敛意欲，身处红尘依然心神安宁，做到放低姿态，谦和为人，及时让贤，才能善始善终，安然一生。所以，功成弗居，于人于己都是"利而不害"之事，是典型的"为而不争"之举。

五要不争善胜。老子说："天之道，不争而善胜，不言而善应，不召而自来，繟然而善谋。"（73章）河上公《老子章句》对这句的注解是："天不与人争贵贱，而人子畏之。天不言，万物自动以应时。天不呼召，万物皆负阴而向阳。"这是老子对"利而不害""为而不争"有着深刻认识的基础上，对自然法则的科学归纳：从来不需要去争抢，因为逞强总会招来灾祸，当真正地达到什么都不屑争夺的境界时，就没有人可以与之相争了；从来都不需要用言语表达出来，因为所要表达的往往都已经在行为之中自然流露出来了；不需要召唤和祈求，应该来的自然会准时悄然而至；自然的法则看似散漫而毫无头绪，但是就在这散漫之中一切都已经安排妥当。善胜、善应、自来和善谋都是自然法则，亦即"道"对世间万物所起的支配作用的不同表现。这是老子提出"为而不害""为而不争"能够实现"不争而善胜"目标的重要依据。老子讲的"不争之德"（68章），不只是适用于战争，也适用于人们生活的各个领域。一方面，"不争而善胜"告诉我们的是不争之益。老子赞美水的品质时说："水善利万物而不争。"（8章）并进一步强调："夫唯不争，故无尤。"（8章）这是在讲"不争"的好处。不争则超然，超一

· 354 ·

切纷争之外、一切打斗之外、一切私欲之外、一切虞诈之外、一切巧智机诈之外。不争则自然,一切法地、法天、法自然,一切皆自然而为。崇尚自然的不争是天下安宁、社稷安宁、家庭安宁、本我安宁、心灵安宁的良药,是真正意义上的"无尤而安"。不争无祸,故而至福。天下万物,唯有"不争",才能真正让人避尤、避灾、避难,才能避免正沦奇、善沦妖、福沦祸。人生不如意十有八九,当我们生活中遇到不如意、不顺心的事情时,要得理让人,忍让为先,做到忍气、忍辱。气愤来自于生活中的不公,屈辱产生于人格上的贬损。忍气是为了求安,凡事想得开才能看得远,正如俗话所言:"忍得一时之气,免得百日之忧。"在中国人眼里,忍耐是一种美德,更是一种以屈求伸的深谋远虑。"吃亏人常在,能忍者自安"是提倡忍耐的至理箴言。忍耐是人类适应自然选择和社会竞争的一种为人做事的方式。忍耐、退步能够促进人与人之间的和谐相处,为自己创造一个更好的工作生活环境。另一方面,"不争而善胜"揭示的是不争之力。老子的"不争是最高之争"的处世哲学彰显了道家的人生智慧。"夫唯不争,故天下莫能与之争。"(22章)"以其不争,故天下莫能与之争。"(66章)老子认为,"不争"符合"道"的本质,炫耀、贪婪、争强好胜之人正因为违反了"道",所以注定不能成功。人类痛苦和纷争的病根就在于刚强过了分,争夺过了头。低调、谦和、处下、柔弱才是大道,这样才会保全人在默默之中积累起成功的力量,会使人在社会之中获得最广泛的认可和支持,最终顺利到达成功的彼岸。一切顺其自然做自己应该做的事情,不去过多地考虑得失,不处心积虑地去争夺。如此,该做的事做好了,结果自然会好。更为重要的是,这样的成果没有人能从自己手中夺走,能在成功的同时收获幸福。老子崇尚不争,并不是怯懦怕事,而是收敛锐气、顺其自然,达到内心的清静无为。如果见利便争,不仅会引起别人的警惕和反感,而且容易暴露自身的弱点,一不小心就有可能被竞争对手击倒;反之,若顺其自然、不与人争,并泰然处之,不仅能缓解所面临的巨大压力,还可以避免与他人发生冲突,使矛盾得到化解,使人际关系得到改善。因此说,"不争而善胜"是对"天之道,利而不害。圣人之道,为而不争"内化于心的深刻理解,是对自身能力素质的高度自信,是人生智慧和思想的升华。

　　透过上述五个方面的分析可以清楚地看到,"利而不害""为而不争"的本质是顺应自然、遵循规律,也就是老子所说的"道法自然"。"利而不害"是大境界,"为而不争"是大智慧,是"循自然而为""遵自然而往"的一种自觉行为,是对事物规律有了清醒认识以后做出的自觉行为选择。"为而不争",不争而争,才是行为决策中最核心的"不争"的智慧。无论从出发点抑或落脚点来观察,"不争"都是为了实现"为",因此,"不争"是一种积极的行为,其本质是进取的、

道德经的人生智慧

向上的。"利而不害""为而不争"应成为人类最高的道德规范和行为的准则。

纵观全书,《道德经》言道论德是"言有宗,事有据"的,是对客观(自然)规律的哲学概括与科学总结,并非抽象的凭空而谈。正因如此,《道德经》所构建的道德大厦,虽然仅有五千余言,且历经了两千多年,不但没有为历史所尘封,反而随着科学的发展越来越放射出夺目的光芒,为全世界各国人民所重视。《道德经》中的言语都是依托"天之道",即客观(自然)规律而产生的有根有据的言语,它近似于最为自然的"不言之教",它不需要用华丽的辞藻来修饰,却揭示出我们必须遵循的客观(自然)规律。由于《道德经》胸襟宽广,极其谦卑,使之无法成为儒家一类的主流文化,但也缘于此,老子的思想成了世人遭受磨难时必不可少的精神良药。特别是在当前社会,人心浮躁、急功近利,需要《道德经》让人们沉静下来;弱肉强食、成王败寇,需要《道德经》慰藉失败者受伤的心灵;良莠难辨、道德濒危,需要《道德经》匡正人们的行为举止。所以说,《道德经》是古今中外人们安身立命、建功立业的大智慧、大思想、大哲学。

这正是:

　　老子玄玄论道德,
　　挞鞭时弊治沉疴。
　　利而不害天之道,
　　劝谏躬行莫易辙。
　　为但不争修品性,
　　圣人之治抱天和。
　　真经智慧安天下,
　　不愧东方大圣哲。

附录1：

新版式道德经

　　为了便于读者从多角度深入系统地理解《道德经》，笔者以陈鼓应《老子校定文》为蓝本，根据八十一章的内在联系，尝试从玄玄之道、孔德之容、圣人之德、圣人之治和劝谏之言等5个方面对其进行了重新梳理归类，并对部分章节的内容进行微调(涉及两章以上文字，以一章文字为主，其他章文字用下横线标明)，形成《新版式道德经》，不一定准确，仅供参考。在重新梳理编辑过程中，得到了老子故里，河南省周口市鹿邑县老子文化研发中心主任、全国知名老学专家陈大明先生的指导，在此表示由衷的感谢。

一、玄玄之道

1.(原25章)

　　有物混成，先天地生。寂兮寥兮，独立不改，周行而不殆，可以为天下母。吾不知其名，强字之曰"道"，强为之名曰"大"。大曰逝，逝曰远，远曰反。故道大，天大，地大，人亦大。域中有四大，而人居其一焉。人法地，地法天，天法道，道法自然。

2.(原4章)

　　道冲，而用之或不盈。渊兮，似万物之宗；湛兮，似或存。吾不知谁之子，象帝之先。

3.(原1、40章)

　　道可道，非常道。名可名，非常名。无，名天地之始；有，名万物之母。<u>天下万物生于有，有生于无。</u>故常无，欲以观其妙；常有，欲以观其徼。此两者，同出而异名，同谓之玄。玄之又玄，众妙之门。

4.(原14章)

　　视之不见，名曰"夷"；听之不闻，名曰"希"；搏之不得，名曰"微"。此三者不可致诘，故混而为一。其上不皦，其下不昧。绳绳兮不可名，复归于无物。是谓无状之状，无物之象，是谓惚恍。迎之不见其首，随之不见其后。执古之道，以御今之有。能知古始，是谓道纪。

5. (原42、21章)

道生一,一生二,二生三,三生万物。万物负阴而抱阳,冲气以为和。道之为物,惟恍惟惚。惚兮恍兮,其中有象;恍兮惚兮,其中有物。窈兮冥兮,其中有精;冥兮窈兮,其中有信。自今及古,其名不去,以阅众甫。吾何以知众甫之状哉?以此。

6. (原6章)

谷神不死,是谓玄牝。玄牝之门,是谓天地根。绵绵若存,用之不勤。

7. (原40、5章)

反者道之动;弱者道之用。天地之间,其犹橐籥乎?虚而不屈,动而愈出。

8. (原52章)

天下有始,以为天下母。既得其母,以知其子;既知其子,复守其母,没身不殆。见小曰明,守柔曰强。用其光,复归其明,无遗身殃;是为袭常。

9. (原34章)

大道泛兮,其可左右。万物恃之以生而不辞,功成而不有。衣养万物而不为主,可名于小;万物归焉而不为主,可名为大。以其终不自为大,故能成其大。

10. (原35章)

执大象,天下往。往而不害,安平泰。乐与饵,过客止。道之出口,淡乎其无味,视之不足见,听之不足闻,用之不足既。

11. (原11章)

三十辐,共一毂,当其无,有车之用。埏埴以为器,当其无,有器之用。凿户牖以为室,当其无,有室之用。故有之以为利,无之以为用。

12. (原41、67章)

天下皆谓我:"道大,似不肖。"夫唯大,故似不肖。若肖,久矣其细也夫!上士闻道,勤而行之;中士闻道,若存若亡;下士闻道,大笑之。不笑不足以为道。故建言有之:明道若昧;进道若退;夷道若纇;大方无隅;大器晚成;大音希声;大象无形;道隐无名。夫唯道,善贷且成。

13. (原47章)

不出户,知天下;不窥牖,见天道。其出弥远,其知弥少。是以圣人不行而知,不见而明,不为而成。

二、孔德之容

14. (原21、41章)

孔德之容,惟道是从。上德若谷;大白若辱;广德若不足;建德若偷;质真

若渝。

15.（原51章）

道生之,德畜之,物形之,势成之。是以万物莫不尊道而贵德。道之尊,德之贵,夫莫之命而常自然。故道生之,德畜之;长之育之;亭之毒之;养之覆之。生而不有,为而不恃,长而不宰。是谓"玄德"。

16.（原38章）

上德不德,是以有德;下德不失德,是以无德。上德无为而无以为;上仁为之而无以为;上义为之而有以为。上礼为之而莫之应,则攘臂而扔之。故失道而后德,失德而后仁,失仁而后义,失义而后礼。夫礼者,忠信之薄,而乱之首。前识者,道之华,而愚之始。是以大丈夫处其厚,不居其薄;处其实,不居其华。故去彼取此。

17.（原23、63章）

希言自然。故飘风不终朝,骤雨不终日。孰为此者? 天地。天地尚不能久,而况于人乎? 故从事于道者,同于道;德者,同于德;失者,同于失。同于德者,道亦德之;同于失者,道亦失之。

18.（原54章）

善建者不拔,善抱者不脱,子孙以祭祀不辍。修之于身,其德乃真;修之于家,其德乃余;修之于乡,其德乃长;修之于邦,其德乃丰;修之于天下,其德乃普。故以身观身,以家观家,以乡观乡,以邦观邦,以天下观天下。吾何以知天下然哉? 以此。

19.（原16章）

致虚极,守静笃。万物并作,吾以观复。夫物芸芸,各复归其根。归根曰静,静曰复命。复命曰常,知常曰明。不知常,妄作凶。知常容,容乃公,公乃全,全乃天,天乃道,道乃久,没身不殆。

三、圣人之德

20.（原5章）

天地不仁,以万物为刍狗;圣人不仁,以百姓为刍狗。

21.（原15、20章）

古之善为士者,微妙玄通,深不可识。夫唯不可识,故强为之容:豫兮若冬涉川;犹兮若畏四邻;俨兮其若客;涣兮其若冰释;敦兮其若朴;旷兮其若谷;混兮其若浊。澹兮其若海,飂兮若无止。孰能浊以静之徐清;孰能安以动之徐生。

22.（原45章）

大成若缺，其用不弊。大盈若冲，其用不穷。大直若屈，大巧若拙，大辨若讷。躁胜寒，静胜热。清静为天下正。

23.（原27章）

善行无辙迹；善言无瑕谪；善数不用筹策；善闭无关楗而不可开；善结无绳约而不可解。是以圣人常善救人，故无弃人；常善救物，故无弃物。是谓袭明。故善人者，不善人之师；不善人者，善人之资。不贵其师，不爱其资，虽智大迷，是谓要妙。

24.（原49章）

圣人常无心，以百姓心为心。善者，吾善之；不善者，吾亦善之；德善。信者，吾信之；不信者，吾亦信之；德信。圣人在天下，歙歙焉，为天下浑其心。百姓皆注其耳目，圣人皆孩之。

25.（原79、63章）

和大怨，必有余怨，安可以为善？<u>大小多少，报怨以德。</u>是以圣人执左契，而不责于人。有德司契，无德司彻。天道无亲，常与善人。

26.（原55章）

含德之厚，比于赤子。蜂虿虺蛇不螫，攫鸟猛兽不搏。骨弱筋柔而握固。未知牝牡之合而朘作，精之至也。终日号而不嗄，和之至也。知和曰常，知常曰明。益生曰祥。心使气曰强。物壮则老，谓之不道，不道早已。

27.（原8章）

上善若水。水善利万物而不争，处众人之所恶，故几于道。居善地，心善渊，与善仁，言善信，政善治，事善能，动善时。夫唯不争，故无尤。

28.（原28章）

知其雄，守其雌，为天下溪。为天下溪，常德不离，复归于婴儿。知其白，守其辱，为天下谷。为天下谷，常德乃足，复归于朴。朴散则为器，圣人用之，则为官长，故大制不割。

29.（原66章）

江海之所以能为百谷王者，以其善下之，故能为百谷王。是以圣人欲上民，必以言下之；欲先民，必以身后之。是以圣人处上而民不重，处前而民不害。是以天下乐推而不厌。以其不争，故天下莫能与之争。

30.（原22章）

曲则全，枉则直，洼则盈，敝则新，少则得，多则惑。是以圣人抱一为天下式。不自见，故明；不自是，故彰；不自伐，故有功；不自矜，故能长。夫唯不争，

故天下莫能与之争。古之所谓"曲则全"者,岂虚言哉！诚全而归之。

31.（原77章）

天之道,其犹张弓欤？高者抑之,下者举之；有余者损之,不足者补之。天之道,损有余而补不足。人之道,则不然,损不足以奉有余。孰能有余以奉天下,唯有道者。是以圣人为而不恃,功成而不处,其不欲见贤。

32.（原2章）

天下皆知美之为美,斯恶已；皆知善之为善,斯不善已。有无相生,难易相成,长短相形,高下相盈,音声相和,前后相随。是以圣人处无为之事,行不言之教；万物作而不为始,生而不有,为而不恃,功成而弗居。夫唯弗居,是以不去。

33.（原7章）

天长地久。天地所以能长且久者,以其不自生,故能长生。是以圣人后其身而身先；外其身而身存。非以其无私邪？故能成其私。

34.（原12、64章）

五色令人目盲；五音令人耳聋；五味令人口爽；驰骋畋猎,令人心发狂；难得之货,令人行妨。是以圣人为腹不为目,故去彼取此。**是以圣人欲不欲,不贵难得之货；学不学,复众人之所过,以辅万物之自然而不敢为。**

35.（原56、5章）

知者不言,言者不知。**多言数穷,不如守中。**塞其兑,闭其门,挫其锐,解其纷,和其光,同其尘,是谓"玄同"。故不可得而亲,不可得而疏；不可得而利,不可得而害；不可得而贵,不可得而贱。故为天下贵。

36.（原81章）

信言不美,美言不信。善者不辩,辩者不善。知者不博,博者不知。圣人不积,既以为人己愈有,既以与人己愈多。天之道,利而不害；圣人之道,为而不争。

37.（原33章）

知人者智,自知者明。胜人者有力,自胜者强。知足者富。强行者有志。不失其所者久。死而不亡者寿。

38.（原71章）

知不知,尚矣；不知知,病也。圣人不病,以其病病。夫唯病病,是以不病。

四、圣人之治

39.（原67、15章）

我有三宝,持而保之。一曰慈,二曰俭,三曰不敢为天下先。慈故能勇；俭故能广;不敢为天下先,故能成器长。保此道者,不欲盈。夫唯不盈,故能蔽而新成。今舍慈且勇;舍俭且广;舍后且先;死矣!夫慈,以战则胜,以守则固。天将救之,以慈卫之。

40.(原59章)

治人事天,莫若啬。夫唯啬,是谓早服;早服谓之重积德;重积德则无不克;无不克则莫知其极;莫知其极,可以有国;有国之母,可以长久;是谓深根固柢,长生久视之道。

41.(原29章)

将欲取天下而为之,吾见其不得已。天下神器,不可为也,不可执也。为者败之,执者失之。是以圣人无为,故无败;无执,故无失。故物或行或随;或嘘或吹;或强或羸;或培或堕。是以圣人去甚,去奢,去泰。

42.(原3章)

不尚贤,使民不争;不贵难得之货,使民不为盗;不见可欲,使民不乱。是以圣人之治,虚其心,实其腹,弱其志,强其骨。常使民无知无欲。使夫智者不敢为也。为无为,则无不治。

43.(原48、20章)

绝学无忧。为学日益,为道日损。损之又损,以至于无为。无为而无不为。取天下常以无事,及其有事,不足以取天下。

44.(原63章)

图难于其易,为大于其细;天下难事,必作于易,天下大事,必作于细。夫多易必多难。是以圣人犹难之,故终无难矣。是以圣人终不为大,故能成其大。

45.(原64章)

其安易持,其未兆易谋。其脆易泮,其微易散。为之于未有,治之于未乱。合抱之木,生于毫末;九层之台,起于累土;千里之行,始于足下。民之从事,常于几成而败之。慎终如始,则无败事。

46.(原58章)

其政闷闷,其民淳淳;其政察察,其民缺缺。是以圣人方而不割,廉而不刿,直而不肆,光而不耀。祸兮福之所倚,福兮祸之所伏。孰知其极?其无正也。正复为奇,善复为妖。人之迷,其日固久。

47.(原65章)

古之善为道者,非以明民,将以愚之。民之难治,以其智多。故以智治国,国之贼;不以智治国,国之福。知此两者亦稽式。常知稽式,是谓"玄德"。玄德深矣,远矣,与物反矣,然后乃至大顺。

48.（原 72 章）

民不畏威,则大威至。无狎其所居,无厌其所生。夫唯不厌,是以不厌。是以圣人自知不自见;自爱不自贵。故去彼取此。

49.（原 57 章）

以正治国,以奇用兵,以无事取天下。吾何以知其然哉？以此:天下多忌讳,而民弥贫;人多利器,国家滋昏;人多伎巧,奇物滋起;法令滋彰,盗贼多有。故圣人云:"我无为,而民自化;我好静,而民自正;我无事,而民自富;我无欲,而民自朴。"

50.（原 60 章）

治大国,若烹小鲜。以道莅天下,其鬼不神;非其鬼不神,其神不伤人;非其神不伤人,圣人亦不伤人。夫两不相伤,故德交归焉。

51.（原 80 章）

小国寡民。使有什伯人之器而不用;使民重死而不远徙。虽有舟舆,无所乘之,虽有甲兵,无所陈之。使民复结绳而用之。甘其食,美其服,安其居,乐其俗。邻国相望,鸡犬之声相闻,民至老死,不相往来。

52.（原 61、32 章）

<u>譬道之在天下,犹川谷之于江海</u>。大邦者下流,天下之牝,天下之交也。牝常以静胜牡,以静为下。故大邦以下小邦,则取小邦;小邦以下大邦,则取大邦。故或下以取,或下而取。大邦不过欲兼畜人,小邦不过欲入事人。夫两者各得所欲,大者宜为下。

53.（原 76 章）

人之生也柔弱,其死也坚强。草木之生也柔脆,其死也枯槁。故坚强者死之徒,柔弱者生之徒。是以兵强则灭,木强则折。强大处下,柔弱处上。

54.（原 36 章）

将欲歙之,必固张之;将欲弱之,必固强之;将欲废之,必固兴之;将欲取之,必固与之。是谓微明。柔弱胜刚强。鱼不可脱于渊,国之利器不可以示人。

55.（原 30 章）

以道佐人主者,不以兵强天下。其事好还。师之所处,荆棘生焉。善有果而已,不以取强。果而勿矜,果而勿伐,果而勿骄,果而勿强,果而不得已。物壮则老,是谓不道,不道早已。

56.（原 31 章）

夫兵者,不祥之器,物或恶之,故有道者不处。君子居则贵左,用兵则贵右。兵者不祥之器,非君子之器,不得已而用之,恬淡为上。胜而不美,而美之者,是乐杀人。夫乐杀人者,则不可得志于天下矣。吉事尚左,凶事尚右。偏将军居左,上将军居右,言以丧礼处之。杀人之众,以悲哀泣之,战胜以丧礼处之。

57.（原 68 章）

善为士者,不武;善战者,不怒;善胜敌者,不与;善用人者,为之下。是谓不争之德,是谓用人,是谓配天,古之极也。

58.（原 69 章）

用兵有言:"吾不敢为主,而为客;不敢进寸,而退尺。"是谓行无行;攘无臂;扔无敌;执无兵。祸莫大于轻敌,轻敌几丧吾宝。故抗兵相若,哀者胜矣。

五、劝谏之言

59.（原 53 章）

使我介然有知,行于大道,唯施是畏。大道甚夷,而人好径。朝甚除,田甚芜,仓甚虚;服文彩,带利剑,厌饮食,财货有余;是为盗夸。非道也哉!

60.（原 18 章）

大道废,有仁义;六亲不和,有孝慈;国家昏乱,有忠臣。

61.（原 75 章）

民之饥,以其上食税之多,是以饥。民之难治,以其上之有为,是以难治。民之轻死,以其上求生之厚,是以轻死。夫唯无以生为者,是贤于贵生。

62.（原 74 章）

民不畏死,奈何以死惧之? 若使民常畏死,而为奇者,吾将得而杀之,孰敢? 常有司杀者杀。夫代司杀者杀,是谓代大匠斫,夫代大匠斫者,希有不伤其手矣。

63.（原 73、42 章）

勇于敢则杀,勇于不敢则活。此两者,或利或害。<u>强梁者不得其死! 吾将以为教父。</u>天之所恶,孰知其故? 天之道,不争而善胜,不言而善应,不召而自来,繟然而善谋。天网恢恢,疏而不失。

64.（原 50 章）

出生入死。生之徒,十有三;死之徒,十有三;人之生生,动之于死地,亦十有三。夫何故? 以其生生之厚。盖闻善摄生者,陆行不遇兕虎,入军不被甲兵。兕无所投其角,虎无所用其爪,兵无所容其刃。夫何故? 以其无死地。

65.（原 24 章）

企者不立;跨者不行;自见者不明;自是者不彰;自伐者无功;自矜者不长。其在道也,曰:馀食赘形。物或恶之,故有道者不处。

66.（原32章）

道常无名朴。虽小，天下莫能臣。侯王若能守之，万物将自宾。天地相合，以降甘露，民莫之令而自均。始制有名，名亦既有，夫亦将知止，知止可以不殆。

67.（原44章）

名与身孰亲？身与货孰多？得与亡孰病？甚爱必大费；多藏必厚亡。故知足不辱，知止不殆，可以长久。

68.（原46章）

天下有道，却走马以粪。天下无道，戎马生于郊。咎莫大于欲得；祸莫大于不知足。故知足之足，常足矣。

69.（原9章）

持而盈之，不如其已；揣而锐之，不可长保。金玉满堂，莫之能守；富贵而骄，自遗其咎。功遂身退，天之道也。

70.（原19、52、63章）

<u>塞其兑，闭其门</u>，终身不勤。<u>开其兑</u>，济其事，终身不救。绝智弃辩，民利百倍；绝伪弃诈，民复孝慈；绝巧弃利，盗贼无有。此三者以为文，不足。故令有所属：<u>为无为，事无事，味无味</u>。见素抱朴，少私寡欲。

71.（原13章）

宠辱若惊，贵大患若身。何谓宠辱若惊？宠为下，得之若惊，失之若惊，是谓宠辱若惊。何谓贵大患若身？吾所以有大患者，为吾有身，及吾无身，吾有何患？故贵以身为天下，若可寄天下；爱以身为天下，若可托天下。

72.（原39章）

昔之得一者：天得一以清；地得一以宁；神得一以灵；谷得一以盈；万物得一以生；侯王得一以为天下正。其致之也，谓天无以清，将恐裂；地无以宁，将恐废；神无以灵，将恐歇；谷无以盈，将恐竭；万物无以生，将恐灭；侯王无以正，将恐蹶。故贵以贱为本，高以下为基。是以侯王自称孤、寡、不谷。此非以贱为本邪？非乎？故至誉无誉。是故不欲琭琭如玉，珞珞如石。

73.（原10章）

载营魄抱一，能无离乎？专气致柔，能如婴儿乎？涤除玄鉴，能无疵乎？爱民治国，能无为乎？天门开阖，能为雌乎？明白四达，能无知乎？

74.（原26章）

重为轻根，静为躁君。是以君子终日行不离辎重。虽有荣观，燕处超然。奈何万乘之主，而以身轻天下？轻则失根，躁则失君。

道德经的人生智慧

75.（原37章）

道常无为而无不为。侯王若能守之，万物将自化。化而欲作，吾将镇之以无名之朴。无名之朴，夫亦将不欲。不欲以静，天下将自正

76.（原43章）

天下之至柔，驰骋天下之至坚。无有入无间，吾是以知无为之有益。不言之教，无为之益，天下希及之。

77.（原78章）

天下莫柔弱于水，而攻坚强者莫之能胜，以其无以易之。弱之胜强，柔之胜刚，天下莫不知，莫能行。是以圣人云："受国之垢，是谓社稷主；受国不祥，是为天下王。"正言若反。

78.（原17、63章）

太上，不知有之；其次，亲而誉之；其次，畏之；其次，侮之。轻诺必寡信，信不足焉，有不信焉。悠兮其贵言。功成事遂，百姓皆谓："我自然。"

79.（原62章）

道者万物之奥。善人之宝，不善人之所保。美言可以市，尊行可以加人。人之不善，何弃之有？故立天子，置三公，虽有拱璧以先驷马，不如坐进此道。古之所以贵此道者何？不曰：求以得，有罪以免邪？故为天下贵。

80.（原70章）

吾言甚易知，甚易行。天下莫能知，莫能行。言有宗，事有君。夫唯无知，是以不我知。知我者希，则我者贵。是以圣人被褐怀玉。

81.（原20章）

唯之与阿，相去几何？美之与恶，相去若何？人之所畏，不可不畏。荒兮，其未央哉！众人熙熙，如享太牢，如春登台。我独泊兮，其未兆，如婴儿之未孩；儽儽兮，若无所归。众人皆有余，而我独若遗。我愚人之心也哉！沌沌兮！俗人昭昭，我独昏昏。俗人察察，我独闷闷。众人皆有以，而我独顽且鄙。我独异于人，而贵食母。

附录2：

《道德经》原文、译文[①]

上篇：道经

1章

【原文】

道可道，非常道。名可名，非常名。无，名天地之始；有，名万物之母。故常无，欲以观其妙；常有，欲以观其徼。此两者，同出而异名，同谓之玄。玄之又玄，众妙之门。

【译文】

可以用语言表述出来的"道"，就不是永恒的"道"。可以用言辞说出来的"名"，就不是永恒的"名"。"无"是天地的本始，"有"是万物的根源。因此，要经常从"无"中去观察"道"的奥妙；经常从"有"中去认识"道"的端倪。"无"和"有"这两者，来源相同却具有不同的名称，这都是很幽深玄奥的。它们玄妙至深，是宇宙间一切奥妙的根源。

2章

【原文】

天下皆知美之为美，斯恶已；皆知善之为善，斯不善已。有无相生，难易相成，长短相形，高下相盈，音声相和，前后相随。是以圣人处无为之事，行不言之教；万物作而不为始，生而不有，为而不恃，功成而弗居。夫唯弗居，是以不去。

注：1."长短相形"王弼版本为："长短相较"。

2."高下相盈"王弼版本为："高下相倾"。

3."万物作而不为始"王弼版本为："万物作焉而不辞"。

4."生而不有，为而不恃，功成而弗居。"有版本为："生而弗有，为而弗恃，功成而弗居。"

---

① 原文以陈鼓应《老子今注今译》（商务印书馆2003年版）之附录三《老子校定文》为蓝本。

· 367 ·

道德经的人生智慧

【译文】

天下人都知道美之所以为美,是由于有丑陋的存在。知道善之所以为善,是因为有恶的存在。所以,有和无互相转化,难和易互相形成,长和短互相彰显,高和下互相呈现,音与声互相配合,前和后互相跟随。因此,圣人以"无为"的态度来处理世事,以不言的方法来施予教导。(就像天地那样,)让万物自然地生长而不横加干涉;生养万物而不据为己有,施为万物而不炫耀自己,成就万物而不居功自傲。正所谓不贪功,才能功绩永存。

3章

【原文】

不尚贤,使民不争;不贵难得之货,使民不为盗;不见可欲,使民不乱。是以圣人之治,虚其心,实其腹,弱其志,强其骨。常使民无知无欲。使夫智者不敢为也。为无为,则无不治。

注:"使民不乱"王弼版本为:"使民心不乱"。

【译文】

如果社会不崇尚贤能,就不会导致百姓相争;如果不把那些珍奇异宝当作是贵重之物,百姓就不会产生偷窃行为;如果不显耀那些能引起欲望的东西,就不会导致百姓神迷心乱。所以,圣人治理天下的原则就是:要使百姓清心寡欲,使百姓衣食充盈,使百姓弱化志向,使百姓身体强健。长此以往,百姓就会变得不知功名利禄为何物而没有非分的欲求,这样就会使个别的"聪明人"也不敢胡作非为。按照"无为"的原则去做,那么国家就没有治理不好的。

4章

【原文】

道冲,而用之或不盈。渊兮,似万物之宗;湛兮,似或存。吾不知谁之子,象帝之先。

注:王弼版本在"渊兮,似万物之宗"句后有:"挫其锐,解其纷;和其光,同其尘。"与56章重复。

【译文】

"道"是虚无而没有形体的,但是它却用之不竭,它是那样的渊深啊,就像是万物的宗主;它是那么的幽隐啊,好像没有又好像存在。我不知道它是从哪里孕育产生的,似乎在天帝出现之前就已经存在了。

5 章

【原文】

天地不仁,以万物为刍狗;圣人不仁,以百姓为刍狗。天地之间,其犹橐籥乎?虚而不屈,动而愈出。多言数穷,不如守中。

【译文】

天地是无所谓仁慈偏爱的,它对待万物就像对待刍狗(古代祭祀时用草扎成的狗)一样平等,任凭万物自生自灭;圣人也是无所谓仁慈偏爱的,他对待百姓也像对待刍狗一样,任凭百姓自作自息。天地之间,不正像一个大风箱吗?平时虚空静止,但其力量仍在,不会穷竭,而一旦鼓动起来风就会呼啸而出,产生巨大威力。因此说,多言多做就会出差错,不如持中守静。(意指:统治者平时政令太多,反而会加速衰亡,不如静动适时适度,方可进退自如。)

6 章

【原文】

谷神不死,是谓玄牝。玄牝之门,是谓天地根。绵绵若存,用之不勤。

【译文】

变化莫测的"道"是博大无边、永恒不灭的,这是玄妙而伟大的母体。宇宙万物都以"道"为母体而诞生,因此它就是天地万物的根源。它若隐若现地存在于天地间,发挥着无穷无尽的作用。

7 章

【原文】

天长地久。天地所以能长且久者,以其不自生,故能长生。是以圣人后其身而身先;外其身而身存。非以其无私邪?故能成其私。

【译文】

天长存,地久在。天地之所以能够长久存在,是因为它们在运行中不去强求自己的生存,因此才能够长生。所以,圣人把自己摆在众人的后面(意指保持谦退、收敛的处世态度),反而却能居众人之前(意指赢得众人的拥戴而被推为首领);把自己的身体、生死置之度外,反而能够使自己的性命得到保护。这不正是由于他不自私吗?反而成就了他的理想抱负。

道德经的人生智慧

8章

【原文】

上善若水。水善利万物而不争,处众人之所恶,故几于道。居善地,心善渊,与善仁,言善信,政善治,事善能,动善时。夫唯不争,故无尤。

注:"政善治"王弼版本为:"正善治"。

【译文】

最崇高的善就像水一样。水善于滋润万物却不与万物相争,它处于众人所厌恶的低下的位置,因此也最接近于"道"。(至善的人)能够像水一样善于选择低下的地方而居,心地宽容似渊深的大海,能够以仁爱无私的态度与人交往,言出必践诚实可信,善于治国为政公正清明,做事能够发挥特长达到既定效果,行动能够审时度势善抓时机。(至善的人)正因为能够像水一样与世无争,所以才没有过失。

9章

【原文】

持而盈之,不如其已;揣而锐之,不可长保。金玉满堂,莫之能守;富贵而骄,自遗其咎。功遂身退,天之道也。

注:"揣而锐之"王弼版本为:"揣而梲之"。

【译文】

让自己持有的东西达到盈满状态,不如及早停止追求;锤锻得越尖利的金属器具,越难以将其锐利保持长久。财宝堆满家中,没有人能够长期守住;富贵而又骄横,就会给自己招灾惹祸。功成名就之后,要懂得含藏收敛,甚至归隐离去,这才符合自然规律。

10章

【原文】

载营魄抱一,能无离乎?专气致柔,能如婴儿乎?涤除玄鉴,能无疵乎?天门开阖,能为雌乎?明白四达,能无知乎?

注:1."涤除玄鉴"王弼版本为:"涤除玄览"。

2."爱民治国,能无为乎?""明白四达,能无知乎?",王弼版本分别为:"爱民治国,能无知乎?""明白四达,能无为乎?"

3. 王弼版本在最后有:"生之畜之,生而不有,为而不恃,长而不宰,是谓玄

德。"与第51章重复。

【译文】

让精神与身体合二为一,抱守单纯的自然境界,能不分离吗?聚集精气以致柔和,能达到像初生的婴儿那样无欲的状态吗?清除私心杂念,能心如明镜没有一点瑕疵吗?爱护百姓、治理国家,能做到不妄为吗?人的感觉器官在接触外物时,能做到宁静平和抵御住外界的诱惑吗?人在广知万事、通达事理之后,能做到不卖弄炫耀自己的知识吗?促使万物生长和繁育,生养万物而不据为己有,施为万物而不炫耀自己,主导万物而不妄加主宰,这就是玄妙的德啊。

11 章

【原文】

三十辐,共一毂,当其无,有车之用。埏埴以为器,当其无,有器之用。凿户牖以为室,当其无,有室之用。故有之以为利,无之以为用。

【译文】

车轮上三十根辐条汇集到一根车毂中,正是因为车毂有了中空的地方,才有了车的用处。揉和陶土制作器皿,正是因为器皿有中空的地方,才有了器皿的用处。开凿门窗建造房屋,正是因为门窗四壁中的空虚部分,才有了房屋的用处。因此,"有"给人带来便利,全靠"无"使它发挥作用。

12 章

【原文】

五色令人目盲;五音令人耳聋;五味令人口爽;驰骋畋猎,令人心发狂;难得之货,令人行妨。是以圣人为腹不为目,故去彼取此。

【译文】

缤纷的色彩,使人眼花缭乱;嘈杂的音调,使人听觉失灵;丰盛的食物,使人味觉迟钝;纵情狩猎,使人心情放荡发狂;稀有的物品,使人行为不轨。因此,圣人只求吃饱肚子而不追逐声色之娱,所以能够摒弃物欲的诱惑而保持安定知足的生活方式。

13 章

【原文】

宠辱若惊,贵大患若身。何谓宠辱若惊?宠为下,得之若惊,失之若惊,是谓宠辱若惊。何谓贵大患若身?吾所以有大患者,为吾有身,及吾无身,吾有何患？故贵以身为天下，若可寄天下；爱以身为天下，若可托天下。

【译文】

得到宠爱和受到侮辱都好像受到惊恐，把荣辱这样的大患看得与自身生命一样珍贵。什么叫作"宠辱若惊"？得宠是卑下的，得到宠爱会感到惊喜难安，失去宠爱则令人惊慌不安，这就叫作"宠辱若惊"。什么叫"贵大患若身"？我之所以能感到大祸患的危害，是因为我的存在，身在其中；如果我不存在了（即死了或根本不在乎生死），我还有什么大祸患可以担忧的呢？因此，只有像看重自己身体一样看重天下（之事）的人，才可以把天下寄托给他；只有像爱护自己身体那样爱护天下（百姓）的人，才可以把天下托付给他。

14 章

【原文】

视之不见，名曰"夷"；听之不闻，名曰"希"；搏之不得，名曰"微"。此三者不可致诘，故混而为一。其上不皦，其下不昧。绳绳兮不可名，复归于无物。是谓无状之状，无物之象，是谓惚恍。迎之不见其首，随之不见其后。执古之道，以御今之有。能知古始，是谓道纪。

注："绳绳兮不可名"王弼版本为："绳绳不可名"。

【译文】

看它却看不见，这叫作"夷"；听它却听不到，这叫作"希"；摸它却摸不着，这叫做"微"。这三者的形状无从追究，因此它们原本就是浑然一体的。它的上面既不显得明亮清晰，它的下面也不显得阴暗晦涩。无头无绪、延绵不绝却又不可称名，一切运动都又回复到无形无象的状态。这就是没有形状的形状，不见物体的形象，这就是若有若无的"惚恍"。迎着它，看不见它的头，跟着它，也看不见它的尾。把握早已存在的"道"，用以驾驭现实存在的具体事物。能认识、了解宇宙的初始，这就叫作"道纪"（即认识"道"的规律）。

15 章

【原文】

古之善为士者，微妙玄通，深不可识。夫唯不可识，故强为之容：豫兮若冬涉川；犹兮若畏四邻；俨兮其若客；涣兮其若冰释；敦兮其若朴；旷兮其若谷；混兮其若浊。孰能浊以静之徐清；孰能安以动之徐生。保此道者，不欲盈。夫唯不盈，故能蔽而新成。

注：1."古之善为士者"有版本为："古之善为道者"。

2."涣兮其若冰释"王弼版本为："涣兮若冰之将释"，也有版本为："涣兮其若凌释"。

3."蔽而新成"王弼版本为："蔽不新成""不"实为"而"的误字。

【译文】

古时善于行道的人，能够洞察精微奥妙而思维神奇通达，可谓深不可测。正是因为深不可测，所以只能勉强地这样描述和形容：他做事非常小心谨慎，就好像冬天踩着薄冰过河；遇事非常警觉戒备，就好像随时随地防备着邻国的进攻；对待事物表现得非常恭敬郑重，就好像要去赴宴做客；行动非常轻松洒脱，就好像冰块缓缓消融；处世非常淳朴厚道，就好像没有经过加工的原木；(心胸)旷远豁达，就好像深幽的山谷；(性情)浑厚宽容，就好像不清的浊水。谁能使浑浊之物安静下来慢慢地澄清？谁能让静无生息之物运动起来逐渐焕发生机？能持守这个"道"的人，就能够保持谦虚而不盈满。正是因为他不盈满，所以总能不断地去旧而成新。

16 章

【原文】

致虚极，守静笃。万物并作，吾以观复。夫物芸芸，各复归其根。归根曰静，静曰复命。复命曰常，知常曰明。不知常，妄作凶。知常容，容乃公，公乃全，全乃天，天乃道，道乃久，没身不殆。

注：1."静曰复命"王弼版本为："是曰复命"。

2."公乃全，全乃天"王弼版本为："公乃王，王乃天"。

【译文】

追求"虚"的极致，坚守"静"的笃实。万物竞相蓬勃生长，我从中观察到了循环往复的道理。万物虽然变化纷纭，但最后都各自回归到它们的根源。回到根源叫作"静"，"静"就叫作回归本原。回归本原是自然规律，认识了自然规律就叫作聪明。不认识自然规律的轻妄举止，就会发生乱子和灾凶。认识自然规律(的人)才能包容一切，包容一切才能公正无私，公正无私才能周全无遗，周全无遗才能符合自然，符合自然才能遵循大道，遵循大道才能保持长久，终身都不会遭到危险。

17 章

【原文】

太上，不知有之；其次，亲而誉之；其次，畏之；其次，侮之。信不足焉，有不

道德经的人生智慧

信焉。悠兮其贵言。功成事遂,百姓皆谓:"我自然。"

注:"不知有之"有版本为:"下知有之"。

【译文】

最好的统治者,百姓根本意识不到他的存在;次一等级的统治者,百姓亲近他并且称赞他;再次一等级的统治者,百姓畏惧他;最次等级的统治者,百姓轻蔑他。统治者的诚信如果不足,百姓就不会相信他。最好的统治者是多么悠闲啊,他很少发号施令。事情办成功了,老百姓说:"我们本来就是这样的。"

18 章

【原文】

大道废,有仁义;六亲不和,有孝慈;国家昏乱,有忠臣。

注:王弼版本在"大道废,有仁义"句后有"智慧出,有大伪"。

【译文】

大道被废弃之后,才有提倡仁义的需要;家庭出现了纠纷之后,才会出现(真假难辨的)所谓孝与慈;国家陷于混乱之后,才会有(忠奸难辨的)所谓的忠臣出现。

19 章

【原文】

绝智弃辩,民利百倍;绝伪弃诈,民复孝慈;绝巧弃利,盗贼无有。此三者以为文,不足。故令有所属:见素抱朴,少私寡欲。

注:1."绝智弃辩"王弼版本为:"绝圣弃智"。

2."绝伪弃诈"王弼版本为:"绝仁弃义"。

3、有版本在此章最后有"绝学无忧。"此本将其放于第 20 章。

【译文】

抛弃心智诡辩,百姓可以得到百倍的好处;抛弃伪善奸诈,百姓可以恢复孝慈的天性;抛弃机巧私利,盗贼也就没有了。心智诡辩、伪善奸诈、机巧私利这三者全是巧饰,不足以治理天下。所以要使人们的思想认识有所归属:保持纯洁朴实的本性,减少私欲杂念。

20 章

【原文】

绝学无忧。唯之与阿,相去几何? 美之与恶,相去若何? 人之所畏,不可不

畏。荒兮,其未央哉!众人熙熙,如享太牢,如春登台。我独泊兮,其未兆,如婴儿之未孩;儽儽兮,若无所归。众人皆有余,而我独若遗。我愚人之心也哉!沌沌兮!俗人昭昭,我独昏昏。俗人察察,我独闷闷。澹兮其若海,飂兮若无止。众人皆有以,而我独顽且鄙。我独异于人,而贵食母。

注:1."美之与恶"王弼版本为:"善之与恶"。

2."沌沌兮"有版本将其放在"我独泊兮,其未兆"之后。

3."我独昏昏"王弼版本为:"我独若昏"。

4."而我独顽且鄙"王弼版本为:"而我独顽似鄙"。

【译文】

抛弃异化之学就可以免于忧患。应诺与呵声,相差有多大?美好与丑恶,又相差有多少?众人所畏惧的,就不能不畏惧。(我的)精神世界广远啊,好像没有个尽头!众人都熙熙攘攘、兴高采烈,如同去参加盛大的宴席,如同春天里登台眺望美景。而我却独自淡泊宁静、无动于衷,如同还不会嬉笑的婴儿;(我的生活)落落不群啊,好像浪子一样没有归宿。众人都有所剩余,唯独我却好像什么都不足。我真是只有一颗愚人的心啊!混混沌沌啊!世人都那么张扬炫耀,唯独我却暗昧昏沉。世人都那么严苛较真,唯独我却对一切都无所谓。(我的内心)沉静啊,好像渊深的大海;(我的形迹)飘逸啊,好像永无止境。众人都在千方百计地施展本领,唯独我却愚顽而鄙陋。唯独我与世人不同,而是把坚守大道看作是最尊贵的。(直译则为:而是尊贵作为万物之母的道,用道来滋养自己)。

21 章

【原文】

孔德之容,惟道是从。道之为物,惟恍惟惚。惚兮恍兮,其中有象;恍兮惚兮,其中有物。窈兮冥兮,其中有精;冥兮窈兮,其中有信。自今及古,其名不去,以阅众甫。吾何以知众甫之状哉?以此。

注:1."自今及古"有版本为:"自古及今"。

2."冥兮窈兮,其中有信。"王弼版本为:"其精甚真,其中有信。"

【译文】

道决定着大德的一切形态。"道"是物质的,但却是恍恍惚惚的。它是那样地惚恍啊,其中却有一定的表象。它虽然恍恍惚惚,其中却有实实在在的物质。它虽然深远暗昧,其中却含有精华和精气;它虽然暗昧深远,其里面却含有大量的可靠的信息。从今到古,"道"的名字永远不会消失,根据"道"才能认识万事万物的初始。我是怎么知道万事万物的进程与变化的呢?就是从认识"道"开始的。

22章

【原文】

曲则全,枉则直,洼则盈,敝则新,少则得,多则惑。是以圣人抱一为天下式。不自见,故明;不自是,故彰;不自伐,故有功;不自矜,故能长。夫唯不争,故天下莫能与之争。古之所谓"曲则全"者,岂虚言哉!诚全而归之。

注:1."是以圣人抱一为天下式。"有版本为:"是以圣人执一为天下式。"

2."不自矜,故能长。"王弼版本为:"不自矜,故长。"

【译文】

委曲反而能够得到保全,屈枉反而能够得到伸展,低洼反而能够得到充盈,陈旧反而能够得到更新,少取反而能够更多获得,贪多反而会更加迷惑。因此,圣人坚守这一原则作为天下事理的范式。不固执己见,就能客观分明地看待事情;不自以为是,就能达到彰显自己的目的;不自我炫耀,就能获得更大的功劳;不骄傲自大,就能让自己(业绩、名声等)长久不衰。正因为圣人不与他人相争,所以普天之下没有人能够争得过他。古语中的所谓"委曲便会保全",怎么能说是空话呢!事实上的的确确就是这样的啊。

23章

【原文】

希言自然。故飘风不终朝,骤雨不终日。孰为此者?天地。天地尚不能久,而况于人乎?故从事于道者,同于道;德者,同于德;失者,同于失。同于德者,道亦德之;同于失者,道亦失之。

注:"同于德者,道亦德之;同于失者,道亦失之。"王弼版本为:"同于道者,道亦乐得之;同于德者,德亦乐得之;同于失者,失亦乐得之。信不足焉,有不信焉。"

【译文】

少说话(引申为:少发布政令扰民)才是合乎自然的。因此,狂风不能够持续地吹一个早上,暴雨也不可能持续地下一个整天。是谁造成这种现象的呢?是天地。在大自然的运行中,天地制造的狂风暴雨尚不能长久,更何况是人(的狂妄行为)呢?因此说,专心悟"道"的人一定合于道;修德的人一定合于德;求失的人一定合于失(即,符合失道失德的条件)。合于德的人,道就会报之以德;

合于失的人,道就会报之以失(即,失道失德)。

24章

【原文】

企者不立;跨者不行;自见者不明;自是者不彰;自伐者无功;自矜者不长。其在道也,曰:余食赘形。物或恶之,故有道者不处。

【译文】

踮起脚跟用脚尖站立往往站不住、站不稳;大跨步地向前走往往走不快、走不远;固执己见的人往往不能客观分明地看待事情;自以为是的人往往达不到彰显自己的目的;自我炫耀的人往往是劳而无功;骄傲自大的人往往是好景不长。从"道"的观点来衡量这些行为,也只能称其为残羹赘瘤,令人厌恶。因此,得道之人是不屑于这样做的。

25章

【原文】

有物混成,先天地生。寂兮寥兮,独立不改,周行而不殆,可以为天下母。吾不知其名,强字之曰"道",强为之名曰"大"。大曰逝,逝曰远,远曰反。故道大,天大,地大,人亦大。域中有四大,而人居其一焉。人法地,地法天,天法道,道法自然。

注:1."可以为天下母。"有版本为:"可以为天地母。"

2."强字之曰'道'"王弼版本为:"字之曰'道'"。

3."人亦大""而人居其一焉"王弼版本为:"王亦大""而王居其一焉"。

【译文】

有个东西浑然一体,在天地形成之前就存在了。它无声又无形,独立长存且永不衰竭,生生不息循环运行,可以认为是天下万物的根源。我不知道怎么称呼它,只能勉强称它为"道",再勉强给它取个名字叫"大"。它广大无边且川流不息,同时又伸展辽远,最终又返回本源。所以说,"道"无止尽,"天"无边界,"地"无终点,"人"无不能。宇宙之中有"四大",而人是其中之一。"人"取法于"地",人类的所作所为必须符合大地孕育万物的法则。"地"取法于"天",大地时时刻刻都在效法天体的法则而运行。"天"取法于"道",天顺着道的自然法则而运作。"道"取法于它自己的"自然而然"的样子,按照其自身的准则自由自在地运行。

377

道德经的人生智慧

26章

【原文】

重为轻根,静为躁君。是以君子终日行不离辎重。虽有荣观,燕处超然。奈何万乘之主,而以身轻天下?轻则失根,躁则失君。

注:1."是以君子终日行不离辎重"王弼版本为:"是以圣人终日行不离辎重"。

2."轻则失根"王弼版本为:"轻则失本"。

【译文】

厚重是轻率的根基,静定是躁动的主宰。因此,君子整天赶路,时刻都离不开载重的车辆。虽然他们有荣华富贵的生活,但却不会沉溺其中。为什么身为强大之国的君主,却总是以轻率躁动的行为来治理天下呢?轻率必然会失去根基,躁动则必然丧失主宰(的权力和地位)。

27章

【原文】

善行无辙迹;善言无瑕谪;善数不用筹策;善闭无关楗而不可开;善结无绳约而不可解。是以圣人常善救人,故无弃人;常善救物,故无弃物。是谓袭明。故善人者,不善人之师;不善人者,善人之资。不贵其师,不爱其资,虽智大迷,是谓要妙。

【译文】

做事技巧很高的人,事后绝对不会留下任何痕迹;讲话技巧很高的人,话中也很不容易被挑出毛病;计算技能很高的人,进行计算时不需要任何辅助工具;那些很会制作器物的技师,做出的器物关闭后,即使不上栓,别人也打不开;很懂捆绑技巧的人,捆绑好东西后不用打结,别人也解不开。因此,得道的圣人总是善于救助人,所以没有被遗弃的人;总是善于利用物,所以没有废弃的物。这就是"袭明"(即,深藏不露的聪明智慧)。所以善人可以做不善人的老师,不善人可以作为善人的借鉴。不尊重自己的老师,不爱惜他人的借鉴作用,即使自以为很聪明,其实却是非常糊涂的,这就是"要妙"(即,精要玄妙的道理)。

28章

【原文】

知其雄,守其雌,为天下溪。为天下溪,常德不离,复归于婴儿。知其白,守

其辱,为天下谷。为天下谷,常德乃足,复归于朴。朴散则为器,圣人用之,则为官长,故大制不割。

注:王弼版本在"知其白,"句后,有"守其黑,为天下式。为天下式,常德不忒,复归于无极。知其荣,"。

【译文】

知道什么是强雄,却能够安于柔雌的地位,这样就可以成为天下的溪河。如此,永恒的"德"就不会离失,从而回到婴儿(似的、最单纯最质朴)的状态。知道什么是明亮,却能够安于暗昧的地位,这样就可以成为天下的川谷。如此,永恒的"德"才得以充足,从而最终回复到混沌朴真的初始状态。混沌朴真的初始状态逐步演化成宇宙中一个个具体的万物,得道的圣人懂得宇宙变化的规律并遵循规律而为,就成了国之君主。所以,完善的政治制度是一个完整的体系,是不能凭着某个人的主观愿望而任意割裂和取舍的。

29 章

【原文】

将欲取天下而为之,吾见其不得已。天下神器,不可为也,不可执也。为者败之,执者失之。是以圣人无为,故无败;无执,故无失。故物或行或随;或嘘或吹;或强或羸;或培或堕。是以圣人去甚,去奢,去泰。

注:1."不可执也"王弼版本无此句。

2. 王弼版本无"是以圣人无为,故无败;无执,故无失。"句,而是放在64章。

3. "故物或行或随"有版本为:"夫物或行或随"。

4. "或嘘或吹"王弼版本为"或歔或吹"。

5. "或培或堕"王弼版本为:"或挫或隳",河上公版本为:"或载或隳"。

【译文】

想要治理天下而采取有为的方式,我认为是不可以达到目的的。因为天下是个神秘莫测之物,是不可以凭借人的主观意愿任意作为的,即使强力而为也不可能完全掌控它。如果凭借主观意愿治天下,结果必然会遭到失败;如果想通过强力来掌控天下,结果必然会失去天下。所以圣人不妄为就不会失败,不过分执著追求就不会遭受损害。各种事物之中,有主导的也有跟随的;有和缓的也有急躁的;有强健的也有羸弱的;有自爱的也有自毁的。因此,圣人做事时,能够做到不极端过分,不奢侈浮华,不安逸怠惰。

道德经的人生智慧

30 章

【原文】

以道佐人主者，不以兵强天下。其事好还。师之所处，荆棘生焉。善有果而已，不以取强。果而勿矜，果而勿伐，果而勿骄，果而不得已，果而勿强。物壮则老，是谓不道，不道早已。

注：1. 王弼版本在"荆棘生焉。"后有"大军之后，必有凶年。"

2. "善有果而已""不以取强"有版本为："善者果而已""不敢以取强"。

【译文】

懂得用"道"去辅佐君主的贤人，绝对不会凭借武力在天下逞强。而使用武力这种行为，最后必定会遭到报应。军队所停驻之处，田地里必然会荆棘丛生。真正善于用兵打仗的人，往往只求达到有限的目的就可以了，绝对不会用兵力来逞强于天下。取得胜利之后不要妄自尊大，不要自吹自擂，不要骄傲自满。而是把战争的胜利当成是不得已而为之的结果，不要再乘势逞强。无论是任何事物，当达到强盛的极点之后，都必定会走向衰亡，这是由于不合"道"的缘故，而不合于"道"，必然很快灭亡。

31 章

【原文】

夫兵者，不祥之器，物或恶之，故有道者不处。君子居则贵左，用兵则贵右。兵者不祥之器，非君子之器，不得已而用之，恬淡为上。胜而不美，而美之者，是乐杀人。夫乐杀人者，则不可得志于天下矣。吉事尚左，凶事尚右。偏将军居左，上将军居右，言以丧礼处之。杀人之众，以悲哀泣之，战胜以丧礼处之。

注：1. "夫兵者"王弼版本为："夫佳兵者"。

2. "以悲哀泣之"王弼版本为："以哀悲泣之"。

【译文】

兵器，是不吉利的东西，大家都厌恶它，所以有"道"的人是绝对不会去接近它的。君子平时都以左边为尊贵，但在打仗时都是以右边为尊贵。兵器这种不吉利的东西，并不是君子所使用的，不到万不得已时不要使用它，最好是淡然处之。打了胜仗也不要洋洋得意，那种打胜仗就洋洋得意的人，就是以杀人为快乐。那些以杀人为乐事的人是不可能得到并治理好天下的。（通常，）喜庆之事都以左方为主位，而丧葬之事则以右方为主位。（而打仗的时候，）副将居于左侧，主将居于右侧，意思是说出兵打仗都是按照葬礼的形式来处理的。战争杀

伤众多,应该以悲哀的心情去哀悼每个死去的人,即使战争胜利了也应该以丧礼的方式来对待。

32 章

【原文】

道常无名朴。虽小,天下莫能臣。侯王若能守之,万物将自宾。天地相合,以降甘露,民莫之令而自均。始制有名,名亦既有,夫亦将知止,知止可以不殆。譬道之在天下,犹川谷之于江海。

注:"天下莫能臣"王弼版本为:"天下莫能臣也"。

【译文】

"道"永远是无名而处于朴质状态的。它虽然幽微不可见,天下却没有人能够支配、臣服它。侯王如果能够持守它,(包括人在内的)万物都会自动地臣服归从。天地之间的阴阳之气相合之时,就会降下甘露。虽然没有受到人们的强迫命令,而甘露却能够自然地均匀分布。人类为了认识万物,就开始给它们命名,既然已经强行给万物命名,就应该知道适可而止,(不能再试图强行干预万物,)知道适可而止才可以避免危险。这就像"道"存在于天地间而不去干扰万物那样,像山谷中的溪流自然而然地流向江海那样(让百姓自由自在地生活)。

33 章

【原文】

知人者智,自知者明。胜人者有力,自胜者强。知足者富。强行者有志。不失其所者久。死而不亡者寿。

【译文】

能够深知别人的人只能算是有智慧,而能够深知自己的人才能堪称明达。能够战胜别人的人只能算是有力量,而能够战胜自己的人才能堪称强大。知道满足的人只会感到富有,而坚持不懈的人才堪称有志向。有家有业不流离失所只能算是身心有长久寄托,而人死亡但品行流芳后世才堪称是真正的长寿。

34 章

【原文】

大道泛兮,其可左右。万物恃之以生而不辞,功成而不有。衣养万物而不为主,可名于小;万物归焉而不为主,可名为大。以其终不自为大,故能成其大。

注:1."万物恃之以生而不辞"王弼版本为:"万物恃之而生而不辞"。

2. "功成而不有"王弼版本为:"功成不名有"。

3. 王弼版本在"衣养万物而不为主,"后有"常无欲,"句。

【译文】

大道就像是泛滥的河水一样,广泛流溢无处不在。世间万物都依靠"道"生存,但它却对万物从来都不干涉,即使大功告成也从来不自居有功。"道"养育了万物却不以主人自居,从来没有私欲,甚至可以说它是谦虚卑微的。万事万物都归附于"道",而它却从不任意主宰,这可以称得上伟大。正是由于"道"始终不自以为伟大,所以才成就了自己的伟大。

35章

【原文】

执大象,天下往。往而不害,安平泰。乐与饵,过客止。道之出口,淡乎其无味,视之不足见,听之不足闻,用之不足既。

【译文】

谁能够执守大"道",天下的人就必定会投靠他。因为这种投靠,不会互相妨害,这样天下就会平和安泰。面对音乐和美食,过路的人会不自觉地停下来(欣赏或品尝)。(但"道"却不同,)说出来是平淡无味的,而且看它也看不见、听它也听不到,但却是用之不尽的,(会给我们带来无穷无尽的帮助)。

36章

【原文】

将欲歙之,必固张之;将欲弱之,必固强之;将欲废之,必固兴之;将欲取之,必固与之。是谓微明。柔弱胜刚强。鱼不可脱于渊,国之利器不可以示人。

注:1. "将欲废之,必固兴之"有版本为:"将欲去之,必固举之"。

2. "将欲取之"王弼版本为:"将欲夺之"。

【译文】

想要收敛它,必须暂且扩张它;想要削弱它,必须暂且增强它;想要废除它,必须暂且兴起它;想要夺取它,必须暂且给予它。这就是"微明"(难以察觉的智慧)。柔弱必然能够战胜刚强。(所以,治理国家就)要像鱼需要深藏在渊潭里一样,国家有威力的武器,是不能随便拿出来耀示于人的(或引申为,治国的严刑峻法,是不能随便拿出来使用的)。

37 章

【原文】

道常无为而无不为。侯王若能守之,万物将自化。化而欲作,吾将镇之以无名之朴。无名之朴,夫亦将不欲。不欲以静,天下将自正。

注:1."无名之朴,夫亦将不欲。"有版本为:"镇之以无名之朴,夫将不欲。"

2."天下将自正。"王弼版本为:"天下将自定。"

【译文】

"道"永远是顺其自然而无所作为的,但是又没有什么事物不是出于它的作为。侯王如果能谨守"道"的运作法则,万物将会自然生长。而万物在自生自长时,各种欲望也会随之渐渐萌生,我就用"道"的真朴力量镇住他们。"道"的真朴能够让人们不起欲望。一个人如果不起欲望,内心就会恬静安然,天下则自然呈现出安定的局面。

下篇:德经

38 章

【原文】

上德不德,是以有德;下德不失德,是以无德。上德无为而无以为;上仁为之而无以为;上义为之而有以为。上礼为之而莫之应,则攘臂而扔之。故失道而后德,失德而后仁,失仁而后义,失义而后礼。夫礼者,忠信之薄,而乱之首。前识者,道之华,而愚之始。是以大丈夫处其厚,不居其薄;处其实,不居其华。故去彼取此。

注:王弼版本在"上德无为而无以为;"后有"下德为之而有以为"句。有版本则为"下德无为而有以为",或"下德无之而有以为"。

【译文】

具备上德的人,从来不追求形式上的"德",所以是真正有"德";具备下德的人,从来不放弃形式上刻意追求"德",所以没有达到真正"德"的境界。具备上德的人一切顺其自然,无心故意作为;具备上仁的人是想有所作为,但并不刻意表现自己的仁;具备上义的人总想有所作为,同时也刻意表现自己的义;具备上礼的人总想有所作为,而一旦得不到回应时,就会卷起袖子伸出胳膊去强迫别人服从。所以丧失了"道"之后才会有"下德",丧失了"下德"之后才会有"仁",丧失了"仁"之后才会有"义";丧失了"义"之后才会有"礼"。而"礼"实际上是忠信不足的产物,也是社会动乱的罪魁祸首。那些自以为有先见之明(喜欢预设种种礼仪规范来约束世人)的人,只不过是用"道"来掩饰自己的虚华,而实质上是愚昧的开始。因此,大丈夫应该立身敦厚,不应该浅薄;要存心朴实,不应该虚华。所以要舍弃虚华而浅薄(的"礼"),追求朴实而敦厚(的"道"和"德")。

39章

【原文】

昔之得一者:天得一以清;地得一以宁;神得一以灵;谷得一以盈;万物得一以生;侯王得一以为天下正。其致之也,谓天无以清,将恐裂;地无以宁,将恐废;神无以灵,将恐歇;谷无以盈,将恐竭;万物无以生,将恐灭;侯王无以正,将恐蹶。故贵以贱为本,高以下为基。是以侯王自称孤、寡、不谷。此非以贱为本邪?非乎?故至誉无誉。是故不欲琭琭如玉,珞珞如石。

注:1."侯王得一以为天下正"王弼版本为:"侯王得一以为天下贞"。

2."其致之也"王弼版本为:"其致之"。

3."地无以宁,将恐废"王弼版本为:"地无以宁,将恐发"。

4."侯王无以正,将恐蹶"王弼版本为:"侯王无以贵高,将恐蹶",有版本为:"侯王无以贞,将恐蹶"。

5."是以侯王自称孤、寡、不谷。"有版本为:"是以侯王自谓孤、寡、不谷。"

6."是故不欲琭琭如玉"王弼版本为:"不欲琭琭如玉"。

【译文】

自古以来得到"一"(即"道")的情形包括:天得到道而变得清明;地得到道而开始宁静;神得到道而逐渐灵验;河谷得到道而不断充盈;万物得到道而繁衍生息;侯王得到道而天下太平。推而言之,如果天不得清明,恐怕就要崩裂;地不得安宁,恐怕就要塌陷;神不能保持灵性,恐怕就要消失;河谷不能保持充盈,恐怕就要干涸;万物不能保持繁衍,恐怕就要灭绝;侯王不能保持天下安定,恐怕就要倾覆。所以说,贵以贱为根本,高以下为基础。因此,侯王们都自谦地称为"孤、寡、不谷",这是以贱为根本啊,难道不是吗?所以最高的荣誉是无须称誉赞美的(也有的理解为:过度的赞誉就等于没有赞誉)。因此,不要追求美玉的尊贵华丽,而宁愿做坚硬朴实的磐石。

40 章

【原文】

反者道之动;弱者道之用。天下万物生于有,有生于无。

【译文】

"道"的运动是循环往复的,在发挥作用的时候,使用的是柔弱的方法。天下万物产生于看得见的有形之物,而有形之物又产生于看不见的无形之物。

41 章

【原文】

上士闻道,勤而行之;中士闻道,若存若亡;下士闻道,大笑之。不笑不足以为道。故建言有之:明道若昧;进道若退;夷道若纇;上德若谷;大白若辱;广德若不足;建德若偷;质真若渝;大方无隅;大器晚成;大音希声;大象无形;道隐无名。夫唯道,善贷且成。

注:"大白若辱"有版本将其放于"质真若渝"之后。

【译文】

悟性高的人听了道的理论之后,就会努力践行;悟性一般的人听了道的理论之后,总是保持将信将疑的态度;悟性低的人听了道的理论之后,以为荒诞不经,则会哈哈大笑。如果"道"不被(悟性低的浅薄之人)嘲笑,也就不足以称其为"道"了。所以古人立言说:光明的道好似暗昧;进取的道好似退守;平坦的道好似崎岖。崇高的德好似低凹的峡谷;最洁白的东西好似有黑垢;广大的德好似存在不足;刚健的德好似有些怠惰;质朴纯真好似浑浊不清;最方正的东西却似没有棱角;最大的器物却在最后才能完成;最大的声音却似无声无息;最大的形象却似无法看到其具体形状。(所以,)大道幽隐而默默无闻,无名无状。只有"道"才能施恩于万物,帮助万物无所不成。

42 章

【原文】

道生一,一生二,二生三,三生万物。万物负阴而抱阳,冲气以为和。

注:王弼版本在最后还有以下句:"人之所恶,唯孤、寡、不谷,而王公以为称。故物或损之而益,或益之而损。人之所教,我亦教之。强梁者不得其死!

道德经的人生智慧

吾将以为教父。"①诸多学者疑为39章文字错移入本章。

【译文】

"道"是一个统一的无极整体,这个无极整体生成阴阳二气,阴阳二气相互交合孕育出宇宙万物。万物背阴而向阳,由阴阳二气相互作用而形成一种新的和谐的统一体。

43章

【原文】

天下之至柔,驰骋天下之至坚。无有人无间,吾是以知无为之有益。不言之教,无为之益,天下希及之。

【译文】

天下最柔弱的东西能够在最坚硬的东西间自由穿梭。无形的力量可以穿透没有间隙的东西。我由此认识到了"无为"的益处。意会而不言传的教诲,顺其自然而不妄为的好处,普天之下很少能够与之相媲美的(或,普天之下很少有人能够坚守它了)。

44章

【原文】

名与身孰亲?身与货孰多?得与亡孰病?甚爱必大费;多藏必厚亡。故知足不辱,知止不殆,可以长久。

注:王弼版本"故知足不辱"之前无"故"字,而在"甚爱必大费"前加"是故"两字。

【译文】

名声与生命相比哪一个更与己攸关?生命与财富相比哪一个更贵重?得到与失去哪一个更有害?所以,过分地爱惜功名必然要付出更多的代价,过于积敛财富必定会遭到更为惨重的损失。懂得知足的道理,就不会受到屈辱;懂得适可而止,就不会遇到危险,只有这样才能保持住长久的平安。

---

① 王弼版本:人们最厌恶的就是沦为"孤家""寡人""不谷"这样的状态,但是地位很高的王公却喜欢用这类名字来称呼自己。所以一切事物,有时表面上减损它反而能够抬高它;有时表面上抬高它反而却能够减损它。别人这样教导我,我也这样去教导别人。自恃强大的人都不得好死(不能寿终正寝),这是我教诲人的最基本的道理(或:这个原则是我首要教授他人的)。

45 章

【原文】

大成若缺,其用不弊。大盈若冲,其用不穷。大直若屈,大巧若拙,大辨若讷。躁胜寒,静胜热。清静为天下正。

注:"躁胜寒,静胜热。"有版本为:"静胜躁,寒胜热。"

【译文】

最完美的东西,看上去好像都有残缺一样,但它的作用却永远不会破败。最充盈的东西,看上去好像是空虚的一样,但它的作用却永远不会穷尽。最直的东西,看上去好却好像有些弯曲;最灵巧的东西,看上去却好像有些笨拙;最卓越的辩才,看上去却好像木讷不善言辞。疾动可以御寒,安静可以耐热。清静无为才能统治天下(或:清静无为是治理天下的准则)。

46 章

【原文】

天下有道,却走马以粪。天下无道,戎马生于郊。咎莫大于欲得;祸莫大于不知足。故知足之足,常足矣。

注:"咎莫大于欲得;祸莫大于不知足。"王弼版本为:"祸莫大于不知足;咎莫大于欲得。"

【译文】

当治理天下合乎"道"时,(就会天下太平没有战争,)国家就可以把马退还给农夫到田间耕种。而当治理天下不合乎"道"时,(天下就会发生战乱,)连怀孕的母马都要被送上战场,在战场的荒郊野外生下马驹。最大的过错就是贪得无厌的欲望;天下最大的祸患就是不知足。所以,只有懂得知足常乐的人,才会得到永远的富足。

47 章

【原文】

不出户,知天下;不窥牖,见天道。其出弥远,其知弥少。是以圣人不行而知,不见而明,不为而成。

注:"不见而明"王弼版本为:"不见而名"。

【译文】

足不出户,就能通晓天下的事理;不望窗外,就可以了解万事万物运行的自

387

然规律。很多人向外走得越远,他所知道的道理反而就越少。所以,有"道"的圣人不出行就能推知天下的事情,不用亲眼所见就能明白四达,不用刻意而为就能有所成就。

48 章

【原文】

为学日益,为道日损。损之又损,以至于无为。无为而无不为。取天下常以无事,及其有事,不足以取天下。

【译文】

学习那些智巧性的东西(包括仁义礼智等)会让人的欲念一天比一天增加,而学习大道会让人的欲念一天比一天减少。让欲念减少又减少,最后达到"无为(即不妄为)"的境地。一旦能够做到不妄为,就可以做成任何事情。为政者治理国家时,最好采用清静无为的方式(意即少发布政令、少骚扰百姓),如果经常用繁苛的政令侵扰百姓,那就不能夺取并治理好天下。

49 章

【原文】

圣人常无心,以百姓心为心。善者,吾善之;不善者,吾亦善之;德善。信者,吾信之;不信者,吾亦信之;德信。圣人在天下,歙歙焉,为天下浑其心。百姓皆注其耳目,圣人皆孩之。

注:"圣人常无心"王弼版本为:"圣人无常心"。

【译文】

圣人永远没有私心成见,总是以百姓的想法作为自己的想法。对于善良的人,我以善良对待他;对于不善良的人,我同样用善良对待他;这种德的力量就会让百姓人人向善。对于有信用的人,我信任他;对于没有信用的人,我同样信任他,这种德的力量就会让百姓人人守信。有道的圣人治理天下,会收敛自己的意欲,使天下人的心归于淳朴。百姓都喜欢关注自己耳闻目睹的现实欲望,圣人则致力于让他们恢复到婴儿般的纯朴状态。

50 章

【原文】

出生入死。生之徒,十有三;死之徒,十有三;人之生生,动之于死地,亦十有三。夫何故?以其生生之厚。盖闻善摄生者,陆行不遇兕虎,入军不被甲兵。

兕无所投其角,虎无所用其爪,兵无所容其刃。夫何故?以其无死地。

注:1."人之生生,动之于死地"王弼版本为:"人之生,动之死地"。

2."虎无所用其爪"王弼版本为:"虎无所措其爪"。

【译文】

人出世为生,入地为死。这其中,属于长寿一类的人占到十分之三;属于短命一类的人占到十分之三;属于过分地奉养生命,肆意妄为而走向死亡的,也占十分之三。这是什么缘故呢?是由于求生的欲望过于强烈而奉养过度造成的。据说,善于掌控自己生命的人,在陆地上行走时不会遭到犀牛和猛虎的袭击,在战场上不会被兵器所伤。因为犀牛没有机会对他使用锐利的角,猛虎没有机会对他使用锋利的爪,武器没有机会对他施展锋利的刃。为什么会是这样呢?因为他从来都不盲目行动,不会使自己进入死亡的危险境地。

51 章

【原文】

道生之,德畜之,物形之,势成之。是以万物莫不尊道而贵德。道之尊,德之贵,夫莫之命而常自然。故道生之,德畜之;长之育之;亭之毒之;养之覆之。生而不有,为而不恃,长而不宰。是谓"玄德"。

【译文】

"道"生成万物,"德"养育万物,万物呈现出各种形态,自然力量促进其不断成长。因此,万物没有不尊崇"道"并珍视"德"的。"道"之所以受到尊崇,"德"之所以被珍视,就是由于它们对万物不加干涉,而顺其自然。所以,"道"生成万物,"德"畜养万物;使万物生长发育;使万物安宁心性;使万物得到爱养调护。生养万物而不据为己有,成就万物而不自恃有功,导引万物而不妄加主宰,这就是"玄德"(即,深远奥妙的德)。

52 章

【原文】

天下有始,以为天下母。既得其母,以知其子;既知其子,复守其母,没身不殆。塞其兑,闭其门,终身不勤。开其兑,济其事,终身不救。见小曰明,守柔曰强。用其光,复归其明,无遗身殃;是为袭常。

注:"是为袭常"王弼版本为:"是为习常"。

【译文】

天地万物都有个起源,这就是被称为万物之"母"的"道"。认知了万物之

道德经的人生智慧

母的"道",就可以认知作为"道"之子的万物。已经认知了万物,还必须再回头继续秉持这个作为万物根本的"道",只有这样才能终生不会遇到危险。塞住欲念的孔穴,闭合欲念的门径,终身都不会有劳扰的事情。如果打开欲念的孔穴,就会增添纷杂的事情,终身都不可救药。能够洞察到事物发展变化的细微之处,叫作"明"。能够恪守柔弱并善于发挥以柔克刚的作用,叫作"强"。运用"道"的光芒照亮外在世界的同时,再返照自身以达到"明",这样就不会招致灾祸,这就是"袭常"(即,承袭万世的常道)。

53章

【原文】

使我介然有知,行于大道,唯施是畏。大道甚夷,而人好径。朝甚除,田甚芜,仓甚虚;服文彩,带利剑,厌饮食,财货有余;是为盗夸。非道也哉!

注:"盗夸"有版本为:"夸盗""盗竽"。

【译文】

假如我稍微有点知识的话,就会在大道上行走,唯独害怕的就是走入邪路。大道是那样的平坦,而有人却偏偏喜欢走邪路。(走上邪路的侯王造成)朝廷腐败至极,农田荒芜至极,国库空虚至极;但他们却穿着华丽的衣裳,佩着锋利的宝剑,享用着精美的佳肴,搜刮的钱财不计其数;(他们的行径)跟强盗头子没有什么两样,这是多么无道啊!

54章

【原文】

善建者不拔,善抱者不脱,子孙以祭祀不辍。修之于身,其德乃真;修之于家,其德乃余;修之于乡,其德乃长;修之于邦,其德乃丰;修之于天下,其德乃普。故以身观身,以家观家,以乡观乡,以邦观邦,以天下观天下。吾何以知天下然哉?以此。

注:"修之于邦"王弼版本为:"修之于国"。

【译文】

一个善于建功立业的人,其建立的功业是消除不掉的;一个善于抱持事业的人,其秉承的事业是不会半途而废的。如果一个人既能建功立业又能抱持事业,就能将这份事业不断地传承给他的子孙后代。把这个道理贯彻到自身,他的德就会是纯真自然的;贯彻到一个家庭,他的德就会变得充盈有余;贯彻到一个乡里,他的德就能受大家的持久尊崇;贯彻到整个国家,他的德就会越来越丰

厚；贯彻到天下，他的德就会普泽万众。因此，要能够从自身的情况去观照别人的情况，从自己家的情况去观照别人家的情况，从自己乡里的情况去观照别的乡里的情况，从自己国家的情况去观照别的国家的情况，从目前天下的情况去观照未来天下的情况。我怎么知道天下的情况之所以会如此呢？就是凭借以上的方法和道理。

55章

【原文】

含德之厚，比于赤子。蜂虿虺蛇不螫，攫鸟猛兽不搏。骨弱筋柔而握固。未知牝牡之合而朘作，精之至也。终日号而不嗄，和之至也。知和曰常，知常曰明。益生曰祥。心使气曰强。物壮则老，谓之不道，不道早已。

注：1. "蜂虿虺蛇不螫，攫鸟猛兽不搏。"有版本为："毒虫不螫，猛兽不据，攫鸟不搏。"

2."未知牝牡之合而朘作"王弼版本为："未知牝牡之合而全作"。

【译文】

道德涵养深厚的人，就像刚出生的婴儿。蜂蝎毒蛇不去咬伤他，凶鸟猛兽不去搏击他。刚出生的婴儿虽然骨弱筋柔，但拳头却握得很紧；虽然还不懂男女交合之事，但他的小生殖器却时常勃起，这是精气充足的缘故。他整天哭嚎，但嗓子却不会沙哑，这是元气纯和的缘故。懂得纯和的道理叫作"常"，知道常恒的道理叫作"明"。贪生纵欲就会有不祥之事，欲望支配精气就会一意孤行地逞强。事物过于壮盛就会走向衰老，这就是所说的不合于"道"，不合于"道"的事物必然会过早地灭亡。

56章

【原文】

知者不言，言者不知。塞其兑，闭其门，挫其锐，解其纷，和其光，同其尘，是谓"玄同"。故不可得而亲，不可得而疏；不可得而利，不可得而害；不可得而贵，不可得而贱。故为天下贵。

【译文】

真正懂得的人往往不去言说，而去言说的人往往并不真正懂得（或：有智慧的人是不多说话的，多说话的人就不是智者）。塞住欲念的孔穴，闭合欲念的门径，收敛锋芒，解除纷乱，含敛光耀，混同尘埃，这就是"玄同"（即，深奥玄妙的同一境界，也就是道的境界）。达到"玄同"境界的人，就不分亲，不分疏；不分利，不分害;不分贵,不分贱。(因为他内心已经超脱亲疏、利害、贵贱的世俗范畴)所以这样的人才是天下最尊贵的人。

57章

【原文】

以正治国,以奇用兵,以无事取天下。吾何以知其然哉？以此:天下多忌讳,而民弥贫;人多利器,国家滋昏;人多伎巧,奇物滋起;法令滋彰,盗贼多有。故圣人云:"我无为,而民自化;我好静,而民自正;我无事,而民自富;我无欲,而民自朴。"

注:"人多利器,国家滋昏"王弼版本为:"民多利器,国家滋昏"。

【译文】

以公正清明之道去治理国家,以奇巧诡诈之法去用兵打仗,以不骚扰百姓之策去治理天下。我根据什么知道应该是这样的呢？就是下面这些情况:天下的禁忌越多,百姓就会越贫困;人间的利器越多,国家就会越混乱;人们的技巧越多,邪恶的事情就会越频发;法令越森严,盗贼就会越众多。所以有道的圣人说:"我不妄为,百姓就会自我化育;我好清静,百姓就会自觉端正品行;我不搅扰,百姓就会自然富足;我无私欲,百姓就会自然淳朴。"

58章

【原文】

其政闷闷,其民淳淳;其政察察,其民缺缺。是以圣人方而不割,廉而不刿,直而不肆,光而不耀。祸兮福之所倚,福兮祸之所伏。孰知其极？其无正也。正复为奇,善复为妖。人之迷,其日固久。

注:1."是以圣人方而不割,廉而不刿,直而不肆,光而不耀。"王弼版本放于本章最后。

2."其无正也"王弼版本为:"其无正"。

【译文】

国家的政治宽容不严苛,百姓就会淳朴安然;国家的政治严苛昏暗,百姓就会狡黠怨恨。(因为明白这个道理)所以有道的圣人处世刚正但不伤人,锐利但不害人,直率但不放肆,光亮但不炫耀。灾祸啊,幸福常常依傍在它的旁边;幸福啊,灾祸常常隐藏在它的深处。谁能知道最后的结果究竟是灾祸还是幸福呢？这没有一个定准呀。正的随时都有可能转变为邪的,善的随时都有可能转变为恶的。世人看不透这个道理已经很久了。

59 章

【原文】

治人事天,莫若啬。夫唯啬,是谓早服;早服谓之重积德;重积德则无不克;无不克则莫知其极;莫知其极,可以有国;有国之母,可以长久;是谓深根固柢,长生久视之道。

【译文】

治理国家、养护身心,最好的方法就是俭啬(节约民财、爱惜精力)。只有俭啬,才能有备无患;有备无患就是我们常说的注重积德;注重积德就会攻无不克;攻无不克就具备了无法估量的力量;具备了无法估量的力量,就可以担任治理国家的重任;掌握了治理国家的原则和道理,国家就可以长治久安。这就是根深蒂固、长盛不衰的道理。

60 章

【原文】

治大国,若烹小鲜。以道莅天下,其鬼不神;非其鬼不神,其神不伤人;非其神不伤人,圣人亦不伤人。夫两不相伤,故德交归焉。

【译文】

治理大国就好像煎烹小鱼(不能总是翻动,否则就会破碎)。用"道"治理天下,妖异的东西就不会兴风作浪。不是这些妖异的东西不想兴风作浪,而是(国家在大道的护佑下)根本无法发挥作用伤害人。不但这些妖异的东西不伤害人,有道的圣人更不会去伤害人。两者彼此不相争斗、互不伤害,(则在大道的作用下保持阴阳平衡、社会和谐,)百姓就会享受到德带来的恩泽。

61 章

【原文】

大邦者下流,天下之牝,天下之交也。牝常以静胜牡,以静为下。故大邦以下小邦,则取小邦;小邦以下大邦,则取大邦。故或下以取,或下而取。大邦不过欲兼畜人,小邦不过欲入事人。夫两者各得所欲,大者宜为下。

注:1. 此文的"邦"王弼版本皆为"国"。

2."天下之牝,天下之交也。"王弼版本为:"天下之交,天下之牝。"

【译文】

大国要像大海甘居江河下游那样,处于天下雌柔的位置,使百川河流归流交汇在这里。雌柔常常能以安静守定而胜过雄强,这是因为它静定且能处下的缘故。因此,大国如果能对小国谦下忍让,就可以取得小国的信任并甘心归附;小国如果能对大国谦下有礼,就可以见容于大国。所以,或者大国对小国谦让而取得小国的信服,或者小国对大国谦让而见容于大国。大国不过是想统领小国,小国也不过是想见容于大国(也可理解成:大国不要过分地统治小国,小国也不想过分地依附大国)。要想让两者都各得其所,满足自己的愿望,关键是大国首先要谦下忍让。

62章

【原文】

道者万物之奥。善人之宝,不善人之所保。美言可以市,尊行可以加人。人之不善,何弃之有?故立天子,置三公,虽有拱璧以先驷马,不如坐进此道。古之所以贵此道者何?不曰:求以得,有罪以免邪?故为天下贵。

注:"美言可以市,尊行可以加人。"有版本为:"美言可以市尊,美行可以加人。"

【译文】

道是深藏天下万物玄机之所在(意指:道是万物的庇荫之所)。善良的人把大道视为修身养命的法宝,就连不善良的人也经常依靠大道来保护自己。漂亮的言辞只可以用于社交(以博得他人的好感);而可贵的行为才能够感召他人(使人心向善)。即使是不善良的人,哪里有舍弃大道的道理呢?因此,在天子即位、三公就职的时候,举行那种有拱璧在先、驷马在后的盛大虚华之礼仪,真不如奉上"道"作为献礼。古人为什么特别尊崇"道"呢?不就是因为需要时向道求助就能够得到帮助,有罪时向道求恕也可以得以免除吗?因此,道是天下最尊贵的。

63章

【原文】

为无为,事无事,味无味。大小多少,(报怨以德)。图难于其易,为大于其细;天下难事,必作于易,天下大事,必作于细。是以圣人终不为大,故能成其大。夫轻诺必寡信,多易必多难。是以圣人犹难之,故终无难矣。

注:陈鼓应认为应将"报怨以德"移入79章。

【译文】

以不刻意而为之心去做事情,以不滋事的方法去处理事情,以恬淡无味的

心态去品味食物。大生于小,多起于少。(如果"大小多少"与"报怨以德"联用,我认为应该译成:"摒弃计较大小多少的恩怨分明,用'德'来回报别人的怨恨。"我倾向于此,并将这两句一并移入79章。)解决难题要从容易的地方着手,做成大事要从细微之处入手;一切的难事必定都从简易发展而来,一切的大事必定都从细小处积蓄而成。所以圣人从来不自诩伟大,故而才成就其伟大。轻易许下的承诺必然很少能够兑现,把事情看得太容易必然会遭遇很多困难。所以圣人总是在事前把困难考虑得更多更大些,故而最后就不会遇到困难了。

64章

【原文】

其安易持,其未兆易谋。其脆易泮,其微易散。为之于未有,治之于未乱。合抱之木,生于毫末;九层之台,起于累土;千里之行,始于足下。(为者败之,执者失之。是以圣人无为故无败,无执故无失。)民之从事,常于几成而败之。慎终如始,则无败事。(是以圣人欲不欲,不贵难得之货;学不学,复众人之所过,以辅万物之自然而不敢为。)

注:1."为者败之,执者失之。是以圣人无为故无败,无执故无失。"陈鼓应认为与上文不一致,疑为别章文字。

2."是以圣人欲不欲,不贵难得之货;学不学,复众人之所过,以辅万物之自然而不敢为。"陈鼓应疑为别章文字。

【译文】

局势稳定时容易把持,情势尚未有明显征兆时容易筹谋;事物脆弱时容易瓦解,事物微小时容易消散。在尚未露出端倪时就要做好准备,在祸乱尚未滋生时就要做好预防。合抱的大树,是从细小的幼苗生长起来的;九层的高台,是由一筐一筐的泥土堆积起来的;千里的远行,是从脚下的第一步开始的。(任意妄为的人必然会招致失败,过于执著追求的人必然会遭受损害。所以圣人不妄为就不会失败,不过分执著追求就不会遭受损害。)平常人做事,往往会在即将成功的时候遭遇失败。在事情快要完成的时候,也要像开始时那样慎重,这样就不会有失败的事情。(所以圣人追求的东西都是世人不屑一顾的,不稀罕世人所珍视的难得之货;所学的知识也不是世人喜爱的智巧伪诈之类,从而改正世人所犯下的错误,圣人借此来辅助万物自然发展,而不妄为造作。)

395

道德经的人生智慧

65章

【原文】

古之善为道者，非以明民，将以愚之。民之难治，以其智多。故以智治国，国之贼；不以智治国，国之福。知此两者亦稽式。常知稽式，是谓"玄德"。玄德深矣，远矣，与物反矣，然后乃至大顺。

【译文】

古代善于用道治理国家的人，不会让百姓明察世事，而是采用愚民政策。百姓之所以难以治理，就是因为他们明察世事而变得智巧伪诈太多。所以（统治者如果）用智巧伪诈之术治国，（百姓也会用智巧伪诈之术应对）是国家的祸害；不用智巧伪诈之术治国，是国家的福祉。只有认识到"以智治国"和"不以智治国"的差别，才算懂得治国理政的法则。始终能够守住这个法则的人，才能被称为有"玄德"。"玄德"深奥、幽远啊，能使万物返璞归真，然后才能极大地顺应自然。

66章

【原文】

江海之所以能为百谷王者，以其善下之，故能为百谷王。是以圣人欲上民，必以言下之；欲先民，必以身后之。是以圣人处上而民不重，处前而民不害。是以天下乐推而不厌。以其不争，故天下莫能与之争。

注：1."江海之所以能为百谷王者"王弼版本为："江海所以能为百谷王者"。

2."是以圣人欲上民"王弼版本为："是以欲上民"。

【译文】

江海之所以能够成为百川汇流之地，是因为它善于自居低下之位，所以百川归往而成为百谷之王。同样的道理，圣人要想高居万民之上，必须心口一致地在言辞上表示谦卑，自以为下；要想居于万民之先，必须主动靠后，把自己的利益放在所有人的后面。正是因为圣人懂得这些道理，所以他虽然自处上位，却不威迫凌人，不使百姓感到有压力；虽然他居于百姓之前，百姓并没有感觉受到伤害。因此，天下的百姓都乐意推戴他而永不厌弃。正是因为圣人不与人相争，故而普天之下没有谁能争得过他。

67 章

【原文】

（天下皆谓我："道大,似不肖。"夫唯大,故似不肖。若肖,久矣其细也夫!）我有三宝,持而保之。一曰慈,二曰俭,三曰不敢为天下先。慈故能勇;俭故能广;不敢为天下先,故能成器长。今舍慈且勇;舍俭且广;舍后且先;死矣! 夫慈,以战则胜,以守则固。天将救之,以慈卫之。

注:"天下皆谓我:'道大,似不肖。'夫唯大,故似不肖。若肖,久矣其细也夫!"陈鼓应疑为别章错简而放于此。

【译文】

（天下人都对我说："'道'广大,看上去和任何具体的事物都不像。"正是因为它大得广博无边,所以才不像任何具体的事物。如果它像某一具体事物的话,那么它就会变成微不足道、不值一提的东西了。）我有三件宝贝是应当永远保持的:第一件是慈爱,第二件是俭啬,第三件是不敢居于天下人的前面。给予慈爱能让人产生勇气,保持俭啬就能让天下广受恩泽。不敢居于天下人的前面（意即保持谦卑,不与民争利）,就能得到拥戴而成为领导者。而当今的统治者,舍弃了慈爱而妄逞勇武,舍弃了俭啬而大肆挥霍,舍弃谦下退让而争先恐后,那是死路一条啊! 慈爱,用于战争则能取得胜利,用于守持（基业）则能得到巩固。上天想要救助谁,就会（让他具有慈爱之心,）用慈爱来护佑他。

68 章

【原文】

善为士者,不武;善战者,不怒;善胜敌者,不与;善用人者,为之下。是谓不争之德,是谓用人,是谓配天,古之极也。

注:"是谓用人,是谓配天,古之极也。"王弼版本为:"是谓用人之力,是谓配天古之极。"

【译文】

善于带兵打仗的将帅,决不会逞其勇武。善于作战的人,决不会轻易被激怒。善于克敌制胜的人,决不会和对手正面交锋。善于用人的人,就会对其所用之人表示谦下。这是不与人争的品德,这就是善于用人,这就是合于天道,这就是自古以来的最高准则。

道德经的人生智慧

69 章

【原文】

用兵有言:"吾不敢为主,而为客;不敢进寸,而退尺。"是谓行无行;攘无臂;扔无敌;执无兵。祸莫大于轻敌,轻敌几丧吾宝。故抗兵相若,哀者胜矣。

注:"故抗兵相若"王弼版本为:"故抗兵相加",有版本为:"故抗兵相如"。

【译文】

领兵打仗有这样一句话:"我不敢先挑起战端进犯别人,而是在不得已之时才奋起应战;在作战时,我不敢逞强冒进一寸,而宁愿退守一尺待机而动。"这就叫作:虽然欲摆开阵势,却好像没有阵势一样;虽然要奋臂,却好像没有臂膀可举一样;虽然面对敌人,却好像对面没有敌人一样;虽然拿着兵器,却好像没有兵器可持一样。(讲的是以静定胜狂躁、以慈柔胜刚强、以无招胜有招的道理)祸患中没有比轻敌更为严重的了,轻敌几乎丧失了我用以制胜的"三宝"。因此,当对战双方实力相当的时候,心怀悲悯的一方必然会取得胜利。

70 章

【原文】

吾言甚易知,甚易行。天下莫能知,莫能行。言有宗,事有君。夫唯无知,是以不我知。知我者希,则我者贵。是以圣人被褐怀玉。

【译文】

我说的道理很容易明白,也很容易施行。但是天下人却没有人明白,更没有人施行。我的言论都有其宗旨,做事都有其原则。正是由于世人不明白这个道理,才不能理解我。理解我的人很少,而能遵循我的道理去做的人就更是难能可贵了。因此,得道的圣人总是外面穿着粗布衣服(意指:很不起眼,让人不屑一顾),怀里却揣着稀世美玉(意指:有真才实学)。

71 章

【原文】

知不知,尚矣;不知知,病也。圣人不病,以其病病。夫唯病病,是以不病。

注:本章王弼版本为:"知不知上,不知知病。夫唯病病,是以不病。圣人不病,以其病病,是以不病。"

【译文】

知道自己还有所不知,很高明;不知道却自以为明白,就是缺点。明于大道

的圣人没有缺点,是因为他能够把缺点当作缺点。正是因为他把缺点当作缺点来对待,所以能够及时改正缺点,从而没有了缺点。

72 章

【原文】

民不畏威,则大威至。无狎其所居,无厌其所生。夫唯不厌,是以不厌。是以圣人自知不自见;自爱不自贵。故去彼取此。

【译文】

当百姓不再惧怕威压的时候,统治者可怕的灾祸也就降临了。因此,统治者不要逼迫得百姓不得安居,不要压榨得百姓没有生路。只有不压迫百姓,百姓才不会厌恶统治者。所以,得道的圣人总是有自知之明的,从不刻意彰显自己;虽然有自爱之心,却从来不表现得高人一等。因此,我们应该舍弃自见、自贵,而保持自知、自爱。

73 章

【原文】

勇于敢则杀,勇于不敢则活。此两者,或利或害。天之所恶,孰知其故?天之道,不争而善胜,不言而善应,不召而自来,繟然而善谋。天网恢恢,疏而不失。

注:王弼版本在"孰知其故?"后有"是以圣人犹难之。"句,陈鼓应认为此句与 63 章重复,故删除。

【译文】

行事鲁莽、无所顾忌就会招来杀身之祸,而勇于柔弱处世就可以受益自保。这两种方式,一种是有益的,一种是有害的。上天所厌恶的,有谁知道是什么缘故呢? 自然的法则是,无须争夺却能够取胜;不用言语却能够做好回应;无须召唤却能够自动而来;安然宽缓中却能够做好谋划。天道就像是一个广大的网,看起来似乎很宽疏而不周密,却没有一丝的疏漏。

74 章

【原文】

民不畏死,奈何以死惧之?若使民常畏死,而为奇者,吾将得而杀之,孰敢? 常有司杀者杀。夫代司杀者杀,是谓代大匠斫,夫代大匠斫者,希有不伤其手矣。

注:"吾将得而杀之"王弼版本为:"吾得执而杀之"。

【译文】

百姓连死都不怕的时候,用死来吓唬他们又有什么用呢?如果百姓真的怕死,那么对于那些作奸犯科的人抓起来杀掉就可以达到威慑作用了,有谁还敢明目张胆地犯法呢?(而事实上严法酷刑却没有达到威慑的效用)天道作为司杀者掌管着人的生死(顺之者生,逆之者亡),统治者却用严法酷刑代替天道行使司杀之责,这就像不知技巧而代替木匠砍木头一样。凡是代替木匠砍木头的人,很少有不砍伤自己的手的。

75章

【原文】

民之饥,以其上食税之多,是以饥。民之难治,以其上之有为,是以难治。民之轻死,以其上求生之厚,是以轻死。夫唯无以生为者,是贤于贵生。

注:"以其上求生之厚"王弼版本为:"以其求生之厚"。

【译文】

百姓之所以遭受饥饿,是因为统治者征收赋税太多,所以才会发生饥荒。百姓之所以难以被治理,是由于统治者肆意妄为、政令繁苛,所以才会难于统治。百姓之所以不爱惜生命,是由于统治者贪图享受、严酷搜刮,所以才会冒死反抗。只有恬淡自然、不刻意求生、不刻意有为的人,才比那些追求名利、贪生怕死的人更胜一筹。

76章

【原文】

人之生也柔弱,其死也坚强。草木之生也柔脆,其死也枯槁。故坚强者死之徒,柔弱者生之徒。是以兵强则灭,木强则折。强大处下,柔弱处上。

注1."草木之生也柔脆"王弼版本为:"万物草木之生也柔脆"。

2."是以兵强则灭"王弼版本为:"是以兵强则不胜"。

3."木强则折"王弼版本为:"木强则兵"。

【译文】

人活着的时候肌体是柔软的,死了之后就会变得僵硬。草木活着的时候是柔脆的;死后就会变得干枯。所以,凡是坚硬刚强的东西都属于没有生机、走向死亡的一类;凡是柔弱的东西都是属于生机勃勃、走向繁荣的一类。因此,依靠武力逞强就会遭受灭亡,树木长成材后就会遭到砍伐。凡是彰显强大的最终会处于劣势的下位,凡是持守柔弱的反而最终能居于优势的上位。

77 章

【原文】

天之道,其犹张弓欤?高者抑之,下者举之;有余者损之,不足者补之。天之道,损有余而补不足。人之道,则不然,损不足以奉有余。孰能有余以奉天下,唯有道者。是以圣人为而不恃,功成而不处,其不欲见贤。

【译文】

自然界的规律,难道不是像拉弓射箭一样吗?抬得过高就压低一些,压得过低就抬高一些;拉得过满就放松一些,用力不足就再加力拉满一些。自然规律就是,减少过剩的而补给不足的。而人世的行为法则却并非如此,是减少本已不足的来奉献给已然有余的人。谁能够减少有余的用以补给天下不足的呢?只有明于大道的人。因此,有道的圣人虽然有所作为而不占为己有,有所成就而不居功自傲,因为他不想显示自己的贤能。

78 章

【原文】

天下莫柔弱于水,而攻坚强者莫之能胜,以其无以易之。弱之胜强,柔之胜刚,天下莫不知,莫能行。是以圣人云:"受国之垢,是谓社稷主;受国不祥,是为天下王。"正言若反。

注:"以其无以易之"王弼版本为:"其无以易之"。

天下万物没有什么比水更加柔弱,但攻坚克强的力量没有能胜过水的,因为没有什么能改变水的性质。柔弱胜过刚强的道理,天下没有人不知道,却没有人能够做到。所以圣人说:"能够承受国家的屈辱,才算得上是国家的主宰;能够承担国家的灾祸,才能当天下的君王。"我说的是正道,听起来却好像是反的一样。

79 章

【原文】

和大怨,必有余怨;(报怨以德,)安可以为善?是以圣人执左契,而不责于人。有德司契,无德司彻。天道无亲,常与善人。

注:陈鼓应认为,63 章的"报怨以德"应该放于本章。

【译文】

人与人之间产生怨恨之后,即使经过调节有所缓和,但心里的怨恨仍然挥之不去;(要用"德"来回报别人的怨恨)怎样做才能更妥善呢?所以有道的圣人保留借债的存根却从不责令、催促别人归还借债(意指:用其德妥善化解了可能与人结怨的问题)。有德之人就像持有借据的圣人那样宽容,无德之人就像掌管税收的人那样苛刻计较。自然法则虽然不偏爱任何人,但却会永远帮助善良之人。

80章

【原文】

小国寡民。使有什伯人之器而不用;使民重死而不远徙。虽有舟舆,无所乘之,虽有甲兵,无所陈之。使民复结绳而用之。甘其食,美其服,安其居,乐其俗。邻国相望,鸡犬之声相闻,民至老死,不相往来。

注:1."使有什伯人之器而不用"王弼版本为:"使有什伯之器而不用"。

2."使民复结绳而用之"王弼版本为:"使人复结绳而用之"。

【译文】

国家很小人口很少。即使有各种各样的先进工具也不必使用;让百姓珍惜自己的生命,不冒险向远处迁徙。虽然有船只车辆等交通工具,却根本没有乘坐的必要;虽然有盔甲和兵器,却没有使用的必要。使百姓就像回复到结绳记事时代的人们那样(淳朴自然、天真无邪)。百姓吃得香甜、穿得漂亮、住得安逸、玩得快乐。虽然国与国之间相互可以望得见,各国的鸡鸣狗吠之声也能相互听得见,(但因为生活安定而无所欲求,)百姓老死也不愿意离开自己的国家,与邻国的人互不往来。

81章

【原文】

信言不美,美言不信。善者不辩,辩者不善。知者不博,博者不知。圣人不积,既以为人己愈有,既以与人己愈多。天之道,利而不害;圣人之道,为而不争。

【译文】

真诚可信的话语说得不一定漂亮华美,说得漂亮华美的话不一定真诚可信。行为善良的人不会巧舌如簧,巧舌如簧的人不是行为善良的人。真正有知识的人不故意卖弄自己的博学;而故意卖弄自己博学的人不是真有知识。圣人没有占为己有的私欲,所以给予别人的教诲帮助越多,自己就会越加富有;给予别人的财富越多,自己得到的回报也就越多。自然界的规律是,让万事万物都得到益处,而不受到伤害;圣人的行为准则是,有所作为而不与人争夺。

附录3：

文章分类目录

一、认知规律篇(15)

老子所说的"道"究竟是什么(1章) …………………………… 1
《道德经》中的"德"究竟是什么(21章等) …………………… 3
对老子"无为"思想的理解(2章) ……………………………… 6
"天地不仁"与"圣人不仁"的困惑(5章) ……………………… 18
"不知常,妄作凶"的警示(16章) ……………………………… 68
老子认识事物的根本方法(21章) ……………………………… 96
"柔弱胜刚强"指的是结果而不是过程(36章) ………………… 157
"弱者道之用":成功背后的推手(40章) ……………………… 174
"至柔"何以驰骋"至坚"(43章) ……………………………… 191
圣人缘何能"不出户,知天下"(47章) ………………………… 215
"为学日益,为道日损"之我见(48章) ………………………… 218
道家之"德"不同于儒家之"德"(51章) ……………………… 230
老聃"何以知天下"(54章) …………………………………… 238
"天网恢恢,疏而不失"的警示(73章) ………………………… 325
水的力量(78章) ………………………………………………… 336

二、道德修养篇(19)

"功成弗居"是品德更是智慧(2章) …………………………… 10
"上善若水"与人生修炼(8章) ………………………………… 36
"宠辱若惊"与"宠辱不惊"(13章) …………………………… 54
"得道之人"的七大特征(15章) ………………………………… 62
从"信不足焉,有不信焉"看诚信(17章) ……………………… 77
老子"独异于人"的心里独白(20章) …………………………… 93
人何以位居"四大"(25章) ……………………………………… 116
"上德"对修身做人的要求(38章) ……………………………… 166

"贵以贱为本,高以下为基"看谦卑(39章) ……………… 169
闻道之态辨道性(41章) …………………………………… 177
"无为之益",益在何处(43章) …………………………… 197
"知足不辱,知止不殆"是老子倡导的人生观(44章) …… 200
做个"尊道贵德"之人(51章) …………………………… 227
老子的"赤子"情怀(55章) ……………………………… 241
"重积德则无不克"(59章) ……………………………… 263
"报怨以德"何其难(63章) ……………………………… 275
莫让自己成为"轻诺寡信"之人(63章) ………………… 280
人无完人贵自知(71章) …………………………………… 315
做人要"自知不自见,自爱不自贵"(72章) …………… 319

三、为人处世篇(37)

"冲而不盈"之妙(4章) …………………………………… 16
老子的警世箴言:"多言数穷,不如守中"(5章) ……… 24
圣人的处世法则:无私以成其私(7章) ………………… 34
"适可而止"人之智(9章) ………………………………… 43
深藏不露见神威(14章) …………………………………… 60
包容的力量(16章) ………………………………………… 71
"曲则全"的真实用意是韬光养晦(22章) ……………… 100
"少则得,多则惑"的警示:切莫贪多求全(22章) …… 102
"希言自然"告诉我们要少说多做(23章) ……………… 104
老子认为失败者的六种情形(24章) ……………………… 108
做人处世的最高法则:"道法自然"(25章) …………… 112
"知其雄,守其雌"是保持低调的智慧(28章) ………… 126
"物壮则老"的警示:切莫追求极致和完美(30章) …… 134
老子的成功哲学(33章) …………………………………… 144
"进道若退":退一步海阔天空(41章) ………………… 180
"冲气以为和"蕴含着"和为贵"思想(42章) ………… 185
"强梁者不得其死"的昭示(42章) ……………………… 188
正确做人和准确识人的奥妙(45章) ……………………… 203
老子韬光养晦的智慧(45章) ……………………………… 206
弘扬"德善""德信"的处世之道(49章) ……………… 221

"大道甚夷,而人好径"的心理分析(53章) …… 235
怎样理解"知者不言,言者不知"(56章) …… 244
"和光同尘"的智慧(56章) …… 247
对"福祸倚伏"的哲学思考(58章) …… 256
圣人处世的四条准则(58章) …… 259
"图难于其易,为大于其细"的哲学思考(63章) …… 277
"为之于未有,治之于未乱"话绸缪(64章) …… 284
"千里之行,始于足下"(64章) …… 287
慎终如始无败事(64章) …… 291
善下者为王(66章) …… 299
"被褐怀玉"蕴涵的人生智慧(70章) …… 312
"勇于不敢"才是大勇(73章) …… 322
"强大处下,柔弱处上"是智慧,更是规律(76章) …… 331
"天之道"的告诫:不要逆势而为(77章) …… 334
"和大怨,必有余怨"的告诫:要得理饶人不结怨(79章) …… 339
老子辨别世人道德的智慧(81章) …… 347
《道德经》之精髓:"利而不害""为而不争"(81章) …… 351

四、治国安邦篇(23)

老子的"圣人之治"方略(3章) …… 12
"功遂身退"天之道(9章) …… 40
治国理政的四种境界(17章) …… 74
人心不古难识伪(18章) …… 81
"大道废"后的社会治理主张(19章等) …… 84
老子何以主张"绝学无忧"(20章) …… 90
从"飘风不终朝,骤雨不终日"说开去(23章) …… 106
"不自为大,故能成其大"乃王者之道(34章) …… 148
从"执大象,天下往"认识感召力(35章) …… 151
"微明"思想能说明老子是阴谋家吗(36章) …… 154
"无为而无不为"是人生的至高境界(37章) …… 160
"至誉无誉"话管理(39章) …… 171
"治大国,若烹小鲜"的深邃道理(60章) …… 266
"大者宜为下"对领导者的启示(61章) …… 269

道德经的人生智慧

正确理解"为者败之,执者失之"(64章) ………… 289
老子是否有愚民思想(65章) ………… 294
"我有三宝"取天下(67章) ………… 302
对"民不畏死,奈何以死惧之"的思考(74章) ………… 327
老子理想中的"小国寡民"生活(80章) ………… 343
老子的战争观及对人生的启示(31章等) ………… 136
老子治国用兵取天下的方略(57章) ………… 249
优秀将帅的作战素养(68章) ………… 306
"祸莫大于轻敌"(69章) ………… 309

五、家庭生活篇(6)

"橐籥"告诉我们:生活需要"留足空间"(5章) ………… 21
从"绵绵若存,用之不勤"中感悟孩子教育(6章) ………… 29
"天长地久"话爱情(7章) ………… 31
从"有之以为利,无之以为用"反思孩子的培养教育(11章) ………… 49
"大器晚成"终能成(41章) ………… 183
"不言之教"重在意会(43章) ………… 195

六、修身养性篇(17)

老子教诲人们:如何让心静下来(10章) ………… 46
确立"为腹不为目"的生活追求(12章) ………… 52
对"贵大患若身"的理解(13章) ………… 57
培养"致虚守静"的定力(16章) ………… 65
"少私寡欲"利身心(19章) ………… 87
从"重为轻根,静为躁君"看品性修养(26章) ………… 119
做一个懂"袭明"知"要妙"的人(27章) ………… 123
"知其白,守其辱"是保持快乐的智慧(28章) ………… 128
"去甚去奢去泰"讲的是"度"的学问(29章) ………… 131
欲望无边,知止不殆(32章) ………… 140
"不欲以静"方能享受生活(37章) ………… 163
"清静"蕴藏着巨大力量(45章) ………… 210
"知足常足"远祸咎(46章) ………… 212
"出生入死"话生死(50章) ………… 224

· 406 ·

怎样才能坚守"袭常"(52 章) ………………………………… 232
心悟大道懂宽容(62 章) ……………………………………… 272
平平淡淡才是真(75 章) ……………………………………… 329

附录4：

主要参考文献

1.《老子今注今译》，商务印书馆，陈鼓应著译。
2.《老子道德经注》，中华书局，王弼注，楼宇烈校释。
3.《二十世纪中国老学》，福建人民出版社，熊铁基等著。
4.《老子他说》，复旦大学出版社，南怀瑾著述。
5.《老庄新论》，商务印书馆　陈鼓应著。
6.,《老子的智慧》，陕西师范大学出版社，林语堂著，黄嘉德译。
7.《老子注译》，清华大学出版社，高享著。
8.,《〈道德经〉四帝注》，海南出版社，唐玄宗、宋徽宗、明太祖、清世祖著，朱俊红整理。
9.《老子绎读》，商务印书馆，任继愈著。
10.《道德经》，线装书局，马松源主编。
11.《老子章句浅释》，社会科学文献出版社，刘瑞符著。
12.《道德经》，中国纺织出版社，曹云鹏编译。
13.《道德经》，中国华侨出版社，若愚编著。
14.《道德经》，北京时代华文书局，东篱子译注。
15.《理解道德经》，团结出版社，理道著。
16.《道德经的觉悟》，华中师范大学出版社，丹明子著。
17.《左手道德经右手鬼谷子》，中国华侨出版社，文若愚、张平、廖鹏著。
18.《悟道与得道》，北京燕山出版社，马吉海著。
19.《道德经》，云南人民出版社，陈涛编著。

后　　记

　　经验再次告诉我：人的认识阶段是不可跨越的。我上中学时就酷爱中华传统文化和古典文学，大学时曾涉猎《道德经》，囫囵吞枣地读完后也没有品味出更多的有价值的东西。步入中年再次拿起《道德经》时，竟然爱不释手，反复读、反复品、反复记，五年来不知不觉中写下了一百多篇人生感悟。业余时间徜徉在《道德经》境界中，陶冶在《道德经》的智慧里，起早贪黑丝毫不知辛苦，推掉应酬丝毫不觉单调，乐在其中，醉在其中，流连忘返。

　　《道德经的人生智慧》出版过程中，得到了很多专家、朋友的支持和帮助。我国著名历史学家、道家道教文化研究专家、83岁高龄的熊铁基教授在百忙之中审阅了书稿，并欣然为该书题辞。《书法导报》副总编孟会祥先生为该书题写书名。河南省周口市鹿邑县老子文化研发中心主任、全国知名老学专家陈大明先生对《新版式道德经》给予了有力指导。《青少年书法报》李文侠社长给予了鼎力支持。60余位中国书法家协会理事、会员等为该书挥毫泼墨，写下了117幅《道德经》名言名句，把国学与书法这两个中华传统文化瑰宝融为一体，为《道德经的人生智慧》一书增添了文化元素和艺术价值。在本书的成稿过程中，我的同事白杨、马可飞进行了认真的校改。黑龙江人民出版社编辑室主任、编审孙国志先生为该书的出版提出了宝贵意见、付出了大量心血。众多专家、学者们研究《道德经》的成果给予我很多的启迪和帮助。在此，对上述各位一并表示最诚挚的感谢。由于本人认识层次、理论水平和人生阅历的局限性，书中不可避免地会有偏颇和不当之处，敬请专家、学者、读者不吝赐教。

作者姜涛

2016年8月1日于黑龙江畔